A BANALIDADE DO MAL

Adriano Correia

A BANALIDADE DO MAL

70

A banalidade do mal

Edições 70 é um selo da Editora Almedina do Grupo Editorial Alta Books (Starlin Alta Editora e Consultoria LTDA).

ISBN: 978-65-5427-285-8

Impresso no Brasil — 1ª Edição, 2025 — Edição revisada conforme o Acordo Ortográfico da Língua Portuguesa de 2009.

Dados Internacionais de Catalogação na Publicação (CIP)
(BENITEZ Catalogação Ass. Editorial, MS, Brasil)

C824b
1.ed. Correia, Adriano
A banalidade do mal / Adriano Correia. - 1.ed. - Rio de Janeiro : Edições 70, 2025.
368 p.; 15,7 x 23 cm.

Bibliografia.
ISBN 978-65-5427-285-8

1. Arendt, Hannah, 1906-1975 - Crítica e interpretação. 2. Filosofia. 3. Mal (Filosofia). I. Título.

01-2025/103 CDD 100

Índice para catálogo sistemático:
1. Hannah Arendt : Filosofia 100

Aline Graziele Benitez - Bibliotecária - CRB-1/3129

Grupo Editorial Alta Books

Produção Editorial: Grupo Editorial Alta Books
Diretor Editorial: Anderson Vieira
Editor da obra: Marco Pace
Vendas Governamentais: Cristiane Mutüs
Gerência Comercial: Claudio Lima

Assistente Editorial: Andreza Moraes
Revisão: Clara Recht Diament; João Paulo Guterres
Diagramação: Vanessa S. Marine
Capa: Beatriz Frohe

ALTA BOOKS
GRUPO EDITORIAL

Rua Viúva Cláudio, 291 — Bairro Industrial do Jacaré
CEP: 20.970-031 — Rio de Janeiro (RJ)
Tels.: (21) 3278-8069 / 3278-8419
www.altabooks.com.br — altabooks@altabooks.com.br
Ouvidoria: ouvidoria@altabooks.com.br

Editora **afiliada à:**
ASSOCIADO

Toque de São Bento Grande de Angola

Nesse mundo camará
Mas não há, mas não há
Mas não há quem me mande
Eu só sei obedecer
Se mandar
Se mandar São Bento Grande

É de Angola, é de Angola, é de Angola
De Angola, de Angola, de Angola (bis) (Refrão)

Meu avô já foi escravo
Mas viveu com valentia
Descumpria a ordem dada
Agitava a escravaria
Vergalhão, corrente, tronco
Era quase todo dia
Quanto mais ele apanhava
Menos ele obedecia

(Refrão)

Quando eu era ainda menino
O meu pai me disse um dia
A balança da justiça
Nunca pesa o que devia

Não me curvo à lei dos homens
A razão é quem me guia
Nem que seu avô mandasse
Eu não obedeceria

(Refrão)

Esse mundo não tem dono
E quem me ensinou sabia
Se tivesse dono o mundo
Nele o dono moraria
Como é mundo sem dono
Não aceito hierarquia
Eu não mando nesse mundo
Nem no meu vai ter chefia

(Refrão)

— Paulo Cesar Pinheiro. *Capoeira de Besouro*. Rio de Janeiro: Quitanda, 2010 (58 min)

Agradecimentos

Este livro é o segundo de três planejados resultados da minha ocupação na pesquisa, na escrita e principalmente na docência nas últimas duas décadas com temas morais e políticos da obra de Hannah Arendt e de algumas autoras e alguns autores com quem ela dialogou ou com quem busquei estabelecer um diálogo com ela. O primeiro livro foi *O Caso Eichmann: Hannah Arendt e as controvérsias jurídicas sobre o julgamento* (Ed. 70, 2023). Continuo julgando que há poucos textos mais inspiradores para examinar problemas ético-políticos contemporâneos, e colocá-los em diálogo com a história da ética e do pensamento político, que os da reação de Arendt à controvérsia em torno de *Eichmann em Jerusalém*, como "Responsabilidade pessoal sob a ditadura" e outros editados e publicados postumamente a partir de cursos e conferências, como "Algumas questões de filosofia moral". Pela iluminação que as aulas sobre esses temas e textos trouxeram para esse livro, não poderia começar senão agradecendo às/aos estudantes que acompanharam minhas aulas nas últimas duas décadas, em várias partes do Brasil, mas principalmente na Universidade Federal de Goiás.

Em numerosas ocasiões pude discutir parte das questões aqui examinadas com colegas por quem tenho profunda admiração. São felizmente muitas e muitos, mas menciono especialmente os conterrâneos nordestinos Bethânia Assy e Odilio Aguiar e também Beatriz Porcel, Celso Lafer, Fina Birulés, José Sérgio Fonseca de Carvalho e Oswaldo Giacoia Jr., cujas inspirações para meus escritos e meus estudos em filosofia jamais poderão ser expressas suficientemente pelas referências diretas que faço a seus textos.

Sou muito grato ainda a Wolfgang Heuer, que me recebeu em Berlim há mais de uma década, quando comecei a dar forma às ideias aqui desenvolvidas. Agradeço ainda a Cláudia Perrone-Moisés, que na fase conclusiva da escrita deste livro me recebeu junto ao Grupo de Estudos Hannah Arendt da Faculdade de Direito da Universidade de São Paulo, no qual discutimos em vários encontros questões fundamentais relacionadas à noção de banalidade do mal. À comunidade dos encontros sobre a obra de Arendt, do Brasil e da América Latina, agradeço o diálogo sempre prazeroso e a rara percepção de que é possível pesquisar, concordar e divergir com colaboração e amizade.

Agradeço ao CNPq pelo apoio constante à minha pesquisa desde 2010 e à Capes pelo apoio a dois pós-doutorados (Freie Universität Berlin e The New School), assim como à participação em eventos internacionais e à realização de eventos. Agradeço à Faculdade de Filosofia da Universidade Federal de Goiás o apoio institucional para o desenvolvimento de minhas atividades acadêmicas nas melhores condições possíveis.

Dedico este livro a Richard Bernstein, que nos deixou recentemente. Ele sempre me pareceu oferecer a mais inspiradora interpretação da obra moral inacabada de Arendt. Tive a alegria de ter sido recebido por ele em uma estada como professor visitante na universidade The New School em 2017 e a gratidão por tê-lo conhecido como professor.

Agradeço, em nome do editor Marco Pace, a confiança depositada neste livro pelo Grupo Almedina ao longo dos vários anos que levei para concluí-lo.

Sumário

Introdução

Ela pensa no incompreensível, não conhece a tranquilidade.

— Jaspers sobre Arendt, em *Hannah-Buch*[1]

No dia 23 de maio de 1960, David Ben-Gurion, primeiro-ministro de Israel, convocou uma reunião extraordinária de seu gabinete de governo e informou que Eichmann estava em Jerusalém preso e seria levado a julgamento. À tarde fez o mesmo no Knesset, o Parlamento israelense. No dia 24 de maio já apareceu no jornal *The New York Times* a nota de que na manhã daquele mesmo dia Eichmann fora apresentado a uma corte em Jaffa e, ao ter confirmado que era mesmo Adolf Eichmann, ouvira seu indiciamento, por ter causado a morte de milhões de judeus na Europa, e a informação de que permaneceria preso. Na nota, Eichmann foi apresentado como o monstro mais sanguinário dentre os líderes nazistas e um dos principais conselheiros de Hitler sobre questões judaicas.[2] Nos dias seguintes, o próprio jornal *The New York Times* tratou de esclarecer a seu público quem era Eichmann e de informar tanto os desdobramentos da crise diplomática com a Argentina, onde Eichmann se escondia desde 1950, quanto a discussão inicial em torno das questões envolvidas no futuro julgamento.

---

1 Citado por Knott, *Verlernen – Denkwege bei Hannah Arendt*, p. 22. Utilizei sempre ao longo do livro as traduções em português disponíveis, fazendo ajustes menores quando julguei o caso. Todas as traduções de obras não disponíveis em português foram feitas por mim.

2 Fellows, "Israel seizes Nazi chief of extermination of Jews", p. 18.

Elizabeth Young-Bruehl relatou que nas férias de verão de 1960 as discussões entre Hannah Arendt e seus amigos recaíram com frequência na série de reportagens feita pelo jornal *The New York Times*. Nesse período Arendt demonstrou um interesse crescente nos desdobramentos do caso e talvez aí já tenha considerado a possibilidade de acompanhá-lo mais de perto. Todavia, apenas no início de outubro ela contactou William Shawn, editor da *The New Yorker*, oferecendo-se para cobrir para a revista o julgamento em Jerusalém. Arendt só informou a Karl Jaspers que acompanharia o julgamento após ter a resposta positiva da *The New Yorker*, pouco depois de comunicar o mesmo a sua amiga Mary McCarthy. A reação de Jaspers foi inequívoca e, em grande medida, premonitória: "*Você não vai gostar do julgamento de Eichmann. Na verdade, ele pode não correr muito bem. Temo sua crítica e penso que você deveria guardá-la para si o máximo possível*".[3] Ele repetiu em outras cartas ter mau pressentimento quanto às consequências gerais do julgamento e quanto à atuação de Arendt como repórter. Ponderou que o risco que ela corria não era pequeno e que o julgamento iria perturbá-la, a ela que sempre queria "ver com seus próprios olhos e ouvir com seus próprios ouvidos".[4] A reação de Mary McCarthy foi notavelmente semelhante: "Acho a ideia de você ir ao julgamento de Eichmann pela *The New Yorker* maravilhosa e estranha; não posso evitar a mescla de aprovação e receio diante desse encontro, e me pergunto o que resultará".[5]

Arendt comentou com Jaspers que a organização de sua vida se tornou bastante confusa em 1961 devido à decisão de acompanhar o julgamento e à indefinição sobre seu início e duração. Observou que em hipótese alguma poderia se permitir esse "prazer" por mais de um mês, mas jamais se perdoaria se não encarasse Eichmann frente a frente, "*em toda sua sinistra nadidade* (*unheimlichen Nichtigkeit*), sem a interposição da palavra impressa".[6] A decisão de Arendt de não permanecer por muito tempo acompanhando o julgamento acabou fazendo, não obstante, com que ela dependesse da mediação da palavra impressa mais do que possivelmente gostaria.

Um dos numerosos compromissos que Arendt teve de desmarcar foi sua participação em uma conferência internacional no Vassar College, prevista para ocorrer na segunda quinzena de março de 1961, em comemoração aos cem anos da instituição onde Mary McCarthy se formara. Arendt confiava que fosse possível conciliar o compromisso com sua atuação como repórter no

3 Arendt; Jaspers, *Briefwechsel*, p. 440 (14 out. 1960). Grifos meus.

4 Ibid., p. 448 (14 dez. 1960).

5 Arendt; McCarthy, *Entre amigas*, p. 114 (26 out. 1960).

6 Arendt; Jaspers, *Briefwechsel*, p. 446 (02 dez. 1960).

julgamento de Eichmann em Jerusalém, mas os vários adiamentos do começo do julgamento fizeram com que bem no início de 1961, quando o julgamento ainda estava previsto para o começo de março, ela escrevesse uma carta manifestando pesar por ter de cancelar sua participação:

> a razão pela qual decidi dar prioridade ao julgamento de Eichmann sobre todos os outros compromissos, apesar dos muitos inconvenientes para os outros e para mim mesma, é bastante simples. Como não pude comparecer ao julgamento de Nuremberg nos anos 1940, esta é para mim a primeira oportunidade – e esperemos que seja a única – de assistir em carne e osso a um dos principais atores do totalitarismo. Como você provavelmente sabe, o nazismo desempenhou um papel considerável tanto na minha vida pessoal quanto na minha vida como autora. Assistir a este julgamento, sinto, é de alguma forma uma obrigação que devo ao meu passado.[7]

Arendt publicou *Eichmann em Jerusalém: um relato sobre a banalidade do mal* no início de 1963. Joachim Fest apontou que o livro de Arendt provocou o maior escândalo que um livro causou em décadas.[8] David Cesarani sustentou que o livro foi mais importante que o próprio do julgamento para moldar a imagem de Eichmann e a própria percepção do significado do nazismo.[9] Centenas de artigos e vários livros foram escritos em reação ao livro de Arendt e à controvérsia em torno dele, algo que, "sem dúvida, marcou o nascimento dos 'estudos sobre o Holocausto' (*Holocaust studies*), sendo um legado imprevisto e oblíquo do julgamento".[10] Richard Cohen defendeu que nenhum estudo sobre a catástrofe atraiu tanta atenção pública quanto o livro de Arendt, que vem subsistindo como um clássico sobre o tema a décadas de oposição e crítica

---

7 Carta de Arendt a George Washburne, director do Vassar College, *Hannah Arendt Papers*, 02 jan. 1961, p. 018281 (Correspondence, 1938-1976; Universities and Colleges, 1947-1975; Vassar College, Poughkeepsie, NY; 1960-1967, fig. 23). Ver Arendt; Grafton, "Respostas às perguntas de Samuel Grafton", pp. 769-770.

8 Fest, "Das Mädchen aus der Fremde: Hannah Arendt und das Leben auf lauter Zwischenstationen", p. 180.

9 Isso também é destacado em Wojak, *Eichmanns Memoiren*, p. 199.

10 Cesarani, *Becoming Eichmann*, p. 325. Ver pp. 4-5, 334-346 e 355-356. A primeira frase de uma resenha do livro de Cesarani é precisamente a seguinte: "um espectro assombra este livro e seu nome é Hannah Arendt" (Gewen, "The everyman of genocide – *Becoming Eichmann*, by David Cesarani").

de estudos acadêmicos cada vez mais especializados e abrangentes.[11] Arendt mesma, como podemos constatar em sua correspondência, jamais imaginou que seu relato pudesse ganhar tal proporção. Bettina Stangneth defendeu, quase cinquenta anos após a publicação do livro de Arendt, que desde sua publicação "todo ensaio sobre Adolf Eichmann foi também um diálogo com Hannah Arendt".[12] Embora esses autores, com exceção de Fest, apresentem numerosos questionamentos sobre a acuidade histórica do relato de Arendt, ainda em 1987 o historiador Pierre Vidal-Naquet afirmou que *Eichmann em Jerusalém* oferecia a mais lúcida visão de conjunto do "Caso Eichmann".[13]

Houve notável repercussão do "Caso Eichmann" no Brasil, mas inicialmente muito mais do julgamento que do livro de Arendt, cuja primeira tradução só foi publicada por aqui duas décadas após seu lançamento.[14] Desde o rapto de Eichmann na Argentina, veículos como o *Jornal do Brasil* e *O Cruzeiro* publicaram numerosos textos de opinião e reportagens sobre o tema, discutindo principalmente as dificuldades jurídicas do julgamento e também o caráter e a responsabilidade de Eichmann. No dia em que Eichmann teve sua pena de morte executada, a manchete de capa do *Jornal do Brasil* foi "Eichmann enforcado pela morte de seis milhões".[15] Alguns meses depois a escritora Rachel de Queiroz publicou um texto na revista *O Cruzeiro* no qual dizia que, mesmo sendo contrária à pena de morte, "enforcaram Eichmann em Israel, e enforcaram muito bem",[16] pois no caso dele não haveria alternativa. A mesma revista publicou uma longa reportagem sensacionalista sobre um jovem brasileiro que alegava ser filho de Eichmann e suposto herdeiro da fortuna que ele presumidamente havia roubado.[17] A revista *Manchete* enviou o jornalista Zevi Ghivelder para cobrir o julgamento *in loco*, agrupando-se às centenas de

---

11 Cohen, "A generation's response to *Eichmann in Jerusalem*", p. 253.

12 Stangneth, *Eichmann before Jerusalem*, p. xxii.

13 Vidal-Naquet, *Os assassinos da memória*, p. 54, nota 66.

14 Arendt, *Eichmann em Jerusalém*: um relato sobre a banalidade do mal. Trad. Sonia Orieta Heinrich. São Paulo: Diagrama & Texto, 1983. Um sumário da cobertura do julgamento em 1961 é feito na publicação *O julgamento de Eichmann na imprensa brasileira*, mencionada na bibliografia.

15 "Eichmann enforcado pela morte de seis milhões", *Jornal do Brasil*, Ano LXXII, nº 125, 01 jun.1962.

16 Queiroz, "Última página", p. 114.

17 Moraes, "Sou filho de Eichmann", pp. 104-108.

jornalistas de todo o mundo que acompanharam o julgamento em Jerusalém, junto a outros dois correspondentes brasileiros.[18]

Recentemente, em especial na última década, a recepção da obra foi marcada pela expressão "banalidade do mal", que se tornou recorrente no vocabulário do jornalismo, do cultural ao policial, como se pode constatar pelas centenas de milhares de ocorrências nas ferramentas de busca na internet. Dois casos são dignos de nota por serem emblemáticos e afins. No decorrer da CPI da Pandemia da Covid-19, instalada para apurar crimes na atuação governamental contra a pandemia, o senador Alessandro Vieira, de Sergipe, comparou o general Eduardo Pazuello, ex-ministro da Saúde, a Adolf Eichmann. Presumivelmente como Eichmann, o general não possuiria qualquer traço doentio, mas teria agido como um burocrata visando ascender na carreira sem pensar nas consequências. Tendo sido lembrada a ascendência judaica do general, a comparação foi retirada das notas taquigráficas da sessão. Não obstante, no relatório final apareceu uma menção a Hannah Arendt em uma nota referente à defesa do general Pazuello de que suas afirmações deveriam ser compreendidas por uma relação de obediência que isentaria a ele, general e então ministro, da responsabilidade. "É simples assim: um manda e o outro obedece" foi a primeira frase destacada de seu depoimento no relatório final.[19]

Mais emblemática, todavia, foi a presença recorrente dos nomes Arendt e Eichmann no relatório final da CPMI dos Atos de 8 de Janeiro de 2023. As pessoas comuns que se engajaram nos atos investigados – "de meia-idade, de perfil interiorano, sem vínculo anterior com episódios de violência" – seriam como Eichmann, também alguém "comum". Foi destacada ainda a importância da propaganda para o engajamento dessas pessoas, que aderiram a teorias da conspiração fantásticas como sob o totalitarismo nazista. Também se mencionou a importância da insistência na interpretação do antagonismo nós/eles como a oposição amigo/inimigo. Indicou-se que o episódio do assassinato de Genivaldo de Jesus Santos em uma viatura da Polícia Rodoviária Federal transformada em uma "câmara de gás" era um caso emblemático da banalidade do mal que pode ser desencadeada pelo emprego sistemático de discursos de

---

18 É possível conferir as impressões de Zevi Ghivelder sobre o julgamento na entrevista que concedeu ao historiador Bruno Leal ("Este jornalista brasileiro cobriu o julgamento do nazista Adolf Eichmann"), referenciada na bibliografia.

19 O relatório final da CPI da Pandemia pode ser acessado em: https://legis.senado.leg.br/sdleg-getter/documento/download/72c805d3-888b-4228-8682-260175471243.

ódio. A conclusão geral foi a de que "a tese da banalidade do mal serve aos manifestantes do Oito de Janeiro".[20]

Não é meu objetivo neste livro discutir esses e outros empregos da noção de banalidade do mal que não correspondem ao inacabado desenvolvimento do conceito oferecido por Arendt. Esses empregos frequentemente revelam um esforço tateante de compreensão que para Arendt era mais promissor que os discursos teóricos dogmáticos, que digerem todo novo evento junto aos já conhecidos e afinal promovem sempre o mesmo amálgama, a mesma síntese. Antes busco reconstruir o desenvolvimento do conceito por Arendt e percorrer e articular as pistas por vezes dispersas que ela ofereceu.

O intento é buscar devolver a expressão à complexidade do seu contexto de surgimento, às perplexidades que desencadeou em sua própria autora e ao horizonte de significado desenhado tanto no interior da obra de Arendt quanto na recepção crítica dela. Isso pode, claro, na medida do que pode um livro e do quanto ele pode ser bem-sucedido, ter como efeito colateral desejado contribuir para livrar a expressão dos usos em que ela é tornada um clichê – em um irônico paradoxo, pois a banalidade do mal relacionava-se, para Arendt, precisamente ao uso de clichês como guarda-costas contra a reflexão.

Muito frequentemente essas reflexões a partir da experiência são ofuscadas pela apropriação instrumental da noção de "banalidade do mal" como uma panaceia para a explicação dos mais variados fenômenos. O uso da expressão nos últimos sessenta anos com frequência resvalou precisamente em um dos traços do caráter de Eichmann que levou Arendt a cunhar a expressão: o uso de clichês, de frases feitas, cujo efeito principal consiste precisamente na neutralização do caráter problemático da realidade e do impacto da experiência. Uma das principais implicações do pensamento crítico e reflexivo está precisamente em devolver significado às palavras e pungência às experiências, tomando a sempre problemática relação entre as palavras e as coisas como um dos seus alimentos mais nutritivos.

Progressivamente, as controvérsias em torno das questões jurídicas e do estilo irônico de Arendt foram cedendo espaço a reflexões mais aprofundadas sobre o caráter de Eichmann e os desdobramentos da noção de banalidade do mal, certamente os temas com mais significativas consequências morais e políticas de toda a controvérsia. Ainda em 1964 Arendt deu início a um longo processo de elaboração das questões levantadas pela controvérsia que não consistiam em pura difamação, incluindo o tema da mentira organizada, por exemplo. No início de suas análises, ela defendeu que apresentou um relato

---

20 O relatório final da CPMI do 8 de Janeiro pode ser acessado em: https://legis.senado.leg.br/sdleg-getter/documento?dm=9484688&ts=1697682413143&disposition=inline.

factual do julgamento, que a expressão "banalidade do mal" era uma lição e não uma interpretação ou uma teoria sobre o mal e que o Eichmann que ela descreveu foi o que se deu a ver no julgamento.

Embora tenha mantido até o fim que seu relato era apenas factual, a partir já do pós-escrito de 1964 a *Eichmann em Jerusalém* Arendt começou a considerar as questões que reconhecia como bastante legítimas sobre: a natureza do mal e experiências limítrofes, como a maldade desinteressada e o querer o mal pelo mal; a própria expressão banalidade do mal e suas implicações; a sua caracterização de Eichmann como incapaz de pensar; se o pensamento pode evitar o mal e se o juízo pode nos orientar em um mundo "sem corrimão".

Neste exercício de reflexão e de reconstrução do contexto e dos debates que Arendt travou, parto do princípio de que a noção de banalidade do mal representa uma contribuição não circunstancial e desafiadora da pensadora à reflexão sobre o mal na história da filosofia moral. Em uma breve resenha de 1945, Arendt afirmou que "o problema do mal será a questão fundamental da vida intelectual europeia do pós-guerra".[21] Incrivelmente não foi, e cinquenta anos depois Ottfried Höffe pôde afirmar que "há uma ausência geral de discussão sobre o mal no século XX",[22] mencionando Arendt como uma das raras exceções. Concordo com a afirmação de Susan Neiman de que *Eichmann em Jerusalém: um relato sobre a banalidade do mal*, em grande medida a contrapelo das próprias pretensões de Arendt, é "a contribuição filosófica mais importante para o problema do mal no século XX".[23]

Na sua entrevista a Günter Gaus, Arendt observou ironicamente que os intelectuais alemães tinham suas próprias teorias sobre Hitler, "fantásticas, interessantes e complicadas", "muito acima do nível normal", e concluiu: "Eu achava aquilo grotesco. Hoje eu diria que caíram na cilada de suas próprias ideias".[24] Para ela, claramente as regras do juízo normal do senso comum utilitário, que compreende o mal apenas como meio para fins bons para os perpetradores, não foram aplicáveis ao fenômeno totalitário, tendo a

21 Arendt, "Pesadelo e fuga", p. 163.

22 Höffe, "Ein Thema wiedergewinnen: Kant über das Böse", p. 14.

23 Neiman, *O mal no pensamento moderno*, p. 298.

24 Arendt; Gaus, "'O que resta? Resta a língua': uma conversa com Günter Gaus", p. 41. No vídeo da entrevista é possível constatar que Arendt gargalha descontroladamente quando fala dos intelectuais inventando sofisticadas teorias justificadoras sobre Hitler (ver Knott, *Verlernen – Denkwege bei Hannah Arendt*, pp. 28-29). O vídeo da entrevista, legendada em português por Ludmila Franca-Lipke, está disponível em https://www.youtube.com/watch?v=IAIPEn_9r4Q (acesso em: 21 fev. 2024).

estupidez, no sentido kantiano da incapacidade de julgar, ocupado seu lugar. Os intelectuais não teriam se dado conta disso. Para ela, enquanto a estupidez permanece inarticulada no discurso entre os não intelectuais, ela "se torna insuportavelmente ofensiva entre os 'inteligentes'. Na *intelligentsia* pode-se até dizer que quanto mais inteligente é uma pessoa, mais irritante é a estupidez que compartilha com todos os outros".[25] Arendt havia assim decidido jamais cair em "conversa de intelectuais" e saiu da Alemanha, "claro que um pouco exagerada", decidida a não se "envolver em nenhum tipo de atividade intelectual".[26]

Claramente essa decisão de Arendt não se manteve, mas ela permaneceu convictamente distante das escolas de pensamento e, principalmente, de todas as teorias que buscavam oferecer uma interpretação sistemática da história e do futuro. Também rechaçava a disposição intelectual de quem está sempre em prontidão para assimilar cada novo acontecimento a suas doutrinas totalizantes, doutrinas que dissolvem a singularidade dos eventos na oniabrangência de seus dogmas, que não podem ser refutados, transformados ou mesmo abalados por esses mesmos eventos. Em um debate sobre sua obra, em 1972, Arendt observou a colegas que não se reconhecia em nenhuma corrente do pensamento político, e não por pretender ser original, mas porque, "por alguma razão, não me encaixo".[27] Ela associou esse seu desajuste a sua disposição para "pensar o que estamos fazendo"[28] sem propor qualquer sistema interpretativo oniabrangente que diga o que as pessoas devem fazer ou no que devem acreditar. Ela se reconheceu, assim, nas "fileiras daqueles que, já há algum tempo, vêm tentando desmontar a metafísica e a filosofia, com todas as suas categorias, do modo como as conhecemos, desde o seu começo, na Grécia, até hoje", e isso significou admitir "que o fio da tradição está rompido e que não podemos reatá-lo".[29]

Arendt julgava que essa situação, que envolve um grau significativo de desorientação, abria, não obstante, a possibilidade de que nos voltássemos para os eventos sem um manual de instruções que estabelecesse seus sentidos e sua dignidade em uma hierarquia sistematicamente predeterminada. Isso implica que podemos encarar as experiências do passado como "experiências brutas",

---

25 Arendt, "Compreensão e política (as dificuldades da compreensão)", p. 337.

26 Arendt; Gaus, "'O que resta? Resta a língua': uma conversa com Günter Gaus", p. 41.

27 Arendt, "Sobre Hannah Arendt", p. 159.

28 Id., *A condição humana*, p. 6.

29 Id., *A vida do espírito*, p. 234.

"com novos olhos, sem o fardo e a orientação de quaisquer tradições".[30] No caso específico do totalitarismo, há ainda o fato de que ele tornou um evento do mundo o que era um evento do pensamento: a perda de razoabilidade das velhas respostas às velhas questões e a incapacidade delas para conferir sentido aos eventos que constituem nossa realidade. Isso significa que a ruptura do fio da tradição – inicialmente manifesta na crítica à razão pura que pretendia dizer a verdade do suprassensível (Kant) e também na crítica à hierarquia e à própria distinção entre o mundo verdadeiro e o mundo aparente (Nietzsche) – indica que "estamos em uma fria".[31] Isto é, que não somos mais capazes de oferecer respostas totalizantes, mesmo ruins, para os desafios e dilemas trágicos que somos capazes de engendrar de modo devastador com nossas ações. Será pior ainda se não nos dermos conta de que "estamos numa fria" e prosseguirmos nos mesmos hábitos de pensamento que só encontram sentido nos acontecimentos quando julgam descobrir uma verdade transcendente subjacente a eles.

O mundo pós-totalitário nos legou o desafio de aprender a pensar sem testamento, sem manual de instruções, sem "esse conjunto de afinidades que se denomina tradição".[32] Arendt traduzia essa disposição para pensar sem manual de instruções em uma metáfora que guardava para si mesma: "pensamento sem corrimão".[33] Isso queria dizer para ela sempre desconfiar das narrativas totalizantes e implicava sempre buscar julgar cada fenômeno particular respeitando a dignidade de sua significação própria. Mesmo no estabelecimento de afinidades demandado pela compreensão, significava evitar tratar cada novo evento como o caso de uma regra prévia e buscar antes de tudo identificar mais o que o evento tem de próprio que o que tem em comum com seus análogos. Significava, em suma, uma abertura permanente para a novidade dos eventos, por vezes miraculosos, por vezes devastadores.

Arendt tratou desse desafio de aprender a como pensar "na lacuna entre o passado e o futuro", colocando "em suspenso o problema da verdade", no prefácio de *Entre o passado e o futuro*. Ela informou que os ensaios do livro eram "exercícios de pensamento político" orientados pelo pressuposto de que "o próprio pensamento emerge de incidentes da experiência viva e a eles

30 Ibid., p. 27. Ver Carvalho, "Uma luz que emana do pórtico de Jano", p. 16.

31 Arendt, "Sobre Hannah Arendt", p. 159.

32 Benjamin, "A obra de arte na época de sua reprodutibilidade técnica", p. 16.

33 Arendt, "Sobre Hannah Arendt", p. 160.

deve permanecer ligado, já que são as únicas balizas por onde pode-se obter orientação".[34] Arendt julgava que temos "de começar a pensar como se ninguém o tivesse feito antes e a partir de então começar a aprender com os demais".[35] Esse foi claramente o caso de seu *Eichmann em Jerusalém*.

Tzvetan Todorov identificou bem o pensar sem corrimão de Arendt ao indicar que os crimes extremos perpetrados nos campos de extermínio sob os totalitarismos "não podem ser esclarecidos por conceitos tradicionais; eles exigem a introdução de novos conceitos, pois são inéditos até em seu próprio princípio".[36] Para ele, Arendt teria atentado a isso ao cunhar a expressão "banalidade do mal" para se referir a um novo tipo de crime e um novo tipo de criminoso. Mesmo que a expressão "banalidade do mal" possa não ter sido a mais feliz, tendo-se em conta as confusões que suscitou, foi um esforço importante para apreender um acontecimento paradoxalmente comum e excepcional. Para ele, "a 'banalidade' ainda não é de fato uma explicação, mas um meio para afastar as fórmulas habituais e indicar a direção na qual se deve buscá-la"[37] – claramente não apenas nas perversões de caráter dos indivíduos envolvidos, mas também no tipo de sociedade que tornou esses crimes possíveis.

Em sua correspondência com Gershom Scholem, da qual tratarei em várias ocasiões neste livro, Arendt concluiu sua carta pública indicando, com ácida ironia, o que julgava confundi-lo: "é que meus argumentos e minha maneira de pensar não são direcionados. Ou, em outras palavras, que sou independente (*unabhängig*)",[38] e isso quer dizer, por um lado, "que não pertenço a nenhuma organização e só falo em meu próprio nome" e, por outro, "que tenho grande confiança no *Selbstdenken* (pensar por si mesmo) de Lessing, para o que, penso eu, nenhuma ideologia, nenhuma opinião pública e nenhuma 'convicção' jamais serão substitutos"[39]. Além disso, ela acreditava "que só conseguiremos nos reconciliar com esse passado se começarmos a julgar, e a julgar com firmeza".[40]

---

34 Id., *Entre o passado e o futuro*, p. 59.

35 Id., "Sobre Hannah Arendt", p. 160. Ela ironizou Heidegger por ele não compreender que "o 'às coisas mesmas' de Husserl não significava somente: distanciemo-nos das teorias, mas essencialmente também: distanciemo-nos dos livros" e por ele ter precisado de "uma vida inteira para descobrir as 'coisas mesmas' nos livros" (Arendt, *Denktagebuch*, p. 724, XXVI, 27, ago. 1969).

36 Todorov, *Diante do extremo*, p. 184.

37 Ibid., p. 185.

38 Arendt; Scholem, *Der Briefwechsel*, p. 443 (20 jul.1963).

39 Arendt, "A controvérsia Eichmann – uma carta a Gershom Scholem", p. 762.

40 Arendt; Scholem, *Der Briefwechsel*, p. 441 (20 jul. 1963).

Dizer "quem sou eu para julgar?", "como talvez diria um verdadeiro cristão",[41] é uma falsa modéstia que significava realmente, para Arendt, afirmar que somos todos igualmente ruins "e aqueles que tentam (ou fingem) permanecer parcialmente decentes são santos ou hipócritas".[42] Subjaz a essa presumida modéstia a suspeita de que ninguém é livre ao agir e assim que possa ser imputado como responsável por seus atos. Foram frequentes as acusações de que Arendt foi arrogante ao ousar julgar sem ter estado nas mesmas situações extremas, mas ela defendia que claramente podemos condenar algo mesmo que imaginemos que faríamos igual no mesmo contexto. Além disso, se avaliarmos que a imaginação e o juízo perspectivo não são suficientes para julgar, seria necessário fechar os departamentos de História e os tribunais,[43] além de abandonar a própria ideia de que possamos constituir interesses e lutas comuns na vida política. Para ela, a "tarefa do historiador, assim como é a tarefa das pessoas que vivem aquele momento e que são independentes", é a de serem "os guardiões da verdade factual".[44]

Considero que as experiências mesmas do julgamento e do aturdimento de Arendt com Eichmann – com seu lugar no regime totalitário e seu não lugar na filosofia moral – constituem os acontecimentos centrais que a fizeram pensar sobre a "banalidade do mal". Em razão disso, julguei importante examinar o desconcerto com o que fazer com Eichmann, principalmente do ponto de vista moral. Este livro é organizado em um percurso que vai das experiências (o próprio extermínio, a imagem de seus perpetradores, a vacuidade de Eichmann, o impacto do julgamento, o relato de Arendt, o escândalo em torno dele por boas e más razões) ao diálogo com a tradição da filosofia moral e à inacabada elaboração conceitual da noção de banalidade do mal. O diálogo com a tradição sobre a compreensão do mal é antes de tudo um diálogo com a obra de Kant, a quem Arendt tanto admirava e que foi uma das primeiras trilhas de entrada dela na filosofia. A filosofia moral de Kant era para ela uma espécie de suma da compreensão do mal como resultando de atos autointeressados de indivíduos que caem na tentação de desviar-se de

---

41 Arendt, "Prólogo", p. 69.

42 Id., "Responsabilidade pessoal sob a ditadura", p. 82.

43 "O argumento de que não podemos julgar se não estivemos presentes e envolvidos parece convencer todo mundo em toda parte, embora pareça óbvio que, se fosse verdadeiro, nem administração da justiça nem a historiografia jamais seriam possíveis" (Id., *Eichmann em Jerusalém*, p. 319).

44 Arendt; Fest, "'Como se falássemos com uma parede' – uma conversa com Joachim Fest", p. 336.

uma lei que reconhecem como válidas para obterem benefícios pessoais ou por cederem a paixões arrebatadoras. Esse diálogo é surpreendentemente mediado pela reivindicação por Eichmann da companhia e do suporte de Kant – ao menos o "Kant para uso doméstico do homem comum",[45] o qual, não obstante, para Eichmann e muitos outros ainda era Kant.

Dediquei os dois primeiros capítulos à reconstrução do contexto do relato de Arendt e da polêmica que causou, considerando os elementos de *Eichmann em Jerusalém* que foram tidos por controversos. Examinei os textos que primeiramente engendraram a polêmica, indo de pessoas próximas a Arendt até Jacob Robinson, seu antagonista mais pertinaz, que atuou diretamente no julgamento como auxiliar da promotoria e empenhou vários anos inteiros de sua vida no combate direto a Arendt. O terceiro e o quarto capítulos são dedicados à caracterização de Eichmann por Arendt e ao modo como ele se compreendia, a partir de seus próprios textos e de investigações históricas recentes. Destaco a centralidade da noção de obediência como virtude suprema nessa autocompreensão e as dificuldades com a noção de obediência para além do caso do próprio Eichmann.

No quinto capítulo dedico-me a refletir sobre "como o dever entrou na ética", tal como formulado por Giorgio Agamben e antes dele por Schopenhauer e Nietzsche. No sexto capítulo, reflito sobre a interpretação do mal na obra de Kant e sobre o desafio que o nazismo representou para ela, a partir do exame crítico de sua obra, em diálogo com alguns de seus mais reconhecidos intérpretes. Por fim, dedico o último capítulo ao esforço de conceituação da noção de banalidade do mal, inicialmente a partir de um contraste com a noção de mal radical (em Kant e na própria Arendt) e a seguir explorando a metáfora do mal como um fenômeno de superfície, que a acompanhou por décadas e surgiu inicialmente no diálogo dela com Karl Jaspers no imediato pós-guerra. Defendo que essa metáfora é a mais fundamental para a compreensão do mal banal, o mal impessoal, desarraigado e ilimitado que constitui a banalidade do mal.

Este livro foi concebido para ser de potencial proveito para todos aqueles que se interessam pelo significado da banalidade do mal, academicamente ou não. Mesmo quando reconstruo o incontornável e inspirador diálogo de Arendt com outros pensadores ou quando estabeleço eu mesmo diálogos que me parecem esclarecedores, atravessa a concepção do livro o esforço, espero que bem-sucedido, por escrever com clareza, ainda que sobre questões difíceis

45 Arendt, *Eichmann em Jerusalém*, p. 154.

que seriam trivializadas se não tratadas em sua complexidade própria, conceitual ou simplesmente trágica. Penso que o esforço por compreensão e clareza é consistente com a importância pública do tema e também com o modo como Arendt interpretava a tarefa da compreensão, que se não pode inspirar diretamente a luta ou estabelecer seus objetivos, pode conferir sentido a ela e promover "desenvoltura no espírito e no coração".[46]

Perguntada sobre se não queria influenciar o grande público com seus escritos, Arendt disse: "Se me permite ser irônica, essa é uma pergunta masculina. Os homens sempre querem ser influentes demais, mas eu considero isso um tanto superficial".[47] Afirmou então que de modo algum escrevia para buscar influenciar, no sentido de adquirir poder, mesmo tendo várias vezes intervindo no debate público e engendrado polêmicas com notável impacto público. Ela ponderou que com boas intenções muitas pessoas buscaram interromper o interminável processo da compreensão e oferecer respostas que presumivelmente elevavam a opinião pública. Todavia, ao acreditarem que os livros podiam ser usados como armas e que se podia lutar com palavras, acabaram por forjar clichês e doutrinar, em vez contribuir para a compreensão, sem perceberem que "apenas livros ruins podem se tornar boas armas".[48] Ela disse se interessar antes pelo processo de pensamento e que ficava satisfeita quando conseguia pensar algo até o fim, duplamente satisfeita quando se expressava por escrito sobre esse processo de modo razoável e triplamente satisfeita se era compreendida – o que nem sempre se deu, claro: "Eu quero compreender. E se os outros compreendem – no mesmo sentido em que compreendi –, isso me dá uma sensação de satisfação, é como se sentir em casa".[49]

Em um ensaio em homenagem a Bertolt Brecht para a revista *The New Yorker* (1966), coligido posteriormente na obra *Homens em tempos sombrios* (*Men in dark times*), Hannah Arendt mencionou um trecho das notas de Brecht à obra *A resistível ascensão de Arturo Ui* (1941), uma sátira da ascensão de Hitler ao poder:

> os grandes criminosos políticos têm de ser expostos de todos os modos, e especialmente pelo ridículo. Porquanto eles são acima de tudo não

46 Id., "Compreensão e política (as dificuldades da compreensão)", p. 333.

47 Arendt; Gaus, "'O que resta? Resta a língua': uma conversa com Günter Gaus", p. 33.

48 Arendt, "Compreensão e política (as dificuldades da compreensão)", p. 333.

49 Arendt; Gaus, "'O que resta? Resta a língua': uma conversa com Günter Gaus", p. 33.

> grandes criminosos políticos, mas os perpetradores de grandes crimes políticos, o que de modo algum é a mesma coisa. O fracasso nos empreendimentos de Hitler não significa que ele era um idiota, e a abrangência dos seus empreendimentos não significa que ele era um grande homem.[50]

A despeito de ter concebido este ensaio pouco após publicar o livro *Eichmann em Jerusalém*, apenas em uma entrevista concedida em 1973 a Roger Errera, para a rede pública de rádio e TV da França (ORTF), Arendt estabeleceu uma relação entre a posição de Brecht e a sua própria em *Eichmann em Jerusalém*, afirmando que, embora chocante, a declaração é inteiramente verdadeira. Na entrevista, ela ainda cita outro trecho decisivo das notas de Brecht:

> se as classes dominantes permitem que um pequeno trapaceiro se torne um grande trapaceiro, ele não tem direito a uma posição privilegiada em nossa visão da história. Isto é, o fato de que ele tenha se tornado um grande trapaceiro e que o que ele faz tem grandes consequências nada acrescenta a sua estatura.[51]

E ela concluiu, com suas próprias palavras: "Não importa o que ele faça, se ele matou dez milhões de pessoas, ele é ainda um palhaço".[52] Nessa entrevista, Arendt vinculou *Eichmann em Jerusalém* às considerações de Brecht observando que uma de suas intenções principais em sua obra consistia em destruir a lenda da grandeza e da força demoníaca do mal. Essa lenda acabava por levar as pessoas a admirar os grandes malfeitores "e grandes personagens nefastos como Ricardo III ou Macbeth",[53] ao menos na medida em que eram realizadores bem-sucedidos de seus empreendimentos, não importando quais fossem.

---

50 Arendt, "Bertolt Brecht: 1898-1956", p. 211 (Citando notas de Brecht em *Werke: Große kommentierte Berliner und Frankfurter Ausgabe*, Berlim: Suhrkamp, 1988, vol. 24, pp. 315-319).

51 Arendt; Errera, "Entrevista com Roger Errera", p. 561 (citando notas de Brecht em *Werke: Große kommentierte Berliner und Frankfurter Ausgabe*, Berlin: Suhrkamp, 1988, vol. 24, pp. 315-19).

52 Ibid.

53 Ibid., p. 560.

1

O escândalo *Eichmann em Jerusalém*

O que precisa ser discutido não são as pessoas, mas os argumentos com os quais elas se justificavam, a si mesmas e aos demais. Com relação a estes argumentos, nós temos o direito de emitir um juízo.

—Arendt, "A controvérsia Eichmann – uma carta a Gershom Scholem", p. 760.

1.1. A repórter Hannah Arendt

Pouco após saber do rapto do criminoso nazista Adolf Eichmann pelo serviço secreto israelense, ocorrido em maio de 1960, Arendt mencionou em uma carta à amiga Mary McCarthy que estava pensando em acompanhar o julgamento dele em Jerusalém. Cerca de três meses depois Arendt informou à amiga que havia entrado em contato com a revista *The New Yorker* e que seu editor, William Shawn, telefonou para ela dizendo, nas palavras de Arendt, que "parecia concordar em me deixar ir para eles, ficando bem claro que ele não tem de publicar nada do que eu possa produzir, mas que pagariam minhas despesas, ou ao menos a maior parte delas".[1]

---

1 Arendt; McCarthy, *Entre amigas*, p. 114 (08 out. 1960).

A seguir Arendt já pôde confidenciar a seu amigo Kurt Blumenfeld: "apenas isto, cedi à tentação de ir a Israel para o julgamento de Eichmann".[2] Blumenfeld era presidente da Federação Sionista da Alemanha (1924-1933) quando Arendt se envolveu na resistência sionista ao nazismo. Ele vivia em Jerusalém desde 1933 e foi uma companhia frequente de Arendt no período em que ela acompanhou o julgamento em Jerusalém, e um dos muitos amigos que se distanciaram dela após a publicação de *Eichmann em Jerusalém: um relato sobre a banalidade do mal*, em 1963.

Arendt tinha uma infinidade de compromissos no início de 1961 e estava receosa de cancelá-los ou adiá-los sem saber a data precisa do julgamento. Ela recorreu então aos amigos Kurt Blumenfeld e Gershom Scholem para que a auxiliassem com informações sobre a definição da data do julgamento. Scholem foi um renomado especialista na mística judaica que havia emigrado para a Palestina em 1923, tendo se vinculado à Universidade Hebraica de Jerusalém. Era um antigo conhecido de Arendt desde os anos 1930, quando foram apresentados pelo filósofo Walter Benjamin, amigo de ambos. Scholem desempenhou importante papel na polêmica em torno de *Eichmann em Jerusalém*, principalmente a partir de um notório intercâmbio epistolar público com Arendt, de que tratarei em vários momentos ao longo deste livro.

Blumenfeld respondeu jocosamente que soube que a *The New Yorker* pagava bem e que essa seria a melhor parte. Prosseguiu dizendo que mesmo não tendo qualquer influência sobre a definição da data não mediria esforços "para garantir que o julgamento comece em breve e que a data escolhida seja adequada" para Arendt.[3] Com Scholem é Arendt quem brinca dizendo que está considerando ir a Israel para "se divertir" com o julgamento de Eichmann.[4] Confidenciou a ele que estava exasperada com a indefinição da data de início do julgamento porque não queria cancelar em vão seus inúmeros compromissos. Scholem respondeu confirmando que pouco tempo antes havia sido anunciado oficialmente que o julgamento estava previsto para ter início em 06 de março de 1961. Ele aproveitou para informar que estava prestes a receber um exemplar de *Vita activa* (edição alemã de *A condição humana*) e para dizer que contava com o autógrafo de Arendt em Jerusalém.[5] Arendt e Scholem acabaram por se desencontrar,

---

2 Arendt; Blumenfeld, *Correspondance*, p. 327 (23 out. 1960).

3 Ibid., p. 329 (29 out. 1960).

4 Arendt; Scholem, *Der Briefwechsel*, p. 419 (03 nov. 1960).

5 Ibid., p. 421 (28 nov. 1960).

devido a compromissos de Scholem na Europa durante alguns meses e a novos adiamentos do julgamento, que teve início enfim apenas em 11 de abril de 1961.[6]

Arendt concentrou parte de suas atividades em janeiro e fevereiro de 1961 e chegou a cancelar alguns compromissos, de modo a poder estar presente quando o julgamento se iniciasse. Ela partiu de Nova York no dia 08 de abril e já no dia seguinte estava em Jerusalém, onde pôde encontrar familiares e o amigo Kurt Blumenfeld antes do início do julgamento. Arendt estava presente quando o julgamento começou, no dia 11 de abril, quando viu Eichmann pela primeira vez. No dia 13 ela escreveu a Jaspers compartilhando suas impressões desses primeiros momentos do julgamento em um tom tão enfático que parecia confirmar as suspeitas iniciais dele de que isso não acabaria bem. Arendt afirmou na carta o seguinte: Eichmann "não é uma águia" e parece mais um "fantasma resfriado" que vai se desvanecendo em sua caixa de vidro; o juiz Moshe Landau, que preside o julgamento, é excepcional; o promotor Gideon Hausner é um "típico judeu galego" antipático, que comete vários erros grosseiros, interrompidos por arroubos emocionais; o advogado de defesa, Robert Servatius, sabe o que quer, sendo "ensebado, escorregadio, esperto e objetivo"; o promotor e possivelmente Ben-Gurion teriam arranjado as coisas para que o julgamento durasse "até o juízo final", mas sem tocar em aspectos cruciais do assunto, como "o fato da colaboração judaica"; o interesse do país pelo julgamento foi artificialmente provocado, se apinhando em frente à corte apenas uma "multidão oriental que se aglomeraria em qualquer lugar onde algo estiver acontecendo".[7] Entre os interesses políticos de Ben-Gurion poderia estar o de ocultar sua participação na negociação malfadada da troca de judeus por recursos, articulada ao final da guerra.[8]

Dois dias depois, dessa vez a seu marido Heinrich Blücher, Arendt voltou à carga. Ela repetiu quase textualmente a caracterização de Eichmann como "um fantasma resfriado" em sua gaiola de vidro, como em uma sessão espírita, mas "nem mesmo assustador", parecendo ter como única preocupação não perder a compostura; o promotor que fala pelos cotovelos e se contradiz o tempo todo; o advogado de defesa escorregadio, "sem dúvida completamente corrupto, mas muito mais esperto que o promotor público"; os maravilhosos

---

6 Arendt foi recebida por Fania Scholem, em uma ocasião que ela julga muito prazerosa, em que encontrará "muitas crianças da minha turma" (*lots of kids of my class*) (Arendt; Blücher, *Within four walls*, p. 360 (25 abr. 1961).

7 Arendt; Jaspers, *Briefwechsel*, pp. 471-472 (13 abr. 1961).

8 Cesarani, *Becoming Eichmann*, p. 177.

juízes, "todos judeus alemães";[9] a multidão oriental que se aglomera em qualquer espetáculo; os alemães "filossemitas", como o prefeito de Frankfurt e sua esposa, que puseram seu filho e um amigo dele em um kibutz e reviram seu estômago ao se lamuriarem pelo que os alemães fizeram etc. Tudo isso a fez suspeitar de que o julgamento, que era como um espetáculo teatral, não iria acabar bem. Curiosamente, ela, que modificou significativamente sua rotina e seus compromissos para acompanhar o julgamento, afirmou que "o único consolo é que essa coisa toda não é tão importante"[10] e passou então a relatar na carta a precariedade da saúde de Kurt Blumenfeld. Arendt informou a Blücher que havia ficado no tribunal de manhã até a noite nessa primeira semana, mas avaliava – equivocadamente, como perceberá – que isso não seria necessário nas seguintes. Disse, enfim, que, como o julgamento deveria durar meses, duvidava que pudesse estar presente quando a sentença fosse proferida.

Arendt revelou ter deliberadamente rompido em *Origens do totalitarismo* com "a tradição do *sine ira et studio*",[11] o princípio que prescreve o exame dos eventos históricos sem paixão ou preconceito, devido a uma necessidade metodológica imposta pelo próprio tema do totalitarismo, entre outros: se descrevo sem envolvimento emocional situações como a de uma imensa miséria em uma sociedade abastada, "sem permitir a interferência de minha indignação, é porque retirei esse fenômeno particular de seu contexto na sociedade humana e, com isso, furtei-lhe uma parte de sua natureza, privei-o de uma de suas características importantes".[12] Descrever os massacres administrativos nos campos de extermínio *sine ira et*

---

9 Cesarani afirmou em sua biografia de Eichmann que isto Arendt teria em comum com ele: "havia duas pessoas na sala de audiências que admiravam os juízes alemães como o melhor da Alemanha e desprezavam o promotor como um miserável *Ostjude*: um era Eichmann e o outro era Hannah Arendt" (Ibid., p. 15).

10 Arendt; Blücher, *Within four walls*, p. 355 (15 abr. 1961).

11 No prefácio à primeira edição ela defendeu que "incomensurável esperança, entremeada com indescritível temor, parece corresponder melhor a esses acontecimentos que o juízo equilibrado e o discernimento comedido" (Arendt, *Origens do totalitarismo*, p. 11). Ver a reiteração dessa posição no prefácio de 1966 à terceira parte, sobre o totalitarismo, na p. 339. Em uma entrevista de 1964 a Joachim Fest, já no contexto da polêmica em torno a *Eichmann em Jerusalém*, ela defendeu que o sentimento legítimo no tratamento desses temas é o de desolação e, ao mesmo tempo, que "as pessoas não deveriam adotar um tom apaixonado para falar dessas coisas, pois só as diminui" (Arendt; Fest, "'Como se falássemos com uma parede' – uma conversa com Joachim Fest", p. 337).

12 Arendt, "Uma réplica a Eric Voegelin", p. 419.

studio não significaria, para Arendt, ser objetivo. Certamente isso não se aplica a todas as situações nem invalida o princípio, mas abrange vários aspectos do julgamento de Eichmann que não poderiam ser enfrentados sem indignação precisamente porque ferem a dignidade humana fundada na pluralidade.

Nas cartas mencionadas anteriormente, tanto a Jaspers quanto a Blücher, essa divisa fundamental se dissipa um tanto em meio a considerações preconceituosas que destoam dos princípios fundamentais da obra de Arendt. Para Seyla Benhabib, a hostilidade de Arendt com o procurador-geral Gideon Hausner, seu "partidarismo infantil" em relação aos juízes educados na Alemanha e suas "expressões horríveis" sobre a multidão oriental do lado de fora do tribunal "sugerem certo colapso nervoso e falta de distância do assunto em questão".[13] É notório que em suas explicações para adiar e cancelar compromissos para poder acompanhar o julgamento Arendt recorreu, de modo inusual para ela, à justificativa pessoal de que assistir ao julgamento era como uma obrigação que ela devia ao próprio passado.[14] Chama atenção, em todo caso, que boa parte dessas percepções iniciais um tanto extremadas de Arendt reverberou e interferiu no tom, mesmo na edição revisada de *Eichmann em Jerusalém* (1964), de vários tópicos que alimentaram a polêmica em torno do livro, como examinarei adiante.

Parecia haver algo mais em jogo, todavia, algo que Elizabeth Young-Bruehl capturou bem ao enfatizar como uma *cura posterior* a experiência de ir a Jerusalém, ver Eichmann e acompanhar o julgamento.[15] Em uma carta a Mary McCarthy, Arendt revelou ter escrito *Eichmann em Jerusalém* em um "curioso estado de euforia" e que se sentia de "coração leve" (*light-hearted*) em relação a todo o assunto.[16] Seyla Benhabib interpretou com perspicácia e sensibilidade essa "infelicidade terminológica" do seguinte modo: "Ao expressar em público a vergonha, a raiva e a tristeza que carregou privadamente por trinta anos, ela finalmente descarregou parte do fardo que a história impôs a ela". Mas Benhabib notou ainda que "a dificuldade de manuseio das narrativas que ela tentou reunir em *Eichmann em Jerusalém*, bem como a proximidade existencial do assunto, deu origem a uma obra que às vezes ainda deixa a pessoa sem fôlego, e por vezes confusa, perplexa e irritada".[17]

---

13 Benhabib, "Identity, perspective and narrative in Hannah Arendt's *Eichmann in Jerusalem*", p. 35.

14 Young-Bruehl, *Hannah Arendt: por amor ao mundo*, pp. 295-296.

15 Ibid., p. 302.

16 Arendt; McCarthy, *Entre amigas*, p. 171 (23 jun. 1964).

17 Benhabib, "Identity, perspective and narrative in Hannah Arendt's *Eichmann in Jerusalem*", p. 36.

Arendt claramente levou a Jerusalém todos os seus incômodos de longa data com o processo de fundação do Estado de Israel como um Estado-nação típico, com unidade cultural e étnica, piorado pelas relações íntimas entre religião e política, em vez de como um Estado binacional árabe/judeu ou mesmo plurinacional. Essa conformação como um Estado-nação teria contribuído para que Israel, nos conflitos subsequentes com os árabes, encontrasse "formas racistas de colonização que só podiam ter como resultado o conflito permanente".[18] A impaciência de Arendt com Ben-Gurion e Gideon Hausner se devia em grande medida ao tipo de nacionalismo representado por eles em Israel, pois "qualquer Estado fundado na ideia de nação homogênea está fadado a expulsar quem não pertence à nação e, assim, reproduzir a relação estrutural entre Estado-nação e a produção de pessoas apátridas" e, "para ter legitimidade, todo Estado tem de aceitar e proteger a heterogeneidade de sua população, o que ela chamou de pluralidade".[19]

Houve quem dissesse que Arendt, dentre as centenas de correspondentes, de jornalistas a personalidades literárias, era "a mais famosa observadora do julgamento".[20] Possivelmente por isso e por seu amplo círculo de amizades em Israel, ao longo do mês de abril de 1961 Arendt encontrou em Jerusalém Golda Meir, então ministra das Relações Exteriores de Israel, em uma longa conversa da qual ela relembrará após a publicação de *Eichmann em Jerusalém*, em seu intercâmbio epistolar com Gershom Scholem; Pinchas Rosen, ministro da Justiça de Israel e irmão do seu amigo Martin Rosenblüth; Siegfried Moses, primeiro controlador público de Israel e conhecido de Arendt do movimento sionista alemão; Dieter Wechtenbruch, único assistente do advogado de defesa de Eichmann, estudioso da obra de Carl Schmitt, com quem ela passou várias horas e que lhe causou uma excelente impressão, além de tê-la presenteado com uma das notas que Eichmann escreveu para a defesa.[21]

Gabriel Bach, procurador-geral adjunto, que atuou como promotor auxiliar no julgamento de Eichmann, revelou, em uma palestra por ocasião dos cinquenta anos do julgamento de Eichmann, que não conhecia Hannah Arendt, mas que soube pouco antes do julgamento que havia chegado a Israel uma filósofa dos EUA que "queria escrever algo contra o julgamento". Ele teria

---

18 Butler, *Caminhos divergentes: judaicidade e crítica do sionismo*, p. 44.

19 Ibid., p. 104. Arendt jamais considerou Ben Gurion, apesar de seus interesses políticos e geopolíticos no julgamento, "um governante quase totalitário", como afirmou David Cesarani (Cesarani, *Becoming Eichmann*, p. 15).

20 Wojak, *Eichmanns Memoiren*, p. 196.

21 Arendt; Blücher, *Within four walls*, p. 367 (08 mai. 1961).

considerado isso algo bastante estranho, uma vez que o julgamento nem havia começado. Bach teria feito chegar a Arendt a informação de que estava à disposição para discutir os presumidos problemas do julgamento com ela, mas teria sido informado uns dias depois que ela "não estava preparada para falar com ninguém da acusação", o que ele também teria considerado surpreendente.[22]

Kurt Blumenfeld convidou Arendt e Moshe Landau, membro da Suprema Corte de Israel e presidente da corte no julgamento de Eichmann, a jantarem com ele. Arendt "foi o único membro da imprensa, estrangeira ou local, com quem Landau concordou em falar".[23] Ela ficou muito bem impressionada com ele e relatou a Blücher e a Jaspers o quanto ele era agradável e amigável: um "homem maravilhoso", "modesto, inteligente, muito aberto e que conhece os EUA muito bem".[24] A ambos ela pede que não divulguem o encontro, pois a condição de Landau para participar do jantar foi justamente a de que ele não fosse tornado público, uma vez que ele por princípio não queria se encontrar com pessoas da imprensa (e estavam presentes cerca de 750 jornalistas).

Um biógrafo de Moshe Landau especulou que ele não teria se impressionado com Arendt nem simpatizado com ela. Sua atitude supostamente fria possivelmente resultaria das duras críticas dela ao Estado de Israel e, supõe, do fato de ela ser casada com Heinrich Blücher, um não judeu alemão (e, presumivelmente pior para Landau, na opinião do biógrafo, um ex-membro do Partido Comunista). Isso e o fato de ele a ter julgado pretensiosa teriam sido revelados ao biógrafo por Landau em uma conversa entre eles.[25] Não obstante a alegação do biógrafo, ainda após o julgamento Landau teria manifestado interesse por *Eichmann em Jerusalém* antes mesmo de sua publicação e afirmado apenas, segundo Blumenfeld, que Arendt estaria equivocada quanto ao presumido legalismo do promotor Hausner, a quem ele teria elogiado.[26] Em maio de 1963 Landau também se deu ao trabalho de agradecer a Arendt, por meio da editora Viking Press, por ter feito chegar a ele um exemplar de *Eichmann em Jerusalém*.[27]

Arendt deixou Jerusalém rumo à Europa em 07 de maio de 1961, pouco menos de um mês após o início do julgamento, quando então encontrou o

---

22 Bach, "The Eichmann Trial", pp. 331-332.

23 Shaked, "The unknown Eichmann Trial: the story of the judge Landau", p. 14.

24 Arendt; Jaspers, *Briefwechsel*, p. 474 (25 abr. 1961). Ver Arendt; Blücher, *Within four walls*, p. 361 (26 abr. 1961).

25 Shaked, "The unknown Eichmann Trial: the story of the judge Landau", p. 14.

26 Arendt; Blumenfeld, *Correspondance*, p. 336 (11 set. 1962).

27 Landau a Viking Press, 26 mai. 1963, *Hannah Arendt Papers* (Adolf Eichmann File, 1938-1968, n.d, Correspondence, Miscellaneous, English language, L-M, 1958-1967).

casal Karl e Gertrud Jaspers na Basileia. Enquanto realizava pesquisas para o livro *Sobre a revolução*, em Munique, vê também Günther Anders, seu primeiro marido, com quem não falava havia mais de uma década. Em 1964 ele publicou *Nós, filhos de Eichmann*, uma carta aberta ao filho mais velho de Eichmann. Arendt retornou a Jerusalém para uma breve estada, de 17 a 24 de junho, na esperança de participar dos depoimentos de Eichmann. Ela acompanhou o depoimento dele a seu advogado de defesa, Robert Servatius, de 20 a 23 de junho de 1961.[28] Como deixou Jerusalém a seguir, não pôde acompanhar a interpelação de Eichmann pelo procurador-geral Gideon Hausner.

Arendt permaneceu na Europa novamente após retornar de Jerusalém, agora com Blücher, com quem visitou novamente Gertrud e Karl Jaspers. Passearam bastante nesse que foi o primeiro retorno de Blücher à Europa após a fuga dele com Arendt para os EUA, em 1941. Arendt voltou a Nova York no início de agosto de 1961 e retomou suas atividades, focando sua atenção na conclusão da obra *Sobre a revolução*, ocorrida em dezembro.[29] Ela planejava manejar a imensidão de documentos do processo Eichmann já no início de 1962, mas adoeceu em janeiro. Além disso, em março um táxi no qual trafegava no Central Park foi atingido por um caminhão, em um acidente grave que a deixou com várias fraturas (nove costelas quebradas), hemorragias e cortes, além de um olho bastante ferido. Apenas em abril conseguiu retomar lentamente a escrita e ao final de agosto entregou seu texto à revista *The New Yorker*, que foi aceito, "para surpresa geral", "em sua quase totalidade".[30]

A série de cinco artigos começou a ser publicada na revista *The New Yorker* em 16 de fevereiro de 1963. No dia 20 Arendt já estava na Basileia, para participar das homenagens aos oitenta anos de Karl Jaspers. Ela recebeu então informações breves sobre a reação aos artigos em uma carta enviada por Heinrich Blücher em meados de março. Ele informou que professores alemães nos EUA enviaram cartas de protesto porque ela teria mitigado a resistência alemã e registrou ainda que "os israelitas parecem estar se reunindo em uma falange".[31] Arendt respondeu dizendo que essas reações eram esperadas e que não passavam de uma tempestade em copo d'água, um tanto mais forte, mas à qual não se deveria prestar especial atenção[32] – uma avaliação que se mostrou, como veremos adiante, completamente equivocada.

---

28 Ver Cesarani, *Becoming Eichmann*, p. 346.

29 Ver Young-Bruehl, *Hannah Arendt: por amor ao mundo*, p. 299.

30 Arendt; McCarthy, *Entre amigas*, p. 149 (30 out. 1962).

31 Arendt; Blücher, *Within four walls*, p. 386 (meados de março de 1963).

32 Ibid., p. 387 (15 mar. 1963).

Arendt afirmou isso mesmo tendo recebido antes dessa carta de Blücher uma de Siegfried Moses, presidente do Leo Baeck Institute e antecessor de Gideon Hausner como procurador-geral em Israel. Amigo sionista de Blumenfeld e antigo alto funcionário do Estado de Israel, Moses era conhecido dela desde antes da tomada do poder pelos nazistas na Alemanha. Ela o encontrou com frequência em Jerusalém por ocasião do julgamento de Eichmann e havia inclusive contribuído em 1962 para um livro em homenagem a ele. Na carta, enviada de Nova York, Moses lamentou não poder encontrar Arendt, por ela estar na Europa, e ao mesmo tempo disse que em vez da conversa amigável que gostaria de ter teria de fazer uma "declaração de guerra" a ela.[33] Eventos como esse prenunciavam que essa "tempestade em copo d'água" ganharia proporções gigantescas. Não obstante, Arendt manteve durante bastante tempo sua decisão de não reagir publicamente a ela, em grande medida por sustentar que a criticaram muito mais por uma imagem fabricada do livro do que por qualquer coisa que ela efetivamente tenha afirmado nele. De todo modo, não via motivo para revisar o material dos artigos para a publicação na forma de livro.

Apesar de a carta de Moses ser de 07 de março de 1963, quando apenas três das cinco partes da série de artigos na revista *The New Yorker* haviam sido publicadas, ele informou que teria ido a Nova York diretamente de Israel, em nome do Conselho dos Judeus da Alemanha, para se manifestar contra ela, Raul Hilberg (cujo livro clássico *A destruição dos judeus europeus,* ao qual retornarei na próxima seção, foi decisivo para a escrita de *Eichmann em Jerusalém* e as afirmações de Arendt sobre a cooperação dos Conselhos Judaicos [*Judenräte*]) e Bruno Bettelheim (com sua influente e contestada, inclusive por Arendt, teoria da mentalidade de gueto, que tenta explicar a razão de os judeus não terem se rebelado contra seus algozes).[34] Moses relatou ainda que passaria pela Inglaterra

---

33 Moses a Arendt, *Hannah Arendt Papers,* 07/03/1963 (Adolf Eichmann File, 1938-1968, n.d, Correspondence, Organizations, Jewish, B-F, 1963-1965, fig. 14).

34 Ainda em 1967 Nathan Eck se permitiu reunir no mesmo grupo Arendt, Bettelheim e Hilberg, no artigo "Historical research or slander", *Yad Vashem Studies,* vi, 1967, pp. 375-384 (citado aqui da reimpressão mencionada na bibliografia). Para Eck, os três destacaram "o que eles chamaram de 'passividade', ausência de resistência, submissão pelos judeus, além de aceitação de seu destino em face do desastre lançado sobre eles pelos nazistas" (p. 116). Arendt se apiedou do "insignificante Eichmann", Bettelheim sustentou que se os judeus tivessem resistido aos nazistas teriam frustrado os planos deles, e Hilberg, que seria o pior de todos, acusa todo o povo judeu, e não apenas os líderes, de ter "desaprendido a arte da revolta" (pp. 117 e 118).

e pela Alemanha antes de retornar a Israel no fim de março e que o foco do Conselho no momento eram os textos de Arendt para a revista *The New Yorker.*

Arendt respondeu a Moses em 12 de março, sugerindo que o Conselho deveria declarar guerra apenas contra ela e talvez contra Hilberg, cujo livro, "excelentemente bem trabalhado", tornaria a tarefa bastante difícil. Enfatizou que o Conselho deveria ignorar Bettelheim, que ainda em março havia participado de um debate em defesa dela e em junho escreveu para *New Republic* uma resenha amplamente favorável de *Eichmann em Jerusalém.*[35] Ele seria, nos termos dela, um "tagarela psicológico" (*psychologischer Schwätzer*) que não teria ideia de coisa alguma, "para não falar do nível intelectual". Mas ela acabou também por indicar que ignorassem Hilberg, que seria muito sério no trato com as fontes, mas sem grande estatura intelectual. Ela concluiu aceitando, por assim dizer, a declaração de guerra: "Se você amontoa três personagens completamente diferentes na mesma panela só porque eles ousaram falar algo contra os judeus, a liderança judaica e os judeus alemães, então nem valerá a pena responder a seu ataque".[36]

Em sua carta, Moses havia dito a Arendt que ela já devia saber da reação negativa entre os judeus, mas que talvez ela não imaginasse o nível de indignação que provocara com a afirmação de que os líderes judeus participaram da destruição do seu povo e de que sem a cooperação deles dificilmente o número total de vítimas teria sido tão elevado. Quando ele reagiu à resposta de Arendt, em 24 de março, já em Israel, sugeriu que a nota explicativa que ela teria dito pretender acrescentar ao relato fosse feita ao final da série de cinco artigos e que ela não esperasse pela edição em livro. Não consta na correspondência entre eles indicação de Arendt do propósito de acrescentar uma nota explicativa a *Eichmann em Jerusalém.* Em todo caso, Moses alterou seus planos de viagem em sua passagem pela Europa, no retorno de Nova York, para falar com Arendt na Basileia e aí podem ter conversado sobre isso.[37] Elizabeth Young-Bruehl reportou que ele teria

---

35 Reimpresso como "Eichmann: the system, the victims" em Bettelheim, *Surviving the Holocaust.* Utilizei esta versão.

36 Arendt a Moses, *Hannah Arendt Papers,* 12 mar. 1963 (Adolf Eichmann File, 1938-1968, n.d, Correspondence, Organizations, Jewish, B-F, 1963-1965, fig. 15). Por razão que desconheço, Cesarani afirmou em sua biografia de Eichmann que os ensaios de Bettelheim "sobre as reações judaicas à perseguição nazista foram uma influência formativa no pensamento de Arendt tanto quanto o trabalho histórico de Hilberg" (Cesarani, *Becoming Eichmann,* p. 351).

37 Arendt; Grafton, "Respostas às perguntas de Samuel Grafton", p. 771.

ido até a Suíça para pedir que ela não publicasse *Eichmann em Jerusalém* como livro, mas ela "advertiu Moses de que os críticos judaicos dela iriam transformar o livro em uma *cause célèbre* e, dessa forma, causar mais danos à comunidade judaica do que possivelmente qualquer coisa que ela pudesse ter dito".[38]

Preocupava Siegfried Moses sobretudo que fosse acrescentada uma nota explicativa à afirmação de que as perdas teriam sido menores se o povo judeu não tivesse líderes, uma vez que a formulação "a verdade toda é" dava a impressão de que era uma afirmação demonstrável ou verificável.

> A verdade era que o povo judeu não era um todo organizado, que não possuía território, governo, nem exército em sua hora de maior precisão, não tinha um governo no exílio para representá-lo entre os Aliados (a Agência Judaica para a Palestina, presidida pelo dr. Weizmann, era na melhor das hipóteses um substituto miserável), nem um esconderijo de armas, nenhum jovem com treinamento militar. Mas *a verdade toda é* que existiam organizações comunitárias judaicas e organizações recreativas e de bem-estar judaicas tanto em nível local como internacional. Onde quer que vivessem judeus, havia líderes judeus reconhecidos, e essa liderança, quase sem exceção, cooperou com os nazistas de uma forma ou de outra, por uma ou outra razão. *A verdade toda é que, se o povo judeu fosse realmente desorganizado e sem líderes, teria havido caos e muita miséria, mas o número total de vítimas dificilmente teria ficado entre 4 milhões e meio e 6 milhões de pessoas.*[39]

Arendt justificou seu predominante silêncio sobre as críticas a *Eichmann em Jerusalém* indicando que era alvo de uma campanha orquestrada pelo que chamou de *establishment* judeu, referindo-se com o termo às organizações judaicas e ao próprio governo de Israel, cuja classe política teria forte vínculo com a liderança judaica na Europa durante a guerra.[40] Em 15 de março de 1963, pouco após a primeira carta de Moses sobre os artigos na revista *The New Yorker*, o jornal *Aufbau*, da comunidade judaica de Nova York, escrito predominantemente em alemão – com o qual Arendt colaborou regularmente desde sua chegada aos EUA, em 1941, até 1945 –, lançou uma pequena nota editorial informando que Arendt

---

38 Young-Bruehl, *Hannah Arendt: Por amor ao mundo*, p. 310.

39 Arendt, *Eichmann em Jerusalém*, pp. 141-142. Grifos meus.

40 Arendt, "'O formidável Doutor Robinson'", p. 814.

estava a publicar uma série de artigos sobre o caso Eichmann. Esses artigos, informaram, eram baseados em intensa pesquisa, nos quais havia várias informações desconhecidas do público em geral e também "declarações que provavelmente resultarão em considerável polêmica". Informaram ainda, prudentemente, que também pretendiam comentar a publicação, mas apenas quando todos os artigos tivessem sido publicados e submetidos a um "sereno exame" (*ruhigen Prüfung*).[41]

Uns poucos dias depois, não obstante, o jornal publicou vários textos sobre o tema sob o título geral: "A tempestade em torno ao 'Eichmann' de Hannah Arendt". O primeiro texto foi uma declaração do Conselho dos Judeus da Alemanha, ao qual estava vinculado Siegfried Moses. Na declaração indicou-se que os artigos de Arendt na revista *The New Yorker* não serviam à verdade histórica e que ela incompreendeu a atitude de líderes judeus íntegros, que indubitavelmente se sacrificaram. Além disso, ela teria errado ao julgar decisivas para o extermínio de milhões de judeus as negociações que os líderes eventualmente levaram a cabo com os nazistas e ao fazer acusações infundadas a partir de generalizações de casos individuais. Concluiu que, no caso específico da Alemanha, Arendt lançou o estigma moral da "cooperação" sobre as negociações das lideranças com as organizações governamentais para mitigar o sofrimento dos judeus e facilitar sua emigração. Por fim, anunciou que o Conselho dos Judeus da Alemanha planejava uma série de publicações para retratar a situação dos judeus sob o nazismo e como os judeus alemães se organizaram para se ajudarem reciprocamente e "para conservar nas circunstâncias mais penosas sua dignidade e seu respeito próprio".[42]

O texto, cujo título é precisamente "Jewish dignity and self-respect" (Dignidade judaica e respeito próprio), é seguido por vários outros, escritos em alemão, marcados pela defesa dos líderes judaicos e por um tom decisivamente crítico, mas não difamatório, ao contrário do que poderia fazer supor um dos textos, intitulado "*Ein Meisterwerk ohne Seele*" ("Uma obra-prima sem alma"), de Frederick R. Lachman, então editor adjunto de *Aufbau*. Esse autor concluiu o texto afirmando que chegará o dia de analisar os acontecimentos sob o nazismo de forma argumentativa e com "serena objetividade" (*ruhiger Sachlichkeit*),[43] mas que, por ora, como a série de artigos de Arendt provaria, isso não seria possível, sendo precisamente a alma pesarosa o que faltou a ela.

---

41 "Die Eichmann-Serie in *The New Yorker*", p. 3.

42 Council of Jews from Germany, "Jewish dignity and self-respect", p. 7.

43 Lachman, "Ein Meisterwerk ohne Seele", p. 22.

Em toda a controvérsia não será infrequente que as críticas a ela a qualifiquem simultaneamente de genial e insensível.

A declaração de guerra anunciada por Siegfried Moses teve grande reverberação. Ele articulou a publicação da declaração do Conselho dos Judeus da Alemanha, a qual, como Arendt destacou, reconhecia que houve "assistência técnica" das lideranças na execução das ordens dos nazistas, compreensíveis, segundo o Conselho, tanto por terem sido forçados quanto pela tentativa de mitigar o sofrimento dos judeus por meio de uma resistência secreta. Arendt julgou que isso na verdade reforçava sua posição.[44] Ela destacou exemplos de que a primeira reação da imprensa israelense a seu livro foi positiva, mas disse estar razoavelmente segura de que a "guerra" de Moses, alto funcionário do governo, "não consistia na inofensiva declaração do Conselho, mas em ataques organizados por antigos funcionários de organizações judaicas alemãs que agora estão dispersos por todo o mundo".[45]

Em 07 de junho de 1963 a diretoria de redação de *Aufbau* publicou um sumário com textos publicados sobre *Eichmann em Jerusalém* na imprensa dos EUA até então, observando que na imprensa judaica "a oposição ao livro de Arendt é naturalmente quase unânime" e que "no restante da imprensa os julgamentos oscilam entre a condenação explícita e a aprovação frequentemente hesitante".[46] Destacou ainda que mesmo textos críticos da imprensa judaica por vezes reconheciam algum mérito no texto de Arendt (exceção feita, por exemplo, a textos como o de Arieh Tartakower, o do Congresso Mundial Judaico, publicado em *World Jewry*, com o título "The self-hate of Hannah Arendt" ("O auto-ódio de Hannah Arendt")).[47] Indicaram, por fim, que publicariam em volumes vindouros

---

44 Arendt, "'O formidável Doutor Robinson'", p. 815.

45 Ibid., p. 816.

46 "Die Presse über Hannah Arendts Buch", *Aufbau*, p. 5.

47 A revista francesa *Le Nouvel Observateur* se permitiu ir mais além e publicar, em sua edição de 26 de outubro de 1966 (p. 37), uma carta coletiva com o título "Hannah Arendt est-elle nazie?" (Hannah Arendt é nazista?), assinada, por exemplo, por Vladimir Jankélévitch e Olivier Revault D'Allonnes. Nos arquivos Hannah Arendt na Biblioteca do Congresso dos EUA há uma carta de 1968 de Jean Daniel, então editor da revista *Le Nouvel Observateur*, para Mary McCarthy, na qual ele afirmava lamentar profundamente que a revista "tenha cometido o erro estúpido de fazer a pergunta [sobre se Arendt era nazista] em uma manchete" e pede a ela que externe suas desculpas a Arendt (Jean Daniel a Mary McCarthy, *Hannah Arendt Papers*, 06 mar. 1968, Adolf Eichmann File, 1938-1968, n.d., Correspondence, Miscellaneous, German and French languages, B-G, 1963-1968, n.d, fig. 0014d).

excertos do montante extraordinariamente grande de cartas que receberam sobre o tema e que o livro de Arendt conseguiu ao menos amplificar a preocupação com as coisas terríveis pelas quais os judeus passaram e que deverão ocupar a consciência da humanidade por ainda muito tempo.

Arendt chegou a Nova York no início de agosto de 1963, tendo retornado de navio com Heinrich Blücher após cerca de cinco meses de ausência e de terem passeado pela Grécia e pela Itália, em uma viagem que impressionou e entusiasmou muito a ambos. Foi entre a estada na Grécia e a ida à Itália que Arendt fez a viagem de quatro dias a Israel no início de maio para encontrar sua família e Kurt Blumenfeld, que estava hospitalizado – ele veio a falecer em 21 de maio. Muito doente, ele, que foi a principal companhia dela na ocasião do julgamento, não pôde ler os artigos na revista *The New Yorker*, mas teria recebido informações de toda parte e estaria muito aborrecido, considerando inclusive manifestar publicamente sua indignação, dado o conhecido vínculo que tinha com Arendt, segundo informou Pinchas Rosen. Ele citou a visita de Arendt a Blumenfeld no obituário que dedicou a ele, dando a impressão de que Blumenfeld teria rompido com ela. Ernst Fuerst, primo de Arendt, informou a Elizabeth Young-Bruehl que tinha a impressão de que Blumenfeld teria recusado a visita de Arendt, mas Arendt relatou a Rosen detalhes dessa conversa e de suas explicações a Blumenfeld.[48] O certo é que esse intenso mal-estar com um amigo tão próximo abalou Arendt profundamente.

Arendt já havia mencionado em uma carta a Karl Jaspers de agosto de 1963 que julgava a controvérsia pouco equânime e que uma prova disso seria a recusa do jornal *Aufbau* a publicar uma declaração sua sobre os numerosos artigos que lá apareceram contra ela, algo que ela destacou ser bastante inusual nos EUA.[49] O jornal *Aufbau* chegou mesmo a publicar um texto crítico à objeção do Conselho dos Judeus da Alemanha contra Arendt,[50] mas, enfim, seis meses após falar de "sereno exame" e logo após recusar a publicação de uma declaração de Arendt, acolheu um texto infame intitulado "This is a born murderer". O autor, dr. William Gutman, referiu-se à especulação de que o resultado do "teste de Szondi", teste de personalidade a que Eichmann fora submetido,

---

48 Young-Bruehl, *Hannah Arendt: Por amor ao mundo*, p. 314. Ver p. 479, nota 76.

49 Arendt; Jaspers, *Briefwechsel*, p. 552 (09 ago. 1963). Ver Fest, "Das Mädchen aus der Fremde: Hannah Arendt und das Leben auf lauter Zwischenstationen", p. 185.

50 Lederman, "This book was not written too early", *Aufbau*, p. 5.

teria sido apresentado ao criador do teste, o psiquiatra Leopold Szondi, sem que ele fosse informado de quem se tratava. Seu diagnóstico seria a frase que deu título ao texto de Gutman – "É um assassino nato". Isso provaria, para o autor, que Arendt estaria equivocada ao chamar atenção para a importância do fato de que Eichmann não encontrava à sua volta juízos ou atitudes que pudessem indicar que estava agindo de modo criminoso. Por fim, concluiu que a principal característica da obra de Arendt consistiria em fazer com que as questões periféricas fossem tidas por centrais. Para ele,

> a fonte motivadora de tal procedimento, no quadro de grande erudição e lógica, pode geralmente ser encontrada no desejo de ser diferente – uma marca de originalidade. Tal atitude surge do que Alfred Adler chamou de "o protesto masculino" em uma mulher, o esforço para igualar o intelecto masculino ou superá-lo. Jung o chamou de "*animus*" da mulher, seu componente masculino que, sob provocação, opera na forma de contradição consigo mesmo, resultando em pontos de vista opinativos em vez de julgamento equilibrado.[51]

Comentando a manifestação de um crítico de Arendt, Ruth Linn alerta para o fato de que ele a chamou de "Miss Arendt" e não de "Dr. Arendt",[52] como os próprios críticos, homens em sua quase totalidade, se nomeavam a si mesmos e entre si, no caso de serem doutores. Apesar do nível abaixo da crítica do texto de Gutman, não foi seu autor quem inaugurou o patamar embaraçoso e falsificador que frequentemente prevaleceu na controvérsia, notadamente no primeiro ano após a publicação da série de artigos na revista *The New Yorker*.

Em 19 de maio de 1963 o juiz Michael A. Musmanno, da Suprema Corte da Pensilvania, publicou no jornal *The New York Times* uma resenha do recém-editado *Eichmann em Jerusalém* com o título "Man with an unspotted conscience"

---

51 Gutman, "This is a born murderer", *Aufbau*, p. 14. B. Z. Goldberg se permitiu perguntar em um texto como Arendt podia, "com suas unhas feitas (*manicured nails*), arranhar as almas muito finas das vítimas dos campos?" ("A book by a Jewish woman: why A. Eichmann is cleared and the Jews are to blame", *Der Tog-Morgen Zhurnal* [26 mai. 1963], citado em Cohen, "A generation's response to *Eichmann in Jerusalem*", p. 262).

52 Ruth Linn, "Naked victims, dressed-up memory: the escape from Auschwitz and the Israeli historiography", p. 25.

("Um homem com uma consciência imaculada"). Ele atuou em Nuremberg como juiz no julgamento dos administradores dos campos de extermínio e dos membros das unidades móveis de extermínio do Leste Europeu. Musmanno participou como testemunha do julgamento em Jerusalém e foi criticado por Arendt no livro por inflar a importância de Eichmann em seu depoimento, e com isso ter dado suporte à hipótese da acusação de que ele agia por conta própria com relação ao extermínio dos judeus e havia recebido suas atribuições diretamente de Hitler.[53]

Um jornalista que buscou sumariar a polêmica em meados de 1963 observou que Musmanno era de "um caráter extravagante que não é exatamente notável pela fineza da percepção ou sutileza de espírito".[54] Contra as críticas de Arendt, que apareceram no quarto dos cinco textos da série de artigos (09 mar. 1963), ele se manifestou na revista *The New Yorker*[55] indicando três erros menores relacionados a ele que Arendt ajustou quando publicou os artigos em formato de livro, já na primeira edição. Não obstante, a amplitude do rechaço de Musmanno, como ficou claro depois, não concernia a pormenores. Apesar de a animosidade contra a obra de Arendt e contra ela mesma estar progressivamente se ampliando naquele momento, houve uma profusão de cartas majoritariamente contrárias à resenha de Musmanno. Ocorreram também manifestações em defesa dele, e o Conselho Nacional do Bem-estar Judaico chegou a recomendá-lo vivamente, em uma circular, para discutir "o esforço recente de reinterpretar o holocausto judeu na Europa", destacando ainda suas habilidades como orador, atestada por sua participação em atividades em vários centros comunitários judeus.[56]

A resenha de Musmanno foi aprovada pelo editor Francis Brown e gerou grande controvérsia no conselho editorial, só silenciada quando "Gertrud Samuels, uma das editoras de variedades do jornal e autora de uma biografia de Ben-Gurion, intitulada *Combatente de Golias*, fez circular um abaixo-assinado na redação e os hesitantes foram derrotados".[57] O mesmo Francis Brown enviou um breve recado para o hotel onde Arendt estava hospedada em Roma solicitando que ela comentasse a resenha de Musmanno e informou que seria

53 Arendt, *Eichmann em Jerusalém*, p. 232.

54 Kristol, "The Arendt affair", p. 20.

55 "Dept. of correction and amplification", p. 108.

56 Carta circular de Samuel D. Freeman, diretor do Jewish Center Lecture Bureau, de 24 de março de 1963, *Hannah Arendt Papers* (Adolf Eichmann File, 1938-1968, n.d, Correspondence, Organizations, Jewish, H-W and unidentified - 1963-1966, fig. 0002d).

57 Young-Bruehl, *Hannah Arendt: Por amor ao mundo*, p. 319.

publicada com uma tréplica dele. Em 31 de maio de 1963 Arendt enviou uma rara longa carta manuscrita que acabou por ser publicada no jornal *The New York Times* no dia 23 de junho com a tréplica de Musmanno, como previsto.

Arendt focou seu comentário no caráter editorialmente problemático da escolha do autor da resenha, por tê-lo criticado em *Eichmann em Jerusalém*: "A escolha do resenhista foi bizarra, porque eu havia caracterizado as posições do sr. Musmanno sobre o governo totalitário em geral e sobre o papel de Eichmann em particular como 'disparates perigosos'".[58] Com isso, as críticas da resenha seriam em causa própria, o que minaria a imparcialidade do resenhista. Arendt observou ironicamente que até compreenderia que o excesso de trabalho tivesse impedido o editor de ler o livro, mas considerava inadmissível que falsificações elementares tivessem passado pelos editores. Caso tivessem checado essas "óbvias fantasias", disse ela, teriam percebido o "curioso hábito do resenhista" de parafrasear trechos inteiros do livro e afirmar com ênfase contra a autora o que ela de fato defende, como a indicação de que Eichmann era juridicamente responsável mesmo sem qualquer participação direta na aniquilação física das vítimas, ou de que sua mentalidade totalitária se revelava precisamente por ele dizer não conhecer o programa do partido.

Em sua tréplica, Musmanno reiterou suas posições, disse que apenas indicou onde as afirmações de Arendt não eram corroboradas pelos fatos e enfatizou que os registros oficiais provariam indubitavelmente que "Eichmann odiava os judeus e empregou seu ódio no empreendimento sanguinário de assassiná-los (...) em todas as oportunidades". E concluiu: "Ela diz que Eichmann foi mal julgado, mal interpretado, mal compreendido, que foi vítima de 'má sorte'. Isso não é simpatizar com ele?".[59] Arendt concluiu sua carta ao editor indagando se ele julgava que a revista *The New Yorker* e a editora The Viking Press teriam publicado a série de artigos e subsequentemente o livro se ambos fossem de fato uma defesa de Eichmann. A implicação desses veículos na polêmica era óbvia e a avalanche de cartas que receberam indicava que essa era também a posição do público. Possivelmente também por isso, após publicação das cartas no jornal *The New York Times* a revista *The New Yorker* divulgou, em sua edição

---

58 Arendt, "Letters to the Editor: *Eichmann in Jerusalem* – A statement from Miss Arendt", *The New York Times*, 23 jun. 1963.

59 Musmanno, "Letters to the Editor: *Eichmann in Jerusalem* – A reply from Judge Musmanno", *The New York Times*, 23 jun. 1963.

de 20 de julho de 1963, uma nota dura com uma defesa inequívoca da posição de Arendt em relação ao que fora atacado e da legitimidade de publicá-la.

A nota principiava afirmando que a resenha de Musmanno era um caso paradigmático de incompreensão de pessoas de presumível boa-fé e destacada inteligência que acaba levando à catástrofe. Defendeu a qualificação de Arendt para a escrita da reportagem e sustentou que ao analisar o caráter de Eichmann ela encontrou, apesar do horror que colaborou para perpetrar, "um homem sem profundidade de caráter, de paixão ou de inteligência; seis milhões de vítimas não poderiam ter sido executadas sem a obstinada eficiência de simplórios como ele". Arendt teria dado o subtítulo "Um relato sobre a banalidade do mal" por "concluir que o mal nunca é grandioso, mas (um pensamento infinitamente mais terrível) incessantemente trivial". A nota finalizava indicando que o juiz Michael A. Musmanno escolhera incompreender a obra de Arendt, "com a perversidade que frequentemente interrompe as discussões mais lúcidas e brilhantes sobre ética e historiografia", e que ele não entendia ironia.[60]

Musmanno reagiu imediatamente à nota da *The New Yorker* com uma longa carta a William Shawn, editor da revista. Ele reiterou suas afirmações, disse que não escolheu incompreender Arendt, mas que foi ela quem viu um Eichmann desafortunado e um Himmler piedoso, ignorando que ele era um monstro e que Hitler e Himmler, em suas palavras, eram "arquidemônios", "a própria personificação do mal". A simpatia manifesta dela por Eichmann, alegou Musmanno, contrastava com o fato de que "na obra inteira não há expressão de simpatia pelos judeus imolados" ou manifestação de pesar por seus sofrimentos. Por fim, enfatizou que falar de um mal trivial, em referência ao assassinato de 6 milhões de judeus, era um completo absurdo.[61]

Na nota da revista *The New Yorker* afirmou-se que as distorções levadas a cabo por Musmanno tornaram quase impossível qualquer discussão frutífera com ele sobre *Eichmann em Jerusalém*, e talvez por isso William Shawn sequer respondeu à carta que ele enviou. Musmanno mandou um telegrama no dia seguinte oferecendo-se para abreviar sua carta para que fosse publicada na revista e, sem receber uma resposta, dois dias depois enviou uma carta breve insistindo na publicação de uma versão abreviada da carta inicial, na qual resumia sua

---

60 "Notes and comments", p. 17.

61 Musmanno a Shawn, *Hannah Arendt Papers*, 22 jul. 1963 (Adolf Eichmann File, 1938-1968, n.d, Correspondence, William Shawn and Michael A. Musmanno, 1963).

posição e assinalava que se Arendt escrevera 275 páginas pretendendo ser irônica deveria ter colocado uma etiqueta no livro avisando disso. No dia seguinte ele enviou outra carta insistindo na publicação, anexando a carta resumida, dessa vez por correspondência registrada.[62] Ele não obteve resposta.

Arendt confidenciou a Mary McCarthy que não pretendia responder individualmente aos críticos e que antes pensava em avaliar todo esse "negócio estranho" escrevendo um ensaio sobre verdade e política no início de 1964.[63] Em setembro de 1963, no auge do "escândalo Eichmann, que continuou a crescer em proporções fantásticas",[64] Arendt estava se preparando para ir a Chicago, onde ministraria um curso de introdução à política. Seu esposo estava adoentado e ela confessou a Mary McCarthy que o "problema-Eichmann" não a perturbaria se estivesse bem, "mas, preocupada como estou, não posso mais confiar em que vou manter a cabeça no lugar e não explodir. Como é arriscado dizer a verdade em termos factuais sem ornamentos teóricos e acadêmicos".[65] Arendt estava convencida de que esse era seu próprio caso e que o "*establishment* judeu" tinha extraordinário interesse no tema porque a liderança judaica daquele momento "tinha muito mais sujeira esconder do que se suspeitava – em todo caso, não sei muito sobre isso. Até onde posso ver, vínculos entre a liderança judaica e os Conselhos Judaicos podem estar envolvidos".[66]

No que Arendt chamou de campanha orquestrada pelo *establishment* judeu ela foi acusada basicamente de duas coisas: de culpar os judeus e de inocentar Eichmann, considerando suas análises sobre o papel dos Conselhos Judaicos e sua caracterização de Eichmann como alguém que não sabia o que estava fazendo por ser incapaz de separar moralmente o certo do errado. É claro que sua caracterização de Eichmann como um burocrata devotado e não monstruoso incomodou, mas a afirmação de que "para um judeu, o papel desempenhado pelos líderes judeus na destruição de seu próprio povo é, sem

---

62 Musmanno a Shawn, *Hannah Arendt Papers*, cartas de 23 e 25 jul. 1963 (Adolf Eichmann File, 1938-1968, n.d, Correspondence, William Shawn and Michael A. Musmanno, 1963).

63 Arendt; McCarthy, *Entre amigas*, p. 157 (16 set. 1963). Arendt acabou publicando o texto "Verdade e política" apenas no início de 1967, também na revista *The New Yorker*, e logo o incluiu na edição de 1968 de *Entre o passado e o futuro*.

64 Arendt; Jaspers, *Briefwechsel*, p. 558 (20 out. 1963).

65 Arendt; McCarthy, *Entre amigas*, p. 152 (16 set. 1963).

66 Arendt; Jaspers, *Briefwechsel*, p. 560 (20 out. 1963).

nenhuma dúvida, o capítulo mais sombrio de toda uma história de sombras"[67] foi o que de fato desencadeou o que ela chamou de campanha orquestrada. Certamente, como bem observou Elizabeth Young-Bruehl,[68] para boa parte dos judeus esse não foi o capítulo mais sombrio nem a maneira como Arendt o contou foi tida como a melhor forma de fazê-lo.

Arendt associava o que sucedeu a *Eichmann em Jerusalém* a duas outras obras publicadas no mesmo ano de 1963 que também tiveram um sucesso igualmente estrondoso e polêmico. Nesse ano sua amiga Mary McCarthy publicou *O grupo*, obra a cuja escrita havia se dedicado por mais de uma década. O livro ficou dois anos na lista dos mais vendidos do jornal *The New York Times* e gerou grande polêmica por retratar a vida de jovens mulheres ex-colegas de faculdade em pleno New Deal tratando de temas como contracepção e socialismo, tendo sido inicialmente proibido em países como Itália, Irlanda e Austrália "como uma ofensa à moral pública".[69] Também gerou polêmica entre "críticos sérios", como Norman Podhoretz e Norman Mailer, por McCarthy ter presumivelmente "sucumbido aos clichês de seus personagens".[70] Em carta a Arendt ela lamentou o que chamou de "perfídia pessoal" da *New York Review of Books* por "pessoas que supostamente são minhas amigas solicitarem uma resenha a um inimigo declarado, e ainda mais estranho que tenham ficado importunando para que escrevesse para eles enquanto ocultavam a iminente publicação da resenha de Mailer".[71] A própria Mary McCarthy associou a polêmica com seu livro "à fúria Eichmann, em pequena escala"[72]. Arendt associou essa "punhalada nas costas" da *New York Review of Books* com o que sucedeu a ela na *Partisan Review*, com a indicação de Lionel Abel, um conhecido desafeto seu, para comentar *Eichmann em Jerusalém*,[73] em texto de que tratarei na próxima seção.

Mais emblemático e afim, todavia, foi o caso da peça *O vigário*, do dramaturgo alemão Rolf Hochhuth, que buscou lidar com o silêncio do papa Pio XII ante o extermínio dos judeus pelos nazistas. O capítulo possivelmente mais

---

67 Arendt, *Eichmann em Jerusalém*, p. 134.

68 Young-Bruehl, *Hannah Arendt: Por amor ao mundo*, p. 307.

69 Brightman, *Writing dangerously: Mary McCarthy and her world*, p. 486.

70 Ibid., p. 483.

71 Arendt; McCarthy, *Entre amigas*, pp. 159-160 (24 out. 1963).

72 Ibid., p. 160 (24 out. 1963).

73 Ibid., p. 161 (outono de 1963).

comprometedor da trajetória pessoal de Eugenio Pacelli, como cardeal-secretário de Estado, como núncio apostólico na Alemanha e em suas várias atribuições nas relações internacionais, em que cuidava fundamentalmente das relações Igreja/Estado, nem é considerado em primeiro plano. Essas atribuições o envolviam, como atestam documentos já tornados públicos, em algo muito maior que um "significativo silêncio". Arendt mencionou, por exemplo, a concordata assinada pelo Vaticano com o regime de Hitler, já em 1933, quando Pio XI teria louvado Hitler por ser o primeiro estadista a acompanhá-lo publicamente na condenação ao bolchevismo, tornando-se assim, "nas palavras dos bispos alemães, 'o primeiro soberano estrangeiro a estender para (Hitler) a mão em confiança'".[74] Aparentemente Arendt não sabia ou não atentou para o fato de que Eugenio Pacelli era núncio apostólico do Vaticano na Alemanha na ocasião em que a Concordata foi firmada. Alimentadas pelas várias tentativas de levar adiante o lento e sinuoso processo de beatificação de Pio XII e pela publicização recente dos arquivos secretos do seu pontificado durante a Segunda Guerra Mundial, ainda hoje as disputas em torno do problema quase nunca colocam em questão seu silêncio (prudencial, omisso ou estratégico) como um fato puro e simples.

A polêmica em torno da peça de Hochhuth se agigantou mundo afora. Arendt teve acesso à edição alemã ainda em 1963. Ela reportou a Jaspers que nos EUA já havia protestos contra a encenação da peça utilizando recursos parecidos com aqueles empregados contra o seu *Eichmann em Jerusalém*, publicado no mesmo ano da peça de Hochhuth, e que os judeus teriam se aliado aos católicos na condenação à peça. Isso se deu, na opinião dela, porque as relações entre os judeus e o Vaticano estavam muito boas naquele momento e pela "comunidade de interesses entre todos os aparatos: ninguém está interessado em examinar o assunto muito a fundo. E uma mão lava a outra".[75] Karl Jaspers informou a Arendt que a peça de Hochhuth estava causando furor pela Europa já no ano de seu lançamento, inicialmente na Alemanha, e que ele estaria recebendo o mesmo tratamento que ela por *Eichmann em Jerusalém*, exceto pelo fato de que ele, ao contrário dela, "*também* tinha amigos".[76]

Jaspers participou ativamente da controvérsia tomando parte em discussões radiofônicas e também escrevendo sobre o tema. Ele conheceu Hochhuth e se

74 Arendt, "*O vigário*: culpa pelo silêncio?", p. 290.

75 Arendt; Jaspers, *Briefwechsel*, p. 575 (01 dez. 1963).

76 Ibid., p. 564 (25 out. 1963). Grifos no original.

tornou muito próximo dele, a ponto de Arendt dizer que ele e Hans Saner eram os discípulos de Jaspers.[77] Um texto de Jaspers, intitulado "*Nicht schweigen*" ("Não se cale"),[78] foi incluído em edições mais recentes do texto da peça. Arendt também participou do debate, publicando em 1964 o texto "*O vigário*: culpa pelo silêncio?", coligido tempos depois, postumamente, na obra *Responsabilidade e julgamento*. Os textos de Arendt e Jaspers foram publicados em uma coletânea sobre a peça e a controvérsia que apareceu nos EUA já em 1964, contando, por exemplo, com textos de Lionel Abel, Golo Mann, Alfred Kazin e Léon Poliakov, que se envolveram também de modos diversos na controvérsia sobre *Eichmann em Jerusalém*.[79]

Em carta a Jaspers, Arendt mencionou que não via muita qualidade literária na peça, não obstante considerar o livro muito interessante e que Hochhuth "sem dúvida estava certo". Em seu texto sobre a obra ela sopesou essa sua posição e a louvou como "a obra literária mais factual desta geração, além de 'a mais controversa'".[80] Arendt chegou a comentar com Jaspers que a confusão em torno dela teria se acalmado e as pessoas estavam se preparando para ir atrás de Hochhuth.[81] Ela destacou que a acusação de Hochhuth na peça se dirigia à política do Vaticano, durante os massacres promovidos pelos nazistas, de não mobilizar a hierarquia da Igreja católica e seus fiéis contra Hitler, ou de nem se manifestar publicamente contra o extermínio.[82] Em suas reflexões sobre o julgamento de Eichmann em Jerusalém, o promotor-chefe Gideon Hausner lembrou a peça de Hochhuth e o escândalo em torno dela e chamou a atenção para o decisivo papel de expoentes da Igreja católica alemã na interrupção do extermínio do programa nazista de "eutanásia" dos doentes mentais alemães, e, ecoando a sentença de Arendt que tanto incomodou Siegfried Moses, disse:

---

77 Ibid., p. 643 (25 jul. 1965).

78 Jaspers, "Nicht schweigen! Zu Hochhuths '*Stellvertreter*'", pp. 502-505.

79 Bentley (ed.), *The storm over* The deputy.

80 Arendt, "*O vigário*: culpa pelo silêncio?", p. 282.

81 Ver Arendt; Jaspers, *Briefwechsel*, p. 581 (19 fev. 1964).

82 Em seu ensaio sobre o papa João XXIII ("Um cristão no trono de São Pedro"), Arendt mencionou "o relato de que, meses antes de sua morte, ele recebeu para ler a peça *O vigário*, de Hochhuth, e então lhe perguntaram o que se poderia fazer contra ela. Ao que supostamente respondeu: "Fazer contra? O que você pode fazer contra a verdade?" (Arendt, *Homens em tempos sombrios*, p. 73). Ela mencionou antes esse relato sobre João XXIII em carta a Jaspers de fevereiro de 1964 (Arendt; Jaspers, *Briefwechsel*, 19 fev. 1964, p. 583).

"Só podemos especular quantas vidas judias poderiam ter sido salvas com uma posição similar por parte de Roma por meio de uma encíclica proibindo expressamente os católicos de assassinar judeus inocentes".[83]

Arendt destacou o quanto a política da Igreja católica parecia estar orientada pela convicção de que o bolchevismo era mais perigoso que o nazismo, e observou que Pio XII revogou em 1939 a excomunhão da Action Française, grupo francês de extrema direita, e dez anos depois excomungou todos os membros de partidos comunistas ou que promoviam seus objetivos.[84] Quanto o *Osservatore Romano*, jornal do Vaticano, afirmou que se Hochhuth estivesse correto ao questionar o silêncio do papa, Hitler e a SS (*Schutzstaffel*, "pelotão de proteção" de elite do regime) não seriam responsáveis pelo extermínio dos judeus, mas o próprio papa, ela reconheceu a mesma tática de distorção que consiste em atribuir ao autor contestado algo que ele jamais afirmou para impedir uma real discussão do problema levantado. Como, para ela, teria ocorrido com *Eichmann em Jerusalém*, a pessoa perseguida foi também a que ousou julgar.[85]

1.2. A hostilidade da recepção inicial

Arendt foi avisada por seu editor, no final de maio de 1963, que a reportagem publicada na *The New Yorker* estava provocando enormes protestos, e além disso recebeu e respondeu a dezenas de cartas enquanto viajava pela Europa, mas ainda assim se espantou com a correspondência monumental que a esperava quando retornou a Nova York, quase toda sobre o caso Eichmann.[86] Em meio a essa correspondência havia numerosos convites para discutir o livro em eventos públicos. Arendt recusou quase todos, em geral alegando excesso de trabalho e afirmando que esperaria a tempestade amainar para se manifestar em uma resposta geral às críticas.

Em 1964 Arendt confidenciou a Joachim Fest que havia cometido erros em sua reação inicial à polêmica, como o de ter permanecido em silêncio tempo demais, confiando enganosamente que "agitações fabricadas demagogicamente" não duram muito tempo, e também que "negligenciou o fato de que era preciso

---

83 Hausner, *Justice in Jerusalem*, p. 449. Arendt examinou com algum detalhe esse caso em *Eichmann em Jerusalém*, pp. 124-126.

84 Arendt, "*O vigário*: culpa pelo silêncio?", p. 290.

85 Id., *Eichmann em Jerusalém*, p. 318.

86 Ver Arendt; Jaspers, *Briefwechsel*, p. 546 (20 jul. 1963).

conseguir aliados influentes em tempo hábil. Para isso e muito mais, era necessária inteligência tática, e isso sempre lhe faltou".[87] Quando, em 1965, a *The New York Review of Books* a consultou sobre se aceitava oferecer uma resposta ao livro de Jacob Robinson contra *Eichmann em Jerusalém*, de que trataremos no próximo capítulo, ela aceitou prontamente, mesmo antes de ter acesso ao texto.[88]

Arendt abriu algumas poucas exceções em sua decisão de não responder aos críticos. Ela aceitou participar de um debate com estudantes judeus no dia 23 de julho de 1963 na Universidade Columbia, a convite do rabino Albert Friedländer, desde que respeitadas algumas regras, dentre elas que fosse uma discussão sobre o livro, "e não do que as pessoas escreveram sobre ele"[89] e que o evento fosse privado, sem cobertura da imprensa. Arendt relatou a Jaspers que esperava no máximo cinquenta pessoas, principalmente porque o evento ocorreu em plenas férias de verão, mas teriam comparecido cerca de quinhentas em um espaço para trezentas, a ponto de a polícia precisar ser chamada. Não obstante isso, ela considerou a discussão muito proveitosa e a agradou o fato de que entre as diversas questões anônimas "nenhuma continha qualquer provocação".[90]

A experiência com o escândalo em torno de *Eichmann em Jerusalém* fez com que Arendt depositasse uma grande confiança na "importância autenticamente política da instituição acadêmica" e comparasse mais tarde a importância das universidades à aplicação da justiça, sendo decisivas para ambas a imparcialidade e a independência em relação ao poder político institucional. Dificilmente pode ser superestimada a importância política das universidades como "refúgios da verdade", como lugar de onde saem "verdades bastante desagradáveis". Elas são importantes guardiãs e intérpretes da verdade dos fatos e dos documentos humanos, destacadamente na área de humanidades.[91] A universidade autônoma e o judiciário independente são "mecanismos de defesa da verdade factual, criados pelas sociedades modernas, fora do seu sistema político, mas indispensáveis

---

87 Fest, "Das Mädchen aus der Fremde: Hannah Arendt und das Leben auf lauter Zwischenstationen", p. 186.

88 Arendt; Jaspers, *Briefwechsel*, p. 649 (23 out. 1965).

89 Arendt, "Columbia – Jewish Students – Eichmann", *Hannah Arendt Papers*, 23 jul. 1963 (Adolf Eichmann File, 1938-1968, n.d, Private reply to Jewish critics, 1963, fig. 0005d).

90 Arendt; Jaspers, *Briefwechsel*, p. 552 (09 ago. 1963).

91 Arendt, "Verdade e política", pp. 363-364.

para a sua sobrevivência".[92] Considerando o escândalo no qual se viu envolvida, Arendt confidenciou a Jaspers: "Quanto a mim, as universidades me salvaram".[93]

Em outra carta a Jaspers, pouco tempo depois, Arendt declarou, no entanto, que o sucesso na Columbia teria sido uma "vitória de Pirro", uma vez que teria feito, segundo ela, com que o governo de Israel e as organizações judaicas dominadas por ele redobrassem seus esforços na campanha contra ela, buscando torná-la rechaçada inclusive no meio acadêmico.[94] Talvez por isso, quando aceitou participar de uma atividade semelhante na Universidade de Chicago,[95] ela reiterou as regras do debate da Universidade Columbia e também destacou a importância do meio acadêmico em seu modo próprio de estar aberto ao público sem ceder a paixões comuns que fariam com que as opiniões de todos se tornassem idênticas. Ao contrário, o mundo acadêmico estaria muito mais ligado ao espírito público de que falavam os Pais Fundadores da república estadunidense, que se alimentava precisamente da diversidade de perspectivas, propiciando muitas oportunidades de falar aos outros "em uma atmosfera de abertura e franqueza", não dominada por uma paixão única, mas com "imparcialidade e de forma desinteressada".[96] Tudo isso ela utilizou como justificativa para pedir que profissionais da imprensa, exceto dos jornais estudantis, não fossem autorizados a reportar a discussão.

Tanto na Universidade Columbia quanto na Universidade de Chicago Arendt indicou uma seleção de tópicos que ela julgava relevantes na condução de uma real discussão. Na Columbia ela principiou assinalando que não tratou da resistência judaica à opressão porque "a resistência, onde existiu, não surgiu dos ensinamentos do judaísmo e a não resistência não se devia a alguma mentalidade

---

92 Lafer, "Da dignidade da política: sobre Hannah Arendt", p. 16.

93 Arendt; Jaspers, *Briefwechsel*, p. 581 (19 fev. 1964).

94 Ibid., p. 558 (20 out. 1963).

95 O rabino Richard W. Winograd convidou Arendt para participar de uma discussão junto com Ernst Simon, que falaria em 19 de outubro de 2023 sobre "The nature of Jewish resistance in Nazi Europe: in response to Hannah Arendt and Bruno Bettelheim", e facultou a ela o agendamento em outra data, o que ela acabou preferindo (Richard W. Winograd a Hannah Arendt, *Hannah Arendt Papers*, 07 out. 1963, Adolf Eichmann File, 1938-1968, n.d, Correspondence, Organizations, Jewish, B-F, 1963-1965, figs. 0001d-0002).

96 Arendt, "Chicago – Jewish Students", *Hannah Arendt Papers*, 10 out. 1963 (Adolf Eichmann File, 1938-1968, n.d, Private reply to Jewish critics, 1963, fig. 0009d).

de gueto", pois nas condições do terror extremo dos campos "todas as pessoas e todos os grupos de pessoas se comportaram de modo semelhante". A única possibilidade de se posicionar era a não participação, inclusive para membros dos Conselhos Judaicos.[97] Arendt sustentou que foi o promotor Gideon Hausner quem levantou "essa questão tola e cruel" sobre as razões de as pessoas não terem resistido. Para Arendt, o esforço de Hausner, durante o julgamento, por estabelecer capciosamente um contraste "entre o heroísmo israelense e a passividade submissa dos judeus"[98] era parte dos elementos espúrios do julgamento, concernentes, nesse caso, à utilização do julgamento para reforçar a coesão interna e despertar o nacionalismo em relação a Israel. Por isso ele teria se permitido fazer insistentemente às testemunhas a pergunta "Por que não se rebelou?", que foi atribuída a Arendt no contexto da controvérsia, mas que ela repelia como cruel e como uma estratégia de distração da cooperação dos Conselhos Judaicos, que a promotoria pretenderia ocultar com cortinas de fumaça.

Arendt foi reiteradamente acusada, ao indicar a diluição da fronteira entre perpetradores e vítimas, de ter dado a entender que ambos eram igualmente responsáveis pelo que sucedeu às vítimas ou parecendo muito mais dura com as vítimas. Léon Poliakov destacou, por exemplo, o tratamento irônico que Arendt deu ao depoimento de Abba Kovner, um judeu que resistiu ao nazismo, e o quanto é laudatória com o sargento alemão Anton Schmitt, mencionado por Kovner por ter auxiliado a resistência judaica.[99] O mesmo parece ocorrer com o juízo de Arendt sobre personagens como Leo Baeck. Para Poliakov, foi justamente sua autopercepção como judia que aguçou "seu senso crítico em relação a seus compatriotas judeus, a ponto de ela praticar uma espécie de padrão duplo, bem ao estilo de certos intelectuais judeus proeminentes do passado e do presente".[100]

Arendt indicou que a fronteira entre perseguidores e vítimas era borrada nos campos, que a resistência era quase impossível, mesmo fora dos campos, porque as pessoas "estavam todas isoladas" e não podiam confiar umas nas outras,[101] uma vez que a cumplicidade generalizada era organizada tanto nos campos quanto fora deles. Em entrevista a Joachim Fest, em 1964, ela reiterou

---

97 Arendt, "Columbia – Jewish Students – Eichmann", *Hannah Arendt Papers*, 23 jul. 1963 (Adolf Eichmann File, 1938-1968, n.d, Private reply to Jewish critics, 1963, fig. 0005d).

98 Arendt, *Eichmann em Jerusalém*, p. 22.

99 Ibid., pp. 251-253.

100 Poliakov, "And the Crooked Shall Be Made Straight, by Jacob Robinson; Justice in Jerusalem, by Gideon Hausner", p. 87.

101 Arendt; Fest, "'Como se falássemos com uma parede' – uma conversa com Joachim Fest", p. 331.

que a reflexão sobre a cooperação de parte dos Conselhos Judaicos tinha de começar pela constatação de que "mesmo os *Judenräte* foram, evidentemente, vítimas. Isso não significa que estejam cem por cento livres de culpa, mas obviamente estão do outro lado – isso está bem claro".[102]

Arendt observou que, como os nazistas foram bem-sucedidos em provocar um colapso moral total, temos de lidar com um passado não resolvido com o qual não conseguimos nos reconciliar nem intelectual nem emocionalmente. Justamente por isso, ela defende, temos de pensar, julgar e contar a verdade de modo imparcial, rejeitando lendas como a de que a França foi vitoriosa na guerra, a de que houve resistência alemã por princípios morais e a de que "nossos mortos eram mártires", pois "mártires são apenas pessoas a quem foi dada uma escolha. Foi precisamente o martírio que o sistema nazista tornou impossível. Nossos mortos eram simplesmente 'inocentes'".[103] O pensamento e o juízo exigem que não digamos "Quem sou eu para julgar?" ou "O que eu posso julgar?", mas que busquemos compreender mesmo sem poder recorrer a qualquer tradição ou padrão moral.[104] Por fim, indicou ainda como temas relevantes para discussão a distinção entre crimes contra o povo judeu e crimes contra a humanidade e a necessidade de julgar Eichmann pelo que ele fez, e não pelo que os judeus sofreram.

Em Chicago os temas destacados por ela acabaram por ser marcadamente diferentes do debate na Universidade Columbia. Ela principiou por indicar que

---

102 Ibid., p. 321.

103 Arendt, "Columbia – Jewish Students – Eichmann", *Hannah Arendt Papers*, 23 jul. 1963 (Adolf Eichmann File, 1938-1968, n.d, Private reply to Jewish critics, 1963, fig. 0006). Arendt retomou aqui suas conclusões em *Origens do totalitarismo*: "A alternativa já não é entre o bem e o mal, mas entre matar e matar. Quem poderia resolver o dilema moral daquela mãe grega, a quem os nazistas permitiram escolher um dos seus três filhos para ser morto? Pela criação de condições em que a consciência deixa de ser adequada e fazer o bem se torna inteiramente impossível, a cumplicidade conscientemente organizada de todos os homens nos crimes dos regimes totalitários é estendida às vítimas e, assim, torna-se realmente total" (Arendt, *Origens do totalitarismo*, p. 503).

104 Comentando um livro de Jaspers (*Die grossen Philosophen*) em uma carta a ele em que discordava de uma posição dele sobre Agostinho, ela afirmou que afinal não importava seu julgamento eventualmente injusto: "O simples fato de alguém julgar já é suficiente. Até mesmo o julgamento injusto é maravilhosamente refrescante em comparação com a falsa reverência alexandrina. A atmosfera geral do livro é de uma liberdade maravilhosa. Isso reside não apenas na liberdade e na coragem de julgar, mas também na discussão das questões e dos problemas" (Arendt; Jaspers, *Briefwechsel*, p. 355, carta de 29 ago. 1957).

o livro era uma reportagem sobre um julgamento e não um livro teórico com alguma mensagem específica, mesmo ela tendo empregado em seu subtítulo a expressão "banalidade do mal". Assim como no próprio julgamento, estariam em questão no livro os feitos de "um indivíduo de carne e osso, e não um 'sistema' ou a 'história'", pois "o acusado é acusado do que ele fez e não do que fez o sistema no qual ele operava. Esse sistema é apenas o pando de fundo para o que ele fez".[105] Ela não concebeu, portanto, um livro sobre o totalitarismo, os judeus ou o Holocausto. Essa foi uma das raras ocasiões em que ela empregou o termo Holocausto para se referir à catástrofe do extermínio. Em *Origens do totalitarismo* o termo não é empregado uma vez sequer.

Por fim, a questão que Arendt considerou ser talvez a mais importante: "Em que medida o acusado sabia que estava agindo errado quando realizou seus atos"? Tratava-se da questão da consciência de culpa (*Schuldbewusstsein*), que desempenhou papel importante nos julgamentos alemães e trouxe à tona o tema da responsabilidade, sobre o qual ela discutiu bastante com Karl Jaspers. Ela insistiu em que, a despeito da pretensão nazista de estender a cumplicidade com o regime a todo o povo, só é possível "julgar Eichmann pressupondo que não existe culpa coletiva", assim como inocência coletiva. De todo modo, como reconhece Arendt, a atmosfera de ruína dos padrões morais sob o totalitarismo nazista tornou a questão da responsabilidade pessoal bastante complexa: "Estas pessoas eram 'respeitáveis', não criminosas".[106]

Os tópicos levantados por Arendt nesses debates, de notável relevância para a compreensão do caso Eichmann, do julgamento e da própria posição dela, permaneceram secundários por tempo considerável no período em que a controvérsia em torno de *Eichmann em Jerusalém* foi incendiária, notadamente até 1966. Antes mesmo desses debates na Columbia e em Chicago já havia uma forte movimentação no sentido de acusar Arendt de inocentar Eichmann e de culpar os judeus por seu próprio extermínio, devido às considerações críticas dela sobre a cooperação dos Conselhos Judaicos e a sua caracterização de Eichmann como "incapaz de pensar" e não como um vilão monstruoso.

---

105 Arendt, "Chicago – Jewish Students", *Hannah Arendt Papers*, 23 jul. 1963, fig. 0009d (Adolf Eichmann File, 1938-1968, n.d, Private reply to Jewish critics, 1963).

106 Ibid., fig. 0010. Como bem observou Elizabeth Young-Bruehl, na compreensão desses eventos inauditos Arendt "não se havia permitido as confortáveis categorias de monstro e mártir nem condescendeu com teorias de culpa coletiva ou inocência coletiva" (Young-Bruehl, *Hannah Arendt: Por amor ao mundo*, p. 310).

Em junho de 1963, Gershom Scholem enviou uma carta duramente crítica a *Eichmann em Jerusalém* e questionou Arendt sobre se ela teria alguma objeção a que ele a publicasse, despojando-a de seu caráter epistolar por meio da publicação em terceira pessoa. Arendt respondeu à carta de Scholem, em tom também duro, e solicitou que ambas as cartas fossem publicadas em conjunto, porque "o valor dessa discussão reside em seu caráter epistolar e é conduzida no solo da amizade".[107] O tom da carta de Scholem, entretanto, era professoral e pouco amistoso, e expressava "sarcasmo, insatisfação e desdém",[108] e Arendt foi ríspida e também irônica em sua resposta. As cartas de ambos foram certamente o material mais reproduzido e influente nos primeiros anos da polêmica em torno do livro e ainda hoje permanece relevante.

Em sua carta Scholem ponderou que as questões levantadas por Arendt tinham de ser discutidas, mas que possivelmente a geração deles não teria condição de fazê-lo com a devida perspectiva. Para ele, ao contrário do que Arendt sustentou, a interpretação dela dos fatos pareceu se sobrepor no livro ao relato imparcial dos acontecimentos. Quanto ao juízo sobre a reação dos judeus à catástrofe do extermínio, Arendt teria sido tomada por "um exagero que muitas vezes degenera em demagogia", e que a indicação da conduta altamente censurável de vários personagens judeus, principalmente líderes, como prova da hipótese de que a fronteira entre algozes e vítimas foi borrada, era "falsa e tendenciosa".[109] Scholem afirmou que não pretendia julgar condutas sabidamente deploráveis de membros dos Conselhos Judaicos, pois "não estava lá" e porque pessoas como eles "se viram arrastadas a tomar decisões terríveis em circunstâncias que não podemos sequer pretender reproduzir nem reconstruir".[110] Ele também defendeu que ao presumivelmente afirmar que Eichmann se converteu ao sionismo, por trabalhar pela deportação, Arendt pareceu pretender zombar do sionismo, como se a defesa sionista de um Estado judeu e o apoio de Eichmann à expulsão dos judeus do Reich fossem a mesma coisa.[111] Scholem ainda afirmou não encontrar vestígio de amor ao povo judeu (*Ahabath Israel*) em Arendt, como em "outros tantos intelectuais procedentes da esquerda alemã".[112]

---

107 Arendt; Scholem, *Der Briefwechsel*, p. 444 (20 jul. 1963).

108 Bernstein, "Did Hannah Arendt changed her mind?", p. 128.

109 Arendt; Scholem, *Der Briefwechsel*, p. 431 (23 jun. 1963).

110 Ibid., p. 431 (23 jun. 1963).

111 Arendt afirmou em *Eichmann em Jerusalém* que a leitura do clássico sionista *Der Judenstaat*, de Theodor Herzl, "converteu Eichmann ao sionismo, imediata e definitivamente" (p. 53).

112 Arendt; Scholem, *Der Briefwechsel*, p. 429 (23 jun. 1963).

Arendt principiou sua resposta afirmando que havia numerosas informações falsas na carta de Scholem, sendo uma delas a de que proviria da esquerda alemã – "este é um fato do qual não me orgulho de modo algum e que destaco a contragosto, especialmente desde a era McCarthy nos EUA".[113] Os pais de Arendt, assim como seu primeiro e segundo maridos e boa parte de seus amigos, eram comunistas ou simpatizantess. Com a ascensão do nazismo, a primeira atuação política de Arendt foi justamente o auxílio na fuga de comunistas. Todavia, ela indicou em várias ocasiões, principalmente em entrevistas, o quanto era politicamente ingênua quando jovem, vindo "de uma formação puramente acadêmica", e que foi antes o fato da ascensão do nazismo que qualquer outra coisa que a despertou para a política.[114]

Sobre o amor a Israel, ela disse que nunca colocou em questão o fato de ser judia e que com relação a esse "fato incontestável" de sua vida jamais pretendeu ser outra coisa, e que cultivava "uma gratidão fundamental pelo que é como é". Acrescentou ainda que nunca amou coletividades – "nem o povo alemão", nem "a classe trabalhadora" –, mas "'apenas' meus amigos, e o único tipo de amor que eu conheço e em que eu acredito é o amor por pessoas".[115] Sobre Eichmann ser chamado de sionista, ela diz apenas lastimar que ele não tenha percebido a ironia da afirmação, que teria sido feita pelo próprio Eichmann, à qual ela teria feito uma referência indireta.[116] Julgo que boa parte das incompreensões de *Eichmann em Jerusalém* acerca do juízo de Arendt sobre Eichmann tem a ver com esse recurso estilístico de Arendt, quando muitas vezes ela parece falar por si quando de fato está indiretamente citando ou o depoimento ou as falas de Eichmann ao longo das sessões do julgamento.[117]

---

113 Ibid., p. 438 (20 jul. 1963).

114 Arendt; Gaus, "'O que resta? Resta a língua': uma conversa com Günter Gaus", p. 40. Nessa entrevista ela menciona especificamente o incêndio do Reichstag (Parlamento alemão) em 1933 como a data simbólica desse despertar (p. 34).

115 Arendt; Scholem, *Der Briefwechsel*, p. 439 (20 jul. 1963).

116 Ver Ibid., p. 441 (20 jul. 1963). Para Marie Luise Knott, Arendt claramente não pretendia levar a sério a alegação de Eichmann de que ele era um sionista, mas antes exibir por meio da ironia o absurdo da pretensão desse indivíduo pessoalmente corresponsável pela destruição de milhões de judeus. Knott defende de modo que me parece bastante plausível que o recurso à ironia foi para Arendt um modo de proteger-se dos impulsos agressivos provocados pelo horror do extermínio que interfeririam em sua capacidade de julgar (ver Knott, *Verlernen – Denkwege bei Hannah Arendt*, pp. 17-18).

117 Arendt objetou a seu crítico Jacob Robinson dizendo que ele não sabia ler e que confundiu o que ela afirmou com as referências que ela fez a falas de Eichmann (Arendt, "'O formidável Doutor Robinson'", pp. 806-807)

Scholem ainda lamentou que Arendt tenha mudado de opinião e abandonado a noção de mal radical para abraçar a de banalidade do mal, que ele considerou um *slogan*. Ela afirmou que esse foi o único ponto em que ele não a havia interpretado mal, mas que isso demandava uma discussão mais aprofundada do que ela podia tratar em uma carta – examinarei esse tema com vagar no sétimo capítulo. Arendt, por fim, disse não compreender a razão de Scholem julgar que seu livro escarnecia do sionismo, mas afirmou que não se surpreendia porque sabia que "muitas pessoas nos círculos sionistas se esqueceram de como ouvir opiniões que não estejam rotuladas desde o início e para as quais todos já estejam preparados".[118]

Há um ponto levantado por Scholem que merece atenção especial aqui, porque foi decisivo na recepção de *Eichmann em Jerusalém*, como ela mesma acabou por reconhecer. Ele mencionou na carta que havia lido recentemente o livro do rabino Moses Chaim Lau, de Piotrkov, no qual ele "tentou estabelecer exatamente qual o dever do judeu em tais situações extremas". Scholem afirmou então: "Nem tudo o que está contido nesse comovente texto, que não é o único, é alheio ao conteúdo (*não ao tom*) das tuas reflexões".[119] Arendt incomodou a muitos em *Eichmann em Jerusalém* por tratar Eichmann como um palhaço e por dizer ter gargalhado ao ler o depoimento policial dele.[120] A ironia que perpassa todo o texto também gerou bastante desconforto. Ela chegou a ser jocosa ao afirmar que o governo de Konrad Adenauer demitiu o promotor-chefe da Suprema Corte Federal "porque, a despeito de seu segundo nome [*Immerwahr*, sempre verdadeiro], foi menos do que sincero quando interrogado sobre seu passado nazista".[121] Esse é, todavia, um exemplo menor.

Scholem mencionou o fato de Arendt ter afirmado que Leo Baeck, antigo rabino chefe de Berlim, "era aos olhos dos judeus e dos gentios o '*Führer*' judeu". Essa formulação apareceu na revista *The New Yorker*[122] e na primeira edição de *Eichmann em Jerusalém*.[123] Scholem afirmou que o uso em um texto em inglês

118 Arendt; Scholem, *Der Briefwechsel*, p. 443 (20 jul. 1963).

119 Ibid., p. 432 (23 jun. 1963). Grifos meus.

120 Arendt; Gaus, "'O que resta? Resta a língua': uma conversa com Günter Gaus", p. 46.

121 Arendt, *Eichmann em Jerusalém*, p. 27.

122 Id., "A reporter at large - Eichmann in Jerusalem (III), *The New Yorker*, 2 de março de 1963, p. 42.

123 Id., *Eichmann in Jerusalem*, p. 105 (cito da primeira edição inglesa da editora Faber and Faber).

do termo *Führer*, em vez de "líder judeu", era um exemplo suficientemente revelador do tom inteiramente inapropriado de Arendt, ao mesmo tempo "falso e ofensivo", uma vez que ninguém trataria Baeck, a quem ambos conheciam, nesses termos.[124] Scholem defendeu que um livro como o de Arendt exigiria "o tipo mais antiquado de tratamento objetivo e cortês, especialmente quando emoções tão profundas têm de estar envolvidas e são evocadas, como neste caso do assassinato de um terço de nosso povo".[125] Para ele, há uma falta de sensibilidade e de *Herzentakt* (tato cordial) no estilo de Arendt que poderia ser bem traduzida pelo termo "*flippancy*" (desrespeito, leviandade).

Arendt chamou a atenção de Scholem, em sua resposta, para o quanto é questionável o papel do "coração" em política, mencionando inclusive sua discussão em *Sobre a revolução*[126] a respeito dos "resultados desastrosos" decorrentes do "papel da compaixão na formação do caráter revolucionário". Destacou ainda o quanto aqueles que apontam fatos incômodos são chamados de insensíveis e disse que "nós dois sabemos com que frequência essas emoções são usadas a fim de ocultar a verdade factual".[127] Não obstante essa ponderação de Arendt, a expressão "*Führer* judeu" para se referir a Leo Baeck esteve entre as poucas supressões que Arendt fez na segunda edição de *Eichmann em Jerusalém*.

Em entrevista a Günter Gaus, após ele mencionar as críticas feitas a seu tom, Arendt disse que nada podia fazer quanto a seu tom predominantemente irônico e por seu riso, por ser algo pessoal e por pensar que "só se pode escrever sobre essas coisas em tom solene".[128] Alguns dias depois, entretanto, na entrevista a Joachim Fest ela ponderou que soube que magoou "sentimentos legítimos" e "interesses legítimos" de algumas pessoas com seu estilo e que quanto a isso só podia dizer que o estilo é algo de que as pessoas mesmas não têm consciência e manifestar seu "sentimento legítimo de desolação. E *apenas* esse!". Defendeu também o direito de rir, "pois é uma forma legítima de soberania".[129]

Ante o horror, Arendt recorreu frequentemente ao irônico e ao cômico, como destacado por vários de seus críticos. Indignado com a difamação de

---

124 Arendt; Scholem, *Der Briefwechsel*, p. 430 (23 jun. 1963).

125 Ibid., pp. 429-430 (23 jun. 1963).

126 Ver, por exemplo, Arendt, *Sobre a revolução*, p. 117.

127 Arendt, "A controvérsia Eichmann – uma carta a Gershom Scholem", p. 759.

128 Arendt; Gaus, "'O que resta? Resta a língua': uma conversa com Günter Gaus", p. 45.

129 Arendt; Fest, "'Como se falássemos com uma parede' – uma conversa com Joachim Fest", p. 337. Grifos no original.

Hannah Arendt por *Eichmann em Jerusalém*, Karl Jaspers começou a escrever um livro sobre ela no qual havia uma seção sobre "seu riso e sua ironia", que ele associava à independência de pensamento dela. Ele observou que "tudo o que parece solene, pesado e pretensioso nos dias de hoje torna-se objeto de seu riso e por isso Hannah Arendt é insuportável para os portadores dessa solenidade".[130] Para Jaspers, o riso silencioso da ironia que atravessa *Eichmann em Jerusalém* permite identificar o que é cômico no que é vergonhoso e tornar o que é sério palpável.[131] Nesse sentido, seria um riso libertador que permite acessar a seriedade por vias interditadas ao pensamento analítico. Foi o riso que lhe permitiu ver em Eichmann o bufão que ele era, em vez da personalidade demoníaca que todos esperavam encontrar. Para Susan Neiman, o tom irônico de Arendt não era acidental, mas inteiramente calculado: "É um tom que cria distância em lugar de desejo. Como Brecht, argumentava que a comédia mina o mal de forma mais eficaz que a tragédia. O diabólico pode ser ambíguo; o ridículo, não".[132]

Como mencionei anteriormente, Arendt julgava que a dimensão do escândalo em torno de *Eichmann em Jerusalém* se devia à "imagem" que foi criada dele pelo *establishment* judaico. O núcleo dessa imagem eram as acusações de que ela absolveu Eichmann ao caracterizá-lo como um burocrata banal e de que os judeus foram responsáveis pelo extermínio do seu próprio povo, uma vez que ela indicou que a cooperação dos Conselhos Judaicos foi decisiva para a magnitude do extermínio. Para ela isso não passava de cortina de fumaça para distrair da falácia subjacente ao julgamento, que consistia em conceber Eichmann como o monstro antissemita responsável pela máquina de destruição dos judeus pelos nazistas. Além disso, visaria encobrir a cooperação generalizada dos Conselhos Judaicos e mesmo a colaboração interessada de vários de seus membros, conduta que Arendt, ao contrário de Hilberg, distinguia daquela dos judeus em geral. Ela já havia confidenciado a Jaspers que compreendia toda essa campanha como sendo "um caso clássico de assassinato de reputação. O método é sempre o mesmo: eles alegam que eu disse coisas que nunca disse para evitar que as pessoas descubram o que eu realmente disse", e a campanha funciona porque "sempre há muitas pessoas que estão a postos para se alinhar com algo – a favor ou contra".[133] Algum tempo depois Jaspers expressou alívio por julgar que esse assassinato de reputação não teria sido bem-sucedido com Arendt, uma vez que após a controvérsia ela recebeu doutorados honorários e vários convites de

---

130 Citado em Knott, *Verlernen – Denkwege bei Hannah Arendt*, p. 23.

131 Ver Ibid., p. 24.

132 Neiman, *O mal no pensamento moderno*, p. 330.

133 Arendt; Jaspers, *Briefwechsel*, p. 559 (20 out. 1963).

universidades estadunidenses para atuar como professora, além de a Biblioteca do Congresso dos EUA ter estabelecido um Arquivo Hannah Arendt.[134]

Examino a seguir interações de Arendt com alguns dos seus principais interlocutores na ocasião do escândalo em torno de *Eichmann em Jerusalém*. Esses textos são decisivos para o modo como ela reagiu ao escândalo, principalmente a partir da segunda edição revisada do livro (1964), com seu "Pós-escrito", impactando ainda suas reflexões sobre o tema até *A vida do espírito*, obra inacabada publicada postumamente em 1978. Além disso, como alguns são textos de difícil acesso e pouco comentados, considero relevante reconstruir e compartilhar esses debates. Apesar de basicamente fazerem parte de uma "campanha organizada", como sustenta Arendt, eles levantaram questões importantes e não devem ser ignorados, como não o foram por ela.

Apesar da repercussão da resenha do juiz Musmanno – na qual me detive acima por ela sumarizar os elementos mais extremos e superficiais da controvérsia –, Arendt esteve muito mais fortemente concernida quando veículos com os quais colaborava frequentemente acolheram textos ácidos contra ela e seu livro. É o caso do jornal *Aufbau*, já mencionado, mas também das revistas *Partisan Review* e *Commentary*. Uma das peças mais relevantes desse momento incendiário, no meio intelectual judeu e nova-iorquino, foi o texto de Lionel Abel para a *Partisan Review*, com cujos editores Arendt rompeu após esse episódio. O texto, intitulado "*The aesthetics of evil: Hannah Arendt on Eichmann and the Jews*" (A estética do mal: Hannah Arendt sobre Eichmann e os judeus), não possui maior importância para a compreensão da análise de Arendt, dadas a superficialidade e a parcialidade do que é defendido, mas tem interesse histórico na medida em que sumarizou as posições mais extremadas do ataque sistemático contra Arendt e sua obra sobre Eichmann, amplificando as posições iniciais do juiz Michael A. Musmanno. Além disso, Arendt reagiu a algumas indicações de Abel, sem mencioná-lo, principalmente no posfácio à segunda edição de *Eichmann em Jerusalém*.

Abel principiou seu texto indicando que se concentrou precisamente nos dois temas do livro que, junto à expressão banalidade do mal, então provocavam mais polêmica: sua denúncia da cooperação dos Conselhos Judaicos e sua caracterização de Eichmann. Susan Neiman sustentou que a origem do furor em torno de *Eichmann em Jeruaslém* residia precisamente na crença de que "a culpa requer malícia e premeditação" e assim se concluía que ao negar malícia e premeditação em Eichmann Arendt o estava inocentando, mesmo sustentando que suas "intenções

134 Knott, *Verlernen – Denkwege bei Hannah Arendt*, p. 23.

inofensivas *não* diminuíam sua responsabilidade".[135] Abel não formulou nesses termos, mas sua conclusão mais geral e estranha é a de que no livro de Arendt "Eichmann é esteticamente palatável, enquanto suas vítimas são esteticamente repulsivas".[136] Para ele, Arendt considerou os conselhos judaicos estabelecidos pelos nazistas instrumentos imprescindíveis para o extermínio dos judeus europeus e que Eichmann era substituível, "uma mera engrenagem em uma maquinaria". Além disso, ela ignoraria "a diferença entre uma liderança judaica espontaneamente organizada e uma liderança judaica selecionada pelos nazistas".[137]

Os membros dos conselhos judaicos compreendiam, segundo Abel, que seu papel era amortecer a "selvageria alemã" e colaboravam com os nazistas tendo isso em consideração. Ele ainda repetiu, sem o saber, a argumentação de Von Freudiger, um dos líderes do Conselho Judaico de Budapeste, quando afirmou que as razões para a cooperação podem parecer mais lógicas e ter oferecido mais esperança que a resistência, "armada ou não".[138] Com base nisso, Abel justificou as negociações de Rudolf Kasztner em Budapeste e inclusive a conduta autoritária de Chaim Rumkowski, o "brutal e inescrupuloso servo dos nazistas" conhecido, segundo ele, como o "*Führer* do gueto de Lodz"[139] que tentou salvar os judeus pelo trabalho. Curiosamente, Abel afirmou que as acusações de Arendt contra os Conselhos Judaicos nunca são políticas ou morais, na medida em que apresentou esses líderes de modo a tornar suas ações "inexplicáveis e feias", sendo seu juízo sobre eles "fundamentalmente estético".[140]

Arendt reagiu a Abel no "Pós-escrito" de *Eichmann em Jerusalém*, incluindo as considerações dele sobre as vítimas da perseguição serem "sempre mais 'feias' que seus assassinos" entre as "questões mais fantásticas"[141] levantadas na controvérsia.

---

135 Neiman, *O mal no pensamento moderno*, p. 298. Grifos no original.

136 Abel, "The aesthetics of evil: Hannah Arendt on Eichmann and the Jews", p. 230. Implacável com *Eichmann em Jerusalém*, Abel saudou com entusiasmo a peça *Der Stellvertreter* (*O vigário*), de Rolf Hochhuth, que denunciava o silêncio omisso do papa Pio XII ante o extermínio dos judeus e o nazismo (Hitler assinou ainda em 1933 uma concordata com o Vaticano, quando Eugenio Pacelli, que viria a ser o papa Pio XII, era núncio apostólico na Alemanha). Ver Abel, "Rolf Hochhuth's *The Deputy*", p. 81ss e Arendt, "*O vigário*: culpa pelo silêncio?", pp. 286-290.

137 Abel, "The aesthetics of evil: Hannah Arendt on Eichmann and the Jews", pp. 211 e 212.

138 Ibid., p. 217.

139 Ibid., p. 215.

140 Ibid., p. 219.

141 Arendt, *Eichmann em Jerusalém*, p. 308.

Em seu texto, Abel ofereceu um exemplo deveras estranho em favor de suas alegações de que o juízo de Arendt sobre Eichmann, assim como sobre as vítimas, era fundamentalmente estético: "Se um homem aponta uma arma na cabeça de outro e o força a matar seu amigo, o homem com a arma será esteticamente menos feio do que aquele que, por medo da morte, matou seu amigo e talvez nem tenha salvado a própria vida".[142] Se é uma defesa do papel desempenhado pelos Conselhos Judaicos, não parece muito convincente. No pós-escrito ela ainda observou o seguinte, possivelmente tendo esse trecho em consideração:

> alguns literatos norte-americanos professaram sua simplória convicção de que tentação e coerção são realmente a mesma coisa, que não se pode exigir de ninguém que resista à tentação. Se alguém encosta um revólver em seu coração e manda você matar seu melhor amigo, você simplesmente *deve* matá-lo.[143]

No caso de Eichmann, Arendt o teria apresentado despido de convicções ideológicas, como alguém que pensaria no sionismo, mas não no nazismo, um cômico e medíocre servo de Hitler. Para Abel, ela teria assim sucumbido à estratégia de autoapresentação de Eichmann no tribunal como um funcionário insignificante. Ela também o teria descrito por meio de categorias "puramente estéticas": "Contra um julgamento moral do caráter de Eichmann, que penso que teria de ser chamado de monstruoso, a sra. Arendt opõe seu próprio julgamento fundamentalmente estético do homem, que aponta principalmente para suas características cômicas".[144] Abel objetou que não haveria contradição entre ser moralmente monstruoso e ser também cômico. Em defesa dos líderes dos Conselhos Judaicos ele recorreu então à indicação de Arendt em *Origens do totalitarismo* de que a resistência ao regime totalitário era inteiramente impossível, como Arendt reconhece em várias partes, inclusive em *Eichmann em Jerusalém*, defendendo que o que era possível era apenas não participar.

Arendt recebeu a resenha de Lionel Abel em uma carta enviada por William Phillips, editor da *Partisan Review*, em julho de 1963, que justificou a escolha do resenhista pela dificuldade de encontrar alguém, por ter esquecido de que ele havia escrito uma dura crítica a Arendt antes e por Abel ter dito que gostara do livro.

---

142 Abel, "The aesthetics of evil: Hannah Arendt on Eichmann and the Jews", p. 219.

143 Arendt, *Eichmann em Jerusalém*, p. 319. Grifos no original.

144 Abel, "The aesthetics of evil: Hannah Arendt on Eichmann and the Jews", p. 225.

Phillips observou, não obstante, que julgou o livro de Arendt brilhante e que ele tocou nas questões mais importantes, embora discordasse de algumas posições dela, e que "muitas pessoas, incluindo Lionel Abel, reduziram muitas de suas ideias a uma versão unilateral delas para propósitos obviamente polêmicos".[145] Em uma carta a Mary McCarthy, Arendt disse a ela: a "*Partisan Review* se voltou contra mim de forma totalmente perversa".[146] Em outra carta, quatro dias depois, afirmou que não iria responder à resenha de Abel porque se tratava "de um artigo que faz parte da campanha política, não é crítica e realmente não diz respeito ao meu livro. Como a resenha de Musmanno, é sobre um livro que nunca foi escrito".[147]

Não obstante isso, Arendt enviou a McCarthy quatro páginas datilografadas nas quais buscou refutar vários pontos da resenha de Abel. Para ela, o texto distorceu seu livro em numerosos aspectos e era "parte da campanha *política* instigada pelas organizações judaicas e pelas autoridades de Israel".[148] Arendt insistiu que nunca considerou Eichmann uma mera engrenagem, ao contrário do que afirmou Abel, e que essa era a tese da defesa. Quanto aos conselhos, ela observou que o tema surgiu a partir do depoimento de Von Freudiger, e que as questões que ela fez foram as levantadas pela audiência naquela ocasião: o ponto é que "aqueles que tentaram escapar durante esses anos o fizeram em oposição tanto aos Conselhos Judaicos quanto às ordens nazistas". E insistiu que os Conselhos aceitaram elaborar as listas de deportados para os campos e assim "assumiram a responsabilidade de decidir quem deveria morrer e quem deveria ter a chance de sobreviver o tempo suficiente para ver os nazistas derrotados".[149]

Arendt afirmou que a insinuação de Abel de que ela defendeu que a resistência era possível, quando ela afirmou o contrário, era antes uma cortina de fumaça para encobrir a questão completamente diferente da "ativa cooperação dos líderes judeus". A resistência não era possível, mas a não participação para todos os que não estavam nos campos de concentração era. O argumento de que colaboraram para evitar o pior, diz Arendt, é evidenciado como falacioso quando ficou claro que se tornaram instrumentos da perpetração do pior.[150]

---

145 Philips a Arendt, *Hannah Arendt Papers*, 11 jul. 1963 (Adolf Eichmann File, 1938-1968, n.d, Correspondence, Publishers, 1963, n.d, fig. 73).

146 Arendt; McCarthy, *Entre amigas*, p. 152 (16 jun. 1963).

147 Ibid., p. 153 (20 jun. 1963).

148 Arendt, "Ad Lionel Abel Review in PR", *Hannah Arendt Papers*, fig. 0001d (Adolf Eichmann File, 1938-1968, n.d, Private reply to Jewish critics, 1963). Grifo no original.

149 Ibid., fig. 0002.

150 Ibid.

Em suma, para ela o texto de Abel era apenas uma peça na campanha política orquestrada contra o livro dela, com deliberadas distorções, mudanças de ênfase e leituras enviesadas que visavam distrair da colaboração dos Conselhos Judaicos com os nazistas.

Arendt também anotou objeções ao texto de Norman Podhoretz, editor de *Commentary*, cujo título é muito mais incisivo que o próprio texto: "Hannah Arendt on Eichmann: a study in the perversity of brilliance" (Hannah Arendt sobre Eichmann: um estudo sobre a perversidade do brilhantismo). Podhoretz desempenhou um papel distinto na experiência de Arendt com a controvérsia pública em torno da publicação de "Reflexões sobre Little Rock", em que ela mobilizou a moldura teórica de *A condição humana*, notadamente a distinção entre espaço público e espaço privado, para criticar a integração racial forçada nas escolas dos EUA. Para ela, a condução do processo onerou as crianças em vez de, por exemplo, ter atacado antes as leis que violavam a igualdade entre os adultos, como as que proibiam o casamento inter-racial. Arendt censurou os pais negros por exporem os filhos à violência da integração forçada e à ação política que os adultos deveriam liderar.

Inicialmente encomendado pelos editores de *Commentary*, em 1957, o texto causou perplexidade quando o receberam, a ponto de Arendt retirá-lo e publicá-lo apenas dois anos depois na revista *Dissent*. O texto foi publicado com uma nota dos editores em defesa da liberdade de expressão, "mesmo para pontos de vista que nos parecem inteiramente equivocados".[151] Foi acompanhado também de uma nota de Arendt em que ela dizia, ao final, que, considerando o risco de seu texto chocar pessoas boas e ser deliberadamente mal utilizado por pessoas más, "gostaria de deixar claro que, como judia, considero inquestionável minha simpatia pela causa dos negros, assim como por todos os povos oprimidos ou desfavorecidos, e apreciaria se o leitor fizesse o mesmo".[152]

Assim como no caso da referência a Leo Baeck como "*Führer* dos judeus", Arendt mudou de ideia. Ela foi criticada em uma entrevista por Ralph Ellison, escritor negro do sul dos EUA e um dos protagonistas na luta pelos direitos civis. Ele afirmou basicamente que não havia como os pais negros não exporem suas crianças à violência, porque essa era sua experiência cotidiana e que elas tinham de ser bem-sucedidas nessa prova em uma sociedade estruturalmente

---

151 Id., "Reflections on Little Rock", p. 45.

152 Ibid., p. 46.

racista: "É uma exigência severa, mas, se não passar nesse teste básico, sua vida será ainda mais dura".[153] Ellison afirmou que Arendt teria se equivocado em "Reflexões sobre Little Rock" por não compreender o "*ideal* de sacrifício" envolvido nesse "rito de iniciação".[154]

Arendt experimentou em alguma medida esse rito, pois destacou que não foi por sua família socialista e arreligiosa que soube que era judia, mas quando topou com observações antissemitas das crianças na rua e assumiu para si, também politicamente, o fato incontornável de sê-lo.[155] Arendt leu a entrevista e escreveu a Ellison dizendo que críticas de colegas da esquerda não a haviam abalado, mas que essa observação pontual dele a havia feito perceber que estava "totalmente errada".

> Você está totalmente correto (*entirely right*): é justamente esse "ideal de sacrifício", que eu não entendi; e, como meu ponto de partida foi uma consideração da situação de crianças negras em escolas integradas à força, essa falha em entender me levou realmente para uma direção totalmente errada (*entirely wrong*). [...] Eu sabia que estava de alguma forma errada e pensei que não tinha entendido o elemento de violência gritante, de medo elementar e corporal na situação. Mas suas observações me parecem tão inteiramente corretas (*so entirely right*), que agora vejo que simplesmente não entendi as complexidades da situação.[156]

Podhoretz julgou que a decisão dos editores de *Commentary* de rejeitar o texto de Arendt estava errada, mas não pôde se opor à decisão de seus superiores. Relatou, entretanto, que em razão da controvérsia em torno de "Reflexões sobre Little Rock" ele deixou sua posição como editor associado de *Commentary*.[157] Ele já admirava Arendt por *Origens do totalitarismo* e assim que pôde ler *A condição humana*, ainda em meio à controvérsia em torno do artigo, enviou a ela uma carta entusiasmada falando em termos superlativos de sua

153 Ellison; Warren, *Who speaks for the Negro?*, p. 344.

154 Ibid., p. 342.

155 Arendt; Gaus, "'O que resta? Resta a língua': uma conversa com Günter Gaus", p. 40.

156 Arendt a Ellison, *Hannah Arendt Papers*, 29 jul. 1965. Cito a tradução de Vanessa Sievers de Almeida em "Acerca da educação nas reflexões sobre Little Rock, de Hannah Arendt", p. 30. Trata-se de um texto incontornável sobre o tema mais geral que não nos concerne diretamente aqui.

157 Podhoretz, *Ex-friends*, p. 139.

excitação com a leitura desse livro "esplêndido".[158] Ao contrário de Lionel Abel, portanto, que havia escrito ainda em 1961 uma resenha hostil de *Entre o passado e o futuro*, de Arendt, com o título "Pseudoprofundidade",[159] até *Eichmann em Jerusalém* a admiração de Podhoretz pela obra de Arendt era irrestrita.

A despeito de repetir em sua resenha crítica de *Eichmann em Jerusalém* algumas alusões de Abel (como a de não haver Conselhos Judaicos na Rússia, e o extermínio ter sido vasto lá, e a de ter havido um conselho ignorado por Arendt na Bélgica e o alcance das deportações lá ter sido reduzido, ressoando Jacob Robinson), Podhoretz ofereceu uma abordagem própria cujo foco consistiu em indicar que Arendt manipulou as evidências de forma tendenciosa, ainda que brilhante, e que apresentou um juízo muito mais implacável sobre os judeus do que sobre os nazistas. O brilhantismo de Arendt consistiria em contar uma estória complexa de modo não sentimental, explorando paradoxos e ambiguidades. Nas palavras dele: "Em lugar do nazista monstruoso, ela nos dá o nazista 'banal'; em lugar do judeu como mártir virtuoso, ela nos oferece o judeu como cúmplice no mal; e em vez da confrontação entre culpa e inocência, ela nos dá a 'colaboração' entre criminoso e vítima".[160] Podhoretz concluiu, não obstante, que "a verdade é – *tem de* ser – que os judeus sob Hitler agiram como seres humanos agem quando atacados por assassinos, nem melhor nem pior", e que a catástrofe revelou sobre as vítimas apenas que "elas eram seres mortais e desesperadamente vulneráveis em sua impotência".[161]

Em suas notas em resposta a Podhoretz, Arendt insistiu na importância de distinguir o comportamento da liderança judaica daquela dos demais judeus e ainda entre não poder resistir e cooperar ativamente.[162] Defendeu que apresentou não uma teoria sobre o tema, mas "um relato factual, tocando em pontos trazidos à tona pelo julgamento".[163] Podhoretz ponderou que, ao contrário do que alguns

---

158 Podhoretz a Arendt, *Hannah Arendt Papers*, 08 set. 1958 (Correspondence File, 1938-1976, n.d., General, 1938-1976, n.d., Podhoretz, Norman, 1958, fig. 0001d).

159 Abel, "Pseudo-profundity", p. 124ss.

160 Podhoretz, "Hannah Arendt on Eichmann: a study in the perversity of brilliance", p. 201.

161 Ibid., p. 208. Grifos no original.

162 Isso acabou aparecendo no pós-escrito que ela acrescentou à edição revisada de *Eichmann em Jerusalém* em 1964 (Arendt, *Eichmann em Jerusalém*, p. 207).

163 Arendt, "Ad Podhoretz", *Hannah Arendt Papers*, 19 set. 1963 (Adolf Eichmann File, 1938-1968, n.d, Private reply to Jewish critics, 1963, fig. 0007d).

críticos "acusaram estupidamente", Arendt jamais defendeu Eichmann,[164] mas lamentou que ela tenha apresentado Eichmann como um idealista por sua lealdade incondicional, que apareceria como uma virtude. Em suas notas, ela replicou que foi Eichmann quem se chamou de idealista e que apenas indicou "o que tal 'idealismo' significa na prática – sacrificar tudo e todos, mesmo seu próprio pai. Como é colocado parece que eu aceitei o 'idealismo' de Eichmann. Eu disse: O diabo é um idealista".[165] De fato, foi Eichmann quem disse a Sassen que "não era um recebedor normal de ordens, pois seria um tolo, mas pensei comigo que era um idealista".[166] Também aqui Arendt insistiu, como o fez com Musmanno e Abel e depois com tantos outros, que não escreveu um livro sobre os judeus, mas um relato factual de um julgamento e do que ele diretamente trouxe à tona. Ela teria considerado mais importante relatar que julgar: seu tema "era o julgamento e o acusado – em outras palavras, o que se fez e não o que se sofreu".[167]

Podhoretz enviou seu artigo a Arendt antes de publicá-lo, com uma breve nota indagando-a se pretendia responder a ele e a outros críticos. Arendt não rompeu com Podhoretz e chegou a dizer que ele poderia ser desculpado, como editor de um "*establishment* magazine".[168] Ele relatou muito tempo depois que Arendt lhe telefonou após ler a resenha crítica e o convidou para sua casa para discutir as divergências entre eles, dizendo jocosamente que até podia ser brilhante, mas que definitivamente não era perversa.[169] Eles discutiram do início da tarde ao início da noite cada uma das críticas, sem se desentenderem pessoalmente, mas também sem chegarem a um acordo.

Ele julgou que Arendt reagiu até bem a seu texto por não ter rompido com ele, mas desconfiou que ela suspeitava de que ele teria se alinhado à campanha de difamação para defender sua posição de editor da *Commentary*. Ele ainda participou de um debate sobre o livro em 1965, organizado e mediado por Dwight Macdonald, defensor entusiasmado das posições de Arendt, em um

164 Podhoretz, "Hannah Arendt on Eichmann: a study in the perversity of brilliance", p. 205.

165 Arendt, "Ad Podhoretz", *Hannah Arendt Papers*, 19 set. 1963 (Adolf Eichmann File, 1938-1968, n.d, Private reply to Jewish critics, 1963, fig. 0007d).

166 Citado em Wojak, *Eichmanns Memoiren*, p. 195.

167 Arendt, "Ad Podhoretz", *Hannah Arendt Papers*, 19 set. 1963 (Adolf Eichmann File, 1938-1968, n.d, Private reply to Jewish critics, 1963, fig. 0007d).

168 Arendt a Shapiro, *Hannah Arendt Papers*, 09 mar. 1964 (Adolf Eichmann File, 1938-1968, n.d, Letters to the editor, Miscellaneous, Others, 1963-1966, fig. 0043).

169 Podhoretz, *Ex-friends*, p. 168.

ginásio apinhado de gente que se manifestava aplaudindo e vaiando, dadas as paixões que *Eichmann em Jerusalém* ainda provocava. Ele e Arendt tiveram um debate ácido e se congratularam ao final, mas se distanciaram cada vez mais e na ocasião da morte de Arendt, em 1975, já não se falavam havia anos.[170]

As considerações de Arendt sobre a cooperação dos Conselhos Judaicos baseavam-se principalmente na obra clássica de Raul Hilberg, *A destruição dos judeus europeus*, que documentou vastamente as diversas formas de cooperação. Ao refletir sobre as vítimas, Hilberg observou que "a reação padrão dos judeus caracteriza-se pela quase completa falta de resistência"[171] e de qualquer organização nesse sentido. Outra reação comum foi a súplica para que não se dessem a concentração, a deportação e o extermínio: "Em todos os lugares os judeus confrontavam os rifles com palavras, a força com a dialética, e em quase todos os lugares eles perdiam".[172] Apelavam ainda a subornos, que pouco afetaram o progresso das operações, e buscavam também antecipar os desejos alemães, buscando ser úteis, e também fugiam, principalmente com a deflagração da guerra. Buscavam com mais frequência, entretanto, "a salvação por meio do trabalho", convictos de que "a liberação poderia vir com o tempo".[173]

No prefácio à edição original do livro, Hilberg observou que se tratava de "um livro sobre as pessoas que destruíram os judeus. Não há muito a ser lido aqui sobre as vítimas. O foco está nos criminosos". Ao focar a "máquina nazista de destruição e os homens que exerciam funções importantes nessa máquina", ele informava que não se deteria no sofrimento dos judeus ou nas especificidades da vida nos guetos ou nos campos, mas que, "nos casos em que examinaremos instituições judaicas, isso será feito primariamente pelos olhos alemães: como ferramentas usadas no processo de destruição".[174] No prefácio à segunda edição revista, de 1984, já tendo em conta todo o impacto do livro, amplificado pela polêmica em torno do livro de Arendt, ele assinalou que tratou no livro dos criminosos, das vítimas e dos espectadores. Os criminosos eram claramente os alemães, e "a comunidade judaica (...) será vista em termos do que fez ou não fez em resposta ao ataque alemão".[175] Já no primeiro capítulo ele observava que

---

170 Ibid., p. 173.

171 Hilberg, *A destruição dos judeus europeus*, p. 1282.

172 Ibid., p. 1285.

173 Ibid., p. 1288.

174 Ibid., p. xvii.

175 Ibid., p. xiii.

a destruição de enorme parte do povo judeu na Europa "foi fundamentalmente trabalho de criminosos alemães e, por isso, é a eles que devemos devotar nossa atenção primária (...). No entanto, a cada dia os esforços e os custos alemães eram afetados pelo comportamento das vítimas".[176] Ele destacou então que para os judeus da diáspora a oposição, principalmente armada, era rara, e no contexto do extermínio nazista era sempre a última instância, e ainda assim "os episódios de oposição foram poucos e sem expressão".[177] O que predominava amplamente na experiência da diáspora eram as tentativas de mitigação, incluindo a submissão antecipada: "A vítima, sentindo o perigo, combatia-o iniciando uma resposta conciliatória *antes* de ser confrontada com ameaças abertas. Assim, ela aceitava uma exigência, mas em seus próprios termos".[178]

Hilberg concluiu seu primeiro capítulo enfatizando que "tanto os criminosos quanto as vítimas fizeram uso de sua experiência milenar para lidar uns com os outros. Os alemães o fizeram com sucesso. Os judeus o fizeram desastrosamente".[179] Ao contrário de Arendt, Hilberg avaliara o extermínio do período de 1933 a 1945 como mais uma ocorrência da milenar ausência de resistência dos judeus da diáspora, e assim retomou o tema recorrentemente no livro, como uma censura velada e persistente.

Os Conselhos Judaicos apareceram mais diretamente na reflexão de Hilberg quando ele considerou a "submissão automática", indicando que no processo de destruição havia ações diretamente levadas a cabo pelos alemães (decretos, fuzilamentos, operação das câmaras de gás) e as que eles demandavam

---

176 Ibid., pp. 20-21.

177 Ibid., p. 22. Gideon Hausner ponderou, em sentido análogo, que a captura de Eichmann revelava uma peculiaridade histórica: "Métodos violentos nunca foram, ao longo de sua história, uma reação típica dos judeus a atos de opressão. No entanto, Eichmann finalmente caiu nas mãos de rastreadores judeus, que não precisavam recorrer à força física, mas que certamente eram apoiados por ela. Em Israel, Eichmann expressou a seu advogado sua apreciação pelo ato, dizendo que nunca teria esperado que os judeus fossem capazes de realizar seu sequestro dessa maneira" (Hausner, *Justice in Jerusalem*, p. 276). Hausner pareceu satisfeito com a admiração de Eichmann, embora possivelmente tivesse ciência de várias trapalhadas do serviço secreto israelense. Ele menciona expressamente, por exemplo, que um agente quase pôs tudo a perder ao interpelar diretamente uma vizinha de Eichmann (Hausner, *Justice in Jerusalem*, p. 274). Ver Arendt, *Eichmann em Jerusalém*, pp. 20-23, 141 e 252.

178 Hilberg, *A destruição dos judeus europeus*, p. 24. Grifos no original.

179 Ibid., p. 28.

dos judeus, como listagem de pessoas e propriedades, pagamento de multas, escavação de "suas próprias covas e assim por diante".[180] Com efeito,

> os supervisores alemães recorriam aos Conselhos Judaicos para informação, dinheiro, mão de obra ou políticas e os conselhos lhes forneciam esses meios todos os dias da semana (...). Embora nem sempre fossem representantes dos judeus, os membros dos Conselhos Judaicos eram líderes autênticos que se esforçavam para proteger a comunidade judaica das mais severas exigências e imposições e que tentavam normalizar a vida judaica sob as condições mais adversas. Paradoxalmente, esses mesmos atributos estavam sendo explorados pelos alemães contra as vítimas judias.[181]

Essa análise, assim como a crítica da abstenção da resistência e da tentativa de negociar e racionalizar decisões extremas, convictos de que o sacrifício de poucos salvaria muitos, incidiu diretamente sobre as conclusões de Arendt em *Eichmann em Jerusalém*. Em linhas gerais, os críticos de Arendt e de Hilberg não negavam a cooperação, mas a justificavam como uma busca mais eficiente que a resistência por evitar o mal maior e ao mesmo tempo indicavam a fragilidade dos conselhos, de modo que eles não poderiam ser decisivos para o extermínio, como teria afirmado Arendt.

Hilberg não saiu em defesa de Arendt, mas, embora em grande medida se aborrecesse por ter sua monumental obra engolfada no escândalo em torno de *Eichmann em Jerusalém*,[182] aceitou participar de um debate promovido pela revista *Dissent*, que havia publicado uma resenha de Marie Syrkin altamente crítica da obra de Arendt, também inspirada nos apontamentos de Jacob Robinson. Irving Howe, da *Dissent*, convidou, de uma parte, Marie Syrkin e Lionel Abel e, de outra, Daniel Bell, que havia escrito um texto ponderado sobre *Eichmann em Jerusalém* na *Partisan Review*, e o próprio Raul Hilberg. Irving Howe foi o mais pertinaz crítico de "Reflexões sobre Little Rock" e um dos responsáveis por ela ter retirado o texto de *Commentary*. Ela foi convidada, mas não aceitou participar, e o mesmo se deu com Bruno Bettelheim, que foi convidado após a negativa dela.

---

180 Ibid., p. 1290.

181 Ibid., pp. 1290-1291.

182 Hilberg reclamava de ter sido confundido com Arendt a ponto de serem colocadas palavras dela em sua boca (ver Hilberg, *The politics of memory*, p. 149).

Hilberg falou após Syrkin criticar o Eichmann de Arendt e defender que os *Judenräte* não foram fundamentais ao programa de extermínio, e ele sustentou que os judeus europeus poderiam ter reagido ativamente contra seu extermínio e se recusaram a "encarar a realidade de sua destruição iminente".[183] Enquanto ele falava, Lionel Abel dava murros na mesa, amplificados pelo microfone, e quando Hilberg concluiu foi amplamente vaiado pelo público. Abel falou em seguida, lamentou um dia ter admirado a obra de Hilberg e renovou suas imprecações contra Arendt. Daniel Bell falou por último e fez comentários contidos em defesa do livro, buscando apaziguar a controvérsia.

Algum tempo depois, Irving Howe louvou o evento como típico da vida intelectual de Nova York e o descreveu, curiosamente, como proveitoso na medida em que as pessoas reconheceram emoções que havia tempos não eram usadas. Em qualquer outra parte do mundo intelectual dos EUA, argumentou, o livro seria considerado estimulante e profundo e então as pessoas iriam dormir. Mas apenas em Nova York haveria algo como o debate promovido pela *Dissent* e mediado por ele: "Às vezes feio e ultrajante, mas também urgente e inflamado – prova de que em nome das ideias ainda estávamos dispostos a arriscar as relações pessoais. Afinal, nunca foi a dignidade o que poderíamos reivindicar como nosso ponto forte".[184] Para Hilberg o evento não passou de um terrível espetáculo em um decadente hotel de Nova York.[185]

Ao comentar posteriormente a reação ao livro de Arendt a partir da análise desse evento, Podhoretz observou o seguinte:

> essa atmosfera envenenada infectou a maioria das resenhas do livro de Hannah, bem como as declarações denunciatórias feitas por várias organizações judaicas. Como eu faria questão de enfatizar no artigo que finalmente escrevi, muitas das críticas a Hannah eram erradas ou injustas, chegando às vezes ao extremo da aberta difamação. Especificamente, ela foi repetidamente acusada de absolver Eichmann, quando afirmou claramente que ele era culpado de participação em assassinato em massa e merecia ser enforcado. Então ela também foi acusada de responsabilizar as vítimas judias do Holocausto de irem como ovelhas para o matadouro,

---

183 Young-Bruehl, *Hannah Arendt: por amor ao mundo*, p. 320.

184 Howe, *Selected writings*, p. 265.

185 Ver Hilberg, *The politics of memory*, p. 154.

quando ela própria desprezou o promotor israelense Gideon Hausner por fazer essa mesma acusação em seu interrogatório dos sobreviventes que testemunharam no julgamento. E porque seu livro estava salpicado de referências depreciativas ao sionismo e aos sionistas, muitas vezes se presumia que ela escrevia movida por um preconceito antissionista de toda uma vida, quando na verdade ela outrora se considerou uma sionista e foi ativa no movimento na Europa e nos EUA.[186]

Hilberg afirmou em suas memórias: "Hannah Arendt e eu fomos colocados tão frequentemente como um par que eu poderia inclusive atuar como seu dublê".[187] Ele, de fato, foi convidado para o evento da *Dissent* precisamente porque Arendt se recusou a comparecer, segundo Irving Howe.[188] Mas duas diferenças entre Hilberg e Arendt eram importantes para ele, que julgava que muitos comentadores que os vincularam por décadas não as teriam percebido. A primeira é que Arendt não se dera conta "da magnitude do que Eichmann fez com uma pequena equipe, supervisionando e manipulando Conselhos Judaicos em várias partes da Europa (...). Ela não apreendeu as dimensões de seu feito. Não há 'banalidade' neste 'mal'".[189] A segunda diferença é que Hilberg não distinguia a conduta dos líderes judeus daquela dos demais membros da comunidade judaica, que consistia em políticas de acomodação, ajustes e adaptações que possuem uma longa tradição na história das reações das comunidades judaicas ao perigo. Hilberg criticou abertamente a não resistência, enquanto Arendt considerava que a resistência ativa não era possível, embora fosse possível a não cooperação dos líderes, o que presumivelmente implicaria em dificuldade para a organização altamente eficaz das deportações.

Em suas memórias, Hilberg escreveu sobre Arendt em uma seção do capítulo "Efeitos colaterais" intitulada "Práticas questionáveis", no qual trata da repercussão de sua obra *A destruição dos judeus europeus 1933-1945* e de "encontros perturbadores" com três autoras que, segundo seu juízo, complicaram sua vida cada uma de um jeito próprio: Nora Levin, Lucy Dawidowicz e Hannah Arendt. Ele jamais se encontrou ou se correspondeu com Arendt e somente a ouviu falar em público duas vezes, tendo ela chamado mais sua

186 Podhoretz, *Ex-friends*, p. 160.

187 Hilberg, *The politics of memory*, p. 152.

188 Howe, "More on Eichmann – Irwing Howe", p. 260.

189 Hilberg, *The politics of memory*, p. 150.

atenção pelo modo enfático com que falava do que pelo que falava. Quando teve contato antes com *Origens do totalitarismo*, Hilberg considerou o livro um conjunto de ensaios pouco originais.[190]

Em uma carta do início de 1964, Jaspers disse a Arendt ter lido que Hilberg teria assumido publicamente a defesa dela e perguntou se isso realmente ocorreu.[191] Arendt respondeu em termos ásperos dizendo que não havia ouvido coisa alguma sobre ele ter tomado o partido dela, e continuou afirmando que ele estaria dizendo absurdos "sobre o 'desejo de morte' dos judeus. Seu livro é realmente excelente, mas apenas porque ele simplesmente relata. Um capítulo histórico introdutório mais geral é emporcalhado".[192] Arendt pediu desculpas a Jaspers pelo tom, mas disse que, já que escapou, estava dito. No "Pós-escrito" adicionado à segunda edição de *Eichmann em Jerusalém*, de fato Arendt fala que "alguém, evidentemente achando a discussão muito tediosa, teve a brilhante ideia de evocar teorias freudianas e atribuir a todo o povo judeu um 'desejo de morte' – inconsciente, é claro".[193] Apenas quando leu a correspondência entre Arendt e Jaspers, publicada originalmente em alemão em 1985, Hilberg deu-se conta de que esse trecho do "Pós-escrito" por alguma razão dizia respeito a ele. Alguns anos mais tarde, quando saiu a tradução da correspondência nos EUA, ele percebeu que na carta a Jaspers, após afirmar que nada tinha ouvido sobre Hilberg defendê-la, a frase em que dizia que ele "é muito estúpido e louco"[194] foi suprimida por orientação jurídica, conforme teria verificado.

Em uma consulta aos manuscritos de Arendt na Biblioteca do Congresso, Hilberg encontrou uma carta dela a seu editor alemão, Klaus Piper, elogiando enfaticamente a obra de Hilberg, a qual tornaria as obras de Gerald Reitlinger e Léon Poliakov antiquadas, mas lamentando um "muito tolo primeiro capítulo", em que ele revelaria conhecer pouco da história alemã. Hilberg encontrou também, por acaso, uma carta do editor da Princeton University Press, Gordon Hubel, dirigida a Arendt em 1959, um ano antes da captura de Eichmann na Argentina, agradecendo a ela por ter avaliado a obra de Hilberg. O editor foi informado de que as obras de Reitlinger, Poliakov e H. G. Adler já haviam esgotado o

---

190 Ibid., pp. 147-148.

191 Arendt; Jaspers, *Briefwechsel*, p. 585 (24 mar. 1964).

192 Ibid., p. 586 (20 abr. 1964).

193 Arendt, *Eichmann em Jerusalém*, p. 307.

194 "Er ist ziemlich dumm und verrückt" (Arendt; Jaspers, *Briefwechsel*, p. 586, carta de 20 abr. 1964).

assunto e o manuscrito foi rejeitado.[195] Hilberg veio a publicar a obra dois anos depois, já no contexto do julgamento de Eichmann, por uma pequena editora.

Harvey R. Shapiro, um entusiasmado admirador da obra de Arendt, que escreveu várias "cartas ao editor" objetando as resenhas que a atacavam, observou em uma carta a ela que "Abel, Podhoretz, Howe etc. não podem perdoar o fato de que você tenha estudado latim e grego (...). É realmente exasperante que eles se preocupem mais com a reputação dos Conselhos que com contar a verdadeira história dos judeus europeus".[196] Todavia, como vimos e veremos, tudo é bastante mais complicado.

Em 1966 o promotor Gideon Hausner publicou *Justice in Jerusalem*. Embora mencione Arendt em apenas uma página ao final do seu livro de mais de quinhentas páginas,[197] o livro é uma espécie de avaliação retrospectiva do julgamento de Eichmann e de seus impactos tendo como pano de fundo a polêmica em torno de *Eichmann em Jerusalém*. Hausner não discutiu *Eichmann em Jerusalém* e justificou isso afirmando que o livro havia sido rechaçado por muitos resenhistas, mas principalmente pela refutação ponto a ponto levada a cabo por Jacob Robinson, seu auxiliar no julgamento de Eichmann, na obra *And the crooked shall be made straight* (*E o torto será endireitado*), de 1965, inteiramente dedicado a elencar os numerosos presumidos erros de Arendt e com isso demonstrar que as teses dela não se sustentavam. É nesse monumental esforço de Robinson, muito pouco conhecido, que nos deteremos no próximo capítulo, tanto porque ele conduz o momento inicial da controvérsia ao paroxismo – e em grande medida a seu esgotamento –, quanto porque Arendt reagiu fortemente a ele.

---

195 Ver Hilberg, *The politics of memory*, pp. 156.

196 Shapiro a Arendt, *Hannah Arendt Papers*, 16 fev. 1964 (Adolf Eichmann File, 1938-1968, n.d, Letters to the editor, Miscellaneous, Others, 1963-1966, fig. 46e).

197 Hausner, *Justice in Jerusalem*, p. 465. Quinze anos após *Eichmann em Jerusalém*, quando era membro do Parlamento israelense, Hausner deu-se ainda ao trabalho de enviar uma carta ao editor criticando o psicólogo Michael Selzer por "supreendentemente não ter mencionado" em seu texto ("The Murderous Mind", 27 nov. 1977) que "a tese de Hannah Arendt sobre a pessoa de Adolf Eichmann e a natureza de seu julgamento em Jerusalém já foi totalmente destruída pelo historiador e acadêmico Dr. Jacob Robinson em *And the crooked shall be made straight* (Hausner, "Those Eichmann Drawings", p. 18).

2

O debate sobre o julgamento e os dilemas trágicos das vítimas

O Talmude sustenta que se eles pedem a você que sacrifique um indivíduo pela segurança da comunidade, não o entregue; se eles pedem a você que entregue uma mulher para ser violentada para o bem de todas as mulheres, não deixe que seja violentada.

— Arendt, "Responsabilidade pessoal sob a ditadura", pp. 98-99.

2.1. Endireitar o torto: um livro inteiro contra Hannah Arendt

Dentre os críticos contemporâneos de Arendt, se o juiz Michael Musmanno se destacou pela virulência, Jacob Robinson sobressaiu-se pela pertinácia e mesmo pela obstinação de sua meticulosa oposição. Nascido na Lituânia em 1889, desde os anos 1920 Robinson atuava política e juridicamente na defesa dos interesses da comunidade judaica. Ele permaneceu na Lituânia até 1940, quando emigrou para os EUA. Fundou em 1941 o Instituto de Assuntos Judaicos, seção de pesquisa do Congresso Judaico Mundial. Atuou nos julgamentos de Nuremberg, tendo assessorado o promotor-chefe dos EUA, Robert H. Jackson, e seu assistente Telford Taylor. Foi consultor jurídico da delegação de Israel na Organização das Nações Unidas (ONU) e coordenou a colaboração entre numerosos institutos de pesquisa sobre o extermínio dos judeus pelos nazistas (dentre eles, Yad Vashem, Leo Baeck Institute e Centre de Documentation Juive Contemporaine).

Robinson foi certamente um dos primeiros a se pronunciar sobre o desafio jurídico do julgamento de Eichmann em Jerusalém e a defender a competência de Israel sobre o caso. Ele escreveu, poucas semanas após o anúncio de que Eichmann estava detido em Jerusalém, um influente artigo na revista *Commentary* intitulado "Eichmann & the question of jurisdiction". Para ele, dentre vários outros elementos relevantes para a legitimidade da pretensão de Israel à jurisdição sobre o caso, era importante o fato de que Israel podia falar em nome de boa parte das vítimas e que Eichmann, pela natureza de seus crimes, era um *hostis humani generis,* um inimigo do gênero humano sujeito à jurisdição de qualquer país – incluindo Israel, claro.[1] Essa argumentação reverberou inclusive na percepção inicial de Arendt sobre o caso, como pode ser verificado em sua correspondência com Karl Jaspers.[2]

O promotor Hausner foi auxiliado por Jacob Robinson na preparação do caso Eichmann e na argumentação jurídica, principalmente no que dizia respeito ao direito internacional, tendo sido um dos três auxiliares diretos da acusação ao longo do julgamento. Robinson seguramente é o principal ator no prolongamento da controvérsia em torno a *Eichmann em Jerusalém,* tendo alimentado boa parte dos críticos contemporâneos de Arendt com a indicação de diversos presumidos erros factuais no livro que invalidariam as conclusões dela sobre Eichmann e, principalmente, sobre a cooperação dos Conselhos Judaicos. Ele influenciou diretamente, dentre outras atuações, a do Congresso Judaico Mundial e também de participantes proeminentes da controvérsia, como Lionel Abel, Norman Podhoretz e Marie Syrkin.

Jacob Robinson não apenas organizou o volume *Facts,* em julho de 1963, no qual publicou o texto "Relato sobre o mal da banalidade", como também começou aí a preparar um livro que reacenderia a controvérsia quando foi publicado, em 1965. O primeiro título desse livro era precisamente *O criminoso virtuoso e os crimes das vítimas: Eichmann, Arendt e a história judaica.*[3] O título final, no entanto, acabou sendo *E o torto será endireitado* (*And the crooked shall be made straight*), tendo sido inspirado em um versículo bíblico

1 Robinson, "Eichmann & the question of jurisdiction", pp. 1-4.

2 Ver, por exemplo, carta de Arendt a Jaspers de 23 dez. 1960 (Arendt; Jaspers, *Briefwechsel,* p. 451).

3 Young-Bruehl, *Hannah Arendt: Por amor ao mundo,* pp. 316-317.

(Is 40:4). O subtítulo ficou “O julgamento de Eichmann, a catástrofe judaica e a narrativa de Hannah Arendt”.

O livro de 406 páginas anunciava o objetivo de corrigir presumidos erros factuais e de interpretação de Hannah Arendt no que concernia às atribuições de Eichmann como oficial nazista atuando contra os judeus, suas motivações e seu caráter; à legitimidade e à relevância do julgamento para o direito internacional; ao padrão de justiça empregado pela corte; e às condições dos judeus pela Europa sob o nazismo, assim como sua reação ao desastre.[4] Em cinco capítulos, Robinson enumerou incansavelmente o que julgou serem as centenas de equívocos de Arendt em *Eichmann em Jerusalém* que comprovariam que ela não transmitia informação confiável nem tinha a formação necessária para compreender e analisar o julgamento. Os longos capítulos encerram-se invariavelmente com brevíssimas considerações conclusivas em poucas linhas, como se Robinson estivesse a dizer: “Pelo que vimos até aqui, Arendt está errada, assunto encerrado”. A exceção é o capítulo dedicado ao comportamento dos judeus em face do extermínio, um movimento mais sutil e inspirador de um livro em geral protocolar.

Robinson sustentou, no capítulo dedicado à caracterização de Eichmann e a sua atuação, que Arendt retratou Eichmann como “um produto impotente de um sistema totalitário que poderia corromper qualquer ‘pessoa mediana’ com uma ‘inata repugnância ao crime’”.[5] Para ele, ela interpretou Eichmann como um personagem azarado, cheio de frustrações, de parca inteligência (embora reconhecido como perito na questão judaica, tanto em relação às intrincadas organizações judaicas quanto em emigração e evacuação); alguém que lutava para se expressar minimamente para além do jargão burocrático e que possuía uma memória precária (embora tenha relatado de cor minuciosamente numerosos eventos e interações com centenas de pessoas em seu depoimento antes do julgamento); alguém que inflava suas realizações ao mesmo tempo que se dizia um mero cumpridor de ordens; alguém que mentia sobre sua biografia, movido também por autoengano, o que não teria impedido Arendt de “frequentemente aceitar sua versão de eventos controversos”[6] e de definir por conta própria o que seria a verdade dentre as declarações contraditórias dele. Para Robinson, Arendt teria exercitado o que ele chamou de “leitura telepática”.[7] Ela

4 Robinson, *And the crooked shall be made straight*, p. viii.

5 Ibid., p. 1.

6 Ibid., p. 6.

7 Ibid., p. 11.

> explicou o que Eichmann *realmente* quis dizer, no que devemos acreditar do que ele diz e no que não devemos, como se ela tivesse olhado dentro de sua mente e pudesse discernir um significado que contradizia muito do que ele tinha dito previamente, do que havia sido dito sobre ele ou do que ele tinha feito.[8]

Em geral Arendt teria mitigado a autoridade e a importância das atividades de Eichmann, como se ele fosse "meramente um passivo recebedor de ordens".[9] Assim, ela não o incluía entre os maiores criminosos de guerra, mesmo enfatizando o papel decisivo desempenhado por ele e destacando em suas atividades traços criminosos que jamais permitiriam que ele se livrasse da pena de morte. Ela teria feito parecer que Eichmann lidaria "apenas com transporte", como se não fosse a deportação dos judeus o passo inicial fundamental do extermínio. Para ele, Arendt "se esforça, mesmo em casos incontroversos, para minimizar seu papel, sua esfera de influência, suas responsabilidades pessoais e sua função".[10] Isso ficaria claro na insistência dela em caracterizá-lo como alguém que "não tinha poder algum para iniciar qualquer programa relacionado à aniquilação dos judeus",[11] mesmo reconhecendo o papel de Eichmann no plano de criar uma colônia judaica em Nisko, na Polônia, e depois em Madagascar.

Robinson sustentou ainda que Arendt amainou os vínculos de Eichmann com os *Einsatzgruppen*, unidades móveis de assassinato da SS no Leste Europeu,[12] assim como a acusação de Rudolf Höss, comandante de Auschwitz, de que Eichmann teria sugerido o uso de gás para aumentar a capacidade de extermínio.[13] Robinson considerava escandaloso, entretanto, que Arendt tenha dedicado menor atenção aos episódios na Hungria, quando as iniciativas de Eichmann, "feitas com rapidez e maestria",[14] mesmo contra as ordens de Himmler de interromper as deportações, levaram à morte nos campos a quase totalidade dos cerca de meio milhão de judeus húngaros, inclusive

---

8 Ibid., p. 12 (grifos no original). Mais adiante ele mencionou uma situação em que Arendt "fala por Adolf Eichmann como se ela o tivesse consultado privadamente" (p. 105).

9 Ibid., p. 21.

10 Ibid., p. 14.

11 Ibid., p. 28.

12 Arendt, *Eichmann em Jerusalém*, p. 240.

13 Ibid., pp. 101-102.

14 Robinson, *And the crooked shall be made straight*, p. 267.

nas famigeradas marchas a pé rumo a Auschwitz. A sentença do julgamento reconheceu a função estratégica desempenhada por Eichmann nesse país onde ele foi identificado como a principal força a implementar a Solução Final.[15]

Arendt teria relutado em reconhecer em Eichmann o especialista máximo em questões judaicas, como o teriam nomeado Heydrich, Himmler e outros.[16] Para Robinson, a despeito dos esforços de Arendt por conceber Eichmann como um zeloso cumpridor de ordens, que não era antissemita,

> dos documentos históricos disponíveis emergia o verdadeiro Eichmann: um homem de extraordinária capacidade de condução, mestre nas artes da astúcia e do engano, inteligente e competente em seu campo, obstinado em sua missão de tornar a Europa "livre de judeus" (*judenrein*) – em suma, um homem especialmente adequado para ser o supervisor da maior parte do programa nazista de extermínio dos judeus.[17]

Arendt certamente concordaria com boa parte desta descrição de Eichmann, mas não que ele fosse "o principal arquiteto da política alemã em relação aos judeus estrangeiros em todos os períodos".[18] Robinson buscou evidenciar o que julgou ser uma contradição em Arendt: o reconhecimento por parte dela do papel central e criminoso desempenhado por Eichmann na implementação da Solução Final e ao mesmo tempo a insistência em que ele era antes de tudo um cumpridor de ordens sem participação na concepção das políticas contra o povo judeu. Mas o que certamente mais os distanciava no que diz respeito à compreensão de Eichmann é o fato de para Robinson não fazer qualquer sentido sustentar, como fizera Arendt, que a eficiência e a diligência de Eichmann no exercício de suas funções criminosas não eram motivadas por fanatismo ideológico e obcecado antissemitismo.

No segundo e no terceiro capítulos Robinson examinou as posições de Arendt sobre o direito internacional e sobre a condução do julgamento de Eichmann

---

15 Cesarani, *Becoming Eichmann*, p. 309.

16 Robinson, *And the crooked shall be made straight*, pp. 22, 27 e 28.

17 Ibid., p. 59.

18 Ibid., p. 23. Como Arendt, David Cesarani sustentou que, apesar das tentativas da promotoria de fazer de Eichmann um "comandante todo-poderoso" do extermínio, "o poder de Eichmann era altamente limitado. Ele nunca criou políticas e se limitou a implementá-las" (Cesarani, *Becoming Eichmann*, p. 12).

em Jerusalém. Ele afirmou que, embora a história dos julgamentos de crimes de guerra a partir da Segunda Guerra Mundial seja relativamente simples, Arendt não parecia conhecê-la adequadamente, não distinguindo claramente o Tribunal Internacional Militar de Nuremberg dos julgamentos sucessórios. Para ele, a vinculação por Arendt do julgamento em Jerusalém aos julgamentos sucessórios em Nuremberg ignoraria que em Jerusalém o julgamento se ocupava com crimes cometidos contra o povo judeu independentemente da cidadania das vítimas, sem limitações territoriais e durante todo o período nazista. Nos julgamentos sucessórios, não obstante, foram investigados crimes cometidos em áreas específicas durante o período da guerra, considerando antes a cidadania das vítimas.[19]

Ao contrário do que afirmou Robinson, Arendt revelou em seu livro ter plena clareza da distinção entre o julgamento dos aliados em Nuremberg e os sucessórios, e quando identificou o julgamento em Jerusalém como um dos julgamentos sucessórios, reportou ao fato de que a própria corte em Jerusalém reclamou o julgamento do Tribunal Internacional Militar em Nuremberg como um precedente válido.[20] Quando vinculou o julgamento em Jerusalém ao dos aliados em Nuremberg, Arendt estava antes criticando o fato de que "a corte sepultou os trabalhos em uma montanha de precedentes (...), muitos dos quais soavam, pelo menos aos ouvidos do leigo, como sofismas elaborados". Isso teria ocorrido porque a corte "nunca enfrentou o desafio do sem precedente",[21] que, segundo ela, caracterizava os crimes e o criminoso em questão. A razão disso seria o fato de em Israel predominar a compreensão de que Auschwitz era apenas o capítulo mais recente da perseguição aos judeus, que remontaria ao menos até o faraó do Egito, algo evidenciado de modo típico no discurso de abertura do promotor Gideon Hausner.

Essa foi uma das principais razões de Arendt afirmar que o julgamento em Jerusalém foi marcado por fracassos, a despeito de seu apoio ao veredicto e à conduta dos juízes. O principal fracasso teria sido a incapacidade de reconhecer o novo tipo de crime que o genocídio representava, na medida em que inaugurava a pretensão não instrumental nem estratégica de eliminar, por obstinação ideológica, todo um povo da face da Terra: "um crime que não podia

---

19 Robinson, *And the crooked shall be made straight*, p. 63. Conferir Arendt, *Eichmann em Jerusalém*, p. 281.

20 Ver Arendt, *Eichmann em Jerusalém*, pp. 241 e 276.

21 Ibid., p. 285.

ser explicado por nenhum propósito utilitário".[22] Se no julgamento dos aliados em Nuremberg a noção nova de crime contra a humanidade, que aparece na Carta de Londres, praticamente não desempenhou papel relevante nos veredictos, em Jerusalém, para Arendt, a noção de crime contra a humanidade, como "crime contra o *status* humano" e não apenas contra as vítimas, teria acabado por se perder na noção de "crime contra o povo judeu".[23] Ela sustentou que

> em nenhum momento, porém, fosse no julgamento ou na sentença, o tribunal de Jerusalém chegou a mencionar a possibilidade de que o extermínio de grupos étnicos inteiros – judeus ou poloneses ou ciganos – pudesse ser mais do que um crime contra o povo judeu ou polonês ou cigano, que a ordem internacional e a humanidade como um todo pudessem ter sido seriamente feridas ou postas em risco.[24]

Robinson defendeu que era evidente a singularidade da perseguição aos judeus em relação a outros grupos perseguidos, como ciganos, poloneses e russos, mas também os comunistas. A perseguição nazista aos judeus se destacaria pelo projeto de extermínio total e imediato ainda durante a guerra, sem qualquer atenção a considerações racionais, nem bélicas nem políticas.[25] Arendt poderia concordar com esse diagnóstico. Sua crítica se dirigia especificamente a uma presumida perda de oportunidade de aprofundar e especificar a natureza do crime contra a humanidade, que claramente não se referia apenas aos judeus mesmo quando perpetrado "no corpo do povo judeu".[26]

---

22 Ibid., p. 298. Em uma entrevista de 1965, Karl Jaspers afirmou: "Genocídio significa basicamente a execução de um julgamento sobre outro grupo de pessoas, sobre um povo que não deveria viver na Terra. Quem quer que reivindique e execute esse julgamento é um criminoso contra a humanidade. Tais atos foram praticados contra judeus, ciganos e pessoas com doenças mentais. Todos aqueles que entenderam isso (primeiro Hannah Arendt) declaram hoje com uma consciência que agora se tornou explícita: nenhum ser humano tem o direito de julgar que um grupo étnico não deveria existir" (Jaspers, "Für Völkermord gibt es keine Verjährung", p. 104). Ele também concordava com Arendt sobre se tratar de um novo tipo de crime (ver Ibid., p. 136).

23 Discuto o caráter um tanto excessivo dessa posição de Arendt e o quanto a lei israelense de 1950 vinculava o "crime contra o povo judeu" ao "crime contra a humanidade" em *O caso Eichmann*, p. 111.

24 Arendt, *Eichmann em Jerusalém*, p. 298.

25 Robinson, *And the crooked shall be made straight*, pp. 99-100.

26 Arendt, *Eichmann em Jerusalém*, p. 17.

Para Robinson, a demanda de Arendt de que a corte julgasse com independência em relação aos precedentes e "sua tese" de que, dada a "natureza ainda inacabada da lei internacional, passou a ser tarefa dos juízes de julgamentos comuns fazer justiça sem a ajuda de leis positivas, postuladas, ou além das limitações a eles impostas por essas leis"[27], evidenciavam o que ele chamou de "teoria do crescimento espontâneo da lei"[28] em Arendt. Ela, de fato, sustentou que, mesmo não cedendo à hipótese da promotoria de que Eichmann seria um "sádico pervertido" – "o monstro mais anormal que o mundo já vira"[29] e ao mesmo tempo que havia muitos como ele –, os juízes acabaram por não compreender nem ele nem o crime que ele cometeu. Isso teria se dado, em grande medida, pela convicção conscienciosa dos juízes de que não podiam legislar e, portanto, julgar sem o corrimão da lei israelense e da jurisprudência no direito internacional.

Arendt avaliou que os juízes geraram "a ilusão de que algo absolutamente sem precedentes podia ser julgado de acordo com precedentes e seus padrões".[30] Isso teria feito, por exemplo, com que eles buscassem em sua sentença a todo momento conectar os atos de Eichmann a suas motivações e ao mesmo tempo especular sobre se em sua consciência ele se sentiria culpado ou não. Essas presumidas motivações e esse suposto sentimento de culpa, que modernamente seriam fundamentais para a condenação de qualquer criminoso, eram, para Arendt, inteiramente secundários, uma vez que estaria em questão um crime cometido coletivamente por pessoas, em sua maioria, inteiramente normais (nem exceções, nem insanas) e em circunstâncias nas quais era praticamente impossível para elas saber se estavam agindo certo ou errado.[31]

Robinson insistiu que uma corte não legisla, nem é sua função preencher as lacunas da lei com um julgamento próprio, criar procedimentos ou terminologia legal.[32] Além disso, como as cortes não consideram casos por sua própria iniciativa, a "teoria do crescimento espontâneo da lei" que ele atribui a Arendt não ampliaria as funções da corte, mas autorizaria a polícia e a promotoria a definir atos como criminosos sem precisarem recorrer a qualquer lei existente,

---

27 Ibid., p. 296.

28 Robinson, *And the crooked shall be made straight*, p. 67.

29 Arendt, *Eichmann em Jerusalém*, p. 299.

30 Ibid., p. 152.

31 Ibid., p. 299.

32 Ver Robinson, *And the crooked shall be made straight*, p. 101.

o que "convidaria à anarquia".[33] Robinson discordou ainda de que seria tarefa da corte em Jerusalém estabelecer uma definição válida de crimes contra a humanidade e que, portanto, isso não pode ser computado, como defende Arendt, entre os fracassos principais da corte.[34]

Arendt revelaria, ademais, uma compreensão equivocada da noção de crime contra a humanidade, para Robinson. Ela criticou a identificação de "crimes contra a humanidade" com "atos inumanos" na literatura jurídica, ao menos desde a Carta de Londres, "como se os nazistas simplesmente fossem desprovidos de bondade humana, certamente o eufemismo do século".[35] Para Arendt, tratava-se não de um crime contra a sensibilidade dos seres humanos (*Menschlichkeit*), como apareceria na literatura jurídica, mas contra a comunidade dos seres e povos atualmente existentes; contra a comunidade plural de que ela depende (*Menschheit*); e contra "a própria natureza da humanidade" (*Menschengeschlechtes*).[36] Por isso, ela ponderou que a humanidade em questão no caso desse crime é antes *Menschheit/Menschengeschlechtes* do que *Menschlichkeit*. Robinson a criticou observando que essa interpretação "está em contradição direta com o uso aceito no direito internacional",[37] tendo ele ignorado que a crítica visava exatamente isto: vincular conceitualmente o crime ao *status* humano (à pluralidade) e à comunidade da humanidade (ainda que vindoura), e não a qualquer hipótese sobre a natureza monstruosa ou hedionda de crimes tidos por "inumanos".[38]

Robinson sustentou, sem fornecer adequada evidência textual, que Arendt assumiu como intercambiáveis os termos *genocídio* e *crime contra a humanidade*, com a implicação de que o genocídio acabaria por ser o único tipo de crime contra a humanidade. Arendt ainda teria se equivocado ao caracterizar o crime de genocídio como sem precedente, uma vez que, apesar do caráter único da tentativa de destruição dos judeus europeus, certamente houve casos vários ao longo da história de massacres contra povos inteiros, inclusive contra os

---

33 Ibid., p. 67.

34 Robinson, *And the crooked shall be made straight*, p. 70. Ver Arendt, *Eichmann em Jerusalém*, p. 297.

35 Arendt, *Eichmann em Jerusalém*, p. 298.

36 Ibid., p. 291.

37 Robinson, *And the crooked shall be made straight*, p. 70.

38 Conferir uma discussão sobre a compreensão de humanidade implicada na noção de "crime contra a humanidade" na seção 3.2. do meu livro *O caso Eichmann*.

judeus.[39] Arendt, de fato, afirma que o crime de genocídio era sem precedentes[40]. Embora não tenha alterado isso na segunda edição do livro, no pós-escrito que acrescentou a essa edição Arendt observou que o

> conceito de genocídio, introduzido especificamente para cobrir um crime antes desconhecido e embora aplicável até certo ponto, não é inteiramente adequado, pela simples razão de que os massacres de povos inteiros não são sem precedentes. Eram a ordem do dia na Antiguidade, e os séculos de colonização e imperialismo fornecem muitos exemplos de tentativas desse tipo, mais ou menos bem-sucedidas. A expressão "massacres administrativos" é a que parece melhor definir o fato.[41]

A vantagem da expressão "massacres administrativos", para Arendt, era justamente a de indicar que o que sucedeu a judeus e ciganos, por exemplo, poderia ocorrer com qualquer grupo determinado, não necessariamente estrangeiros ou pertencentes a outros grupos étnicos. Esse era o caso do extermínio de doentes incuráveis e doentes mentais alemães que inaugurou o programa nazista de "eutanásia" mediante uso de gases tóxicos (Aktion T4, de 1939 a 1941). Além disso, diz ela, "é bem concebível que na economia automatizada de um futuro não muito distante os seres humanos possam tentar exterminar todos aqueles cujo quociente de inteligência esteja abaixo de determinado nível".[42]

Arendt associou, assim, o crime contra a humanidade, sem precedentes, ao que em *Origens do totalitarismo* ela vinculou ao imperialismo britânico na Índia. Ela recorreu a uma expressão de Al. Carthill para se referir aos extermínios perpetrados pelos administradores, que buscavam sufocar mediante expurgos qualquer rebelião das regiões conquistadas, sem nenhuma atenção a lei ou direitos.[43] Arendt não retornou ao tema nem buscou conciliar o fato de que os massacres administrativos visavam à manutenção da dominação imperialista com sua constatação de que o que era sem precedente era a tentativa de, por razões estritamente ideológicas e não utilitárias, promover o extermínio de povos e grupos – nem dominar, nem escravizar nem ocupar o espaço liberado por aquele grupo massacrado (embora fosse um dos efeitos desejados destacados pela propaganda nazista).

---

39 Robinson, *And the crooked shall be made straight*, pp. 70-72.

40 Arendt, *Eichmann em Jerusalém*, p. 290.

41 Ibid., p. 311.

42 Ibid., p. 312.

43 Id., *Origens do totalitarismo*, pp. 163 e 252.

Com relação ao julgamento, Robinson criticou as observações de Arendt sobre a corte não estar à altura do desafio do crime sem precedente e ponderou que ela nutria uma "admiração relutante" pelos juízes da Corte Distrital.[44] Ele elogiou a clareza consciencioса com que a corte demarcou o escopo de sua atuação, distanciando-se claramente das pretensões da promotoria, assessorada por ele mesmo, de construir por meio do julgamento um relato histórico abrangente da catástrofe ou de recorrer a esse relato para responder a questões gerais pungentes sobre as razões da catástrofe. A corte tinha clareza, e isso Arendt reconhecia, de que seu papel era avaliar a verdade da acusação que recaía sobre o réu e, no caso de ele ser declarado culpado, aplicar a justa sentença que corresponderia a seus delitos de acordo com a lei sob a qual ele estava sendo julgado.[45]

Robinson defendeu abertamente a conduta do promotor Gideon Hausner, de cuja equipe ele fez parte no julgamento, embora em seu livro pareça se identificar mais com a conduta dos juízes que com a do próprio promotor. Hausner foi acusado por Arendt, em *Eichmann em Jerusalém*, de ser um fantoche do primeiro-ministro Ben-Gurion e de por isso ter tornado o julgamento um espetáculo e exagerado o papel de Eichmann, para fazer parecer que Israel estava julgando por meio dele todo o nazismo com sua chamada Solução Final.[46] Ela também o criticou por focar não o que Eichmann fez, mas sim o sofrimento do povo judeu. A isso Robinson replicou que é dever da promotoria "provar os resultados de um crime, e isto foi feito em Jerusalém pela primeira vez".[47] Além disso, como o acusado se declarou "não culpado, no sentido da acusação", seria importante que a promotoria apresentasse toda evidência importante para provar a culpa do réu. Robinson julgou pretensiosa a sentença alternativa apresentada por Arendt no final de seu livro, indicando o que a corte "deveria ter dito". Além disso, achou perigosa a presunção expressa nela de que a pena de morte seria justificada porque a humanidade como um todo não gostaria de partilhar a Terra com Eichmann.[48]

---

44 Robinson, *And the crooked shall be made straight*, p. 129.

45 Ibid., p. 103. Para Arendt, Ben-Gurion pretendia que se enfatizassem questões gerais, principalmente destacando a importância vital de Israel para a sobrevivência do povo judeu, e não "sutilezas legais" (Arendt, *Eichmann em Jerusalém*, p. 29).

46 Arendt, *Eichmann em Jerusalém*, pp. 15ss.

47 Robinson, *And the crooked shall be made straight*, p. 123.

48 Ibid., p. 134. Cf. o capítulo 4 do meu livro *O caso Eichmann*, onde discuto a sentença alternativa de Arendt.

Arendt também acusou Hausner de utilizar de modo espúrio os sofrimentos das vítimas visando "educar a juventude israelense",[49] conforme o próprio promotor afirmou em seu discurso de abertura. Os juízes declararam em sua sentença que um julgamento não pode ter propósitos educacionais ou conclusões históricas como objetivos deliberados.[50] Robinson se distanciou dos juízes, nesse ponto, e se aproximou claramente de Hausner ao mencionar o julgamento como ocasião para "a educação em massa dos cidadãos do Estado de Israel na história da catástrofe terrível que sucedeu ao povo judeu".[51] E Robinson então concluiu assim o capítulo sobre o julgamento de Eichmann:

> *Considerações conclusivas*: a conduta do julgamento de Eichmann foi inteiramente correta. Os procedimentos ocorreram em pleno acordo com as regras e práticas do direito nacional e internacional e com os princípios da justiça como interpretados pelos mais avançados sistemas legais.[52]

No capítulo em que tem em consideração o direito internacional, Robinson destacou que Arendt mostrava não ter familiaridade com questões jurídicas referentes a esse tema. Para ele, como ela admitiu ser uma leiga no assunto, foi surpreendente seu "ataque à obra e ao pensamento de juristas competentes que se distinguiram por fazer avançar o estado de direito [*rule of law*] e os princípios da justiça na comunidade internacional".[53] Mais que isso, para ele as sugestões dela "apenas divertem o jurista".[54]

Todavia, essa não foi a reação dos estudiosos do direito ao longo das últimas seis décadas, que dedicaram atenção especial, mesmo quando crítica, às indicações de Arendt. Não é, por exemplo, a opinião recente do jurista David Luban, com o benefício da visão retrospectiva:

> nenhum teórico pensou de modo mais perspicaz que Arendt sobre o fundamento da responsabilidade criminal internacional em atrocidades

49 Arendt, *Eichmann em Jerusalém*, p. 20.

50 Yablonka, *The state of Israel vs. Adolf Eichmann*, p. 248.

51 Robinson, *And the crooked shall be made straight*, p. 136.

52 Ibid., p. 141.

53 Ibid., p. 100.

54 Ibid., p. 82.

em massa, quando milhares de perpetradores cometem atos que rotulamos de "manifestamente ilegais" sem considerarmos o quanto suscitam a questão sobre a razão de não serem manifestos para os perpetradores.[55]

Robinson tratou a efetivação do direito em seu livro, mesmo no Caso Eichmann, apenas ou principalmente como um procedimento técnico de aplicação de leis e jurisprudências e não pareceu perceber que para Arendt precisamente isso era parte do problema, mais ainda no caso de um crime sem precedentes. As questões levantadas por Arendt, mesmo considerando imprecisões pontuais, dizem respeito aos limites do direito, que se mostram como desafios nada técnicos para a compreensão como crimes de atos antes imprevistos e para as políticas nacional e internacional de uma comunidade política internacional vindoura.

Uma das implicações das críticas de Arendt à cooperação de parte dos conselhos judaicos foi a acusação de que ela teria culpado as vítimas por seu próprio extermínio. Claramente Arendt distinguia a conduta dos líderes daquela da comunidade judaica em geral, emblematicamente no caso da Hungria, onde foi catastrófica a distância entre as bem-informadas negociações da liderança com os nazistas e a ignorância geral da comunidade quanto a seu destino. Robinson tratou a crítica de Arendt à conduta de parte da liderança como uma crítica ao comportamento dos judeus em geral e por conta disso dedicou o capítulo mais longo de seu livro a analisar o "Comportamento judeu diante do desastre". Ele defendeu que as críticas de Arendt eram duras e mesmo ofensivas às vítimas. Um exemplo é o de quando ela afirmou que o fato da elaboração das listas de transporte pelos Conselhos Judaicos prejudicaria "o quadro geral da acusação, que traçava uma nítida divisão entre perseguidores e vítimas".[56]

Para Robinson, ao retomar enfaticamente intuições mais sutis do final de *Origens do totalitarismo*, Arendt ignoraria que "a cooperação forçada de uma vítima indefesa é usualmente considerada um fator *agravante* da responsabilidade do criminoso".[57] Para Arendt era claro, não obstante, que se a resistência era quase impossível – embora tenha ocorrido, dissipando "o espectro da cooperação universal"[58] –, a cooperação era uma das opções dentre as muito

55 Luban, "Hannah Arendt as a theorist of international criminal law", p. 623.

56 Arendt, *Eichmann em Jerusalém*, p. 136.

57 Robinson, *And the crooked shall be made straight*, p. 142. Grifos no original.

58 Arendt, *Eichmann em Jerusalém*, p. 139.

restritas possibilidades das vítimas, mas não era a única. Ela forneceu uma resposta ainda mais explícita em seu diálogo com Gershom Scholem:

> eu deixei clara a minha posição, mas é bastante óbvio que você não a entendeu. Eu disse que não havia a possibilidade de resistência, mas existia a possibilidade de *nada fazer*. E para nada fazer, não era necessário ser um santo, mas apenas dizer: "Eu sou apenas um simples judeu e não desejo cumprir nenhum papel além deste". Se estas pessoas, ou algumas delas, como você indica, mereciam ser enforcadas é uma questão completamente diferente. O que precisa ser discutido não são as pessoas, mas os argumentos com os quais elas se justificavam, a si mesmas e aos demais. Com relação a estes argumentos, nós temos o direito de emitir um juízo. Além disso, não podemos nos esquecer de que lidamos aqui com condições terríveis e desesperadoras, mas que não são as condições dos campos de concentração. Estas decisões foram tomadas em uma atmosfera de terror, mas não sob a pressão imediata e o impacto do terror. Estas diferenças de grau são importantes, e seu conhecimento e consideração são necessários a todos aqueles que estudam o totalitarismo. Estas pessoas ainda possuíam uma certa e limitada liberdade para decidir e agir. Assim como os assassinos da SS também possuíam, como agora sabemos, uma limitada escolha de alternativas. Eles podiam dizer: "Eu quero ser liberado de meus deveres assassinos" e nada aconteceria contra eles. Uma vez que, em política, lidamos com homens e não com heróis ou santos, esta possibilidade de "*não participação*" (Kirchheimer) é decisiva se começarmos a julgar, não o sistema, mas os indivíduos, suas escolhas e argumentos.[59]

Robinson sustentou que entre os estudiosos do extermínio de cerca de 6 milhões de judeus era unânime a compreensão de que a responsabilidade era inteira dos nazistas que perpetraram esse crime, auxiliados pela passividade quase universal da população das regiões ocupadas, dos neutros e dos aliados, que praticamente não se moveram para impedir o extermínio. Assim, conclui, "a destruição de 6 milhões de judeus – e não o 'papel dos líderes judeus' – é o 'capítulo mais sombrio' da história judaica durante o período nazista e de fato em todos os tempos".[60]

---

59 Id., "A controvérsia Eichmann – uma carta a Gershom Scholem", p. 760. Grifos no original. Cito excepcionalmente a carta da tradução da versão publicada em inglês, por diferenças sutis, mas decisivas, no texto.

60 Robinson, *And the crooked shall be made straight*, p. 144.

Para Robinson, Arendt distorceu os fatos históricos então conhecidos sobre a catástrofe dos judeus ao supor que: a cooperação era fato consumado; os líderes que cooperaram foram necessariamente escolhidos pela comunidade; eles tinham clareza do destino reservado aos judeus pelos nazistas; a conduta deles implicava todos os judeus. Além disso, quando Arendt afirmou que se não houvesse a organização dos judeus por meio dos conselhos judaicos "haveria caos e muita miséria",[61] mas o número de vítimas seria significativamente menor, Robinson defendeu que a posição dela era irrealista e ignorava que não haveria como milhões de pessoas passarem à clandestinidade desapercebidas.[62]

Robinson enfatizou que sob a administração nazista a cooperação dos órgãos administrativos das nações ocupadas foi utilizada largamente, o que teria feito com que muitos que se opunham à ideologia e à ocupação dos nazistas cooperassem com eles mesmo contra seus próprios concidadãos, com raríssimas exceções. Para ele, "sob condições de terror nazista contínuo, pouco mais poderia ser esperado" e, "exceto por greves ocasionais ou atos de sabotagem, nenhuma ação concertada jamais foi levada a cabo, o que não é surpreendente, é claro, à luz das condições sob o terror nazista".[63] Robinson destacou que esses colaboradores forçados não foram acusados pelos julgamentos do pós-guerra, mas apenas os que se alinharam ideologicamente com os nazistas e se beneficiaram da colaboração com eles.

O caso dos judeus seria semelhante, e é certo que "os judeus não formavam filas nos escritórios da Gestapo para oferecer seus serviços aos nazistas",[64] com o agravamento de que na maior parte dos casos a recusa a cooperar resultou em sanções contra as próprias comunidades judaicas. Houve suicídios e recusas, mas em geral as indicações para os conselhos eram aceitas como um mal menor, na esperança de atenuação da perseguição nazista até que a guerra chegasse ao fim. A participação nos conselhos era tida como um "dever comunitário", sob o pressuposto de que sem a cooperação poderia ser pior. A estratégia básica nos Conselhos, sustentou Robinson, baseava-se na convicção de que os nazistas podiam ser derrotados, por um lado, e de que nem todos os judeus dos guetos sobreviveriam, de modo que apostar na procrastinação e buscar salvar o máximo possível de judeus era o caminho usual. Isso implicava cooperação e

---

61 Arendt, *Eichmann em Jerusalém*, p. 142.

62 Robinson, *And the crooked shall be made straight*, pp. 202-203.

63 Ibid., pp. 148 e 150, respectivamente.

64 Ibid., p. 161.

a recusa a qualquer resistência aberta, mas também estratégias de dissimulação, subornos, com o preço de que "a corrupção também corrompe o corruptor".[65]

Sobre os Conselhos Judaicos, Robinson ponderou que os estudos sobre o tema ainda eram muito incipientes quando Arendt e ele escreveram seus livros, em 1963 e 1965, e que as próprias fontes eram volumosas e caóticas. Não obstante, julgou que era possível determinar em linhas gerais a origem e a variedade dos *Judenräte* e também seu escopo de atuação. Para ele, "a ideia de recrutar judeus para assumir responsabilidade pela administração das comunidades judaicas segregadas teve origem nos alemães, e foi experimentada por Eichmann, antes da deflagração da guerra, em Berlim, Viena e Praga".[66] Os Conselhos Judaicos foram estabelecidos pelos nazistas como administradores dos judeus concentrados em guetos sob coerção nazista. Muitos dos recrutados eram lideranças consolidadas das comunidades, mas isso não era condição necessária para fazer parte dos Conselhos, principalmente mais para o final da guerra.

A função dos Conselhos era a de transmitir e verificar a aplicação das ordens e dos regulamentos nazistas, fazer o censo dos judeus em sua área de atuação e coordenar a evacuação, quando ordenada pelos nazistas, preparando inclusive as listas com o número de pessoas solicitadas pela Gestapo e oferecendo força policial para conduzir as pessoas aos vagões dos trens. Os Conselhos desempenhavam ainda funções que tinham a ver com bem-estar – algo que, para Robinson, Arendt teria ignorado – e com "tentativas positivas de preservar a existência física e moral das comunidades em todas as circunstâncias, por todos os meios, e acima de tudo de preservar a 'imagem de Deus' nas penosas condições de vida sob o terror induzido pelos nazistas".[67]

Embora bastante condescendente com personalidades altamente controversas, criticadas por Arendt em *Eichmann em Jerusalém* (como Kasztner e Von Freudiger, da Hungria), em seu livro – em geral burocrático e pouco atento às questões morais, políticas e jurídicas de fundo levantadas por Arendt – Robinson criticou a indicação de Arendt de que a liderança judaica, por meio dos Conselhos Judaicos, desempenhou papel imprescindível para a agudização da catástrofe que recaiu sobre seu próprio povo. Em termos gerais, ele concluiu que os Conselhos Judaicos desempenharam papel limitado no extermínio de cerca de 6 milhões de judeus, uma vez que não atuaram em todas as regiões onde se deu o extermínio,

---

65 Ibid., p. 160.

66 Ibid., p. 152.

67 Ibid., p. 162. Ver p. 163.

cooperaram do mesmo modo que os aparatos administrativos dos países ocupados sob a coerção do terror o fizeram e desempenharam funções operacionais que não interferiram na definição da política nazista com relação aos judeus, que não havia como ser interrompida por qualquer ato de resistência por parte deles. Nem mesmo as listas preparadas pelos Conselhos seriam fundamentais ao extermínio, uma vez que os nazistas teriam acesso aos registros oficiais dos cidadãos em geral nos países sob seu domínio, incluindo os judeus. Apenas em Atenas, pouco antes da capitulação italiana e da subsequente ocupação alemã, a liderança judaica conseguiu destruir os registros, fazendo com que os nazistas alterassem sua estratégia e fossem buscar os judeus gregos diretamente nas sinagogas.[68]

Robinson se permitiu fazer cálculos sobre em quantas mortes a cooperação dos conselhos incidiu, do total de mais de 5 milhões de vítimas. Para ele, os Conselhos Judaicos influenciaram não decisivamente na morte de 403 mil pessoas,[69] menos que o número estimado de judeus húngaros exterminados. Ele pareceu não se dar conta de que com esses cálculos acabou por dar razão à ponderação de Arendt de que muita gente poderia ter sido salva sem a cooperação. Algum tempo depois ele reiterou essa conclusão, destacando que não houve participação judaica nem direta nem indireta na morte de cerca de 2 milhões de vítimas, insistindo que "a participação ou a não participação dos judeus na deportação não teve influência substancial".[70] Como veremos adiante, Robinson enfrentou de modo bastante parcial o significado moral da cooperação, mesmo que implicasse a morte de apenas uma única pessoa.

Em nenhuma parte de *Eichmann em Jerusalém*, defende Robinson, Arendt "tenta examinar o terrível dilema moral encarado pelos membros dos Conselhos Judaicos, nem discute o trágico âmbito de escolhas enfrentado por esses líderes tão pressionados".[71] Enquanto em *Origens do totalitarismo* Arendt julgou emblemático do colapso moral sob o terror nazista[72] o caso, relatado por Albert Camus, da mãe grega que teve de escolher qual dos seus três filhos não seria morto por um agente da SS – e se não o fizesse perderia a todos –, ela teria generalizado tanto o caso da cooperação na Hungria, em que a liderança não teria alertado a comunidade judaica sobre o extermínio, quanto o do ocultamento pela liderança judaica de

---

68 Ibid., pp. 207 e 211-213.

69 Ibid., p. 168.

70 Id., "Introduction: some basic issues that faced the Jewish councils", p. xxxv.

71 Id., *And the crooked shall be made straight*, p. 178.

72 Arendt, *Origens do totalitarismo*, p. 503. Voltarei a esse caso no sétimo capítulo.

Theresienstadt do destino dos internos rumo a Auschwitz. Ela teria assim perdido de vista a imensa variedade de contextos em que atuaram os Conselhos Judaicos, a evidenciar quão "indescritivelmente trágica foi a posição dos líderes judeus".[73]

Um dos membros de um Conselho mencionou em seu diário, durante a guerra – tendo em consideração o serviço social judaico, voltado ao atendimento das necessidades dos confinados aos guetos, inclusive a alimentação –, que os Conselhos acabavam se dedicando antes a prolongar os sofrimentos das pessoas que a garantir sua sobrevivência. Ele se pergunta se não seria "mais prático" utilizar os escassos recursos disponíveis "em benefício de um seleto grupo de líderes públicos, da elite espiritual etc.". E prossegue:

> por que *nós* deveríamos condenar à morte artistas, trabalhadores e outras pessoas valiosas que eram produtivas em suas terras natais, a quem a guerra e o gueto reduziram a uma condição subumana – reduzidas a lixo e entulho e a candidatas a valas comuns? O problema trágico está, portanto, ainda conosco: o que devemos fazer? Dar uma colherada a todos ou fornecer o suficiente para a sobrevivência de um pequeno grupo?[74]

Robinson e Arendt forneceram indicações precisas do que os separavam em seus juízos sobre a catástrofe que sucedeu aos judeus sob o nazismo e em seus juízos sobre a responsabilidade pessoal dos envolvidos. Para Arendt, o princípio de que, "se era uma questão de selecionar judeus para a sobrevivência, os próprios judeus é que deveriam fazer a seleção" fez com que os judeus não selecionados se vissem "inevitavelmente confrontados com dois inimigos – as autoridades nazistas e as autoridades judaicas".[75] Robinson, por sua vez, apresentou em várias ocasiões como legítima a compreensão de Rudolf Kasztner de que era mais legítimo buscar interferir nas seleções dos que iriam sobreviver que deixar a seleção ao "destino cego". Ele representaria, na formulação de Robinson, a perspectiva nos Conselhos de que "era *dever* de seus membros fazer as seleções eles mesmos, na crença de que os melhores elementos da comunidade tinham de ser preservados para a futura reabilitação dela".[76] Eichmann afirmou nas entrevistas a Sassen que Kasztner "foi incrivelmente

---

73 Robinson, *And the crooked shall be made straight*, p. 226.

74 Ibid., p. 184. Grifos no original.

75 Arendt, *Eichmann em Jerusalém*, p. 75.

76 Robinson, "Introduction: some basic issues that faced the Jewish councils", p. xxxii. Grifos no original.

persistente na tentativa de salvar o sangue judeu biologicamente valioso, ou seja, o material humano capaz de se reproduzir e trabalhar duro".[77]

Léon Poliakov, notável historiador do antissemitismo e do extermínio dos judeus pelos nazistas, profundamente admirado por Arendt, fez no início de 1967 uma resenha conjunta dos livros do promotor Gideon Hausner e de seu auxiliar, Jacob Robinson. Ele começou afirmando que o livro de Robinson poderia ter se tornado uma obra clássica sobre a catástrofe judaica não tivesse o autor se limitado ao objetivo muito específico de apontar erros na obra de Arendt e corrido o risco de ser apenas um ataque à autora de uma obra cujo maior defeito seria seu sucesso. Robinson teria focado todo seu esforço na tarefa de provar que Arendt cometeu inúmeros erros factuais e que carecia da formação jurídica e histórica adequada para avaliar os acontecimentos relacionados ao julgamento de Eichmann, parecendo as primeiras partes do livro mais uma errata mais extensa que a própria obra corrigida. À indicação da cooperação de parte da liderança judaica por Arendt, Robinson opõe exemplos gloriosos de resistência ativa e sacrifícios, não negando que houve colaboração, mas apenas que ela tenha sido decisiva para o extermínio. Para Poliakov, Robinson "também pode ser criticado por uma tendência à seleção unilateral dos fatos, pois não há como negar que sua visão do confronto entre os nazistas e os judeus é perfeitamente maniqueísta".[78]

Poliakov destacou que *Eichmann em Jerusalém* foi publicado inicialmente em uma revista de grande circulação e que Arendt jamais pretendeu escrever uma obra de erudição histórica. Além disso, disse ele, qual "a obra histórica em que um crítico mal- intencionado, dedicado e hostil não conseguiu encontrar um certo número de erros?". Para ele, a indicação de numerosos erros pontuais, como números de pessoas deportadas em determinado local, não desqualificava por princípio a argumentação de Arendt, pois para ele as críticas dela às falhas jurídicas do julgamento, sua caracterização de Eichmann como um indivíduo mediano e seu destaque para a colaboração de parte dos Conselhos Judaicos estão apoiados mais em juízos de valor que de fato. A sensação que fica, diz ele premonitoriamente – mesmo considerando virtuoso seu esforço por corrigir erros de Arendt e também "a força da dialética dela, a sinceridade de suas convicções e o consolo que ela sem dúvida proporciona a uma certa

77 "Eichmann's own story", parte 2, *Life*, 05 dez. 1960, p. 146.

78 Esse e todos os trechos citados no próximo parágrafo podem ser acessados em Poliakov, "*And the crooked shall be made straight*, by Jacob Robinson; *Justice in Jerusalem*, by Gideon Hausner".

classe de leitores" –, é que após o livro de Robinson é provável que as pessoas continuarão a basear seus julgamentos sobre o ocorrido "no paradoxal *Eichmann em Jerusalém*". O livro de Robinson, cabe notar, não foi reeditado.

Em novembro de 1965 o jornalista e historiador Walter Laqueur, que se tornaria um reconhecido pesquisador do antissemitismo e do Oriente Médio, publicou uma resenha do livro de Robinson em *The New York Review of Books*. Intitulada "Notas de rodapé ao Holocausto", a resenha destacou as "formidáveis credenciais do Dr. Robinson" e seu "aparato acadêmico assombroso" e atribuiu o rechaço dele à obra de "Miss Arendt" também "ao ressentimento que o profissional sente pelo amador".[79] Dito isso, ele lamentou que frequentemente no livro o jurista tenha prevalecido sobre o historiador e principalmente que Robinson tenha sido obcecado com os detalhes, como quando corrigiu o nome de um oficial da SS acrescentando um "n" a "Hans". Como já havia observado Léon Poliakov, Laqueur ponderou que se Arendt tivesse à disposição uma equipe de investigadores ela encontraria erros no livro de Robinson, e o próprio Laqueur aponta alguns.[80] Robinson, com suas fixações nos pormenores, "é cuidadoso, mas não infalível", sendo "devastador em questões de detalhes, mas menos persuasivo quando se trata de resumir a discussão das questões mais amplas e suas implicações políticas e morais".[81]

Laqueur concordou com Robinson sobre Eichmann não carecer nem de inteligência nem de convicções e sobre Arendt ter sido enganada pela atuação dele no julgamento ("os indivíduos tendem a ser banais no cárcere"[82]). Para ele, não obstante, Robinson se confundiu sobre a colaboração, ora indicando que é necessário estudar o tema mais a fundo, ora dizendo que ela não ocorreu, ora afirmando que ela não foi decisiva. Para Laqueur, houve traidores e criminosos oportunistas judeus tanto quanto em outros povos e o que deve ser refutado é a hipótese de Arendt de que os *Judenräte* teriam sido fundamentais para a "Solução Final". Ele ponderou que se a colaboração não fosse um problema real o livro de Arendt não teria gerado tanto protesto. Concluiu, enfim, que

79 Laqueur, "Footnotes to the Holocaust", pp. 253 e 254.

80 Arendt disse a Jaspers sobre o livro de Robinson que "quatro 'pesquisadores' sebosos (*schlehmilige*) passaram dois anos inteiros trabalhando nesse lixo, e o resultado é que ninguém leu o manuscrito inteiro, pois ele está repleto de contradições internas" (Arendt; Jaspers, *Briefwechsel*, p. 657 (16 jan. 1966)).

81 Laqueur, "Footnotes to the Holocaust", p. 255.

82 Ibid., p. 255.

Eichmann em Jerusalém era a prova de que os estudos sobre sobrevivência, resistência e colaboração não podiam se restringir à documentação, pois, caso contrário, independentemente dos protestos, "outras pessoas menos qualificadas entrarão em cena e moldarão a imagem de todo esse período".[83]

A resenha de Laqueur foi uma oportunidade de Arendt reagir também ao livro de Robinson, e ela o fez tão empenhadamente que seu texto teve de ser abreviado para se ajustar ao espaço disponível na *New York Review of Books*.[84] Em sua resposta ela redobrou a ironia que atravessa *Eichmann em Jerusalém*, a começar pelo título: "'O formidável Doutor Robinson". Ela defendeu que Robinson não tinha a importância que Laqueur lhe atribuíra até ter elaborado um panfleto para a Liga Antidifamação contra *Eichmann em Jerusalém*. Laqueur, que em seu texto ela revelou ser diretor de investigação de um dos institutos coordenados por Robinson,[85] teria ocultado tanto que este era há muito tempo parte das instituições que ela associava ao que chamava de *establishment* judaico quanto que ele ocupava o segundo lugar em importância na acusação de Eichmann no julgamento em Jerusalém, como auxiliar do promotor-chefe, sendo parte interessada quando objetava as críticas de Arendt ao julgamento. Arendt ironizou o fato de Robinson ser reconhecido como um notável especialista na história judaica sugerindo a Laqueur que consultasse o *Guide to Jewish history under Nazi impact*, guia que abarcou todas as línguas, corredigido pelo próprio Robinson, no qual ele aparece mencionado por dois curtos textos, enquanto a própria Arendt teve quatro publicações mencionadas, "dentre as quais um livro mais substancial e relevante para a história judaica moderna e para o período em questão"[86] (*Origens do totalitarismo*) que qualquer publicação dos dois redatores do guia.

Reverberando a crítica de Poliakov ao maniqueísmo de Robinson, Arendt afirmou que Robinson "pertence ao pequeno e afortunado grupo de pessoas psicologicamente cegas às cores: elas veem apenas preto e branco". Isso teria ficado claro, por exemplo, quando ela descreveu "Eichmann como não inteiramente estúpido, mas inteiramente incapaz de pensar"[87] e ele julgou que essa afirmação era uma contradição. Laqueur teria apontado erros menores no livro de Robinson, mas para Arendt um dos mais notórios erros situava-se onde Laqueur considerava Robinson

83 Ibid., p. 259.

84 Arendt; Jaspers, *Briefwechsel*, p. 657 (16 jan. 1966).

85 Arendt, "'O formidável Doutor Robinson'", p. 802.

86 Ibid., p. 804.

87 Ibid., p. 806.

de uma erudição espantosa. Ele teria incompreendido o funcionamento do direito sob o Estado nazista, um sistema criminoso e "legal" ao mesmo tempo, no qual "as ordens do *Führer*, emitidas oralmente ou por escrito, 'cancelavam toda lei *escrita*'".[88] Para ela, a convicção de Robinson de que as leis teriam de ser promulgadas para ter "força de lei" sob o nazismo era um forte indício de que "a promotoria apresentou seu caso ignorando honestamente o sistema legal nazista".[89]

Robinson teria, além disso, gastado demasiada energia para provar que os Conselhos Judaicos haviam sido criados pelos nazistas, "algo de que ninguém jamais duvidou", e também "que não houve um esforço deliberado e infernal para borrar as linhas entre vítimas e executores".[90] Ele parecia querer com isso livrar os conselhos e os que deles aceitaram participar da responsabilidade por suas decisões. Arendt ponderou que "a pior censura que se poderia fazer aos Conselhos Judaicos seria, de fato, acusá-los de dispor de vidas e de propriedades judaicas como se eles as *possuíssem*",[91] mas ninguém teria chegado perto de afirmar isso até Robinson. Ela o cita:

> legalmente e moralmente, os membros dos Conselhos Judaicos não podem ser considerados mais cúmplices de seus governantes nazistas do que um dono de loja pode ser considerado cúmplice de um ladrão a quem ele entrega *sua loja* sob a mira de uma arma.[92]

Arendt destacou que os livros didáticos de história em Israel abrigavam opiniões extremas sobre o comportamento dos judeus, não distinguindo entre a conduta das vítimas e a dos dirigentes, defendendo ainda que as táticas de apaziguamento adotadas favoreceram Hitler e que os judeus foram para a morte como ovelhas para o matadouro.[93] Para ela, ao destacar o comportamento dos rabinos europeus

---

88 Ibid., p. 806. Grifos no original.

89 Ibid., p. 808.

90 Ibid., p. 811.

91 Ibid., p. 811. Grifos no original.

92 Robinson, *And the crooked shall be made straight*, p. 159, citado em Arendt, "'O formidável Doutor Robinson'", p. 811. Grifos de Arendt.

93 Arendt citou o artigo "Young Israelis and Jews abroad – a study of selected history textbooks" de Mark M. Krug (ver Arendt, "'O formidável Doutor Robinson'", p. 813). Para Arendt, os judeus se comportaram ante o extermínio "como qualquer outro grupo na mesma circunstância" (Arendt, "A destruição de seis milhões: um simpósio da *Jewish World*", p. 796).

durante a catástrofe, algo a que ela não se dedicou por não ter sido considerado no julgamento, Robinson acabou por jogar contra a tese que parecia querer defender, pois afirmou adiante em seu livro que quem "aceitou a indicação para ser membro de um Conselho... o fez, em regra, por senso de responsabilidade",[94] e não pressionado pelo cano de uma arma. As alternativas para a liderança eram muitíssimo limitadas, mas seria possível dizer que tudo estava perdido e que cada um deveria buscar se salvar como pudesse; acompanhar a comunidade e sofrer o mesmo destino que ela; utilizar os Conselhos como fachadas para auxiliar as pessoas a escaparem. Todas essas eram escolhas difíceis, mas indicariam, para Arendt, que a cooperação de modo algum era a única escolha possível e justificável.[95]

O combate articulado contra *Eichmann em Jerusalém* foi interpretado por Arendt como uma campanha para ocultar a colaboração dos Conselhos Judaicos e o livro de Robinson teria sido apenas um dos últimos estertores desse empreendimento malfadado. Ela julgava que essa estratégia tinha sido um tiro pela culatra precisamente porque, ao mobilizar os meios de comunicação de massa, chamou a atenção de um público incontrolável para o problema cuja discussão pretendiam evitar. Criaram a imagem de um "mau livro" que só podia ter sido escrito por uma "má pessoa". Não se deram conta de que "faz parte da natureza desse tipo de campanhas que elas ganhem impulso e perversidade conforme avançam".[96] Ao buscar evitar que *Eichmann em Jerusalém* fosse lido, diz ela, o que aconteceu "foi que pessoas começaram a pensar que todo o absurdo que os fabricantes de imagens me fizeram dizer era de fato verdade histórica".[97]

O livro vindouro e urgente que Laqueur dizia esperar que estabelecesse o adequado juízo histórico da catástrofe não poderia ser escrito por Robinson, afirmou Arendt, porque

> os métodos usados na busca pela verdade histórica não são os métodos da promotoria, e os homens que montam guarda junto aos fatos não são os oficiais dos grupos de interesse – qualquer que seja a legitimidade de suas reivindicações –, mas aqueles que reportam, os historiadores e por fim os poetas.[98]

---

94 Arendt, "'O formidável Doutor Robinson'", pp. 811-812. Na tradução brasileira aparece "sem o sentimento de responsabilidade".

95 Id., "A destruição de seis milhões: um simpósio da *Jewish World*", pp. 797-798.

96 Id., "'O formidável Doutor Robinson'", p. 818.

97 Ibid., p. 820.

98 Ibid..

Laqueur apresentou uma breve réplica ao texto de Arendt, na qual lamentava que seu texto não tivesse sido capaz de diminuir a temperatura de uma polêmica ácida e pouco profunda que não valeria a pena alimentar. Reiterou que o livro de Robinson era decepcionante por não ter enfrentado as questões fundamentais que o livro dela levantou e que era ridícula a acusação de que Robinson seria seu patrão. Afirmou, enfim, como Scholem, que "Arendt foi atacada não tanto pelo que disse, mas por como ela disse".[99]

A controvérsia com Robinson representou, ao menos para Arendt, um ponto final na polêmica direta com as organizações judaicas, que quase não reagiram ao livro dele. Em carta a Jaspers ela afirmou que estava sendo "inundada por convites" de várias organizações judaicas para falar, participar de congressos etc., inclusive daquelas que ela atacou diretamente. Além disso, a tradução em hebraico de *Eichmann em Jerusalém* estava para ser lançada em Israel. Ela concluiu: "Creio que a guerra entre mim e os judeus já acabou".[100]

Lamentavelmente, não foi o que se passou. Seu livro só foi publicado em hebraico em 2000, e Arendt julgava que o próprio Ben-Gurion teria intervindo para que não fosse publicado nos anos 1960. Ela teria dito a Tom Segev que o livro era menos importante do que as pessoas pensavam e que ela o havia escrito com indignação com a exploração do julgamento para fins políticos e geopolíticos por Israel: "Em seguida, acrescentou, com a ironia mordaz que a caracterizava, que *Eichmann em Jerusalém* poderia, no máximo, servir como um guia para os repórteres sobre como cobrir um julgamento histórico".[101]

2.2. O "debate Maimônides" e o mal do "mal menor"

Arendt e Robinson estavam em lados opostos no acalorado debate que envolveu os Conselhos Judaicos e o rabinato em várias partes da Europa durante a guerra. A controvérsia ficou conhecida, segundo o próprio Robinson, como "debate Maimônides", porque a este filósofo ficou vinculado o princípio de que "se os pagãos dissessem a eles [os judeus]: 'dê-nos um dos seus e nós o mataremos, caso contrário mataremos todos vocês', todos eles deveriam ser mortos, e nenhuma alma judaica deveria ser entregue".[102]

---

99 Laqueur, "A reply to Hannah Arendt", p. 278.

100 Arendt; Jaspers, *Briefwechsel*, p. 668 (26 mar. 1966).

101 Segev, *The seventh million*, p. 465.

102 Robinson, *And the crooked shall be made straight*, p. 186.

Apesar de o princípio ser de uma clareza límpida e amplamente conhecido entre os líderes judeus, não foi acolhido como aplicável nas diversas regiões durante a dominação nazista. Robinson cita três casos exemplares. O primeiro se dá em pequenas comunidades da Polônia recém-ocupadas pelos nazistas, em 1941. Um membro antigo da comunidade consultou os rabinos sobre se deveriam preparar as listas solicitadas pelos nazistas, que previam o extermínio imediato dos menores de doze anos e maiores de 65. Esse indivíduo teria dito aos rabinos que eles deveriam saber o que fazer, de acordo com a lei tradicional. Os rabinos meditaram longamente por dois dias sobre se um judeu pode colocar em risco a vida de outro judeu e enfim chegaram à conclusão de que, "conforme a lei religiosa, um decreto do governo é obrigatório e tem de ser obedecido".[103]

O segundo caso se passou no Gueto de Kovno, na Lituânia, quando em uma situação semelhante um rabino orientou o Conselho Judaico nos seguintes termos: "Se uma comunidade judaica (que Deus nos livre!) foi condenada à destruição física, e há meios de resgatar parte dela, os líderes da comunidade devem ter coragem e assumir a responsabilidade de agir e resgatar o que for possível".[104] O terceiro caso se passou em Vilna, também na Lituânia. Jacob Gens, chefe de polícia e posteriormente comandante do Gueto de Vilna, consultou os rabinos da comunidade por ocasião do início das deportações, e os quatro rabinos teriam dito que ele não tinha o direito de selecionar os judeus para os nazistas, pois, "de acordo com a lei religiosa, um judeu pode ser entregue às autoridades se for acusado de crimes comuns, mas não simplesmente como judeu". Gens teria replicado que "ao participar nas seleções e entregar um pequeno número de judeus ele estaria resgatando todo o resto da morte",[105] ao que os rabinos teriam respondido com a citação do princípio de Maimônides. Robinson especula que é a essa manifestação de Gens que Arendt se referiu em *Eichmann em Jerusalém* ao criticar os "salvadores 'que com cem vítimas salvam mil pessoas, com mil salvavam 10 mil'", sendo o caso mais grave o de Kasztner, que "salvou exatamente 1684 pessoas entre cerca de 476 mil vítimas"[106] mantidas na ignorância sobre seu destino em Auschwitz. Gens não deu ouvidos aos rabinos e dirigiu diretamente as deportações em Vilna. Para ele,

---

103 Ibid., p. 185.

104 Ibid., pp. 185-186.

105 Ibid., p. 186.

106 Arendt, *Eichmann em Jerusalém*, p. 135. Robinson, *And the crooked shall be made straight*, p. 179.

se não ignorassem o preceito de Maimônides, os judeus estariam condenados à extinção durante a perseguição nazista. Quanto à acusação posterior de que teria responsabilidade na deportação de 25 mil judeus, ele afirmou: "Ninguém negará que, no geral, conquistei uma grande vitória. Se eu perdi apenas 25% quando poderia ter perdido tudo, quem pode desejar melhores resultados?".[107]

Embora seja condescendente com as negociações de Kasztner na Hungria, Robinson comentou o suicídio de Adam Czerniakow, presidente do Conselho Judaico do Gueto de Varsóvia, presumivelmente desencadeado pelo plano da Gestapo de começar a deportação de crianças. Sobre ele, Arendt observou "que não era rabino, e sim um descrente engenheiro judeu de língua polonesa, mas que devia ainda lembrar o dito rabínico: 'Deixe que matem você, mas não cruze a linha'".[108] Robinson avaliou que o "problema do suicídio" pode ser considerado de dois pontos de vista: como um ato de um indivíduo movido por profundo senso de responsabilidade pessoal e comunitário, com relação ao qual podemos apenas curvar nossas cabeças ante ele e seu autossacrifício; e, do ponto de vista da sobrevivência judaica sob as condições do terror nazista, como um ato que tornaria inevitável a questão sobre se a comunidade de Varsóvia não teria se saído melhor sob sua liderança, em vez da de seu sucessor menos influente.[109] A disposição para fazer cálculos dessa natureza, presumivelmente para buscar salvar o que fosse possível da comunidade por meio da cooperação, é algo que separa radicalmente as posições de Arendt e de Robinson.

Quando uma liderança judaica aceitava sua nomeação para um Conselho, algo para o que ele não havia se oferecido, Robinson defendeu que ela o fazia "a partir de um sentimento de responsabilidade com os membros de sua comunidade".[110] Os judeus reagiram a partir de sua histórica luta pela sobrevivência como povo sem pátria, cujas "teologia e filosofia da sobrevivência" implicaram negociação e procrastinação, na busca por preservar "um resto" que garantisse a "cadeia de ouro" da vida e do pensamento judeus: "Por meio de suborno e procrastinação, eles invocaram as formas tradicionais que permitiram que seus pais e antepassados sobrevivessem à hostilidade das populações vizinhas".[111] Ante as estratégias de dissimulação e da guerra psicológica levada a cabo pelos

---

107 Citado em Trunk, *Judenrat*, p. 422.

108 Arendt, *Eichmann em Jerusalém*, pp. 135-136.

109 Robinson, *And the crooked shall be made straight*, pp. 186-187.

110 Ibid., p. 223.

111 Ibid., p. 226.

nazistas, a tradicional estratégia não alcançou o efeito esperado. Nas palavras do próprio Rudolf Kasztner, "o caminho que o *Judenrat* tomou era tortuoso e quase sempre levou ao abismo".[112]

Incidentalmente, Arendt mencionou numerosos casos de funcionários públicos que justificaram suas permanências em seus cargos sob o nazismo para "'mitigar' as coisas e impedir que os 'nazistas de verdade' se apoderassem de seus postos".[113] Ela mencionou o caso de Hans Globke, que redigiu um comentário sobre as Leis de Nuremberg de 1935, na época membro do alto escalão do governo Adenauer, que apelou para essa justificação. Arendt mencionou sua atuação e observou que Globke podia até ser acusado "de ter tornado as coisas piores do que eram com os 'nazistas de verdade'".[114] Ela também mencionou a convicção do rabino Leo Baeck de "que policiais judeus seriam 'mais gentis e atenciosos' e iriam 'aliviar a carga' (quando, de fato, eles eram evidentemente mais brutais e menos corruptíveis, uma vez que para eles havia muito mais em jogo)".[115]

Com as deportações, observa Isaiah Trunk, tendo sido convocados pelos nazistas para definir quem seria deportado e enfim exterminado, os membros dos Conselhos tiveram de enfrentar um "dilema trágico" jamais experimentado pelos líderes das comunidades, o que fez com que "a cooperação alcançasse então a fronteira moralmente perigosa da colaboração".[116] Para ele, ressoando a hipótese do colapso moral defendida por Arendt,

> em uma atmosfera de niilismo moral, corrupção dos oficiais nazistas e terror desumano, não era fácil para esses membros do Conselho se precaverem contra cruzar a tênue linha de demarcação entre cooperação e colaboração. Compelidos a se ajustar à mentalidade de seus chefes alemães, alguns dos membros do Conselho se dispuseram a adotar seus métodos.[117]

Robinson acusou Arendt de não dar a devida importância à resistência judaica, seja nas ações das organizações para denunciar ao mundo o massacre

112 Citado em Ibid., p. 180.

113 Arendt, *Eichmann em Jerusalém*, p. 144.

114 Ibid., p. 145.

115 Ibid., p. 135.

116 Trunk, *Judenrat*, p. 570.

117 Ibid., p. 573.

dos judeus, seja nos levantes armados e nas guerrilhas. Ele ressaltou que havia muita dificuldade para os judeus que decidiram resistir, e uma delas era justamente o acesso a armas. Não obstante, para ele os vários casos de resistência, embora pontuais, causaram preocupação aos alemães, como no levante do Gueto de Varsóvia.[118] De fato, Arendt afirmou que a resistência foi insignificante e que "só os muito jovens haviam sido capazes de tomar 'a decisão de não ir para o sacrifício como carneiros'".[119] Além disso, indicou que "esses grupos de resistência eram miseravelmente pequenos e essencialmente inofensivos – e, além disso, pouco representavam a população judaica, que em certo ponto chegou a pegar em armas contra eles".[120] Ela teceu essas considerações, entretanto, para destacar a dificuldade da resistência ativa (ao mesmo tempo recusando a hipótese de que a única alternativa à resistência era a cooperação) e como uma crítica à promotoria no julgamento em Jerusalém:

> o sr. Hausner (ou o sr. Ben-Gurion) provavelmente queria demonstrar que toda resistência que pudesse ter havido vinha sempre dos sionistas, como se entre todos os judeus apenas os sionistas soubessem que, quando não se pode salvar a própria vida, talvez possa ainda valer a pena salvar a honra.[121]

O incidente aludido por Arendt, no qual a população judaica teria pegado em armas contra os guerrilheiros judeus, foi comentado por Robinson. Em Vilna, na Lituânia, a SS exigiu que o líder da resistência, Izhak Witenberg, fosse entregue a eles ou destruiriam o gueto da cidade. Robinson reconheceu que "o povo do gueto *pretendia* atacar o grupo da resistência se eles não entregassem Witenberg", que acabou se entregando a partir de uma decisão do comitê da resistência. Para Robinson, mais que a ação da liderança do gueto contra os combatentes, "é óbvio nesse trágico incidente o sentimento de responsabilidade comunal manifestado pelo movimento de resistência e sua consciência de seu caráter representativo".[122] Para ele, seria uma simplificação identificar a resistência com

---

118 Robinson, *And the crooked shall be made straight*, p. 218.

119 Trunk, *Judenrat*, p. 23.

120 Arendt, *Eichmann em Jerusalém*, pp. 138-139.

121 Ibid., p. 139.

122 Robinson, *And the crooked shall be made straight*, p. 219. Grifos no original.

a resistência armada. Ele falou de resistência espiritual votada à preservação da vida, associada assim mais às ações dos conselhos que às dos combatentes, algo que teria profundas raízes na tradição judaica: "A resistência judaica consistiu primariamente em uma tentativa virtualmente universal de preservar a vida humana e a dignidade humana em face do terror nazista".[123]

Isaiah Trunk observou, em seu livro *Judenrat: the Jewish councils in Eastern Europe under Nazi Occupation* (*Judenrat: os conselhos judaicos no Leste Europeu sob a ocupação nazista*), de 1972, possivelmente ainda hoje a obra mais abrangente sobre os Conselhos Judaicos, que, mesmo havendo casos de conselhos que apoiavam a luta contra os nazistas,

> a maioria dos Conselhos era contra a ideia de resistência organizada. Havia Conselhos que se opunham ativamente a grupos clandestinos e os denunciavam aos alemães. Eles temiam que uma resistência aberta pudesse estragar sua estratégia de tornar os internos do gueto úteis para os alemães.[124]

Já octogenário, Robinson fez a introdução da obra de Trunk. Ele destacou que então havia duas visões predominantes nas fontes e nos estudos sobre os conselhos judaicos: uma que condenava os líderes por aceitarem tomar parte nos Conselhos, sustentando que a ausência de liderança seria menos danosa que a cooperação (a posição de Arendt); e outra que não via falha na atitude dos líderes, considerando ainda que apenas na primavera de 1941 ficara clara a decisão nazista de exterminar todos os judeus (a posição de Robinson). Esses líderes teriam considerado vantajoso, no contexto, o estabelecimento de guetos, onde ainda era possível alguma experiência familiar, comunitária e religiosa, ao contrário dos campos. Tiveram, no entanto, de enfrentar o dilema de selecionar a mão de obra escrava requisitada pelos nazistas, tendo inclusive de lidar com o fato de que alguns pagavam para não ter de trabalhar, o que, sustentou Robinson, era tido por "moralmente justificável", desde que os recursos arrecadados fossem empregados em auxílio aos trabalhadores.[125] Para ele, o trabalho para o inimigo era a única alternativa para os judeus, em sua

---

123 Ibid., p. 220.

124 Trunk, *Judenrat*, pp. 455-456.

125 Robinson, "Introduction: some basic issues that faced the Jewish Councils", p. xxviii.

totalidade desempregados e extirpados da vida econômica dos países ocupados. Ele defendeu que "a ausência de qualquer reflexão articulada sobre esta questão moral, seja pela liderança judaica ou pelas massas judaicas, era a prova mais contundente da desesperança de lidar com problemas morais enquanto enfrentamos um inimigo amoral e cruel".[126]

Robinson observou que as alternativas que se apresentavam para os judeus nos guetos eram trabalhar (e assim cooperar) ou resistir. Todavia, em vista do alto preço pago em vidas pela resistência, além da ruptura dos vínculos familiares e da falta de proteção dos mais velhos pelos mais jovens, ele julgava que não havia real alternativa ao "resgate por meio do trabalho", mesmo reconhecendo que também essa direção se mostrou ineficaz. Melancolicamente, Robinson acabou por reconhecer que a opção pela cooperação se mostrou desastrosa, mas a justificava afirmando que apenas após 1941 ficou clara a decisão nazista pela "Solução Final da questão judaica". Ele retomou então, na introdução ao livro de Trunk, em termos muito semelhantes aos de seu livro de sete anos antes, as "trágicas situações" em que os membros dos Conselhos, por suas decisões, teriam sido submetidos ao teste crítico de "seus padrões morais, sua perspicácia política, sua integridade pessoal e seu senso de responsabilidade pela comunidade".[127]

Robinson reconheceu que havia documentação sobre casos de corrupção, nepotismo e favorecimento pessoal, mas, como Arendt, admitia que as questões morais fundamentais não eram despertadas por essas condutas. Estas questões surgiram e ainda surgem com relação aos problemas que os membros conscienciosos dos Conselhos tiveram de enfrentar:

> (1) Os membros dos Conselhos deveriam ter revelado ao povo seu conhecimento sobre a catástrofe iminente? (2) Os judeus deveriam ter auxiliado, ainda que relutantemente, na seleção de judeus para a deportação que era equivalente à morte? (3) Deveriam os judeus "voluntariamente" ter oferecido algumas vítimas para o Moloch ao preço de resgatar outras, o que significaria nada mais do que a assunção do poder de decidir "Quem viverá e quem morrerá" (*Mi le-hayim umi le-mavet*), uma decisão reservada na tradição apenas a Deus?[128]

---

126 Ibid., p. xix.

127 Ibid., p. xxxii.

128 Ibid., p. xxxi.

Lembrando a regra de Maimônides, Robinson principiou por examinar a conduta daqueles que julgaram ser melhor executar as ordens dos nazistas e fazer uma seleção qualificada que deixar que os próprios nazistas fizessem uma seleção sem considerar qualquer distinção entre as vítimas. Muitos pensavam em salvar a própria pele e a dos seus, indicam fontes mencionadas por Robinson, mas seriam relevantes também as seguintes "considerações objetivas": (1) os nazistas estabeleceram uma gradação em suas exigências, começando por demandas materiais até as próprias vidas, o que teria se revelado um expediente psicológico eficaz no engano das vítimas; (2) os nazistas passaram a priorizar nos Conselhos não as lideranças já consolidadas na comunidade, mas as mais obedientes a seus comandos ("os restantes membros originais dos Conselhos justificaram a não recusa em participar da seleção com o argumento de que seriam reprimidos e substituídos por pessoas sem escrúpulos [!]"; (3) "Também foi alegado que, em caso de falha do *Judenrat* em cumprir totalmente as exigências nazistas, os alemães fariam o trabalho eles mesmos com muito mais eficiência e crueldade",[129] como de fato teria acontecido nos guetos maiores.

Havia ainda outro grupo, do qual a conduta de Kasztner, mencionada aqui anteriormente, seria representativa: ao perceberem que nem todas as vítimas podiam ser salvas, resolveram decidir eles mesmos, "qualitativamente", quais membros da comunidade salvar, como os jovens brilhantes que pudessem vir a ser líderes religiosos[130] – ou, como observou Arendt, no caso de Kasztner e Von Freudiger, simplesmente os mais ricos.[131] Kasztner teria reclamado "princípios sagrados" para "sustentar e guiar a frágil mão humana que, ao escrever no papel o nome de uma pessoa desconhecida, decidiu sua vida ou morte".[132] É inevitável a questão sobre se permanece um líder escrupuloso, como pretendia Robinson, quem se permite tal tarefa, mesmo recorrendo, presumivelmente, e de modo certamente blasfemo, a "princípios sagrados". Robinson é evasivo e parece abertamente justificador ao argumentar que um juízo sobre o caráter bom ou mau de tais condutas dependeria de um estudo de cada caso. Isso o separa radicalmente, mais uma vez, da posição de Arendt.

Em *Eichmann em Jerusalém* Arendt mencionou o estranhamento do escritor holandês Harry Mulisch – de cuja caracterização sobre Eichmann trataremos no próximo capítulo – com o depoimento do historiador Salo Baron no

---

129 Ibid., p. xxxiii.

130 Ibid., p. xxxiv.

131 Arendt, *Eichmann em Jerusalém*, pp. 141.

132 Robinson, "Introduction: some basic issues that faced the Jewish Councils", p. xxxiv.

julgamento em Jerusalém, quando ele teria destacado "as conquistas culturais e espirituais do povo judeu" como um elemento agravante no extermínio, como que distinguindo "entre o assassinato de povos 'primitivos' e povos 'cultos'".[133] Claramente Arendt rejeitou qualquer consideração sobre "povos 'primitivos' e povos 'cultos'" para hierarquizar a gravidade do extermínio de judeus e de outros povos.[134] Ela recorreu nesse movimento a Harry Mulisch para ironizar os que percebiam o extermínio dos judeus como mais grave por sua cultura elevada, principalmente no caso do judaísmo alemão. Em um acréscimo feito à edição revisada de seu livro, de 1964, Arendt lembrou então do filme *Dr. Fantástico*, dirigido por Stanley Kubrick, lançado no início de 1964,

> no qual um estranho amante da bomba – caracterizado, é verdade, como um tipo nazista – propõe que diante do desastre iminente se escolham algumas centenas de milhares de pessoas para viverem em abrigos subterrâneos. E quem serão os felizes sobreviventes? Aqueles de QI mais alto![135]

No manuscrito "Introdução à política", coligido em *A promessa da política*, ela é ainda mais incisiva:

> se é verdade que uma coisa *é* real nos mundos sensível e histórico-político se pode revelar-se e ser percebida de todos os lados, então sempre deve haver uma pluralidade de indivíduos e povos e uma pluralidade de posições para tornar possível a realidade e assegurar sua continuidade. Em outras palavras, o mundo só vem a existir se existe perspectiva... Se um povo ou uma nação, ou mesmo um grupo humano específico, que apresenta uma visão singular do mundo surgida da posição particular que nele ocupa (...), é aniquilado, não se trata meramente do perecimento de um povo, de uma nação ou mesmo de um dado número de indivíduos, mas da destruição de uma parte do nosso mundo comum, de um aspecto do mundo que se nos revelou até agora e nunca mais voltará a se revelar. Consequentemente, a aniquilação não apenas representa o fim de um mundo, mas também leva com ela aquele que aniquila.[136]

---

133 Arendt, *Eichmann em Jerusalém*, p. 112.

134 Ibid., pp. 111-113.

135 Ibid., pp. 112-113.

136 Id., *A promessa da política*, p. 237. Cf. Benhabib, "International law and human plurality in the shadow of totalitarianism: Hannah Arendt and Raphael Lemkin", p. 238.

Na edição revisada e definitiva de *Eichmann em Jerusalém*, de 1964, Arendt inseriu entre parênteses uma longa nota que começou retomando o depoimento de Von Freudiger, do Conselho Judaico de Budapeste, que despertou a ira de membros da audiência do tribunal, na única vez ao longo do julgamento em que uma sessão foi suspensa por distúrbios promovidos pelo público presente. Em seu depoimento, buscando justificar a opção por não terem alertado os membros da comunidade judaica sobre os riscos que os líderes sabiam que eles corriam, ele se perguntou sobre o que poderiam ter feito, uma vez que "50% das pessoas que fugiram foram capturadas e mortas".[137] Disso Arendt concluiu, mais uma vez com ironia, que, "pelos cálculos de Freudiger, metade delas estaria salva se não tivesse seguido as instruções dos Conselhos Judeus".[138] A isso Arendt acrescentou números sobre a Holanda, que se aproximariam da indicação de Freudiger de que 50% dos que fugiram se salvaram.

Quando pôde ler a série de reportagens na revista *The New Yorker*, o próprio Freudiger escreveu a Arendt. Ele argumentou, em uma comparação perversa, que se a omissão dos Conselhos pudesse ser considerada cooperação, também se poderia dizer o mesmo dos que fugiram da Alemanha nos anos 1930, por não terem permanecido para combater Hitler, facilitando assim a consolidação do regime nazista. Não sei o quanto ele sabia da trajetória pessoal de Hannah Arendt, mas é presumível que soubesse o bastante para a afirmação ser intencionalmente provocadora. Ele considerou ser absurdo identificar "colaboração" em qualquer um desses casos e que no caso do Conselho Central dos Judeus da Hungria talvez fosse adequado nomear sua atitude como "conformidade" (*compliance*[139]):

> não posso aceitar sua afirmação de que os líderes judeus na Hungria cooperaram com Eichmann. *Cooperação* é uma palavra derivada de *operar*, e significa, portanto, *atividade*. Todas as perguntas que se fazem agora sobre a razão de o Conselho Central dos Judeus não ter organizado a resistência, não ter convocado os judeus para fugir, e assim por

---

137 Arendt, *Eichmann em Jerusalém*, p. 141.

138 Ibid., p. 142.

139 Raul Hilberg julgava que a atitude judaica diante da destruição se conectava a um padrão que remeteria a séculos de comportamento dos judeus quando confrontados com a opressão: resistência, mitigação, evasão, paralisia, aceitação. Desses padrões, a resistência era raríssima, a evasão e a paralisia pouco frequentes, e a mitigação e a aceitação seriam o comportamento usual (Cf. *A destruição dos judeus europeus*, v. 1, p. 21). Não foi possível verificar se Von Freudiger fazia referência a Hilberg, possivelmente sabendo da notável influência do livro sobre *Eichmann em Jerusalém*.

diante, são acusações de terem se abstido de fazer uma coisa ou outra, e uma passividade não deve ser chamada de "cooperação".[140]

Freudiger indicou na carta que havia animosidade de Eichmann com relação a ele; que não conseguiu fugir por ser rico, mas por estar sob alto risco de ser deportado; e que, apesar do protesto durante seu depoimento, não alterou sua convicção de que não havia para onde fugir em massa, uma vez que estavam sob domínio nazista a Eslováquia e a Romênia – para onde ele mesmo fugiu com um grupo de 130 pessoas, incluindo oitenta de seus familiares. Além disso, insistiu, "*exceto por uns poucos pessimistas ou 'lunáticos', ninguém acreditou no fim amargo por vir, até que era tarde demais!*".[141] Ele afirmou isso sobre o "fim amargo" se referindo a 1944, quando se deram as deportações na Hungria e em toda parte já se sabia o que elas significavam.

Em um relato feito desse período, posteriormente, em 1972, Freudiger afirmou que o Conselho não havia informado a comunidade judaica porque os membros dos Conselhos não saberiam das deportações até elas começarem; que não induziu ou aconselhou os demais judeus a fugir porque eles não estariam dispostos a arcar com os riscos da fuga e de se tornarem refugiados; e que os líderes judeus húngaros, ele inclusive, não organizaram a resistência porque não haveria tempo hábil. Além disso, concluiu que, por mais que fosse possível se entusiasmar com a coragem dos que se rebelaram no Gueto de Varsóvia, a insurreição de seus militantes não teria conseguido coisa alguma: "Resistência ou insurreição contra um adversário armado superior não compensa e é questionável se a resistência deveria ter sido organizada ou promovida, mesmo que fosse possível", de modo que "*negociações e pagamentos são certamente menos gloriosos que insurreições e lutas, mas possivelmente podem trazer melhores resultados* [*sic*]".[142] Arendt claramente discordava dele, como se pode constatar por sua menção em *Eichmann em Jerusalém* ao caso da recusa dos cidadãos na Dinamarca ocupada pelos nazistas a colaborar com a Solução Final,

140 Freudiger a Arendt, *Hannah Arendt Papers*, 21 jul. 1963, p. 1, fig. 0040d. Grifos no original. (Adolf Eichmann File, 1938-1968, n.d, Correspondence, Survivors of the Holocaust, A-F, 1961-1966, n.d).

141 Freudiger a Arendt, *Hannah Arendt Papers*, 21 jul. 1963, p. 2, fig. 0041. Grifos meus. (Adolf Eichmann File, 1938-1968, n.d, Correspondence, Survivors of the Holocaust, A-F, 1961-1966, n.d).

142 Freudiger, "Five months", p. 287. Grifos meus.

evidenciando o poder inerente "à resistência a um oponente detentor de meios de violência vastamente superiores".[143]

Arendt respondeu laconicamente a longa carta de Freudiger dizendo que se sensibilizou com ela em muitos aspectos, mas que não se convenceu de que não havia para onde fugir e que por isso a fuga não deveria ser recomendada, como ele alegava. Ela reiterou o uso da palavra "cooperação", argumentando que era correntemente utilizada na literatura sobre o assunto e que a empregou "para evitar a palavra 'colaborar', que de fato não se aplicaria aos judeus".[144] Não obstante, na primeira vez em que mencionou os Conselhos Judaicos e quando se referiu a Rudolf Kasztner, vice-presidente da Organização Sionista de Budapeste, Arendt falou mesmo de *colaboração*.[145] Ela ainda ignorou completamente em suas revisões do livro duas sugestões de correção feitas por Freudiger em sua carta (uma sobre a importância do movimento sionista na Hungria e outra sobre o valor pago para a fuga na qual estavam ele e sua família).

Arendt de fato associou a fuga bem-sucedida de Freudiger à riqueza dele e mencionou tratativas com Eichmann e sua equipe que envolviam vultosas quantias de dinheiro. Historiadores posteriormente corroboraram amplamente as observações de Arendt sobre a conduta do Conselho Central dos Judeus da Hungria. Randolph Braham, por exemplo, mencionou que a fuga de Freudiger, "com sua família e amigos", com a ajuda de Dieter Wisliceny, auxiliar direto de Eichmann, gerou grande pavor, porque Freudiger era considerado um dos membros mais informados do Conselho Judaico e sua fuga imprevista amplificou os temores de deportação. Diz Braham que, "além do pânico que gerou entre as massas desinformadas, a fuga de Freudiger também resultou na prisão de alguns líderes do Conselho".[146]

Rudolf Vrba, judeu eslovaco que fugiu de Auschwitz em 1944 com seu amigo Alfred Wetzler, preparou com ele um relatório sobre as atrocidades do campo e os preparativos para receber cerca de 1 milhão de judeus húngaros. O relatório foi divulgado na Eslováquia no final de abril de 1944, quando eles ali chegaram

---

143 Arendt, *Eichmann em Jerusalém*, pp. 189-190.

144 Arendt a Freudiger, *Hannah Arendt Papers*, 08 jun. 1963, fig. 0044d. Grifos meus. (Adolf Eichmann File, 1938-1968, n.d, Correspondence, Survivors of the Holocaust, A-F, 1961-1966, n.d).

145 Ver Arendt, *Eichmann em Jerusalém*, pp. 21 e 160, respectivamente.

146 Braham, *The politics of genocide: the Holocaust in Hungary*, p. 84.

na sua fuga extraordinariamente bem-sucedida. Vrba destacou que Freudiger confirmou ter recebido o relatório, embora apenas no início de junho, e que o Conselho Central dos Judeus da Hungria o enviou ao Parlamento e a lideranças religiosas, mas que as centenas de milhares de deportados entre 15 de maio e 09 de julho de 1944, "(os que mais precisavam da informação contida no *Relatório Vrba-Wetzler*), foram mantidos no escuro quanto ao seu destino".[147]

Vrba mencionou então os custos altíssimos de um transporte de cerca de 1800 judeus, enviados por Eichmann para a Suíça, claramente não os judeus pobres da Hungria, mas privilegiados "ricos e/ou bem relacionados". Ele observou ainda que não havia documentação comprobatória de que o silêncio do Conselho Judaico sobre o que significava Auschwitz não era parte do pagamento pela quantidade ínfima dos que se salvaram por negociação financeira, mas que essa era uma suposição justificada. Ele ponderou, com efeito, o seguinte:

> É claro que esses judeus proeminentes já haviam tido conhecimento das informações contidas em nosso Relatório. Andreas Biss, que cooperou com Kasztner e Von Freudiger, descreve um episódio notável durante essa viagem, quando o trem, viajando para o oeste, foi transferido para Auspitz (não Auschwitz). Um pânico terrível se seguiu, pois os passageiros não entendiam a diferença entre os dois. Assim, embora houvesse 437.000 judeus na Hungria que não receberam nenhuma informação sobre a natureza de Auschwitz ou sobre os preparativos feitos para seu assassinato, uma reduzida minoria de 1.800 judeus que viajou para a Suíça conhecia muito bem as implicações do nome Auschwitz. A existência simultânea em um pequeno país desses dois grupos contrastantes é uma grande curiosidade, mas bem documentada.[148]

No início de setembro de 1963, um mês antes da publicação da edição britânica de *Eichmann em Jerusalém*, a revista londrina *The Observer* publicou longos trechos da reportagem de Arendt na revista *The New Yorker*, focando a condução do julgamento e o papel de Ben-Gurion; a normalidade de Eichmann; a cooperação dos judeus e o papel da liderança judaica; os raros protestos contra o extermínio na Alemanha, na defesa da execução de Eichmann por Arendt; e as últimas palavras que ele pronunciou.[149]

---

147 Vrba, "The preparations for the Holocaust in Hungary: an eyewitness account", p. 93.

148 Ibid.

149 Arendt, "The lessons no one drew", pp. 21 e 23.

Ainda antes, em junho, a revista já havia publicado um artigo incisivo de Irving Kristal sobre o que ele julgava já poder chamar de "Arendt *affair*". Para ele, esse caso teria gerado nos EUA uma "tormenta nacional", que se deveria em grande medida ao fato de a proporção de judeus na crítica cultural estadunidense ser muito maior que sua representação na população em geral. O "Arendt *affair*" era alimentado antes de tudo pela indignação com as críticas duras e genéricas feitas à liderança judaica na Europa, algo que ocupou uma dúzia de páginas de *Eichmann em Jerusalém*. Kristal concluiu observando que a sobriedade começava a ganhar terreno sobre a fúria incontida e que o livro vendia bastante, o que não impedia que em eventos públicos se censurasse Arendt por ousar ter escrito tal livro afirmando-se: "Claro que não o li, mas...".[150]

O historiador Jacob Talmon, da Universidade Hebraica de Jerusalém, reagiu à publicação desses trechos de *Eichmann em Jerusalém* com uma carta ao editor na qual afirmava que Arendt aproveitara para acertar as contas com o sionismo, sobre as cinzas de 6 milhões de pessoas de seu próprio povo, ao insinuar que Ben-Gurion teria instrumentalizado o julgamento para extrair lições em seu próprio interesse. Além disso, o relato de Arendt (que ele chamou de tese) sobre a cooperação da liderança judaica "é uma atroz demonstração de mau gosto". Ele não nega que tenha havido cooperação, que julgava justificada pelo absurdo do extermínio, pela tentativa de aliviar o sofrimento do povo judeu e pela destruição de sua capacidade de resistir pelos nazistas. Arendt não lidaria com fatos, mas com malabarismos que apenas sobrecarregariam leitores já extenuados por histórias de atrocidades.

Para Talmon, "se essa colaboração foi um fato tão significativo, tudo o que podemos fazer é abaixar a cabeça em silenciosa vergonha e pesar, enquanto os tribunais fazem seu trabalho, e não se deleitar com isso", como supostamente teria feito Arendt, "de seu apartamento em Manhattan".[151] Como veremos ao longo do livro, para Arendt a recusa generalizada a julgar e a censura a quem se atreveu a fazê-lo desempenharam um papel decisivo na evasão e na incompreensão dos problemas fundamentais desencadeados por esses acontecimentos. Para ela, assim como o antigo dito "*Fiat iustitia et pereat mundus*" (Faça-se a justiça mesmo que o mundo pereça) foi frequentemente empregado de modo retórico para censurar os defensores de uma justiça irrestrita,[152] se colocarmos a verdade no lugar da justiça compreenderemos que os que criticam o dizer a verdade sem

150 Kristol, "The Arendt affair", p. 20.

151 Talmon, "Letter to the editor", p. 12.

152 Arendt, "Desobediência civil", p. 51.

restrições como arrogante e pouco caridoso também podem estar atuando como encobridores de condutas reprováveis, principalmente do ponto de vista moral.[153]

Arendt não respondeu à carta, mas inesperadamente Rudolf Vrba saiu em sua defesa, principalmente no que dizia respeito à questão mais polêmica dos Conselhos Judaicos. Vrba começou afirmando que, como interno de Auschwitz de junho de 1942 até sua fuga, em abril de 1944, leu com estupefação a afirmação de Talmon de que a capacidade dos judeus para resistir havia sido destruída, manchando assim a memória de judeus que lutaram contra o nazismo, inclusive em Auschwitz. Ele enfatizou que, após conseguir fugir de Auschwitz com seu amigo Wetzler, procuraram fazer chegar à liderança sionista da Hungria, também por meio da liderança eslovaca, seu detalhado relatório da preparação para o extermínio de cerca de 1 milhão de judeus que viviam então no país, com o propósito de alertá-los sobre o que os esperava em Auschwitz. Não obstante, insiste ele, as informações serviram para que membros da liderança negociassem com Eichmann e seus prepostos a salvação de suas vidas, de seus parentes e dos judeus "proeminentes" que podiam pagar de milhares a milhões de dólares para se salvarem. Esses líderes, como Kasztner e Freudiger, não seriam reféns dos nazistas, como teria feito parecer Talmon em sua carta, mas "diplomatas espertos que sabiam quanto valia seu silêncio", mesmo ao preço de manter na ignorância os cerca de 450 mil judeus da Hungria que pereceram em Auschwitz.[154] Ele concluiu afirmando que como um historiador Talmon não deveria censurar em Arendt o "atroz mau gosto" de denunciar esses acontecimentos, mas compreender que "se ponderamos e falamos sobre o passado é porque pensamos no futuro. Esse fenômeno histórico tem de ser enfrentado, se quisermos compreender a humanidade".[155]

Talmon respondeu a Vrba, também em uma carta ao editor, observando que os comentários dele se deveriam ao fato de que na derrota sempre procuramos culpados, principalmente entre os líderes, e que o duro juízo de Vrba se devia

---

153 Arendt principiou seu ensaio "Verdade e política" com uma nota indicando que uma das questões que buscaria enfrentar é precisamente a de se é sempre legítimo dizer a verdade, e se pergunta se não teria acreditado sem restrições em "*Fiat veritas et pereat mundus*" (Arendt, "Verdade e política", p. 323).

154 Para Linn, "a única conclusão psicológica que ele sugere é que, se os húngaros tiveram o poder e a coragem de resistir nus em Auschwitz, pode-se imaginar o quão fortes eles poderiam ter sido quando ainda vestidos e totalmente informados na Hungria" ("Naked Victims, Dressed-up Memory: The Escape from Auschwitz and the Israeli Historiography", p. 25).

155 Vrba, "Letter to the editor", p. 11.

a sua falta de caridade. Concedeu que os líderes judeus húngaros podiam ter errado em sua presumida estratégia de ganhar tempo – "e alguns podem ter perdido sua dignidade, como costuma suceder a seres humanos encurralados" –, mas lembrou que Kasztner foi reabilitado postumamente pela Suprema Corte de Israel, como se isso determinasse como os feitos dele deveriam ser julgados. Talmon concluiu afirmando que nada se ganhava facilitando a consciência dos ativa ou passivamente culpados por meio da investigação e do juízo sobre a conduta de alguns líderes judeus, que não podiam ser considerados culpados, no juízo dele.[156]

Vrba não testemunhou no julgamento em Jerusalém, mesmo tendo sido um dos cinco fugitivos de Auschwitz a sobreviver à guerra para contar sua história e um dos únicos a produzir um relatório detalhado do que viu, junto a seu amigo Alfred Wetzler, já ao final da guerra. Ao contrário de boa parte da liderança judaica sobrevivente – como Kasztner e Freudiger, da Hungria, e Oscar Neumann, da Eslováquia –, nenhum desses sobreviventes optou por viver em Israel nem suas histórias eram conhecidas do grande público por lá.[157] O juiz Halevy, que havia condenado Kasztner como colaborador dos nazistas em 1955, foi o único dos três juízes que votou a favor de convocar Vrba como testemunha. Apesar dos numerosos recursos gastos para levar a Israel testemunhas como o juiz estadunidense Michael Musmanno, Hausner teria argumentado que o governo não teria como cobrir as despesas da ida de Vrba de Londres a Jerusalém. Vrba acabou fornecendo um testemunho escrito na embaixada de Israel em Londres. Foi-lhe concedido o tempo de uma hora, porque o corpo diplomático teria um jantar agendado.[158]

Apenas em 1998 as memórias de Vrba, lançadas em 1963, foram publicadas em hebraico pela editora da Universidade de Haifa, após rejeição pelo arquivo Yad Vashem, justificada em grande medida pelo ataque de Vrba à conduta da liderança judaica na Eslováquia e principalmente na Hungria.[159] A Universidade de Haifa também conferiu a Vrba um doutorado honorário, sob cerrado protesto dos

156 Talmon, "Letter to the editor [2]", p. 11.

157 Ruth Linn, "Naked Victims, Dressed-up Memory: The Escape from Auschwitz and the Israeli Historiography", p. 24.

158 Rudolf Vrba, *I escaped from Auschwitz*, pp. 365ss.

159 Ruth Linn, "Rudolf Vrba and the Auschwitz Reports: Conflicting Historical Interpretations", p. 181.

historiadores em Israel, principalmente os de ascendência eslovaca.[160] Para Ruth Linn, da Universidade de Haifa, que teve a iniciativa da tradução e da homenagem a Vrba, é difícil não conectar as críticas dele ao silêncio da liderança judaica na Hungria com o silêncio que recaiu sobre ele na historiografia de Israel.[161]

Em "Responsabilidade pessoal sob a ditadura", um dos primeiros textos escritos por Arendt após a publicação de *Eichmann em Jerusalém*, ela se deteve no tema da cooperação ou da acomodação que supostamente justificava os que permaneciam em seus empregos nos Estados subjugados ou os que aceitavam nomeações, como para os Conselhos Judaicos: "Na sua justificativa moral, o argumento do mal menor tem desempenhado um papel proeminente. Se somos confrontados com dois males, assim reza o argumento, é nosso dever optar pelo menor, ao passo que é irresponsável nos recusarmos a escolher".[162] Os que criticam essa "falácia moral", prossegue Arendt, são acusados de moralismo estéril e de não estarem dispostos a sujar as mãos por um propósito maior, mas ela ponderou que o próprio pensamento religioso judeu rechaça compromissos com males menores. Assim, ressoando o princípio de Maimônides, ela afirmou que "o Talmude sustenta que, se eles pedem a você que sacrifique um indivíduo pela segurança da comunidade, não o entregue; se eles pedem a você que entregue uma mulher para ser violentada para o bem de todas as mulheres, não deixe que seja violentada".[163] Como Arendt registrou em uma anotação ainda de 1963, possivelmente muitos judeus respeitáveis aceitaram integrar os Conselhos para evitar o pior, mas "aqueles que queriam evitar o pior se tornaram instrumentos para fazer o pior".[164]

Bettina Stangneth observou que Eichmann utilizou habilmente sua capacidade de negociar para manejar essa disposição de parte das vítimas para fazer concessões e para cooperar no espírito de evitar que algo pior acontecesse. Ao se darem conta de que haviam sido enganados e envolvidos no próprio aparato do extermínio (ela menciona Leo Baeck, Benjamin Murmelstein, Joel Brand e Rudolf Kasztner), devem ter percebido Eichmann como um "perpetrador diabólico, Satã em forma humana": "As terríveis imagens que surgiram

160 Ibid., p. 182.

161 Id., "Naked Victims, Dressed-up Memory: The Escape from Auschwitz and the Israeli Historiography", p. 25.

162 Arendt, "Responsabilidade pessoal sob a ditadura, p. 98.

163 Ibid., pp. 98-99.

164 Id., "Private replies to Jewish critics", *Hannah Arendt Papers*, p. 3 (Adolf Eichmann File, 1938-1968, n.d).

mais tarde de 'Calígula' e do 'Grande Inquisidor Eichmann', o monstro sem coração, estavam enraizadas nesses momentos de percepção inevitável dos verdadeiros objetivos das políticas nacional-socialistas antijudaicas".[165]

A questão é que,

> politicamente, a fraqueza do argumento sempre foi que aqueles que escolhem o mal menor esquecem muito rapidamente que escolhem o mal. Como o mal do Terceiro Reich era finalmente tão monstruoso que por nenhum esforço de imaginação poderia ser chamado de um "mal menor", poderíamos ter suposto que dessa vez o argumento desmoronaria de uma vez por todas, o que surpreendentemente não é o caso. Além disso, se olharmos para as técnicas do governo totalitário, é óbvio que o argumento do "mal menor" (...) é um dos mecanismos embutidos na maquinaria de terror e criminalidade. A aceitação de males menores é conscientemente usada para condicionar os funcionários do governo, bem como a população em geral, a aceitar o mal em si mesmo. Para dar apenas um dentre muitos exemplos: o extermínio dos judeus foi precedido por uma sequência muito gradual de medidas antijudaicas, cada uma das quais foi aceita com o argumento de que a recusa a cooperar pioraria ainda mais a situação – até que se atingiu um estágio em que nada pior poderia possivelmente ter acontecido.[166]

Por essa razão ela julgava que já não era mais possível "a fuga hegeliana" da política para uma interpretação da história "como movimento dialético rumo à liberdade", que apostava que os acontecimentos históricos fariam sentido por revelar "um significado positivo ao olhar retrospectivo do filósofo". Arendt julgou que na sua época se dava na história antes o contrário da realização da liberdade, não sendo mais possível basear-se "na capacidade de harmonizar e enxergar algo de bom em todos os males" para reconciliar espírito e realidade. Pois quem ousaria "*brincar com o jogo da tese-antítese-síntese até que sua dialética desvende um sentido no 'trabalho escravo'?*".[167] Para ela, sempre que nos depara-

165 Stangneth, *Eichmann before Jerusalem*, p. 32.

166 Arendt, "Responsabilidade pessoal sob a ditadura, p. 99.

167 Id., "O interesse do atual pensamento filosófico europeu pela política", p. 460. Grifos meus.

mos com argumentos desse gênero, que teria permitido a Hegel compreender a Revolução Francesa e Napoleão Bonaparte igualmente como partes do mesmo movimento dialético rumo à liberdade, só podemos continuar "céticos devido à sua falta de senso de realidade, ou começamos a desconfiar de sua boa-fé".[168] Ela julgava que a imaginação amedrontada com os campos de extermínio "tem a grande vantagem de anular as interpretações sofístico-dialéticas da política, que partem da premissa de que algo de bom pode advir do mal".[169]

---

168 Ibid.

169 Id., *Origens do totalitarismo*, pp. 492-493.

3

O Eichmann de Arendt

Tudo o que há para saber sobre Adolph Eichmann

OLHOS: .... Médios
CABELO: .... Médio
PESO: .... Médio
ALTURA: .... Média
CARACTERÍSTICAS DISTINTIVAS: Nenhuma
NÚMERO DE DEDOS: .... Dez
NÚMERO DE DEDOS: .... Dez
INTELIGÊNCIA: .... Médio

O que você esperava?
Garras?
Incisivos muito grandes?
Saliva verde?
Loucura?"

— Leonard Cohen, *Flowers for Hitler*, p. 78.

Os grandes criminosos políticos devem ser expostos, principalmente expostos ao riso. Eles não são grandes criminosos políticos, mas indivíduos que cometeram grandes crimes políticos, o que é totalmente diferente. O fracasso do projeto de Hitler não significa que ele era um idiota... e a magnitude de seu projeto não faz dele um grande homem.

— Brecht, *A resistível ascensão de Arturo Ui*.[1]

1 Citado em Arendt; Errera, "Entrevista com Roger Errera", p. 561.

3.1. Um monstro, um palhaço?

Pouco menos de um mês após o primeiro-ministro David Ben-Gurion anunciar no Parlamento de Israel o rapto de Otto Adolf Eichmann pelo Mossad, na Argentina, Arendt escreveu a sua amiga, a escritora Mary McCarthy: "Estou meio que brincando com a ideia de conseguir que alguma revista me mande cobrir o julgamento de Eichmann. Muito tentada. Ele era um dos mais inteligentes do bando. Poderia ser interessante – além de horrível".[2] Difícil precisar que elementos Arendt considerou para julgar Eichmann um dos mais inteligentes do bando, mas ela tinha notícia da sua atividade e da execução eficiente de suas tarefas. Até onde pude verificar, o primeiro registro do contato de Arendt com o nome de Eichmann se deu ainda em 1943, duas décadas antes de *Eichmann em Jerusalém*, em sua reação ao artigo "*'Musterghetto' Theresienstadt*" ("Gueto modelo" Theresienstadt) no jornal *Aufbau*. No artigo se defendia que as condições do campo de concentração de Theresienstadt foram concebidas pelos nazistas de modo a que o campo operasse como um álibi, em um momento em que o poder dos nazistas estaria declinando. A manchete dessa edição do jornal é "*Der Anfang vom Ende*" (O começo do fim). No texto não assinado afirmava-se que, com medo de inevitável represália futura, alguns líderes ficaram agitados e "começaram a procurar álibis. Eichmann, o comissário da Gestapo falante de hebraico e iídiche, que aterrorizou a comunidade judaica de Praga, teria ficado nervoso".[3]

Arendt reagiu ao texto enviando uma carta ao editor intitulada "*Die wahren Gründe für Theresienstadt*" ("As verdadeiras razões para Theresienstadt"), na qual insistia em que eram várias as razões para os tratamentos diversos dado aos judeus pela Europa e que elas faziam parte de uma "agenda política consistente, apesar de variações locais ocasionais",[4] relacionadas aos diferentes graus de antissemitismo e a reações às medidas nazistas contra os judeus pela Europa. Arendt pareceu considerar otimista a expectativa dos editores de *Aufbau* e insistiu em que reportagens sobre o extermínio são muitas vezes acolhidas "com incredulidade precisamente porque normalmente esquecem de explicar a conexão entre a perseguição nazista dos judeus e o aparato de controle totalitário nazista".[5] O problema não era tanto afirmar que os nazistas apresentavam Theresienstadt como um campo modelo, mas antes avaliar que isso resultava do medo de retaliações futuras e da procura por um álibi.

---

2 Arendt; McCarthy, *Entre amigas*, p. 100 (20 jun. 1960).

3 "Der Anfang vom Ende", *Aufbau*, p. 15.

4 Arendt, *Escritos judaicos*, p. 376.

5 Ibid., p. 376.

Como bem observou Bettina Stangneth, parecia absurda a ideia de que Eichmann e seus colegas preparariam um campo que era de fato uma pequena cidade para uma apresentação de um dia e então retornasse no dia seguinte à "normalidade". Assim foram subestimados sistematicamente os nazistas, que puderam se beneficiar da incredulidade quanto ao inferno que meticulosamente criaram. Mesmo do exílio, observou Stangneth, "Arendt viu a situação com espantosa clareza", mas "sua voz permaneceu uma exceção".[6] Em 1944, o relatório da Cruz Vermelha alemã, em sua segunda visita ao campo de Theresienstadt, reportava que o campo causou uma boa impressão e que mesmo o problema de superlotação notado na primeira visita, em junho de 1943, pouco antes do texto do jornal *Aufbau* e da reação de Arendt, havia sido resolvido (!). "Eichmann e seus colegas criaram uma ilusão que tornou o horror quase invisível – e é mais fácil enganar alguém que não espera o inferno do que alguém que teme o pior."[7]

Antes da detenção de Eichmann o contato possivelmente mais aprofundado de Arendt com o papel desempenhado por ele no extermínio dos judeus se deu por meio do livro *Bréviaire de la haine: le III Reich et les Juifs* (1951), de Léon Poliakov, o mais abrangente registro das atividades de Eichmann na perseguição nazista aos judeus até então e ainda hoje um clássico sobre o tema. Poliakov havia publicado antes, em 1949, o texto breve e pioneiro intitulado "Adolf Eichmann ou le rêve de Caligula" (Adolf Eichmann ou o sonho de Calígula), quando Eichmann ainda estava na Alemanha. O texto foi publicado antes, no mesmo ano, na revista *Commentary*, que Arendt conhecia bem. É bem possível que ela tenha acessado o texto, cujo título na edição em inglês era "Eichmann: administrator of extermination".[8] Poliakov destacava ao mesmo tempo a centralidade do papel administrativo de Eichmann e o quanto sua personalidade era envolta em mistério. Arendt fez em 1952 uma resenha entusiasmada do livro de Poliakov, "o primeiro a descrever as últimas fases do regime nazista, baseando-se estritamente em material de fonte primária" e um "conhecimento completo e íntimo da complicada maquinaria administrativa da Alemanha nazista, das relações flutuantes entre os diferentes serviços, assim como dos altos e baixos das diferentes claques ao redor de Hitler".[9]

---

6 Stangneth, *Eichmann before Jerusalem*, p. 37.

7 Ibid., p. 38.

8 Poliakov, "Adolf Eichmann ou le rêve de Caligula", pp. 2-5.

9 Arendt, "A história do grande crime. Uma resenha de *Bréviaire de la haine*: *le III Reich et les Juifs*, de Léon Poliakov", p. 739.

Em *Origens do totalitarismo*, publicado no mesmo ano do livro de Poliakov, Eichmann apareceu apenas uma vez, precisamente quando Arendt tratou das planejadas multiplicação e sobreposição de órgãos com atribuições que se deslocavam constantemente, ocultando o verdadeiro centro de poder sob a fachada das instituições. A informidade planejada, na qual o centro de poder se deslocava para a instituição menos visível, ficava clara na organização do "antissemitismo científico", quando, em 1944,

> atrás da fachada dos departamentos de história das universidades, erguia-se o poder "mais legítimo" do instituto de Munique, por trás do qual estava o instituto de Frankfurt de Rosenberg e, somente por trás dessas três fachadas, escondido e protegido por elas, estava o verdadeiro centro da autoridade, o Reichssicherheitshauptamt [RSHA], uma divisão especial da Gestapo.[10]

Em sua resenha do livro de Poliakov, Arendt destacou: a importância da reconstrução da cronologia do processo de extermínio; a conexão entre o assassinato em massa dos judeus e o extermínio por gaseamento de 70 mil pessoas com doenças mentais, a partir de uma ordem de Hitler em 1939, interrompido pelos protesto dos familiares e religiosos; o envolvimento dos corpos oficiais militares e dos servidores civis pré-Hitler com o extermínio; e, por fim, o papel e o terrível dilema dos Conselhos Judaicos (*Judenräte*), "seu desespero assim como sua confusão, sua cumplicidade e sua ambição, por vezes pateticamente risível". Poliakov

> torna evidente que os judeus alemães, também a esse respeito, serviram como cobaias nas investigações nazistas sobre o problema de como fazer as pessoas levarem adiante suas próprias sentenças de morte, a última volta do parafuso no esquema totalitário da dominação total.[11]

Essa foi uma questão central e certamente a principal da campanha inicial contra *Eichmann em Jerusalém* pouco mais de dez anos após a publicação dessa resenha, como vimos nos capítulos anteriores. Eichmann apareceu na resenha

---

10 Id., *Origens do totalitarismo*, p. 452. Na verdade, a Gestapo é que era uma divisão especial do RSHA, a divisão IV, na qual estava o] "departamento especial da Gestapo [IVB4] encarregado da liquidação (não meramente o estudo) da questão judaica, cujo chefe era Eichmann" (Cesarani, *Becoming Eichmann*, pp. 76-77).

11 Arendt, "A história do grande crime", p. 747.

apenas uma vez, identificado como organizador das deportações dos judeus pela Europa, mesmo sendo citado no livro de Poliakov tanto quanto Hitler. Sobre Eichmann, Poliakov afirmou que seus "poder e liberdade de ação eram muito maiores do que sugeriam sua patente e sua posição".[12] É difícil divisar as conexões mais estreitas entre esse livro de Poliakov e *Eichmann em Jerusalém* – inclusive porque ela citou dois outros livros dele na bibliografia, mas não este[13] –, mas certamente saltam à vista a referência aos Conselhos Judaicos e a identificação da importância operacional de Eichmann.

Arendt não esperava certamente reconhecer em Eichmann um monstro, pois julgava em *Origens do totalitarismo* que, embora os atos dos nazistas constituíssem um mal extremo, eram ainda atos humanos cujo ineditismo se devia antes de tudo à maquinaria de extermínio que promovia a gigantesca amplificação de seus impactos – despersonalizando-os e, por conseguinte, diluindo a responsabilidade dos agentes. Todavia, espantou-se ao vê-lo pela primeira vez na cabine de vidro durante o julgamento: "Eichmann como um fantasma que por acaso está resfriado, em sua gaiola de vidro, mais como uma incorporação em uma sessão espírita. Nem mesmo assustador. Sua única preocupação, não perder a compostura".[14] Os termos são muito próximos dos que ela havia empregado em uma carta a Jaspers dois dias antes: "Eichmann não é uma águia, antes é como um fantasma que além disso está resfriado e a cada minuto perde substancialidade em sua caixa de vidro".[15]

Essa impressão não era exclusiva de Arendt nem rara. O próprio promotor Gideon Hausner relatou que um jornal espanhol teria afirmado que "os judeus inventaram um certo Eichmann na Argentina, o perseguiram por toda parte e o vestiram agora de palhaço para um show de domingo".[16] Enquanto esteve detido em Buenos Aires, aguardando ser levado para Jerusalém, Eichmann teria se comportado exemplarmente, de modo que "sua personalidade semeou confusão e discórdia entre seus captores. Achavam cada vez mais difícil conciliar a patética figura acorrentada à cama com o monstro da história e do mito".[17]

---

12 Poliakov, *Bréviaire de la haine*, p. 60.

13 Um dos livros citados por Arendt foi precisamente uma coautoria de Poliakov com Josef Wulf, *Das Dritten Reich und die Juden: Dokumente und Aufsätze* (1955), uma obra marcadamente documental que também tem um capítulo dedicado a Eichmann.

14 Arendt; Blücher, *Within four walls*, p. 355 (15 abr. 1961).

15 Arendt; Jaspers, *Briefwechsel – 1926-1969*, p. 471 (13 abr. 1961).

16 Hausner, *Justice in Jerusalem*, p. 465. Ver Arendt; Fest, "'Como se falássemos com uma parede' – uma conversa com Joachim Fest", p. 324.

17 Cesarani, *Becoming Eichmann*, p. 233.

O próprio Hausner, que decidiu encontrar Eichmann pela primeira vez apenas no próprio tribunal, relatou que, embora tivesse visto antes várias fotografias dele, pegou-se quase procurando nele por "presas e garras", uma vez que sua aparência pouco indicaria de sua natureza.[18] Embora isso tenha parecido estranho ao próprio Hausner, ele se permitiu, não obstante, prestar atenção na gestualidade de Eichmann, identificando o cacoete de uma frequente contração dos lábios, além de um olhar iluminado – ele presume – por um profundo ódio que teria assustado o assistente de Hausner. Todavia,

> esses momentos eram breves; quase imediatamente o fogo desapareceu e ele voltou ao seu fingido estilo cinza e incolor. Seu porte como líder da Gestapo havia desaparecido; agora não havia indicação de sua força diabólica, e pouco para mostrar sua maldade tão conhecida, sua arrogância e seu poder de fazer o mal.[19]

Simon Wiesenthal, o caçador de nazistas que desempenhou importante papel na captura de Eichmann,[20] também o viu pela primeira vez no início do julgamento e encontrou "um sujeito fraco, incolor, maltrapilho em uma cela de vidro entre dois policiais que pareciam mais interessantes e notáveis que ele... Nada havia de demoníaco nele, ele parecia um contador com medo de pedir um aumento de salário".[21] Mas nem Hausner nem Wiesenthal desistiram do monstro. Para eles a aparência comum de Eichmann se devia antes ao fato de ele não estar fardado. Sem uniforme e suas grandes botas ele tinha a mesma aparência "mesquinha e insignificante"[22] dos demais nazistas quando foram levados aos tribunais. Wiesenthal teria inclusive sugerido que Eichmann fosse apresentado vestindo um autêntico uniforme da SS, o que Hausner teria rejeitado.[23] Para este, uma inspeção mais detida detectaria o quanto suas mãos eram reveladoras, além de "seus lábios finos como facas e aquele lampejo de ódio em seus olhos".[24]

---

18 Hausner, *Justice in Jerusalem*, p. 309. Ele chegou a citar a seguinte frase do *Rei Lear*, de Shakespeare: "O príncipe das trevas é um cavalheiro" (p. 310).

19 Ibid., p. 310.

20 Ver Correia, *O caso Eichmann*, pp. 47ss.

21 Citado em Aharoni; Dietl, *Operation Eichmann: pursuit and capture*, p. 171.

22 Hausner, *Justice in Jerusalem*, p. 310.

23 Aharoni; Dietl, *Operation Eichmann: pursuit and capture*, p. 171.

24 Hausner, *Justice in Jerusalem*, p. 310.

Hausner relatou que em uma discussão com seu advogado Eichmann teria ficado tão impaciente com o conselho dele sobre alguma prova que seu rosto teria se contorcido e seus olhos "se iluminaram com fúria animal". Ele teria falado "de forma tão abusiva" que a jovem secretária do advogado de defesa teria saído apressadamente do local, "soluçando e gritando histericamente: 'Os judeus têm razão! Ele é um assassino! Não quero vê-lo novamente'".[25]

Mesmo David Cesarani, em sua justamente aclamada biografia de Eichmann, embora usualmente cauteloso e ponderado, julgou que havia um significado a ser identificado na aparência e nos hábitos de Eichmann. Ele observou seu caráter metódico e circunspecto – absorvido pelos documentos apresentados ao longo do julgamento e mesmo entusiasmado com manuseá-los – e ponderou que muitos jornalistas que acompanharam o julgamento interpretaram isso como algo típico do burocrata que ele era. Para Cesarani, todavia, mesmo Arendt tendo "erguido um edifício filosófico sobre isto", tratava-se de uma "indiferença estudada" cujo propósito era precisamente o de apresentar-se "fantasmagórico": a "pose desinteressada de Eichmann era parte da estratégia da defesa, a de evitar qualquer manifestação de temperamento violento ou oferecer qualquer pretexto para a concepção de que ele se engajou em seu trabalho com paixão".[26]

Pouco após participar como testemunha do julgamento de Eichmann, o juiz Michael A. Musmanno – da Suprema Corte da Pensilvânia, de quem já tratamos nos capítulos anteriores –reuniu suas impressões em um livro depoimento intitulado *The Eichmann Kommandos*. Eichmann "foi descrito por muitos comentaristas como de 'aparência comum' ('*ordinary-looking*'), mas, como o estudei, ele não se encaixa em nenhum molde comum".[27] Para ele, embora Eichmann

> deva ser considerado afinal como o mais meticuloso e abrangente assassino da história do crime, ainda assim, praticamente nada se

---

25 Ibid..

26 Cesarani, *Becoming Eichmann*, p. 258. É digno de nota que essa estratégia curiosa de interpretar manifestações corporais como revelações de estados interiores e reais intenções dos indivíduos encontra notável precedente na obra *Antropologia de um ponto de vista pragmático*, de Kant, na qual encontramos uma seção intitulada precisamente "Do característico das expressões faciais". Nela Kant lista uma série de gesticulações e oferece interpretações delas que seriam compartilhadas por "todas as raças e climas" (Kant, *Antropologia de um ponto de vista pragmático*, pp. 196ss [300ss]).

27 Musmanno, *The Eichmann Kommandos*, p. 14.

sabia publicamente sobre ele durante o período de suas operações monstruosas. O mundo sabia de Himmler, do açougueiro Hans Frank e do sanguinário Heydrich; mas o nome Adolf Eichmann nunca foi manchete. Havia uma razão para isso. Ele operava tão clandestina, furtiva e secretamente como um furão ao se aproximar de um galinheiro. Ele manteve seu modesto posto de tenente-coronel porque isso o capacitou a conduzir seu trabalho na escuridão e na sombra. Se ele fosse um general, os holofotes da notoriedade o teriam revelado totalmente no palco de sua criminalidade titânica e impedido sua fuga caso a previsão do *Führer* de um *Reich* de mil anos falhasse.[28]

Na carta que escreveu em maio de 1962 ao presidente de Israel defendendo a execução da pena de morte de Eichmann, Musmanno ofereceu uma caracterização de Eichmann que parecia tipificar a percepção de muitas pessoas. Ele, que atuou no julgamento de Nuremberg e foi testemunha no julgamento de Eichmann em Jerusalém, julgou que ele *não* era *só "monstruoso", "diabólico" e "satânico"*. Musmanno ofereceu ainda outras qualificações de Eichmann em sua carta de dezesseis páginas: "encarnação da opressão a populações inocentes", "membro podre, canceroso" da família humana, "maníaco por sangue", "monstro", "Satã", "dragão", "bestial e ateu".[29] Ele ainda descreveu Eichmann, um "ser humano macabro":

> seus olhos redondos e de cobra afundam em um crânio assustador, sobre o qual o pergaminho amarelado de sua pele se enruga e quase estala, enquanto sua língua, em movimento aparentemente contínuo, projeta aqui e ali as bochechas cadavéricas que o envolvem. Seus lábios finos se curvam, se contorcem e se contraem dos dois lados de uma boca que qualquer raposa poderia chamar de sua. Toda astúcia e habilidade proverbialmente atribuídas à raposa podem ser observadas naquela jaula.[30]

Em sua resenha de *Eichmann em Jerusalém*, no jornal *The New York Times*, Musmanno sustentou que embora enforcado Eichmann permanecia muito vivo no texto de Arendt. Utilizando, mais uma vez, os adjetivos "monstruoso",

---

28 Ibid., pp. 15-16.

29 Id., *The death sentence in the case of Adolf Eichmann*, pp. 6, 7, 11, 12, 15, 16, respectivamente.

30 Id., *The Eichmann Kommandos*, p. 15.

"diabólico" e "satânico" para se referir a Eichmann e seus feitos, Musmanno afirmou que Arendt teria manifestado simpatia por Eichmann e o defendido das próprias palavras dele.[31] Não é exagero afirmar que, em sua caracterização de Eichmann, Musmanno é o anti-Arendt por excelência.

Um leitor da resenha escreveu uma carta a Arendt afirmando que teria ficado indignado com o "infame livro" que ela escreveu, tal como apresentado na resenha, mas que só teria sentido necessidade de escrever a ela após ver uma foto dela no jornal: "A imagem é a de um rosto duro como pedra e frio como gelo no Polo Norte. O desprezo paira nos lábios e uma brutalidade ferrenha é vista nos olhos". Ele informou então que colocou luvas para jogar a página com a foto de Arendt no lixo e que, mesmo alegando não cultivar ódios nem deleites com vinganças, esperava que as almas dos "6 milhões de mártires" que Arendt teria profanado a atormentassem dia e noite e não lhe dessem descanso.[32]

No terceiro capítulo de *Criminal case 40/61, the trial of Adolf Eichmann*, intitulado "As duas faces de Eichmann", o escritor Harry Mulisch, que cobriu o julgamento para um jornal holandês, fez um experimento com uma fotografia de Eichmann. Tratava-se da primeira fotografia que apareceu na primeira parte da edição das conversas com o jornalista Wilhelm Sassen na Argentina, publicadas na revista *Life*, a partir da qual foi feita a caricatura do anúncio da publicação da transcrição das conversas. Mulisch divide ao meio essa fotografia frontal de Eichmann, tirada dias após sua chegada a Israel, em que um dos lados de sua face está iluminado e límpido, enquanto o outro está sombreado e contorcido, algo acentuado pela própria luz do sol. Eichmann havia sofrido muito tempo antes uma fratura no crânio, o que já fazia com que parte de sua fronte, precisamente a sombreada, fosse menor e menos harmônica que a outra metade. Com isso, a imagem com o lado iluminado e harmônico duplicado conferiu um ar leve à face e serenidade no olhar, além de exibir um leve sorriso, o que, em conjunto, resultava em uma figura simpática. A duplicação da parte sombreada da fotografia conformou "a careta bárbara e retorcida do assassino em massa"[33] no imaginário geral. Para Mulisch, não havia dúvida de que a montagem com a figura simpática era a que mais se aproximava do rosto "escorregadio, impassível e impiedoso do

---

31 Id., "Man with an unspotted conscience", p. BR1.

32 J. Baron a Arendt, *Hannah Arendt Papers*, 28 mai. 1963, p. 4, (Adolf Eichmann File, 1938-1968, n.d., Correspondence, Miscellaneous, English language, A-C, 1963-1967, fig. 0004d).

33 Mulisch, *Criminal case 40/61*, p. 9.

assassino",[34] enquanto a careta grotesca era alegoricamente antes a expressão da testemunha que presenciava horrorizada os feitos da figura humanizada da outra montagem. Para Mulisch, no entanto, Eichmann não era representado propriamente por nenhuma das montagens, mas antes pela confluência enigmática de ambas. Arendt citou o livro de Mulisch entre as poucas novas fontes acrescentadas à segunda edição de *Eichmann em Jerusalém*, por focar a pessoa do acusado e apresentar uma avaliação de Eichmann que coincidia com a dela "em alguns pontos essenciais".[35]

Se Arendt admirou a conduta da corte, a despeito de seu "fracasso",[36] isso se devia à sua recusa a assimilar a retórica da acusação conduzida por Gideon Hausner, que buscou descrever Eichmann como um sádico pervertido e ao mesmo tempo defender, paradoxalmente, que por meio desse monstro inumano era possível julgar todo o movimento nazista e o antissemitismo em geral, como se todos os que se envolveram mais ou menos diretamente com o nazismo, antissemitas ou não, fossem monstruosos em medida proporcional. A insistência no monstruoso pode ter a ver com o preconceito de que para cada feito criminoso deve haver uma motivação criminosa proporcional em uma personalidade anormal, algo de modo algum óbvio. Mas se todos, inclusive Musmanno, reconheceram que não havia punição individualizável compatível com o crime, porque deveria haver uma motivação proporcional, mesmo que pervertida, patológica? Há uma medida da intencionalidade humana proporcional aos campos de extermínio? Não é o caso de pensar o tipo específico de responsabilidade envolvido no caso de Eichmann, como tenta fazer Arendt, passando ao largo de especulações sobre motivações e intenções?

Arendt destacou que quanto mais inflamada se tornava a retórica do promotor Hausner "mais pálida e fantasmagórica ficava a figura na cabine de vidro, e nenhum dedo apontado para ele indicando que 'ali está o monstro responsável por tudo isto' conseguia sacudi-lo de volta à vida".[37] Com isso, concluiu que, "apesar de todos os esforços da promotoria, todo mundo percebia que esse homem não era um 'monstro', mas era difícil não desconfiar que fosse um palhaço (*clown/Hanswurst*)".[38] Que ele não era um monstro muitos concordavam, mas Arendt parece ter sido a única à época a chamá-lo de palhaço. Mas por que palhaço?

---

34 Ibid., p. 14.

35 Arendt, *Eichmann em Jerusalém*, p. 305.

36 Ibid., p. 297.

37 Ibid., p. 19.

38 Ibid., p. 67.

Quando especulou que Eichmann era um palhaço, Arendt citou como exemplo o fato de ele afirmar que jamais fazia juramentos, pelo que ele chamava de "questões morais" – relacionadas a ter de, pela lealdade, arcar com as consequências –, e quando informado que poderia testemunhar em sua própria defesa com ou sem juramento ele teria dito que preferia testemunhar sob juramento. Ou quando afirmou que a pior coisa que poderia fazer seria escapar de suas responsabilidades para salvar seu pescoço, e então, após ouvir sua sentença condenatória, apresentou um pedido de misericórdia. Arendt associou tudo isso à empolgação dele com frases feitas ou clichês que lhe davam "sensação de ânimo", um empurrão. Não seria para ele contraditório afirmar

> "vou dançar no meu túmulo, rindo", adequado para o fim da guerra, e "posso ser enforcado em público como exemplo para todos os antissemitas da Terra", que agora, em circunstâncias muito diferentes, preenchia exatamente a mesma função de lhe dar um empurrão.[39]

A segunda frase foi dita no julgamento, e tinha em vista presumivelmente torná-lo um exemplo e aliviar a culpa da juventude alemã.[40] A primeira frase foi atribuída a Eichmann por seu auxiliar direto, Dieter Wisliceny, em seu testemunho no Julgamento de Nuremberg. A frase completa era: "Vou rir quando pular na sepultura porque tenho a percepção de que matei 5 milhões de judeus. Isso me dá grande satisfação e gratificação".[41] Essa frase foi utilizada no julgamento em Jerusalém e posteriormente pelos críticos da caracterização de Eichmann por Arendt como prova do engajamento ideológico dele ao nazismo, da sua monstruosidade e da persistência de suas convicções nazistas após a queda do regime.

Essa imagem de um Eichmann camaleônico, conformista e dissimulado é apresentada também por Bettina Stangneth, mas interpretada como sinal da maestria de sua capacidade de atuar. Para ela, ele

> representou um novo papel em cada fase de sua vida, para cada novo público e cada novo objetivo. Como subordinado, oficial superior, perpetrador, fugitivo, exilado e réu, Eichmann manteve-se atento ao

---

39 Ibid., p. 66.

40 Ibid., p. 264.

41 Citado em Cesarani, *Becoming Eichmann*, p. 197.

> impacto que estava causando em todos os momentos e tentou fazer com que todas as situações funcionassem a seu favor.[42]

Nas entrevistas ao jornalista nazista holandês Wilhelm Sassen, na Argentina, editadas na revista *Life* pouco antes do final do julgamento, em 1961, Eichmann deu outra versão da fala acima. Ele teria reunido seus subordinados em Berlim ao final da guerra e dito: "'Eu me jogarei alegremente em meu túmulo sabendo que cinco milhões de inimigos do Reich morreram como animais'. ('Inimigos do Reich', eu disse, não 'judeus')". Ele teria pronunciado essas palavras enfaticamente e revelou ter sentido "uma extraordinária sensação de euforia pensar que estava saindo do palco dessa maneira".[43] Por fim, em seu interrogatório na prisão em Jerusalém ele ofereceu uma terceira versão. Quando lembrado por seu interrogador Avner Less de que Wisliceny teria atribuído a ele a afirmação, com cinismo, de que se jogaria rindo em seu túmulo por ter a morte de "5 milhões de judeus em sua consciência", ele se desconcertou completamente não pela afirmação, mas pela interpretação dela como sendo cínica. Ele teria dito realmente que comemorou a morte de 5 milhões de inimigos como animais, mas que não os matou, por não ser tarefa de seu departamento, nem foi cínico, pois não era "seu estilo".[44] Que ele tenha se incomodado mais com ser chamado de cínico que por seus feitos aterrorizantes é algo que parece fortalecer as suspeitas de Arendt.

São profusos os exemplos dessa "falta de noção". Para Arendt, parte deles se devia ao vício de "falar demais", que ela reconhecia em Eichmann, inclusive no que diz respeito a essa "frase absurda" sobre se jogar sorrindo em seu túmulo. Ele carregaria na consciência antes o fato de ter esbofeteado o Dr. Josef Löwenherz, líder da comunidade judaica de Viena –pelo que pediu desculpas em frente a seus funcionários, aparentemente mais por ter perdido o controle que pela agressão –, que os assassinatos ocorridos em correlação direta com suas atividades. Arendt também tratou como bazófia suas falas sobre ter inventado o sistema de guetos ou concebido o plano de "despachar todos os judeus europeus para Madagascar".[45]

---

42 Stangneth, *Eichmann before Jerusalem*, p. xvii.

43 "Eichmann own's story", 2ª parte, p. 150.

44 Lang, *Eichmann interrogated*, pp. 164-165.

45 Arendt, *Eichmann em Jerusalém*, p. 59.

Além do vício de se vangloriar, de resto comum, observou Arendt, ele exibia uma incapacidade extraordinária para imaginar as perspectivas das pessoas com quem se relacionava. Relatou que ele, sua equipe e os judeus em Viena estavam "se esforçando juntos" para resolver o problema da necessidade de emigrar e que as vítimas vinham frequentemente pedir sua ajuda e abrir seus corações. Omitindo espantosamente que judeus que por gerações viviam em Viena buscavam a emigração quando esta se mostrou a única forma de ao menos salvar suas vidas, uma situação engendrada pelo regime a que Eichmann diligentemente servia, ele afirmou, sendo completamente "sem noção", que

> "desejavam" emigrar, e ele, Eichmann, estava ali para ajudá-los, porque aconteceu de, ao mesmo tempo, as autoridades nazistas terem expressado o desejo de ver o Reich *judenrein*. Os dois desejos coincidiam, e ele, Eichmann, podia "fazer justiça a ambas as partes".[46]

Outro exemplo de sua estupidez se encontra em sua descrição das relações com Rudolf Kasztner, na Hungria:

> Negociamos inteiramente como iguais. As pessoas se esquecem disso. Éramos adversários políticos tentando chegar a um acordo e confiávamos perfeitamente um no outro. Quando estava comigo, Kasztner fumava cigarros como se estivesse em uma cafeteria. Enquanto conversávamos, ele fumava um cigarro aromático após o outro, tirando-os de uma caixa de prata e acendendo-os com um pequeno isqueiro de prata. Com sua grande polidez e reserva, ele teria sido um oficial ideal da Gestapo.[47]

Vale a pena mencionar ainda seu louvor, ante a plateia de sobreviventes do extermínio, a sua obediência cadavérica a Hitler, avaliada por ele como irrestritamente virtuosa, que inclusive o teria levado a confrontar ordens vindas de Himmler para interromper as deportações na Hungria (e consequentemente salvar vidas judias). Ou, por fim, na mesma direção, quando abriu seu coração para o judeu alemão que conduzia o interrogatório policial "explicando insistentemente como ele conseguira chegar só à patente de tenente-coronel da SS

46 Ibid., p. 60.

47 "Eichmann own's story", 2ª parte, p. 146.

e que não fora falha sua não ter sido promovido".[48] O próprio Less mencionou que seu pai fora enviado a Theresienstadt e depois a Auschwitz, onde morreu, tendo Eichmann exclamado "Isso é horrível!", "como se não tivesse nada a ver com ele",[49] o que naturalmente deixou o interrogador perplexo.

É antes pelo bizarro e pelo absurdo, pela "distância da realidade",[50] que Arendt designou Eichmann como palhaço. Ele "não tinha relação alguma com o mundo ou com as pessoas", sendo "mais ridículo que monstruoso": "Com todas as pilhas de cadáveres se acumulando ao seu redor, só pensava em suas ombreiras e não sentia a menor culpa".[51]

> As simples palavras "SS", ou "carreira", ou "Himmler" (que ele sempre chamou por seu longo título oficial: *Reichsführer* SS e Chefe da Polícia Alemã, embora de forma alguma o admirasse) detonavam nele um mecanismo que se tornara completamente inalterável. Nem a presença do capitão Less, um judeu da Alemanha e muito pouco propenso a pensar que os membros da SS progrediam na carreira por meio do exercício de alguma alta qualidade moral, conseguia desmontar esse mecanismo.[52]

Se esses exemplos eram flagrantemente bizarros, havia ocasiões em que, para Arendt, Eichmann era autêntica e involuntariamente cômico, e esses momentos estavam conectados principalmente a sua forma de se expressar e a suas dificuldades com a própria língua alemã. Less observou que "seu alemão era horrível", misturando sotaques da Áustria e de Berlim com o jargão da burocracia nazista em frases intermináveis nas quais frequentemente se perdia. Segundo Eichmann confidenciou a Less, Robert Servatius, seu advogado, teria dito que ele teria de reaprender alemão se quisesse ser traduzido adequadamente no julgamento.[53]

O interrogatório era "uma mina de ouro para um psicólogo", desde que tivesse "sabedoria para entender que o horrível pode ser não só ridículo como

---

48 Arendt, *Eichmann em Jerusalém*, p. 311.

49 Cesarani, *Becoming Eichmann*, p. 244.

50 Arendt, *Eichmann em Jerusalém*, p. 311.

51 Fest, "Das Mädchen aus der Fremde: Hannah Arendt und das Leben auf lauter Zwischenstationen", p. 184.

52 Arendt, *Eichmann em Jerusalém*, p. 62.

53 Lang, *Eichmann interrogated*, pp. vi-vii.

rematadamente engraçado".[54] Para ela, a cabeça de Eichmann estava entulhada de frases feitas, clichês, jargões da linguagem burocrática que lhe davam "sensação de ânimo" e das quais ele não se esqueceu, repetindo "palavra por palavra as mesmas frases feitas e clichês semi-inventados (quando conseguia fazer uma frase própria, ele a repetia até transformá-la em clichê) toda vez que se referia a um incidente ou acontecimento que achava importante".[55] Uma década antes Arendt já havia destacado que os clichês eram, no contexto da dominação política, instrumentos de doutrinação cujo propósito era destruir a compreensão, a capacidade de refletir por si próprio sobre o significado dos acontecimentos.[56]

Eichmann não se esquecia dos momentos decisivos da sua carreira, embora mal se lembrasse de vários momentos históricos decisivos do século XX nos quais estava de alguma forma envolvido. Arendt sustentou que concluir a partir das suas frequentes bravatas que ele era um mentiroso esperto, calculista, era "a saída mais fácil para o dilema entre o horror inenarrável dos atos e o inegável absurdo do homem que os perpetrara".[57] Sobre seu modo de se expressar, Eichmann chegou a pedir desculpas afirmando que sua única língua era o "oficialês" (*Amtssprache*), mas, afirmou Arendt hiperbolicamente, "a questão é que o oficialês se transformou em sua única língua porque ele sempre foi genuinamente incapaz de pronunciar uma única frase que não fosse um clichê".[58] Com efeito,

> quanto mais se ouvia Eichmann, mais óbvio ficava que sua incapacidade de falar estava intimamente relacionada com sua incapacidade de *pensar*, ou seja, de pensar do ponto de vista de outra pessoa. Não era possível nenhuma comunicação com ele, não porque mentia, mas porque se cercava do mais confiável de todos os guarda-costas contra as palavras e a presença de outros, e, portanto, contra a realidade enquanto tal.[59]

François Bondy – jornalista e escritor suíço que entrevistou Jaspers pouco antes do início do julgamento e acompanhou parcialmente o julgamento em

---

54 Arendt, *Eichmann em Jerusalém*, p. 61.

55 Ibid.

56 Id., "Compreensão e política (As dificuldades da compreensão)", p. 331.

57 Id., *Eichmann em Jerusalém*, p. 67.

58 Ibid., p. 61.

59 Ibid., p. 62. Grifo no original.

Jerusalém, quando encontrou com Arendt – também destacou a dificuldade com a expressão verbal e com a língua alemã como traços típicos de Eichmann. Ainda antes da divulgação do veredicto do julgamento, Bondy publicou em novembro de 1961 o texto "On misunderstanding Eichmann: letter from Jerusalem", que consta nos arquivos de Arendt como material correlato ao julgamento.[60] Nele Bondy especulou que a transcrição do interrogatório de Eichmann conduzido por Less e entregue a alguns membros da imprensa, incluindo Bondy e Arendt, não foi traduzida do alemão porque "o alemão de Eichmann simplesmente não podia ser traduzido sem ser transposto. No caso dele, *Der Stil ist der Unmensch* (*o estilo é o monstro*)".[61] Ele ofereceu numerosos exemplos da bizarra linguagem de Eichmann – "'tratado de cima', 'digerido', 'claramente definido', 'peneirado', 'material especial', 'tratamento administrativo', 'coisa de criança" (*eine Kindersache*, referindo-se ao transporte de crianças para campos de extermínio)"[62] – e destacou a preocupação dele tanto com a cadeia burocrática de comando e competências quanto com "cobrir" ("*abdecken*")[63] todas as suas ações, assegurar que todas as suas atividades pudessem ser remetidas a diretivas de algum superior.

Para Bondy, o que o promotor Hausner não compreendeu nem levou a sério foi justamente a autocompreensão de Eichmann como um recebedor de ordens (*Befahlsempfanger*), e isso teria mais obscurecido que esclarecido a natureza do Estado totalitário ao qual Eichmann servia:

> Era da natureza de suas atividades que elas fossem apenas uma parte de um crime coletivo em escala nacional, realizado por numerosas pessoas em capacidades altamente diferenciadas. Claramente, seu maior incentivo sempre foi o cultivo de uma carreira, com todas as suas pequenas recompensas e oportunidades para o exercício do poder, em vez de qualquer paixão particular ou obsessão privada.[64]

---

60 Bondy, "On misunderstanding Eichmann", *Hannah Arendt Papers*, figs. 0040-0045 (Adolf Eichmann File, 1938-1968, n.d, Related articles, 1961-1962). Cito da edição mais recente, inalterada, mencionada na bibliografia.

61 Bondy, "On misunderstanding Eichmann", p. 35. Grifos meus. A frase entre parênteses é citada em alemão no texto em inglês.

62 Ibid., p. 37.

63 Ver Arendt, *Eichmann em Jerusalém*, p. 109 e Assy, "Eichmann, banalidade do mal e pensamento em Hannah Arendt", pp. 139-140.

64 Bondy, "On misunderstanding Eichmann", p. 36.

Essa incompreensão explicaria a insistência de Hausner em detectar pequenas mentiras em Eichmann ou em tentar provar sem sucesso que ele teria assassinado um jovem judeu. Precisamente por isso, Bondy, como Arendt, tributou às falhas de Hausner o fato de esse longo julgamento não ter se tornado um "grande julgamento". Para Bondy,

> Gideon Hausner estava determinado, a qualquer preço, a encontrar no acusado a maior quantidade concebível de malícia pessoal ou de demonicidade para corresponder à enormidade dos eventos. Ele estava procurando por uma culpa completamente pessoal e um sentimento de culpa completamente pessoal, e, porque esperava encontrar demais, ele nunca chegou a lidar com as verdadeiras características desse tipo de *Durchschnitts Unmensch* (monstro mediano). Ele queria um faraó, um tirano, um vilão shakespeariano em grande estilo, e em vez disso encontrou um oficial que guardava apaixonadamente seu pequeno império e tentava fazê-lo crescer; um homem com namoradas nas cidades aonde suas viagens oficiais muitas vezes o levavam, conduzido atrás do motorista de um carro oficial em direção a uma casa confiscada; um homem que ajudou os judeus a emigrar tão avidamente quanto mais tarde os perseguia, e que era ele mesmo incapaz de pensar em algo como "a Solução Final".[65]

Mesmo nutrindo uma profunda admiração pelos juízes que conduziram o julgamento, Arendt avaliou que também eles não compreenderam o caráter de Eichmann nem a natureza de seus atos. Ele se declarou "inocente, no sentido da acusação" em todas as imputações de crime feitas a ele pela promotoria. Para a acusação ele não só sabia o que estava fazendo, o que ele não negava, mas teria agido "por motivos baixos e plenamente consciente da natureza criminosa de

---

65 Ibid., p. 42. Embora exiba uma concepção do caráter de Eichmann antagônica à de Arendt e Bondy, Musmanno ofereceu, nesse aspecto da carreira, uma caracterização semelhante: "Ele sabia que as chamadas ordens eram criminosas, mas estava feliz em colocá-las em prática porque sabia que quanto mais judeus matasse, maior seria sua recompensa. Essa recompensa tomou forma tangível em poder cada vez maior, uniformes mais vistosos, carros maiores, uma pompa maior, mais subalternos para tremer diante de sua grandeza e apartamentos mais luxuosos em todas as partes da Europa, mobiliados com amantes, álcool e todas as gratificações de sua natureza degenerada" (Musmanno, *The death sentence in the case of Adolf Eichmann*, p. 15).

seus feitos". Ele insistia, entretanto que não era um porco imundo e que "só ficava com a consciência pesada quando não fazia aquilo que lhe ordenavam – embarcar milhões de homens, mulheres e crianças para a morte, com grande aplicação e o mais meticuloso cuidado".[66]

O breve texto de Bondy, lido e anotado por Arendt, mas não citado em *Eichmann em Jerusalém*, é possivelmente o material anterior ao livro de Arendt mais próximo da caracterização de Eichmann por ela, como no caso da centralidade do carreirismo e do emprego bizarro da linguagem por ele. Além disso, a seleção de exemplos do interrogatório policial de ocorrências típicas do que Eichmann considerava que o dignificava e o tornava "normal e humano" – como os casos de Löwenherz, citado aqui anteriormente, e do industrial Storfer, conhecido de longa data de Eichmann em Viena que teria cometido a estupidez de tentar fugir e acabara em Auschwitz – parece ter chamado a atenção de Arendt, que também os cita.

Avisado por Höss, Eichmann teria ido ao campo de extermínio e dito a Storfer: "Em que enrascada nos metemos, não é?". Ele teria dito que não tinha autoridade para livrá-lo de Auschwitz e Storfer teria pedido para ser dispensado do trabalho pesado. Eichmann então teria intercedido por ele, conforme relatou Arendt:

> "E eu então disse a Höss: 'Storfer não vai ter de trabalhar!'. Mas Höss disse: 'Todo mundo trabalha aqui'. Então eu disse: 'Certo, vou escrever uma nota para solicitar que Storfer fique cuidando dos caminhos de cascalho com uma vassoura', havia uns caminhos de cascalho lá 'e que ele tem direito de sentar com sua vassoura num dos bancos'. [Para Storfer] eu disse: 'Está bom assim, sr. Storfer? Está bom, para o senhor?'. Com isso ele ficou muito contente, e apertamos as mãos e ele recebeu a vassoura e sentou no banco. Isso foi uma grande alegria interior para mim, poder ao menos ver esse homem, com quem trabalhei durante tantos anos, e ver que podíamos conversar." Seis semanas depois desse encontro normal, humano, Storfer foi morto – aparentemente não na câmara de gás, mas fuzilado.[67]

Ocorrências como essas animavam Eichmann, sem que ele parecesse se dar conta do bizarro da situação. Como observou Bondy, Eichmann teve um

---

66 Arendt, *Eichmann em Jerusalém*, pp. 36-37.

67 Ibid., p. 64.

encontro "normal, humano" em Auschwitz, com "a grande desvantagem de que apenas um dos dois participantes ainda está vivo para relatá-lo".[68] Bondy concluiu seu texto nos seguintes termos, sobre o modo de vida do funcionário:

> Esse conformista total, que teve o azar de se especializar em algo que perdeu seu valor de mercado quando os tempos mudaram, esse carreirista medíocre, deveria ser muito mais perturbador para o resto "normal" de nós do que um Eichmann possuído por paixões sombrias jamais poderia ter sido. Havia inúmeras pessoas decentes que simplesmente não "se juntaram"; milhares de alemães que foram executados; inúmeros funcionários "fascistas" italianos que provaram seu "autocontrole civilizado" por suas recusas em ajudar as deportações (todos impulsos espontâneos e humanos, sem o benefício de Kant). E, no entanto, o que foi mostrado ao mundo sob o vidro por quatro meses não é um demônio em forma humana, mas um tipo angustiantemente familiar de especialista oficial. Em tempos de crise, esses "totalmente utilizáveis" (*total Brauchbaren*), esses "100% empregáveis", são usados para propósitos de que eles mesmos nunca teriam suspeitado; e a discrepância entre seu zelo sem emoção – direcionado principalmente para estar "livre de culpa" e "tirando vantagem" – e as tragédias que se seguiram é imensa demais para ser compreendida. No entanto, essa e talvez nenhuma outra é a verdade que surgiu desse julgamento e dos procedimentos horríveis que ele expôs em retrospecto.[69]

Arendt destacou que Eichmann jamais lera *Mein Kampf*, de Hitler – "nunca tudo e nunca cuidadosamente",[70] como admitiu em seu interrogatório policial –, e, como outros funcionários nazistas, jamais levou a sério o programa do partido: "Eles se orgulhavam de pertencer a um movimento, que não devia ser confundido com um partido, e um movimento não podia se prender a um programa".[71] Para Arendt, em 1932 Ernst Kaltenbrunner – colega de juventude e depois chefe de Eichmann, por substituir Reinhard Heydrich após o assassinato deste em Praga, em 1942 – teria dito a Eichmann: *"Por que não se*

---

68 Bondy, "On misunderstanding Eichmann", p. 39.

69 Ibid., p. 43.

70 Lang, *Eichmann interrogated*, p. 36

71 Arendt, *Eichmann em Jerusalém*, p. 55.

filia à SS? E ele respondeu: Por que não? Foi assim que aconteceu, e isso parecia ser tudo".[72]

Eichmann relatou algo próximo a esses termos em suas memórias, a que Arendt não teve acesso. Dizia-se familiarizado com o nacionalismo e a "vergonha de Versalhes" por ler o jornal do partido nazista, o Völkischer Beobachter. Já na primeira reunião do partido foi "conquistado" sem que fosse necessária maior persuasão.[73] Kalterbrunner teria dito:

> "Você... você pertence a nós!" Então, ele pegou uma folha de papel, preencheu-a e tudo o que eu tinha de fazer era assiná-la. Ainda me lembro hoje que não fiz mais perguntas, mas estava feliz e orgulhoso por pertencer à SS como Kaltenbrunner... Foi assim que me tornei um homem da SS.[74]

Em entrevista de 1964 a Joachim Fest, Arendt destacou outro aspecto do engajamento de Eichmann com o nazismo para além do "por que não?". Eichmann queria fazer parte do grupo, "ele queria dizer 'nós'. E fazer parte do grupo e dizer 'nós' foram suficientes para configurar o maior de todos os crimes possíveis".[75] Eles só queriam seguir em frente e se alguém dissesse que ele só faria parte do grupo se cometesse assassinatos ele o faria, assim como não o faria se a condição para fazer parte do grupo fosse não cometer assassinatos.[76]

Hitler jamais teria suficiente poder para realizar o que realizou sem o apoio desses que queriam fazer parte do grupo. É esse fazer parte do grupo que produz poder, independentemente de ele ser bom ou ruim, e ainda "proporciona uma sensação extrema de prazer",[77] algo que para Arendt era muito evidente em Eichmann. Para ela, o nazismo constituía, não obstante, uma perversão dessa forma de ação que constitui poder, porque "todo o restante da ação conjunta,

72 Ibid., p. 45. Grifos no original. Nietzsche mencionou, entre uma das razões para a obediência irrefletida – no caso o juízo "isto está certo" da minha própria consciência –, aquela "de um imbecil [*Dummkopf*], que segue a ordem porque nada tem a objetar" (Nietzsche, *A gaia ciência*, §335, p. 223).

73 "Es bedurfte keiner großen Überredung", 14 ago. 1999.

74 Eichmann, *Ich, Adolf Eichmann*, p. 68.

75 Arendt; Fest, "'Como se falássemos com uma parede' – uma conversa com Joachim Fest", p. 322.

76 Ibid., p. 329.

77 Ibid., p. 322.

como discutir coisas juntos, chegar a algumas decisões, aceitar responsabilidades, pensar sobre o que estamos fazendo, tudo isso é eliminado pelo próprio funcionamento. O que existe é o vazio".[78] Eichmann não buscava prazer no poder, no sentido de exercer poder sobre os outros, mas antes o prazer no fazer parte de algo que julgava grandioso. E, além disso, "a obediência faz comunidade", é nela "que nos agrupamos, que nos assemelhamos, que não nos sentimos mais sós".[79]

Haveria ainda o fato de ele não aguentava mais a vida de caixeiro-viajante, rotineira e limitada, e ambicionava muito mais: "o vento o tinha soprado para a História", isto é, "para dentro de um Movimento sempre em marcha e no qual alguém como ele – já fracassado aos olhos de sua classe social, de sua família e, portanto, aos seus próprios olhos também – podia começar de novo e ainda construir uma carreira".[80] Nas suas conversas com Sassen na Argentina, Eichmann se apresentou não como um carreirista, mas como um soldado honrado (ou, em seus termos no julgamento, como um cidadão respeitador das leis vigentes em seu país):

> Na verdade, eu era apenas uma pequena engrenagem na maquinaria que executava as diretrizes e ordens do Reich alemão. Não sou nem um assassino nem um assassino em massa. Sou um homem de caráter mediano, com boas qualidades e muitos defeitos. Eu não era o "czar dos judeus", como um jornal de Paris me chamou uma vez, nem era responsável por todas as boas e más ações feitas contra eles. Onde eu estive implicado na aniquilação física dos judeus, admito minha participação livremente e sem pressão. Afinal, fui eu quem transportou os judeus para os campos. Se eu não os tivesse transportado, não teriam sido entregues ao açougueiro. No entanto, o que há para "admitir"? Cumpri minhas ordens. Seria tão inútil me culpar por toda a Solução Final do Problema Judaico quanto culpar o funcionário encarregado das ferrovias pelas quais os comboios com os judeus viajavam. Conosco, uma ordem era uma ordem. Se tivesse sabotado a ordem do ex-*Führer* do Reich alemão, Adolf Hitler, eu teria sido não apenas um canalha, mas um porco desprezível, como aqueles que quebraram seu juramento

78 Ibid., p. 323.

79 Gros, *Desobedecer*, p. 27.

80 Arendt, *Eichmann em Jerusalém*, p. 45. Grifos meus.

militar para se juntar às fileiras dos criminosos anti-Hitler na conspiração de 20 de julho de 1944.[81]

Apesar de se referir a si mesmo aí como uma "engrenagem na maquinaria executiva", Eichmann não se apresentou como um autômato ou como alguém que fez o que fez sob coação. Seu interrogador, Avner Less, afirmou há pouco tempo que "Eichmann era muito mais que uma engrenagem em uma maquinaria, ele era o óleo que a lubrificava e a fazia funcionar a todo vapor".[82] Como em seu julgamento, Eichmann destacou antes sua virtude, sua inflexível adesão a seu juramento de obediência, e, assim, sua forma específica de responsabilidade.

3.2. O tipo Eichmann

Em sua caracterização de Eichmann, Arendt destacou sua memória especialmente ruim, o adesismo que o teria feito dizer que viveria uma vida desconhecida após a derrota do nazismo – "uma vida individual difícil e sem liderança, não receberia diretivas de ninguém, nenhuma ordem, nem comando me seriam mais dados, não haveria mais regulamento pertinente para consultar".[83] Ela enfatizou, como Bondy, seu carreirismo, sua obsessão com progredir em sua condição de funcionário e sua dedicação a Hitler, justificada também pela espantosa ascensão dele. Eichmann "acreditava fervorosamente e até o fim no sucesso, padrão principal da 'boa sociedade' conforme ele a conhecia".[84]

---

81 "Eichmann own's story", 1ª parte, p. 21. Ver Arendt, *Eichmann em Jerusalém*, p. 152. "Quem é culpado, então? Todos ou ninguém? Por que o operário que trabalha com o gás seria mais culpado que o operário que trabalha nas caldeiras, no jardim, nos veículos? O mesmo se dá para todas as facetas dessa imensa empresa. O controlador de tráfego ferroviário, por exemplo, é culpado pela morte dos judeus desviados por ele para determinado campo? Esse operário é um funcionário, faz o mesmo trabalho há vinte anos, orienta os trens segundo um plano, não é obrigado a saber quem está lá dentro. Não é culpa dele se aqueles judeus estão sendo transportados de um ponto A, por meio do seu desvio, para um ponto B, onde são mortos" (Littell, *As benevolentes*, p. 26).

82 Depoimento recolhido no documentário *Catastrophe in the court – The Eichmann trial*, da Deutsche Welle, lançado em 2021, aos sessenta anos do julgamento de Eichmann. Robinson foi além e afirmou que Eichmann era o pino mestre da maquinaria (Robinson, *And the crooked shall be made straight*, 26.)

83 Citado em Arendt, *Eichmann em Jerusalém*, pp. 43-44.

84 Arendt, *Eichmann em Jerusalém*, p. 142. Trata-se do "preconceito favorável ao que é grande, que de fato caracteriza o mundo burguês" (Adorno e Horkheimer, *Dialética do esclarecimento*, p. 85).

Podemos suspeitar de que ainda hoje muitos leitores que mantêm as profusas biografias de nazistas entre os *best sellers* podem estar mais interessados em exemplos de sucesso, em uma perversa "autoajuda" – "mesmo que tenham errado" –, que em compreensão histórica.[85] Arendt ponderou, entretanto, que mesmo a literatura que romanceia a vida e os crimes nazistas acabava por, ao humanizá-los, chamar atenção para o fato de que "o que aconteceu pode acontecer de novo",[86] embora sob o risco de justificá-los. A centralidade do sucesso de Hitler para a avaliação do seu significado por Eichmann se mostrou claramente quando ele afirmou a Sassen que

> Adolf Hitler pode ter se enganado em todos os aspectos, mas uma coisa é indiscutível: o homem foi capaz de passar de cabo do Exército alemão a *Führer* de um povo de quase 80 milhões de pessoas. Nunca o conheci pessoalmente, mas seu sucesso por si só me prova que eu deveria me subordinar a esse homem. De alguma forma, ele era tão supremamente capaz que as pessoas o reconheceram. E assim, com essa justificativa, eu o reconheci com alegria e ainda o defendo.[87]

David Cesarani sustentou que Eichmann não comandava a política de extermínio, como foi indicado em Jerusalém pela acusação, mas foi notavelmente eficiente "na organização do transporte de milhões de seres humanos para a morte. Ele administrou o genocídio da mesma forma que o CEO de qualquer corporação administraria uma empresa multinacional".[88] Johann Chapoutot explorou a conexão entre o nazismo e a gestão empresarial em sua obra *Livres para obedecer*, cujo título na tradução alemã é *Gehorsam macht frei*, "A obediência liberta", uma paródia da inscrição no portão de Auschwitz, *Arbeit macht frei*, "O trabalho liberta". Sem incorrer no simplismo de identificar as origens do *management* com o nazismo, Chapoutot examinou a atuação do jurista e intelectual

85 Johann Chapoutot, em *Livres para obedecer: a gestão, do nazismo a nossos dias*, especula sobre vínculos entre a concepção nazista de gestão e a concepção de gestão empresarial no pós-Segunda Guerra Mundial – principalmente, mas não apenas, na Alemanha – a partir do caso de Reinhard Höhn (1904-2000), general nazista que se tornou um "guru" da gestão empresarial nos anos 1950-1970.

86 Arendt; Errera, "Entrevista com Roger Errera", p. 562.

87 "Eichmann's own story", parte 2, p. 161. Conferir Arendt, *Eichmann em Jerusalém*, p. 143.

88 Cesarani, *Becoming Eichmann*, p. 12.

tecnocrata nazista Reinhard Höhn, que chegou a general na SS e após a guerra foi um dos fundadores e principal teórico da escola de negócios de Bad Harzburg, a mais influente do imediato pós-guerra, que até 2000 havia formado cerca de 600 mil executivos sob o princípio da "delegação de responsabilidade".

A "arte da guerra (econômica)"[89] de Reinhard Höhn apoiou-se na imagem nazista da "comunidade de operários e chefes na empresa (*Betriebgemeinschaft*)", transfigurada na "comunidade de *managers* e seus colaboradores livres" na qual o "subordinado" é transformado em "colaborador", sob o princípio de que "a luta de classes deve ser eliminada da sociedade econômica e da sociedade política",[90] bem ao gosto da economia social de mercado ordoliberal. Tratava-se antes de tudo da realização paradoxal da "liberdade germânica" por meio do "gerenciamento não autoritário", como compreendido por Höhn e vários outros: "*O indivíduo é livre para obedecer*, livre para realizar os objetivos impostos pela *Führung* (liderança). A única liberdade estava na escolha dos meios, nunca dos fins".[91] A obediência cadavérica aos fins contrasta com um extraordinário ativismo do vale-tudo na escolha dos meios para realizar os fins com máxima eficácia e mínima responsabilidade.[92] Por isso Frédéric Gros afirmou que numa época em que os "especialistas" se orgulham de tomar decisões resultantes "de estatísticas anônimas e insensíveis desobedecer é uma declaração de humanidade".[93]

Embora Arendt tenha destacado o constrangimento de Eichmann por seu desempenho pífio quando um jovem estudante e por decair na hierarquia da "boa sociedade" em relação ao *status* de sua família,[94] ela também apontou que ele se orgulhava profundamente por ser um "idealista" e por sua ascensão na hierarquia da SS. Designava como sua maior frustração não ter passado da

---

89 Chapoutot, *Livres para obedecer*, p. 97ss.

90 Ibid., p. 116.

91 Ibid. Grifos meus. Examino essa imagem do agente econômico como "eminentemente governável", tal como sugerido por Michel Foucault, no segundo capítulo do meu *Hannah Arendt e a modernidade: política, economia e a disputa por uma fronteira* ("O liberalismo e a prevalência do econômico: Arendt e Foucault).

92 Castor Ruiz examinou extensamente o modo de vida do funcionário, resultante do "modelo de subjetivação funcionalizado", e a sua conexão com Eichmann e a banalidade do mal em seu texto "Arqueologia do *officium*: Eichmann, o funcionário e a banalidade da catástrofe – intersecções de G. Agamben e H. Arendt".

93 Gros, *Desobedecer*, p. 17.

94 Ver Arendt, *Eichmann em Jerusalém*, p. 43.

patente de tenente-coronel, mesmo tendo mostrado zeloso empenho em exibir suas notáveis "qualidades especiais" para organizar e negociar.[95] Um idealista não é alguém aferrado a uma ideologia sistematicamente articulada em seus preceitos e máximas. Além de não se deixar corromper,

> um "idealista" era um alguém que *vivia* para a sua ideia – portanto não podia ser um homem de negócios – e que por essa ideia estaria disposto a sacrificar tudo e, principalmente, todos. Quando ele disse no interrogatório da polícia que teria mandado seu próprio pai para a morte se isso tivesse sido exigido, não queria simplesmente frisar até que ponto se achava cumprindo ordens e pronto para executá-las; queria também mostrar o "idealista" que sempre fora. *O "idealista" perfeito, como todo mundo, tinha evidentemente seus sentimentos e emoções pessoais, mas jamais permitia que interferissem em suas ações se entrassem em conflito com sua "ideia".*[96]

Simon Wiesenthal provavelmente estava correto, contrariamente ao que julgou Bettina Stangneth, ao supor que "Eichmann teria perseguido pessoas de cabelos ruivos ou de olhos azuis com o mesmo empenho se alguém lhe tivesse ordenado".[97] Essa imagem do idealista o próprio Eichmann associou ao sionismo e à luta pelo estabelecimento do Estado de Israel, algo que recebeu um impactante destaque no relato de Arendt (como também na revista *Life*). Para Eichmann, um dos maiores idealistas que conheceu foi precisamente Rudolf Kasztner, "advogado de sangue-frio e sionista fanático" com quem havia negociado a partida de alguns milhares de "judeus importantes e membros das associações de jovens sionistas"[98] para a Palestina em troca de tranquilidade nos guetos de onde centenas de milhares seriam enviados para Auschwitz.

Nas conversas com Sassen, Eichmann declarou julgar que

> havia uma semelhança muito forte entre nossas atitudes na SS e o ponto de vista desses líderes sionistas imensamente idealistas que estavam travando o que poderia ser sua última batalha. Como eu disse

---

95 Ibid., p. 57.

96 Ibid., p. 54, últimos grifos meus. Nas palavras de Nietzsche, "a intenção dos ideais" é "que se façam com gosto as coisas desagradáveis" (Nieztsche, *Sämtliche Werke*, vol. 12, p. 459 [KSA 12, 10 [10]).

97 Stangneth, *Eichmann before Jerusalem*, p. 222.

98 Arendt, *Eichmann em Jerusalém*, p. 54.

> a Kasztner: "Nós também somos idealistas e tivemos de sacrificar nosso próprio sangue antes de chegarmos ao poder". Acredito que Kasztner teria sacrificado mil ou cem mil de seu sangue para alcançar seu objetivo político. Ele não estava interessado em judeus idosos ou naqueles que haviam sido assimilados à sociedade húngara. Mas ele foi incrivelmente persistente em tentar salvar sangue judaico biologicamente valioso – isto é, material humano que era capaz de reprodução e trabalho duro.[99]

Kasztner foi condenado pela cooperação com Eichmann e outros nazistas precisamente por Benjamin Halevi, um dos três juízes que estava a julgar Eichmann. Halevi concluiu que Kasztner tinha "vendido a alma ao diabo", algo de que a Suprema Corte pareceu discordar, ao inocentá-lo após ele ter sido assassinado devido aos eventos na Hungria, argumentando que ele não deveria ser condenado moralmente por selecionar quem sobreviveria. Arendt comentou que, "agora que o próprio diabo estava no banco dos réus, ele se revelava um 'idealista', e, embora possa ser difícil de acreditar, é bem possível que alguém que vendeu sua alma ao diabo também seja um 'idealista'".[100]

No texto "As técnicas sociológicas e o estudo dos campos de concentração", de 1950, Arendt sustentou que o caráter não utilitário e, mais ainda, antiutilitário dos campos de extermínio – "como se os nazistas achassem mais importante manter as fábricas de extermínio do que ganhar a guerra"[101] – era o que não tinha precedentes na história humana. A escravidão e o extermínio de povos nativos para fins de colonização eram bem conhecidos e mesmo o genocídio não era algo propriamente novo. O projeto do domínio total desafiou nosso senso comum, marcado pelo pensamento que explicaria os desvios para o mal por propósitos utilitários. Esse senso comum fica aturdido "pela total falta de sentido de um mundo onde a punição recai mais sobre o inocente que sobre o criminoso, onde o trabalho não resulta e não se espera que resulte em produtos, onde os crimes não beneficiam nem são calculados para beneficiar seus autores".[102] Com efeito, "enquanto nosso senso comum fica perplexo diante de ações que não são utilitárias nem inspiradas pela paixão, nossa ética é incapaz de lidar com crimes que não foram previstos pelos Dez Mandamentos".[103]

---

99 "Eichmann own's story", 2ª parte, *Life* (06 dez. 1960), p. 146.

100 Arendt, *Eichmann em Jerusalém*, p. 55.

101 Id., "As técnicas sociológicas e o estudo dos campos de concentração", p. 261.

102 Ibid., p. 269.

103 Ibid., pp. 270-271.

Essas observações de Arendt visaram indicar a falência dos nossos padrões tradicionais de compreensão e das tentativas de compreender pela identificação dos traços de semelhança entre Hitler e Gengis Khan, por exemplo, ou Nero, em vez de destacar o quanto Hitler era "totalmente diferente", que "o inédito é muito mais o absurdo ideológico que os gerou, a mecanização da execução, a criação cuidadosa e calculada de um mundo de moribundos onde nada mais fazia sentido".[104] Dissolver o desconhecido no conhecido ou identificar no totalitarismo apenas uma diferença em grau de intensidade em relação às catástrofes do passado é um modo simples de incompreendê-lo, e é este o desafio que o acontecimento totalitário apresentou e apresenta a teóricos da política, historiadores e cientistas sociais.

Em seu livro *Hannah Arendt, totalitarianism and the social sciences,* Peter Baehr sustentou que Arendt teria apontado a tendência das ciências sociais a se enredar em analogias e tipos ideais como uma das dificuldades do campo para lidar com a novidade histórica, e que "tipos ideais como 'carisma' e 'burocracia', embora operativos em outros contextos, banalizaram a singularidade do nacional-socialismo".[105] Para Arendt, o modo como a noção de "tipos ideais" era empregado quando escreveu o texto "Religião e política" (os anos 1950) era parte do esforço por encontrar uma "ciência positiva da história" equiparável à "ciência positiva da natureza", o que implicara, segundo ela, uma "funcionalização dessubstancializadora de nossas categorias".[106]

Não penso, entretanto, que Arendt estivesse a descartar o expediente metodológico dos tipos ideais, ao menos não como Weber o teria concebido. O que Arendt rechaçava era antes que, pelo fato de Weber ter cunhado o tipo ideal do "líder carismático" a partir do modelo de Jesus de Nazaré alguém que não encontrasse "nenhuma dificuldade em aplicar a mesma categoria a Hitler", como se "do ponto de vista do cientista social, Hitler e Jesus fossem iguais porque desempenharam a mesma função social. É claro que essa conclusão só é possível para pessoas que se recusam a ouvir o que dizia Jesus ou Hitler".[107] Ela observou, entretanto, que, "ao tomar esse exemplo não pretendo sugerir que o próprio Max Weber pudesse algum dia ser acusado dessas monstruosas

104 Ibid., p. 271.

105 Baehr, *Hannah Arendt, totalitarianism and the social sciences,* p. 26.

106 Arendt, "Religião e política", pp. 398 e 399.

107 Ibid., p. 399.

equiparações".[108] Arendt recorreu frequentemente a tipos ideais como expediente promissor para a compreensão, como sucedâneo de uma universalidade nem concebível nem desejada.

Em *Origens do totalitarismo* foram profusas as tipificações levadas a cabo por Arendt, desde o aventureiro da era imperialista até o membro da ralé ou das massas. Mas tornou-se emblemática antes de tudo a caracterização que ela faz de Himmler como o típico filisteu, paroxismo degenerado do burguês, para quem o horizonte de todo valor e virtude se esgota na vida privada.

> Himmler era "mais normal", isto é, mais filisteu do que qualquer outro dos primeiros líderes do movimento nazista. Não era um boêmio como Goebbels, nem criminoso sexual como Streicher, nem louco como Rosenberg, nem fanático como Hitler, nem aventureiro como Göring. Demonstrou sua suprema capacidade de organizar as massas sob o domínio total, partindo do pressuposto de que a maioria dos homens não são boêmios, fanáticos, aventureiros, maníacos sexuais, loucos nem fracassados, mas, acima e antes de tudo, empregados eficazes e bons chefes de família... filisteu é o burguês isolado da sua própria classe, o indivíduo atomizado produzido pelo colapso da própria classe burguesa. O indivíduo da massa, a quem Himmler organizou para os maiores crimes de massa jamais cometidos na história, tinha os traços do filisteu e não da ralé, e era o burguês que, em meio às ruínas do seu mundo, cuidava mais da própria segurança, estava pronto a sacrificar tudo a qualquer momento – crença, honra, dignidade. Nada foi tão fácil de destruir quanto a privacidade e a moralidade pessoal de homens que só pensavam em salvaguardar as suas vidas privadas.[109]

Joachim Fest chegou a um juízo parecido no perfil que traçou de Himmler e de outros nazistas em uma obra originalmente publicada no mesmo ano de *Eichmann em Jerusalém*. Na capa da edição estadunidense constou a seguinte frase de Arendt: "Este livro é talvez o mais importante acréscimo recente à literatura sobre o Terceiro Reich". Para Fest, Himmler combinava, como no experimento com a imagem de Eichmann feita por Mulisch, uma face aterradora

---

108 Ibid., p. 475.

109 Id., *Origens do totalitarismo*, p. 388.

com outra inexpressiva e nada assustadora. A primeira estaria associada aos métodos do seu terrorismo, que, embora "baseados em princípios modernos de organização, e os processos de extermínio 'industriais' e racionalizados", com "toda a praticidade empresarial de seu fanatismo, curiosamente intensificaram a aura de terror que cercava sua pessoa, além de toda a experiência real".[110] A segunda se daria a ver "ao serem removidas algumas camadas da imagem demonizada", revelando "um pequeno-burguês romanticamente excêntrico" que nas condições do regime totalitário alcançou um poder excepcional e pôde "colocar suas idiotices em prática sangrenta".[111]

Em uma caracterização que em muito poderia ser aplicada ao Eichmann de Arendt, Fest indicou sobre Himmler que,

> na verdade, qualquer um que tentasse ver por trás da suavidade levemente inchada desse rosto a perturbação de um caráter monstruoso estava se iludindo. À luz dos milhões de terrores que ele inspirava, havia a tentação de procurar "abismos" nos quais pelo menos um pálido brilho de alguma reação "humana" pudesse ser visível, e foi isso que enganou as pessoas. Na realidade, Heinrich Himmler era exatamente o que sua aparência sugeria: um personagem inseguro e vacilante, cuja personalidade era cinzenta. Sua falta de independência era ocultada por um excesso de zelo desesperado e estúpido. *O que parecia ser malignidade ou brutalidade era apenas a eficiência sem consciência de um homem cuja substância vital era tão tenuemente dispersa que ele teve de pedir emprestado de fora. Nenhuma emoção o arrebatava ou o inibia*; "sua própria frieza era um elemento negativo, não glacial, mas exangue". *Organizador e administrador capaz, ele possuía aquela mistura desumana de diligência, subserviência e vontade fanática de levar as coisas adiante, que deixa de lado as considerações humanas como irrelevantes e cujos ídolos secretos são arquivos fechados de relatórios de tarefas concluídas*; um homem em ponto de congelamento. Por isso, foi necessária grande perspicácia psicológica para descobrir no contato pessoal – antes da construção apressada de abismos psíquicos imaginários – a verdadeira base de sua existência, para achá-lo sinistro, mais sinistro do que o próprio Hitler,

---

110 Fest, *The face of the Third Reich*, p. 111.

111 Ibid., pp. 111-112.

como escreveu um observador, "pelo grau de subserviência concentrada, por uma certa consciência tacanha, uma metódica desumana que tinha algo de autômato".[112]

Para Fest, Eichmann "não é apenas um fenômeno individual, mas sim uma figura completamente representativa no catálogo de tipos daquela época". Ele representaria um padrão psicológico básico cujo traço comum "é uma irrelevância devastadora, desprovida de todo o demoníaco que, segundo as representações tradicionais, é associado ao mal".[113]

Nietzsche mencionou em *Ecce homo* que um dos princípios de sua prática de guerra em filosofia era nunca atacar pessoas: "Sirvo-me da pessoa como uma forte lente de aumento com que se pode tornar visível um estado de miséria geral, porém dissimulado, pouco palpável".[114] Weber teria dito certa vez, em um debate no qual estava apaixonadamente envolvido, que sua profissão era exagerar.[115] Possivelmente ambas as posições convirjam na tipificação de Eichmann por Arendt, de modo que as variadas críticas sobre eventuais limitações pontuais da caracterização feita por ela, muitas delas bem fundadas, não operam de fato como uma refutação de suas considerações mais gerais.

Ao assistir a uma audiência do julgamento de Auschwitz em Frankfurt, em 1964, Arendt teria relatado que não tinha o que alterar em sua caracterização de Eichmann no seu livro sobre o julgamento e defendido que "o relato sobre Eichmann não descrevia um perpetrador individual, mas um tipo".[116] Em sua correspondência polêmica com Gershom Scholem, Arendt informava que pretendia refletir sobre o tema com maior profundidade e em um contexto diferente, mas que Eichmann certamente continuaria a ser o modelo concreto do tinha a dizer.[117]

As críticas à caracterização de Eichmann por Arendt foram instantâneas, abundantes e furiosas, e o fato de ela indicar como central no número de vítimas judias a colaboração de parte da liderança judaica só intensificou a

---

112 Ibid., p. 112. Grifos meus.

113 Arendt; Fest, *Eichmann war von empörender Dummheit*, p. 71 (Fest a Arendt, 28 ago. 1964).

114 Nietzsche, *Ecce homo* (Por que sou tão sábio, 7), p. 30.

115 Cohn, "Introdução", p. 7.

116 Fest, "Das Mädchen aus der Fremde: Hannah Arendt und das Leben auf lauter Zwischenstationen", p. 185.

117 Arendt; Scholem, *Der Briefwechsel*, p. 444 (20 jul. 1963).

celeuma, como se ela estivesse inocentando o assassino e culpando a vítima. Parecia ainda uma ofensa às vítimas que ela apresentasse um criminoso envolvido diretamente no extermínio de milhões de judeus como um carreirista de pequena estatura, um funcionário diligente, cidadão de bem, bom pai de família, uma pessoa normal que viu no nazismo uma oportunidade promissora de ter uma carreira de sucesso.[118] Supunha-se que alguém que emprestara sua eficiência em negociação e logística para o projeto de exterminar o povo judeu sem se reconhecer como antissemita, mesmo em seus escritos de antes do julgamento, só poderia estar dissimulando.

No pós-escrito adicionado em 1964 à segunda edição de *Eichmann em Jerusalém*, Arendt dedicou pouca atenção a essas objeções e reiterou que, por mais que nos esforçássemos, não havia como vislumbrar "qualquer profundidade diabólica ou demoníaca de Eichmann" e que o fato de ele ser um "palhaço" – um "sem-noção", diríamos hoje –, desconectado da realidade, incapaz de compreender o significado do que sabia que estava a fazer, pode ser muito mais devastador que os maus instintos que certamente eram abrigados por ele e outros tipos nazistas.[119] Conforme afirmou em entrevista a Joachim Fest, também de 1964,

> Eichmann não tinha de fato a incumbência de matar, pois não era feito para isso. Mas ele era parte de um sistema assassino! Pouco importa quem de fato faz isso ou aquilo. O que quero dizer quando digo "Ele não é um assassino típico" não é que ele seja de algum modo melhor. Quero dizer é que ele é infinitamente pior, mesmo que não tenha o que chamamos de "instinto assassino". Ele foi empurrado para isso, mas consigo imaginar assassinos que eu talvez achasse, se assim posso dizer, mais simpáticos do que Eichmann.[120]

Jacob Robinson objetou extensamente a caracterização de Eichmann feita por Arendt, notadamente a sua recusa a reconhecer nele um mentiroso, um planejador hábil e o maior especialista nas questões judaicas dentre os nazistas,

118 Ver Ruiz, "Arqueologia do *officium*: Eichmann, o funcionário e a banalidade da catástrofe: intersecções de G. Agamben e H. Arendt", p. 199.

119 Arendt, *Eichmann em Jerusalém*, p. 311.

120 Arendt; Fest, "'Como se falássemos com uma parede' – uma conversa com Joachim Fest", p. 334.

sendo de uma "sinistra desumanidade".[121] Ele julgou que Arendt frequentemente minimizou a importância de Eichmann e buscou entrever nas falas dele, em uma "leitura telepática",[122] o que ele realmente queria dizer, em geral algo distinto do que achavam que ele efetivamente tinha dito. Ela teria ignorado que ele chegou a questionar as ordens de Hitler e pedir uma reconsideração na permissão do *Führer* para a emigração de judeus de Budapeste em 1944,[123] atribuindo seu rechaço à interpretação de que as ordens eram de fato de Himmler e contrariariam a vontade de Hitler.

A caracterização de Eichmann por Arendt foi espantosa para muitos porque indicava que ele era de confiança e ao mesmo tempo mentia, que não era instruído nem inteligente, mas teria aprendido hebraico e iídiche e lido filosofia, "um recebedor de ordens que desafiou Himmler (na verdade, também Hitler)", um indivíduo sem iniciativa que organizou nas piores condições a deportação dos judeus da Hungria. Para Robinson, "o verdadeiro Eichmann" foi alguém inteiramente apto para coordenar e supervisionar "a maior parte do programa nazista de extermínio de judeus".[124]

Uma das críticas mais inspiradoras é precisamente a de David Cesarani, autor da biografia certamente mais exaustiva, profunda e complexa de Eichmann. Para ele, Arendt subestimou a atuação de Eichmann na Hungria em 1944, por exemplo, e lançou mão de muito poucos elementos para descrevê-lo em sua obra como o tipo que ele se tornou. Não obstante, com relação à pergunta sobre se podemos explicar Eichmann, ponderou que "provavelmente não há uma resposta definitiva para a questão do que o fez e permitiu que ele agisse como agiu, apenas na melhor das hipóteses um equilíbrio de probabilidades".[125]

Imtrud Wojak retoma essa consideração e defende que

> Eichmann não era apenas o "palhaço (*Hanswurst*)", como Arendt o nomeou. Seu nacionalismo completamente exagerado e seus motivos antissemitas não devem ser subestimados como as forças motrizes por trás de suas ações. Ele deixou isso bem claro em sua entrevista com Sassen.

---

121 Robinson, *And the crooked shall be made straight*, p. 4. Ver pp. 17-23.

122 Ibid., p. 11.

123 Ibid., p. 31.

124 Ibid., pp. 58-59.

125 Cesarani, *Becoming Eichmann*, pp. 357 e 17.

> Seu fanatismo e sua autodiagnosticada "fúria", seu ódio aos judeus e a todos os "inimigos do Reich" foram acompanhados por um senso de responsabilidade completamente pervertido, com o qual ele levou adiante o extermínio dos judeus húngaros, mesmo na fase final da guerra.[126]

Avner Less, o oficial israelense que conduziu o interrogatório policial de Eichmann por 275 horas, chegou a conclusão análoga. Ele teria inicialmente nutrido piedade por Eichmann, sentimento que foi se dissipando à medida que os feitos aterrorizantes nos quais ele estava implicado foram sendo revelados em detalhes. Less observou que no começo do interrogatório policial experimentou também uma espécie de desapontamento ao constatar que Eichmann se mostrou não como alguém monstruoso ou diabólico, mas antes de tudo como um ser humano que não apresentava qualquer traço distintivo a separá-lo de qualquer outro ser humano, revelando que "pessoas de aparência normal são capazes de realizar tais atrocidades".[127] Considerando a atuação de Eichmann na Hungria, Jaspers escreveu a Arendt ainda no decorrer do julgamento afirmando que seria difícil para ela chegar a uma imagem dele "que corresponda à realidade", porque ele teria exibido traços "pessoalmente brutais", e "tal funcionário do assassinato burocrático pode ter qualidades desumanas que aparecem em tais circunstâncias, ao passo que em condições 'normais' ele não teria se tornado um criminoso".[128]

É apenas aparente, entretanto, a concordância entre Cesarani e Arendt, pois ele julgou que, embora a análise dela da posição de Eichmann no regime nazista tenha sido "altamente perspicaz", sua interpretação da personalidade dele foi "voluntariosa" ("*wayward*").[129] Para ele, Arendt subestimou o antissemitismo e a convicção ideológica à extrema direita de Eichmann, e, apesar de presumidas evidências em contrário, teria reduzido sua decisão de ingressar no Partido Nazista ao carreirismo. Na verdade, Arendt defendeu que ele ingressou no partido por intensa disposição conformista e algum senso de oportunidade. O carreirismo seria mais decisivo em sua trajetória no regime, tendo ele passado

---

126 Wojak, *Eichmanns Memoiren*, p. 200.

127 Depoimento recolhido no documentário *Catastrophe in the court – The Eichmann trial*, da Deutsche Welle (2021).

128 Arendt; Jaspers, *Briefwechsel – 1926-1969*, p. 476 (18 jun. 1961).

129 Cesarani, *Becoming Eichmann*, p. 347.

de estudioso das questões judaicas a especialista do extermínio, após ter ascendido em suas atribuições como especialista na logística da deportação.

Já na introdução de sua biografia, Cesarani, que dialogou com Arendt em vários movimentos de seu livro, indicou que o relato de Arendt ainda atualmente molda a imagem popular sobre a personalidade de Eichmann e que "Arendt ajudou a moldar a maneira como gerações de historiadores e pensadores conceituaram o Terceiro Reich". Ele defendeu que, embora ela tenha tido várias intuições inspiradoras, sua caracterização de Eichmann é "em grande medida predeterminada e mitológica", e a razão seria que "ela o encaixou em sua própria teoria do totalitarismo".[130] Ela teria propagado mitos como o de uma infância infeliz, mesmo não associando isso necessariamente ao engajamento de Eichmann no nazismo.

Cesarani concordou com Arendt que o antissemitismo não foi fator determinante para o ingresso de Eichmann na SS, mas defendeu que em sua trajetória no regime ele "combinou uma visão relativamente benigna do sionismo com uma clássica visão de mundo antissemita",[131] na qual desempenhava papel fundamental a noção de uma conspiração mundial judaica. Para ele, "se ela tivesse sido mais aberta ao argumento da acusação e menos determinada a provar sua tese sobre o totalitarismo, poderia ter sido mais sensível aos sinais de antissemitismo e fanatismo de Eichmann".[132]

A tese de Cesarani não foi propriamente antagônica à de Arendt nem assumiu que Eichmann era um sádico monstruoso ou diabólico ou mesmo um autômato. Ele observou que a produção de um genocida é muito mais complexa e perturbadora do que pode captar qualquer maniqueísmo. Eichmann não era um "assassino nato",[133] mas seu engajamento no nazismo "demonstra que não houve uma progressão necessária e lógica em sua carreira, de especialista em assuntos judaicos ao homem que organizou a deportação de milhões de pessoas para a morte", e que ele "teve de aprender o que significava ser um genocida (*génocidaire*) e depois escolheu ser um".[134]

130 Ibid., p. 4.

131 Ibid., p. 7.

132 Ibid., p. 356.

133 Ibid., p. 11. Cesarani possivelmente se referia ao texto já citado de William Gutmann ("This is a born murderer").

134 Cesarani, *Becoming Eichmann*, p. 11.

Cesarani observou ainda que Eichmann não era meramente um irrefletido seguidor de ordens e para isso indicou que a própria estrutura caótica e não monolítica do Estado nazista, apinhada de sobreposições hierárquicas – como Arendt mesma indicou pioneiramente em *Origens do totalitarismo*, conforme mencionamos anteriormente[135] – , demandou dele um ativismo atento e permanente para atuar com eficiência e manter sua própria posição. Isso ficou bastante claro em sua atuação emblemática na Hungria, onde havia numerosos conflitos de jurisdição, "um conflito de interesses entre as agências econômicas do Reich, que queriam desesperadamente judeus para trabalhar, e o escritório IVB4 de Eichmann, que estava interessado principalmente em matá-los".[136]

Frédéric Gros sintetizou bem a posição de Arendt sobre Eichmann:

> Ela vê um ser insignificante, fraco, jactancioso, sem envergadura, insípido. Mas essa mediocridade nunca o desresponsabiliza. Arendt diz que ele é "zeloso" e "burro". Eichmann superobedece. Põe energia, tenacidade em seu trabalho. Não devemos imaginar o Terceiro Reich como uma máquina perfeitamente lubrificada, uma organização hierárquica e vertical impecável. Entre os órgãos do Partido Nazista, as estruturas de Estado e as células administrativas, o sistema abrangia uma multiplicidade discrepante de centros de comandos, hierarquias contraditórias, com atritos perpétuos, serviços acometidos por rivalidades. Era preciso batalhar para poder obter as autorizações necessárias. Em pouco tempo o caos completo teria reinado, a máquina de morte teria descarrilado se Eichmann tivesse sido um "submisso ascético", se tivesse obedecido *a minima*, de má vontade. Mas ele se desdobrava para encontrar soluções. Cada um é, por definição, responsável por sua superobediência.[137]

Como Arendt, Cesarani sustentou que Eichmann não era "um indivíduo psicótico e assim diferente de nós", mas uma pessoa normal que teve uma educação e um crescimento normais para sua época, com vida social ativa, tendo namoradas e depois uma família – e amantes –, sendo antes de tudo "convencionalmente burguês".[138] Steven Aschheim observou que como outros nazistas "ele possuía um senso puritano pequeno-burguês de propriedade

135 Arendt, *Origens do totalitarismo*, p. 452.

136 Cesarani, *Becoming Eichmann*, p. 13.

137 Gros, *Desobedecer*, pp. 121-122.

138 Ibid., p. 16.

familiar e social, negando indignadamente que tivesse relações extraconjugais ou que tivesse lucrado pessoalmente com seus deveres".[139] Não obstante isso, para Cesarani Arendt equivocou-se ao supostamente descrevê-lo como um burocrata incolor, possivelmente por não ter acompanhado todo o julgamento, principalmente sua inquirição pela acusação. Cesarani avaliou que Arendt chegou a Jerusalém com sua teoria do totalitarismo e cheia de preconceitos contra o governo sionista de Israel. Para ele, a apresentação de um Eichmann não como um monstro moral, mas como universal, genérico, comum, banal, obediente, burocrata, parecia oferecer uma interpretação abrangente do mundo moderno cujo apelo residiria precisamente em seu universalismo em um momento de grande confusão conceitual e ideológica.[140]

Não obstante suas ponderações um tanto enfáticas e sua reprodução de alguns dos estereótipos da polêmica original em torno da "imagem" do livro, algumas conclusões a que Cesarani acaba por chegar poderiam muito bem ser apoiadas por Arendt. Eichmann não considerou o sofrimento e a morte dos judeus como motivos para um incômodo que justificasse rebelar-se. Após um titubeio inicial, não viu maior dificuldade na colaboração para o extermínio e chegou a comprometer-se com essa tarefa com um "esforço febril". "Totalmente doutrinado", ele não julgava que os judeus tinham direito à vida e eram o povo inimigo a ser destruído em nome da sobrevivência dos arianos: "*Eichmann aprendeu a odiar e ensinou a si mesmo a ser um praticante de genocídio. Ele aprendeu tão bem que nunca foi capaz de entender que agiu de forma errada*".[141]

Não compreendemos Eichmann, entretanto, reconhecendo em seu engajamento no nazismo determinações inatas, insiste Cesarani.

> Eichmann não foi "programado" ("*hard-wired*") para se tornar cúmplice de atrocidades. A chave para entender Adolf Eichmann não está no homem, mas nas ideias que o possuíam, na sociedade em que elas fluíam livremente, no sistema político que as promovia e nas circunstâncias que as tornavam aceitáveis. O que Eichmann fez foi possível graças à desumanização dos judeus, à construção do povo judeu como uma

---

139 Aschheim, ""SS-Obersturmbannführer (Retired): *Eichmann Before Jerusalem*, by Bettina Stangneth".

140 Ver Cesarani, *Becoming Eichmann*, pp. 344-350.

141 Ibid., p. 367. Grifos meus.

ameaça racial-biológica abstrata e um inimigo político, e à desativação das inibições contra a matança. Qualquer pessoa sujeita a esses processos poderia ter se comportado da mesma maneira, seja em um Estado totalitário ou em uma democracia. O reverendo Hull, o mais próximo que Eichmann já teve de um confessor religioso, concluiu que "*ele é um homem muito comum e normal; esse é o mistério dele. Como um homem tão comum poderia conscientemente cometer tais atrocidades?*". A resposta é dada pelo curso do século XX e pelos anos mais recentes. O genocida (*génocidaire*) tornou-se uma característica comum da humanidade e, nesse sentido, Eichmann é típico e não aberrante. Isso não é o mesmo que dizer que "todos nós somos Eichmanns em potencial", mas sim que as matrizes que geram os perpetradores de atrocidades e genocídios se multiplicaram. Nessas circunstâncias, pessoas normais podem cometer e cometem assassinatos em massa ou os planejam.[142]

Em suma, para Cesarani fica evidenciado em Eichmann que "não é necessário ser anormal para se tornar um perpetrador do genocídio".[143] Talvez por isso, a partir de seu julgamento "cada geração viu o que queria em Eichmann", desde o "'homem totalitário' obediente, irrefletido e brutal" aos tecnocratas devastadores mesmo na estrutura das democracias. No século XXI, no qual convivemos cada vez mais com a fabricação de pessoas supérfluas, com o racismo, "o mundo inundado de refugiados", o fanatismo e a "limpeza étnica", "Eichmann parece cada vez mais um homem do nosso tempo".[144] Arendt concordaria que não se tratava de alguém intrinsecamente mau nem de um mero produto de seu ambiente ou de sua época, mas de alguém que foi tomando decisões e se ajustando de modo que progressivamente veio a se tornar cúmplice e corresponsável pelo extermínio de milhões de pessoas. É possivelmente por esse caráter emblemático de Eichmann para nosso próprio tempo que a caracterização feita dele por Arendt, lamentavelmente misturada com o que lhe foi atribuído na campanha contra seu livro, espraiou-se, mesmo após a dura oposição inicial, e predominou quase inquestionada até muito recentemente.

142 Ibid., pp. 367-368. Grifos meus.

143 Ibid., p. 17.

144 Ibid., p. 368.

Essa mistura do que Arendt disse com o que disseram que ela disse foi antes reforçada por pesquisas como a de Stanley Milgram sobre a predisposição à obediência à autoridade na sociedade moderna[145] – reverberada recentemente por Zygmunt Bauman, que refletiu sobre a natureza social do mal referindo-se aos experimentos de Milgram[146] – e de Cristopher Browning, historiador que fez um impactante estudo sobre as pessoas comuns que se alistaram no Batalhão Policial de Reserva 101, atuante no extermínio de judeus por fuzilamento.[147] Milgram concluiu que "em um ambiente organizacional, a obediência à autoridade supera o julgamento moral na formação do comportamento de uma pessoa", precisamente porque "delegaram a seus superiores a responsabilidade de determinar se uma ação é imoral".[148] Para Cesarani, Milgram aderiu de modo oportunista sua pesquisa, que inicialmente nada tinha a ver com Eichmann, à percepção pública da caracterização de Eichmann por Arendt.[149]

Cesarani julgou que apenas com a aparição da amplamente impactante obra *Os carrascos voluntários de Hitler*, de Daniel Goldhagen, em 1996, com cujas conclusões sobre o caráter deliberado e oportunista da adesão dos alemães ao nazismo ele concordava, houve um abalo no predomínio da caracterização de Eichmann feita por Arendt, pois ele conectava o engajamento ao nazismo às convicções e aos interesses dos indivíduos. Como vimos, isso não é propriamente uma refutação da caracterização de Arendt, mas foi visto por muitos como uma refutação dela, mesmo que Eichmann mal tenha sido mencionado no livro.

Outro desses eventos, muito mais importante, foi a publicação da obra de Bettina Stangneth sobre Eichmann antes de Jerusalém, na qual ela traça um perfil dele como genocida a partir de seus escritos e de testemunhos de conhecidos, principalmente do período em que ele esteve na Argentina. A hipótese

---

145 No primeiro capítulo de sua obra de 1974, Milgram vincula sua pesquisa à caracterização de Eichmann por Arendt e à noção de "banalidade do mal" em *Eichmann em Jerusalém* (Milgram, *Obedience to authority*, pp. 5-6). Ver Berkowitz, "Did Eichmann Think? – A review of *Eichman before Jerusalem*: the unexamined life of a mass murderer by Bettina Stangneth", p. 195.

146 Bauman, *Modernidade e Holocausto*, pp. 178-196 (Cap. 6, A ética da obediência).

147 Browning, *Ordinary men*, pp. 171-173.

148 Selzer, "The murderous mind", p. 221.

149 Ver Cesarani, *Becoming Eichmann*, pp. 353-354. De fato, seus experimentos acabaram por ficar conhecidos para muitos como "The Eichmann experiments" (Selzer, "The murderous mind", p. 221).

de Stangneth, que chegou ao tema a partir de Arendt, pode ser bem resumida na posição de Christopher Browning para quem a noção de banalidade do mal, para a qual a caracterização de Eichmann é exemplar, é uma intuição "muito importante para entender muitos dos perpetradores do Holocausto, mas não o próprio Eichmann", pois para ele "Arendt foi enganada pela estratégia de autorrepresentação de Eichmann, em parte porque havia muitos perpetradores do tipo que ele estava fingindo ser".[150] Stangneth estabeleceu um diálogo com a obra de Arendt não propriamente questionando sua percepção de Eichmann em seu julgamento, mas indicando o quanto ele encenou um papel com o propósito de se livrar da punição, tendo em consideração sua vida anterior na Argentina, tal como pode ser reconstruída a partir de seus escritos e da entrevista a Sassen.

A obra de Stangneth acabou por ser interpretada como um dos esforços por evidenciar o "verdadeiro Eichmann", claramente não o "Eichmann de Arendt".[151] A mais recente manifestação desses esforços, que ecoa ainda o caráter espetacular do julgamento denunciado por Arendt,[152] é a série documental *The Devil's confession: the lost Eichmann tapes* (Yariv Mozer, 2022),[153] em que o "demônio" seria Eichmann e as gravações perdidas seriam as entrevistas de Eichmann com Sassen na Argentina, que nunca estiveram propriamente perdidas e eram bem conhecidas por transcrições e pela edição da revista *Life* já durante o julgamento.

Stangneth observou que Arendt empregou no seu relato do julgamento o método de compreensão com que estava familiarizada:

> Ela leu repetidamente as palavras de Eichmann e realizou uma análise detalhada da pessoa que falou e escreveu, com base no pressuposto de que alguém fala e escreve apenas quando quer ser compreendido. Ela leu as transcrições de seu interrogatório e do julgamento mais exaustivamente que quase qualquer outra pessoa. E por essa mesma razão ela

---

150 Browning, *Collected memories*, pp. 3-4.

151 A edição italiana do livro de Bettina Stangneth porta o título *La verità del male* (Luiss University Press, 2017).

152 Arendt, *Eichmann em Jerusalém*, pp. 19-20.

153 O jornal português *Diário de Notícias* deu à resenha da série documental o título "Para acabar de vez com a banalização do mal" (*Diário de Notícias*, 23 jan.2023; acesso em: 06 fev.2024). Disponível em: www.dn.pt/cultura/para-acabar-de-vez--com-a-banalizacao-do-mal--15726957.html.

caiu em sua armadilha. Eichmann-em-Jerusalém era pouco mais que uma máscara.[154]

Ao focar sua análise em fontes até então pouco ou nunca exploradas, principalmente escritos e falas do próprio Eichmann, Stangneth julgou poder indicar que, apesar da louvável coragem de julgar de Arendt a partir do material de que dispunha – escasso, para Stangneth –, ela evidenciou que "até mesmo alguém de inteligência mediana pode induzir uma pessoa altamente inteligente a derrotar a si mesma com sua própria arma: o desejo de ver suas expectativas atendidas".[155] Arendt talvez pudesse dizer algo análogo e ela mesma indicou, considerando inclusive as entrevistas com Sassen, que Eichmann falava demais, tendia à presunção em busca de reconhecimento de sua grande importância pela plateia de nazistas para a qual falava. Tanto a hipótese da encenação de Eichmann em Jerusalém (Browning/ Stangneth) quanto a de suas falas na Argentina ante seus pares nazistas serem bazófias (Arendt) não podem ser provadas.

Apesar de mencionar a inteligência mediana de Eichmann, Stangneth destacou que ele era capaz de argumentos poderosos, como teria revelado em Jerusalém, e de pensamento sistemático, como se poderia ver em seus textos da Argentina. Para ela, "tudo o que ele disse em Israel foi uma tentativa de disfarçar seu próprio pensamento sistemático" e "ele se esforçou para se apresentar exatamente como o tipo de humanista benevolente e admirador da filosofia que ele procurou destruir enquanto os nazistas estavam no poder".[156] Para Stangneth, embora Arendt tenha tido razão ao destacar, a partir das falas de Eichmann, o "humor macabro" que fazia com que frequentemente o horror despencasse na comédia, "sua caracterização da 'incapacidade de falar' e da 'incapacidade de *pensar*' dele parece insustentável", pois "as palavras de Eichmann na Argentina, assim como as dos outros participantes, não eram um disparate impensado, mas um discurso consistente baseado em um sistema completo de pensamento".[157]

Julgo importante destacar que Arendt jamais avaliou que Eichmann fosse inapto para raciocinar ou saber das consequências do que fazia, mas antes

---

154 Stangneth, *Eichmann before Jerusalem*, p. xxiii.

155 Ibid., p. xxv.

156 Ibid., p. 220.

157 Ibid., p. 268.

que era incapaz de compreender o significado de suas ações por curteza de perspectiva e ausência de reflexão. Avalio, enfim, que a hipótese de Stangneth de que Arendt mudaria de opinião se conhecesse integralmente as entrevistas a Sassen possivelmente não se sustenta, pois ela teve acesso à edição da entrevista na revista *Life* e também a um manuscrito do próprio Eichmann preparatório às entrevistas, além de conhecer muito bem a bravata mencionada por Wisliceny de que se jogaria alegremente no túmulo por ter responsabilidade no extermínio de 5 milhões de judeus, como vimos anteriormente.

> Se Eichmann era, no fim das contas, um antissemita fanático e raivoso comprometido com a ideia da destruição dos judeus – como Stangneth sugere, mas não prova – ou se ele era uma alma solitária que encontrou sentido no movimento nazista e se vinculou ideologicamente à lógica fria de suas exigências – como Arendt hipotetizou – é uma pergunta que não pode ser respondida. A alma humana não é um livro aberto.[158]

A hipótese de uma encenação em Jerusalém parece difícil de sustentar porque as falas de Eichmann – a começar pelo "inocente, no sentido da acusação", passando pela reclamação do reconhecimento de sua virtude ao desobedecer às ordens de Himmler para interromper as deportações – só pioraram sua situação no que diz respeito a sua condenação. Se encenou, pode muito bem ter sido antes para sustentar uma imagem pública de si mesmo, independentemente do quanto isso pudesse implicar na prova da sua inocência, "no sentido da acusação". Como bem ponderou Roger Berkowitz,

> a intuição de *Eichmann em Jerusalém* não é que Eichmann era basicamente um bom sujeito que foi pego seguindo ordens dentro de um sistema horrível; em vez disso, Arendt argumenta que Eichmann era um indivíduo irrefletido (*thoughtless*), superficial e banal. Ele não era estúpido ou de pouca inteligência. Quando Arendt diz que ele era irrefletido, ela quer dizer que Eichmann não era capaz de pensar e não pensava a partir das perspectivas dos outros. Preso à coerência lógica de sua própria visão simplificada do mundo, Eichmann se agarrava às verdades que davam sentido à sua versão fantástica do mundo. Em resumo, Eichmann era um

158 Berkowitz, "Did Eichmann think? – A review of *Eichman before Jerusalem*: the unexamined life of a mass murderer by Bettina Stangneth", p. 205.

nazista dedicado. Ele buscou a vitória nazista, trabalhou por ela e estava disposto a fazer tudo o que estivesse ao seu alcance para contribuir com a causa. Ele não pensou muito ou nem um pouco sobre essa causa; Arendt se perguntou sobre se ele realmente a compreendia. Mas ela entendeu que a falta de reflexão (*thoughtlessness*) de Eichmann nomeava sua disposição para fazer qualquer coisa por uma causa.[159]

Na caracterização de Eichmann por Arendt, que para ela era antes uma descrição do que foi exibido em documentos e em suas manifestações ao longo do julgamento, estava em questão indicar que em um sistema criminoso atos monstruosos podem ser cometidos por pessoas normais que tocam sua vida conformando-se às circunstâncias, sejam elas quais forem. Ela destacou, com ironia, que "meia dúzia de psiquiatras havia atestado sua 'normalidade'", considerando "sua atitude quanto a esposa e filhos, mãe e pai, irmãos, irmãs e amigos, 'não apenas normal, mas inteiramente desejável'", e o sacerdote que o acompanhou na prisão (William Hull) "tranquilizou a todos declarando que Eichmann era 'um homem de ideias muito positivas'". Para ela, "por trás da comédia dos peritos da alma estava o duro fato de que não se tratava, evidentemente, de um caso de insanidade moral e muito menos de insanidade legal".[160]

Ninguém teria acreditado nele quando alegou nada ter contra os judeus nem ser movido por fanático antissemitismo:[161]

> Os juízes não acreditaram nele, porque eram bons demais e talvez também conscientes demais das bases de sua profissão para chegar a admitir que uma pessoa mediana, "normal", nem burra, nem doutrinada, nem cínica, pudesse ser inteiramente incapaz de distinguir o certo do errado. Eles preferiram tirar das eventuais mentiras a conclusão de que ele era um mentiroso – e deixaram passar o maior desafio moral e mesmo legal de todo o processo. A acusação tinha por base a premissa de que o acusado, como toda "pessoa normal", devia ter consciência da natureza de seus

159 Ibid., p. 204.

160 Arendt, *Eichmann in Jerusalem*, p. 37.

161 "Quando perguntaram a Eichmann como ele conseguia conciliar seus sentimentos pessoais sobre os judeus com o antissemitismo aberto e violento do Partido a que se filiara, ele respondeu com o provérbio: 'Nada é tão quente para se comer, como era ao se cozer' – provérbio que andava na boca de muitos judeus também" (Ibid., p. 51).

atos, e Eichmann era efetivamente normal na medida em que "não era uma exceção dentro do regime nazista". No entanto, nas condições do Terceiro Reich, só se podia esperar que apenas as "exceções" agissem "normalmente". O cerne dessa questão, tão simples, criou um dilema para os juízes. Dilema que eles não souberam nem resolver, nem evitar.[162]

Tudo isso não quer dizer que todos os nazistas eram como Eichmann nem, o que é igualmente importante, que "cada um de nós tem um Eichmann dentro de si"[163] – o que bem poderia ser uma réplica de Arendt às hipóteses de Milgram. Para ela, essa noção do "Eichmann em cada um de nós", "como se cada um, pelo simples fato de ser humano, contivesse um Eichmann em si",[164] é tão encobridora da responsabilidade dos verdadeiros culpados quanto a noção de uma culpa coletiva do povo alemão. Em um evento sobre sua obra em 1972, em Toronto, Canadá, Hannah Arendt ouviu de um interlocutor a afirmação de que *Eichmann em Jerusalém* seria sua obra mais séria, graças à indicação de "como Eichmann está em cada um de nós", ao que ela responde:

> Você gosta de meu livro *Eichmann em Jerusalém* e falou que eu disse haver um Eichmann em cada um de nós. Ah não! Não há um Eichmann em você nem em mim! Isso não quer dizer que não haja um grande número de Eichmanns, mas eles de fato parecem completamente diferentes. Sempre detestei esta noção de "Um Eichmann em cada um de nós". Isso simplesmente não é verdade e seria tão falso quanto o oposto, que Eichmann não está em pessoa alguma.[165]

Ao caracterizar o Eichmann que se deu a ver ao longo do julgamento como um tipo ideal dotado de validade exemplar, em vez de pretender ser sua biógrafa, Arendt pareceu supor que a concepção dele como um tipo poderia operar na compreensão dos fenômenos contemporâneos não subsumíveis sob a

162 Ibid., p. 38.

163 Arendt; Fest, "'Como se falássemos com uma parede' – uma conversa com Joachim Fest", p. 325.

164 Arendt; Koch, "O caso Eichmann e os alemães – uma conversa com Thilo Koch", p. 788.

165 Arendt, "Sobre Hannah Arendt", p. 130.

imagem do mal como o cair em tentação, do mal que é ilimitado precisamente por ser desarraigado das fragilidades humanas. A banalidade desse mal cristalizado na conduta de Eichmann se assentaria no fato de que ele não possui raízes, motivos egoístas e utilidade proporcionais a seus feitos. A banalidade do mal residiria nessa incongruência. Isso não quer dizer que todo mal seja banal, superficial ou que haja um Eichmann em cada um de nós, nem que ninguém seja como ele. Cesarani observou há duas décadas que *Eichmann em Jerusalém* forjou o legado de Eichmann mais que o próprio julgamento e que "qualquer pessoa que escreva sobre o assunto hoje trabalha à sombra de Hannah Arendt"[166] – parece que isso não se alterou desde então.

---

166 Cesarani, *Becoming Eichmann*, p. 15.

4

À procura de uma justificação filosófica

> O alemão é, dentre todos os povos civilizados, o que mais fácil e duradouramente se submete ao governo sob o qual está, e é o que mais distante está de buscar a inovação e a insubordinação contra a ordem estabelecida. Seu caráter é fleuma unida a entendimento, sem argumentar com argúcias sobre a ordem já estabelecida, nem inventar uma ele mesmo.
>
> — Kant, *Antropologia de um ponto de vista pragmático*, p. 212.

> Durante séculos, os indivíduos foram punidos por desobediência. Em Nuremberg, pela primeira vez, os homens foram punidos por obediência. As repercussões desse precedente estão apenas começando a ser sentidas.
>
> — Peter Ustinov, "In war, must a man obey?", p. 39.[1]

4.1. O "paralelo da natureza"

No julgamento de Eichmann em Jerusalém deu-se um desdobramento peculiar quando um dos três juízes da corte indagou o acusado sobre uma passagem de

1 *The New York Times*, 02 jul. 1967, Section A. Anotado por Arendt em *Denktagebuch – 1950 bis 1973*, p. 670 (maio de 1967, XXV, 24).

seu depoimento no interrogatório policial em que ele afirmou ter buscado viver durante toda sua vida de acordo com o imperativo categórico kantiano. Arendt dedicou especial atenção a esse movimento no decisivo capítulo "Deveres de um cidadão respeitador das leis", em *Eichmann em Jerusalém: um relato sobre a banalidade do mal*. Ela destacou que Eichmann se percebia não como um estrito burocrata e nem mesmo apenas como um soldado, mas como um cidadão que cumpria seu dever ao respeitar as leis vigentes em seu país, coincidentes com a vontade do *Führer*: "Ele não só obedecia *a ordens*, ele também obedecia à *lei*".[2] Ele se comportou, entretanto, como um empregado insignificante que não atentava para seus compromissos e "um funcionário medíocre que perpetrou o mal obedecendo à lei independentemente de seu conteúdo".[3]

Ao cumprir com "obediência cadavérica" (*Kadavergehorsam*),[4] em suas próprias palavras, as ordens que recebia, ele provaria estar atuando virtuosamente por dever, em vez de simplesmente realizar suas ações em mera conformidade com o comando de seus superiores. Ele não atuava apenas conforme ao dever, mas também com devoção ao dever, assimilando sua vontade ao espírito da lei. Para Arendt, precisamente o fato de Eichmann invocar Kant em seu depoimento indicaria que ele parecia compreender que era mais que um soldado executor de ordens. Com efeito, sua obediência nada tinha propriamente de cadavérica, pois implicava notável atividade, versatilidade e capacidade de iniciativa. A obediência era cadavérica com relação aos fins, que jamais eram questionados, mas diligente, astuta e eficaz no ajuste constante dos meios, algo que ficou evidente na organização da deportação em Viena por Eichmann e ainda mais em sua atuação na Hungria.

Como bem notou Henry Allison, essa "compreensão pervertida do dever" interferiu inclusive na sua estratégia de defesa. Ao contrário de muitos nazistas no Julgamento de Nuremberg, ele não se apresentou como um mero cumpridor de ordens, alguém que obedeceu por ter sido coagido a isso, mas como um cidadão que devotamente obedeceu às leis de seu país, de modo que em vez de ter qualquer consciência de culpa ele se sentia antes moralmente justificado.[5] Eichmann insistiu em seu julgamento que não cumpriu suas atribuições como um "burro de carga" ou com a "apatia de um boi sendo levado para o curral", como um mero

2 Arendt, *Eichmann em Jerusalém*, p. 152. Grifos no original.

3 Birulés, "Prólogo: Arendt sobre Eichmann, unha lectura radical", p. 15.

4 Eichmann, *Ich, Adolf Eichmann*, p. 243.

5 Allison, "Reflections on the banality of (radical) evil", p. 171.

executor de comandos, mas como alguém que tinha uma "relação interna com seu trabalho" e buscou se aprimorar para realizá-lo com máxima eficiência.[6]

Em um livro de 1950 sobre o que chamou de "a psicologia da ditadura", Gustave Gilbert, psicólogo da prisão no Julgamento de Nuremberg e depois testemunha no julgamento de Eichmann em Jerusalém, buscou compreender o engajamento no nazismo de, entre outros, Rudolf Höss. Ele teria se envolvido com o nazismo para fugir da disciplina e do fanatismo religioso de seu pai, mas "*não se rebelou contra o autoritarismo enquanto tal*".[7] Gilbert julgou que para caracterizá-lo era necessário recorrer às duas forças que considerava fundamentais no nazismo: a ideologia racial, de um lado, e o autoritarismo militarista, por outro. Ele tratou desse último, em cuja autoridade "amoral" e mais rígida que a paterna Höss teria encontrado refúgio e segurança, em uma seção intitulada "O 'imperativo categórico'". A expressão foi empregada a partir de uma declaração de Arthur Seyss-Inquart, administrador nazista da Holanda condenado à morte em Nuremberg. Após ouvir o testemunho de Höss em Nuremberg, Seyss-Inquart afirmou que ele representaria um "tipo" alemão interessante, "um amálgama de dois traços subculturais de caráter: a rígida obediência do militarismo prussiano e o preconceito apaixonado do provincialismo bávaro",[8] traços que seriam fundamentais para subjugar a consciência do indivíduo em momentos de decisão.

A menção de Eichmann a Kant em seu interrogatório foi feita de forma espontânea e em um contexto bastante específico. Em 19 de outubro de 1960 ele foi confrontado por seu interrogador, Avner Less, com reportagem da revista alemã *Der Stern*, de 09 de julho de 1960, que editou partes da longa série de entrevistas que Eichmann concedeu ao jornalista nazista Wilhem Sassen na Argentina entre 1956 e 1957. Esse material foi editado também em inglês pela revista *Life* no final de 1960. A reportagem da revista *Der Stern* teve acesso a anotações gerais de Eichmann e a notas marginais em alguns de seus livros na Argentina.[9] Less

---

6 Arendt, *Eichmann em Jerusalém*, p. 70.

7 Gilbert, *The psychology of dictatorship*, p. 254. Grifos no original.

8 Ibid., p. 256.

9 Esse material foi apresentado pelo promotor Gideon Hausner como prova, mas teve sua autenticidade contestada pela defesa. O material foi aceito, mas teve seu *status* relativizado pelo juiz Halevi, principalmente no que se referia às notas marginais dos livros (Cesarani, *Becoming Eichmann*, p. 262). No interrogatório Eichmann admitiu que teria escrito aquelas notas, mesmo considerando estranho a revista *Der Stern* ter tido acesso a elas.

leu para ele trechos do livro *Die letzten Tage der Reichskanzlei* (*Os últimos dias da chancelaria do Reich*), do oficial nazista Gerhard Boldt. Quando Boldt relatou que altos líderes da SS, até então arrogantes, com a derrota murcharam e apelavam para a simpatia de qualquer um que os ouvisse, Eichmann anotou à margem que o autor do livro era um "canalha traidor" que "deveria ser esfolado vivo por sua traição". Eichmann então registrou ao final do livro: "*1- Cada um pode viver como quiser; 2- mas então não tem o direito de se chamar oficial, porque; 3- oficial = cumprimento do dever conforme o juramento de fidelidade*"[10].

Em uma nota pessoal destinada a seus filhos, também mencionada no interrogatório a partir da revista *Der Stern*, ele se apresentou como alguém que nunca assassinou uma pessoa sequer, como um oficial consciencioso, cumpridor do seu dever (*pflichtgetreuer Beamter*), e não como um criminoso, portanto. O interrogador informou a ele que na reportagem da revista se afirmava que esse discurso do cumprimento do dever seria uma conversa justificadora que Eichmann desconhecia quando estava colaborando na Solução Final "com frieza e precisão assassina". Eichmann reagiu a isso afirmando que o cumprimento irrestrito do dever sempre foi seu princípio, e concluiu: "*Adotei o imperativo categórico de Kant como minha norma há muito tempo. Ordenei minha vida por esse imperativo e continuei a fazê-lo em meus sermões aos meus filhos quando percebi que eles estavam se extraviando*".[11]

O interrogador não indagou Eichmann sobre a referência a Kant, mas na seção 105 do julgamento, em 20 de julho de 1961, o juiz Yitzhak Raveh, "fosse por curiosidade, fosse por indignação por Eichmann ter a ousadia de invocar o nome de Kant em relação a seus crimes",[12] o interpelou sobre isso. Arendt destacou que ao ser indagado pelo juiz Raveh sobre essa sua alegação Eichmann ofereceu uma definição "quase correta" do imperativo categórico: "O que eu quis dizer com minha menção a Kant foi que o princípio de minha vontade deve ser sempre tal que possa se transformar no princípio de leis gerais".[13] John Silber, reconhecido intérprete estadunidense da obra kantiana, observou

---

10 "Trial, Police examination of Eichmann (in German)", v. 5, *Hannah Arendt Papers*, p. 2671. Grifos meus (Adolf Eichmann File, 1938-1968, n.d). Conferir Lang, *Eichmann interrogated*, p. 286ss.

11 Ibid., p. 2.672 (Adolf Eichmann File, 1938-1968, n.d). Conferir pp. 2.669 e 2.671. Grifos meus.

12 Id., *Eichmann em Jerusalém*, p. 153.

13 Ibid., p. 153.

que essa era uma adequada descrição não profissional da concepção de Kant e que "muitos de nós atribuímos crédito acadêmico a nossos estudantes de filosofia por interpretações menos precisas".[14] Eichmann ponderou que extraíra da obra moral do filósofo o que sua imaginação conseguia alcançar, embora reconhecesse que as ordens para o extermínio não podiam estar de acordo com a "vontade divina" (*Gottgewolltes*) ou com o que chamou de "ordem divina" (*göttlichen Ordnung*).[15] Revelou que logo se deu conta disso e se consolava julgando não ser mais senhor de sua vontade. Disse não pensar nisso sempre, mas afirmou que quando viajava tinha o hábito de não falar muito e refletir.

Bettina Stangneth, em *Eichmann before Jerusalem: the unexamined life of a mass murderer*, defendeu que antes do julgamento em Jerusalém Kant não tinha para Eichmann a importância alegada por ele. Sua devoção de uma vida inteira à filosofia moral de Kant seria uma de suas tantas mentiras.[16] Ela recorreu ao longo manuscrito de Eichmann na Argentina intitulado *Die Anderen sprachen, jetzt will ich sprechen!* (*Os outros falaram, agora eu quero falar!*), de 1956, no mesmo período das entrevistas com Sassen. Em uma seção do texto Eichmann se perguntava retoricamente sobre as implicações morais de seu engajamento no nazismo. Ele afirmou que não podia contar com a filosofia para compreender o problema porque a filosofia, inclusive as de Kant e de Nietzsche, reclamadas por alguns nazistas, "é sempre internacional", não possuindo suficiente orientação germânica.[17] Para ele, desde seu início a filosofia buscou categorias transculturais e de orientação geral, cometendo o erro de buscar universais desarraigados da etnicidade. "Somente um pensamento étnico permite construir um caráter nacional"[18] que assegure, em vínculo de solo e sangue, a sobrevivência do povo/raça (*Volk*) na luta permanente com os outros povos/raças por predomínio e sobrevivência. Um dos traços do enfraquecimento da Alemanha seria, para ele, precisamente o insidioso espraiamento do internacionalismo universalista que ele reconhecia no pensamento judeu.

Além de um "supernacionalismo", Eichmann nutriria um "biologismo radical" consoante o qual a inevitável guerra total entre as raças, em disputa por recursos e sobrevivência, resultaria afinal no predomínio de uma raça superior:

---

14 Silber, *Kant's ethics*, p. 320. Nota de rodapé 17.

15 "Trial, Minutes of sessions, German, n.os 103-105", 105, *Hannah Arendt Papers*, pp. O1 e Pp1 (Adolf Eichmann File, 1938-1968, n.d).

16 Stangneth, *Eichmann before Jerusalem*, p. 223.

17 Ibid., p. 217.

18 Ibid., p. 219.

"Somente o pensamento etnicamente fundamentado oferece uma chance de vitória final na batalha de todos os seres vivos".[19] Esse estado permanente de guerra total exige liderança, ordem e obediência. O líder tem a prerrogativa de impor a obediência irrestrita porque atua apenas em nome do povo/da raça, como governante e guia. Embora Eichmann possivelmente não tenha sido capturado pelo antissemitismo enquanto ódio específico aos judeus, como supunha Arendt, claramente identificava os judeus enquanto povo como inimigos na luta de vida ou morte do povo alemão. Parecia consequente para ele que a devoção a sua raça/povo (*Volk*) redundasse em uma disputa com outras raças/povos por "espaço vital" (*Lebensraum*), o espaço suficiente para a garantia dos recursos necessários à sobrevivência e à prosperidade da nação, incluindo mão de obra.[20]

Eichmann incidentalmente mencionou que os humanistas teriam nos ensinado que "a sabedoria socrática se subordina incondicionalmente à lei do Estado",[21] pois Sócrates podia ter escapado da pena de morte a que fora condenado, mas se submeteu ao que a lei determinou, e nisso ele deveria ser imitado. Não obstante essa menção pontual a Sócrates, em seus escritos na Argentina Eichmann passou ao largo de maiores considerações filosóficas, frequentes nos documentos do julgamento em Jerusalém. Ele apelou principalmente a considerações de ordem biológica, ao que chamou de "paralelo na natureza": "Quanto mais me concentrava nos acontecimentos da natureza, menos erro eu encontrava nas exigências dos governos".[22] "Pesquisando a natureza", Eichmann teria concluído que o instinto de autopreservação que presidiria toda a vida orgânica se sobrepõe a qualquer exigência moral.

> As formigas em seus "Estados", os cupins nos trópicos, as colônias de abelhas no amplo círculo ao redor de nossa Terra nos ensinam a submissão à lei cruel com uma lógica inexorável. Desde os bacilos sob o microscópio até o sol de nosso sistema, tudo é governado por uma única lei. A lei ordena e exige classificação; somente os doentes ou degenerados são exceções. *Tenho de obedecer para que uma comunidade maior possa viver e eu possa viver nela. Minha subordinação surgiu desses*

19 Ibid., p. 221. Conferir Ibid., p. 216.

20 Ver, entre outros, o cap. 8 de Chapoutot, *A revolução cultural nazista*.

21 Eichmann, *Ich, Adolf Eichmann*, p. 434.

22 Ibid., p. 435.

pensamentos; é por isso que eu obedeci. O calor pessoal do coração tem de capitular perante a frieza gélida da legalidade.[23]

Eichmann justificou sua conduta sustentando que se comportou como se esperava de qualquer cidadão, soldado e funcionário em tempos de guerra, na Alemanha e nos outros países envolvidos em conflitos bélicos. Por isso, para ele "um caráter patriótico deve rejeitar como imoral a 'punição' pela obediência no cumprimento das ordens dadas".[24] Não apenas os alemães, mas também os não alemães julgariam que quem se recusa a cumprir ordens não é um cidadão leal, pois violaria seu juramento de fidelidade e, no seu caso e em outros análogos, também seu juramento como funcionário público. Precisamente por isso, para Eichmann, que não via diferença entre a guerra total dos alemães e os atos dos outros países envolvidos na guerra,[25] era injusto que as forcas e penitenciárias fossem reservadas apenas aos alemães, uma vez que nenhum russo, judeu, estadunidense ou inglês teria sido julgado por suas ações no cumprimento de seus deveres, "não importando quão 'criminosas' pudessem ser as ordens recebidas".[26] Para Eichmann havia uma dupla moral aqui: uma moral religiosa, por um lado, e por outro uma moral da guerra, de autopreservação, do "certo ou errado, meu país (*right or wrong, my country*)"[27] – "e a moral? A moral de Auschwitz e Nagasaki, das noites repletas de fogos de fósforo no Reich alemão e das caminhadas de refugiados alemães cercados por montanhas de cadáveres mesmo depois da guerra?".[28]

O que teria levado Eichmann ao engajamento no nacional-socialismo, segundo ele mesmo, foi a crença em uma emergência nacional na qual estava em questão a própria sobrevivência do povo alemão, algo que teria ficado

---

23 Ibid., p. 435. Grifos meus.

24 Ibid., p. 433.

25 "A liderança do Reich alemão exigiu de seus cidadãos que estavam sob juramento a destruição de seus inimigos. As lideranças de nossos inimigos exigiram de seus cidadãos sob juramento a destruição do inimigo. Para atingir seu objetivo, cada um dos dois grupos usou meios convencionais e não convencionais" (Ibid., p. 434).

26 Ibid., p. 433.

27 Ibid., p. 434 (em inglês no original).

28 Ibid., p. 434. Eichmann alegou que se sentiria justificado para ser duro e impiedoso com os inimigos quando estes reagiam provocando a morte de alemães. Sem considerar o ataque inicial alemão, que para ele já era uma reação, julgava que essas reações agressivas dos inimigos exibiam sua hipocrisia e seu "ódio abissal" (ver Ibid., p. 437).

evidente no Tratado de Versalhes[29] – o que, para Arendt, não passava de "clichês envergonhados".[30] Por isso ele dizia não se sentir culpado de nenhum crime, mesmo de acordo com a legislação da época em que escrevia. Para H. G. Adler, sobrevivente e autor de um importante livro sobre o campo de concentração de Theresienstadt, utilizado por Arendt em *Eichmann em Jerusalém*, a consequência mais catastrófica da devoção incondicional de Eichmann à ordem foi o abandono da responsabilidade, que foi então transfigurada. Em uma estrutura hierárquica "em que o juramento de serviço como um ato sagrado válido vincula a consciência exclusivamente a quem dá a ordem, a 'nova responsabilidade desumanizada' que foi dada a Eichmann consistiu na completa execução da ordem".[31]

O risco à sobrevivência do povo/da raça justificaria a organização coletiva sob o princípio do *Führer*, "intérprete das leis da natureza e da vontade profunda do povo alemão",[32] e a consequente obediência cega que ele demandava. Eichmann alegou que estar sob juramento era o mais decisivo para ele, tanto na Argentina quanto em Jerusalém. Para ele, *"o juramento é o compromisso máximo que uma pessoa pode assumir"*,[33] e ele se julgava vinculado a dois juramentos: o de fidelidade pessoal a Adolf Hitler, de quando ingressou no Partido Nazista, e o de fidelidade a ele como *Reichsführer*, que teria feito posteriormente como chefe do Departamento IVB4 do Escritório Central de Segurança do Reich. Na sessão 95 do julgamento o promotor Gideon Hausner indagou Eichmann sobre esse ponto do interrogatório e ele então respondeu que considerava *"quebrar um juramento o pior crime e a pior transgressão que um ser humano pode cometer"*.[34] O promotor então perguntou se seria um crime pior que assassinar 6 milhões de pessoas, incluindo 1 milhão e meio de crianças, e Eichmann

29 Na sessão 90 do julgamento (10 jul. 1961) Eichmann respondeu ao juiz Moshe Landau, que o indagava sobre seu conhecimento de canções nazistas antissemitas: "Não me filiei ao partido porque seu objetivo era combater os judeus. Eu me filiei porque o partido tinha inscrito em sua bandeira a luta contra Versalhes. Só isso já foi decisivo para mim" ("Trial, Minutes of sessions, German, n°s. 89-92", sessão 90, *Hannah Arendt Papers*, Adolf Eichmann File, 1938-1968, n.d., p. A1).

30 Arendt, *Eichmann em Jerusalém*, p. 44.

31 Wojak, *Eichmanns Memoiren*, p. 203.

32 Chapoutot, *Livres para obedecer*, p. 36.

33 Eichmann, *Ich, Adolf Eichmann*, p. 434. Grifos meus.

34 "Trial, Minutes of sessions, German, n°s. 93-95", *Hannah Arendt Papers*, p. Z1. (Adolf Eichmann File, 1938-1968, n.d). Grifos meus.

se vê compelido a dizer que não, mas ponderou que ele mesmo não lidava diretamente com o extermínio.

Uma vez feitos os juramentos, entretanto, sua disposição subjetiva, sua alegada aversão à violência e mesmo sua crença na luta das raças pela sobrevivência já não deveriam possuir qualquer implicação prática. Ele afirmou ao mesmo tempo que o juramento de fidelidade não o proibia "de pensar por conta própria" – mesmo que o resultado de seu pensamento e pesquisa resultasse em uma desaprovação da vontade e dos objetivos do governo ao qual estava subordinado, o que não era o caso[35] – e que "as ações e os pensamentos das pessoas são determinados pelo espírito da época (*Geist der Zeit*) em que vivem".[36]

Arendt lembrou em *Eichmann em Jerusalém* de ele ter dito que "a única coisa que aprendeu em uma vida desperdiçada foi jamais fazer um juramento",[37] que por "razões morais" se recusaria a fazê-lo,[38] o que não o impediu de depois voluntariamente dizer preferir testemunhar sob juramento. Que o extermínio de milhões de pessoas não tenha sido admitido por ele como razão mais que suficiente para quebrar um juramento é possivelmente mais um exemplo de "sua quase total incapacidade de olhar qualquer coisa do ponto de vista do outro",[39] de seu fazer algo sem representar para si mesmo o que estava fazendo,[40] por simplesmente identificar como virtude suprema obedecer a ordens sem se deixar afetar pelo que quer que seja, a começar pelo conteúdo delas.

Em uma das memórias que escreveu na prisão, em meados de 1960, Eichmann afirmou que foi muito fácil para ele a obediência irrestrita, por já ter sido acostumado a ela pelos rigores estritos da educação paterna, cuja autoridade era absoluta para ele: "Teria sido concebível que o famoso camelo passasse pelo buraco da agulha, mas teria sido impensável que eu não tivesse obedecido às ordens que me foram dadas".[41] Após o final da guerra, em 1945, ele disse ter sentido imensa dificuldade com a vida que então se abria, sem diretriz, ordem ou instrução

---

35 Eichmann, *Ich, Adolf Eichmann*, p. 435.

36 Ibid., p. 432.

37 Arendt, *Eichmann em Jerusalém*, p. 67.

38 Lang, *Eichmann interrogated*, p. 198.

39 Arendt, *Eichmann em Jerusalém*, p. 60.

40 Id., "Kant's political philosophy (1964)", *Hannah Arendt Papers*, p. 032277 (Adolf Eichmann File, 1938-1968, n.d).

41 "Ein Leben, bestimmt durch Befehle", *Die Welt*, 12 ago. 1999.

de qualquer liderança, o que o teria deixado desorientado. Teria então se dado conta de que uma vida "atrelada à obediência e guiada e determinada por ordens, ordenanças, decretos e diretrizes é uma vida muito confortável, na qual a própria atividade de pensamento criativo foi reduzida ao mínimo".[42]

Eichmann afirmou que se fosse severo e implacável consigo mesmo poderia se "acusar de ajudar e incentivar a morte de inimigos durante a guerra",[43] mas isso valeria igualmente para esses mesmos inimigos. Também por isso, dizia que ante sua consciência "não passava de um membro leal, correto, trabalhador e remunerado da SS e do Escritório Central de Segurança do Reich, inspirado apenas por impulsos ideais por minha pátria". Nunca teria sido "internamente um porco imundo" (*innerer Schweinehund*).[44] Por isso ele se permitiu dizer que, cessada a guerra e com ela o caráter vinculante de seus juramentos, "gostaria de encontrar a paz com os antigos adversários; talvez isso faça parte do caráter alemão".[45] Isso valeria também para os judeus.

Eichmann reiterou em vários momentos do julgamento e mesmo na entrevista a Sassen na Argentina que nada tinha contra os judeus enquanto indivíduos, que não era antissemita e que buscava antes uma solução política para o "problema judeu", como a criação de um Estado, mesmo que sob a tutela da Alemanha. Quando, principalmente após a Conferência de Wannsee, a solução tornou-se de fato final, visando diretamente ao extermínio, Eichmann disse que começou a ter conflitos de consciência e teria manifestado a seus superiores que não era a solução que esperava. Em Jerusalém ele afirmou que pediu recorrentemente para ser transferido e que poderia provar com documentos, que não foram apresentados, mas que seus pedidos foram negados devido às normativas em tempos de guerra.[46]

Nas entrevistas a Sassen, na Argentina, Eichmann já havia afirmado que buscava uma solução política para o "problema judeu" e que "não era uma questão de emoção", que ele e seus camaradas da SS não queriam violência e

---

42 Ibid. Ver Arendt, *Eichmann em Jerusalém*, pp. 43-44.

43 Eichmann, *Ich, Adolf Eichmann*, p. 431.

44 Ibid., p. 431. Ver Arendt, *Eichmann em Jerusalém*, p. 37. Na entrevista a Sassen, como editada na revista *Life*, Eichmann afirmou que para ele "uma ordem era uma ordem" e que se tivesse sabotado as ordens de Hitler seria um canalha e um "porco imundo" como os que quebraram seu juramento militar e se juntaram criminosamente na conspiração anti-Hitler de 20 de julho de 1944 ("Eichmann tells his own damning story", parte 1, 28 de novembro de 1960, p. 21).

45 Eichmann, *Ich, Adolf Eichmann*, p. 430.

46 Hull, *The struggle for a soul*, p. 148.

"como indivíduos não desejavam prejudicar o indivíduo judeu pessoalmente".[47] Mais ainda: afirmou que se tivesse recebido a autoridade como responsável pela solução do problema judeu "certamente nenhuma gota de sangue judeu teria sido derramada, dificilmente um único judeu teria encontrado um fim violento".[48] Ele destacou, por exemplo, o que chamou de desumanidade da polícia húngara com os judeus e que teria denunciado a seu superior um soldado que bateu em um ancião judeu com um cassetete, demandando que ele fosse punido e rebaixado: "Himmler não toleraria esse tipo de coisa. Isso é sadismo".[49] Seus subordinados atuariam sob o princípio de que toda severidade desnecessária deveria ser evitada. Eichmann não via maiores problemas no extermínio dos judeus, enquanto inimigos do Reich, portanto, mas antes em realizar essa tarefa funesta com satisfação ou entusiasmo.

Arendt havia associado nisso o reclamado idealismo dos nazistas ao "fanatismo dos movimentos totalitários", que,

> ao contrário das demais formas de idealismo, desaparece no momento em que o movimento deixa em apuros os seus seguidores fanáticos, matando neles qualquer resto de convicção que possa ter sobrevivido ao colapso do próprio movimento. Mas, dentro da estrutura organizacional do movimento, enquanto ele permanece inteiro, os membros fanatizados são inatingíveis pela experiência e pelo argumento; a identificação com o movimento e o conformismo total parecem ter destruído a própria capacidade de sentir, mesmo que seja algo tão extremo como a tortura ou o medo da morte.[50]

Em *Eichmann em Jerusalém* ela notou que incomodava profundamente Eichmann um incidente com Josef Löwenherz, líder da comunidade judaica de Viena. Ao entrevistar Löwenherz, Eichmann julgou que ele havia mentido em algumas respostas. Ele perdeu o controle e esbofeteou Löwenherz, tendo sido essa, segundo ele, a única vez em que teria atacado um judeu: "Na presença de meus subordinados, pedi desculpas ao Dr. Löwenherz enfática e oficialmente por meu descontrole".[51] Parecia incomodá-lo muito mais sua falta de

---

47 "Eichmann tells his own damning story", parte 1, 28 nov. 1960, p. 24.

48 Eichmann, *Ich, Adolf Eichmann*, p. 441.

49 "Eichmann tells his own damning story", parte 1, 28 nov. 1960, p. 24.

50 Arendt, *Origens do totalitarismo*, pp. 358-359.

51 Eichmann, *Ich, Adolf Eichmann*, p. 87. Conferir "Eichmann tells his own damning story", parte 1, 28 nov. 1960, p. 24, e Arendt, *Eichmann em Jerusalém*, p. 59.

autocontrole que o dano que causou com a agressão. Em seu interrogatório ele mencionou espontaneamente o ocorrido, destacando o pedido público de perdão por sua perda de controle, "que muito raramente acontecia".[52]

A Avner Less, seu interrogador policial, enfatizou que pediu perdão uniformizado, recobrando o autocontrole, porque "não tolerava violência física",[53] e quando lhe foi indicado que parecia irônico falar de evitar "sofrimento desnecessário" de pessoas que estavam sendo enviadas para a morte certa ele nem entendeu a pergunta, "tão fortemente enraizada em sua mente estava a ideia de que o pecado imperdoável não era matar pessoas, mas provocar sofrimento desnecessário".[54]

Arendt notou que "não foi a acusação de ter mandado milhões de pessoas para a morte que o deixou agitado, mas só a acusação (negada pela corte) de uma testemunha que disse que ele havia espancado um menino judeu até a morte".[55] Henry Allison ponderou, no espírito da observação de Arendt, que apenas a ausência de pensamento ou irreflexão (*thoughtlessness*), distintamente da pura maldade, "poderia explicar a combinação acima mencionada de uma preocupação em evitar sofrimentos desnecessários com uma total despreocupação com matar em escala de massa".[56]

Na sessão 95 do julgamento, entretanto, ao ser interpelado sobre o extermínio dos judeus, Eichmann afirmou que se fosse designado diretamente para a tarefa do extermínio teria provavelmente se suicidado. Não obstante, em seu estilo sinuoso, Eichmann afirmou ainda o seguinte: "Se meus superiores tivessem exigido que eu matasse os inimigos do Reich por meio de uma ordem ou decreto, eu teria de cumprir essa ordem sem demora, consciente de meu juramento".[57] Além disso, ao ser indagado a seguir sobre sua afirmação no interrogatório policial de que se ficasse provado que seu pai era um traidor do Reich e teria de ser morto ele o mataria, Eichmann reiterou essa mesma disposição, devido a seu juramento de lealdade.[58] Isto se dava, segundo ele, "por obedecer às ordens sem

---

52 Lang, *Eichmann interrogated*, p. 50.

53 Ibid., p. 51.

54 Arendt, *Eichmann em Jerusalém*, p. 125. Ver Wojak, *Eichmanns Memoiren*, p. 192.

55 Arendt, *Eichmann em Jerusalém*, p. 125.

56 Allison, "Reflections on the banality of (radical) evil", p. 172.

57 Eichmann, *Ich, Adolf Eichmann*, pp. 435-436.

58 "Trial, Minutes of sessions, German, n°s. 93-95", sessão 95, *Hannah Arendt Papers*, p. Aa1 (Adolf Eichmann File, 1938-1968, n.d).

pensar", "não importando que ordens eram":[59] "*As ordens foram dadas e, por serem ordens, nós obedecemos*",[60] independentemente das eventuais opiniões de cada um, que, então, por assim dizer, "entregava sua consciência aos cuidados do Estado".[61]

Arendt observou que

> essa atitude intransigente em relação ao desempenho de seus deveres assassinos condenou-o mais do que qualquer outra coisa aos olhos dos juízes, o que era compreensível, mas a seus próprios olhos era exatamente ela que o justificava, assim como antes silenciara a consciência que pudesse lhe restar. Sem exceções – essa era a prova de que ele havia agido sempre contra seus "pendores", fossem eles sentimentais ou inspirados por interesse, em prol do cumprimento do "dever".[62]

Se nas entrevistas a Sassen Eichmann justificava sua obediência irrestrita e o zelo inflexível no cumprimento do seu dever com a luta dos povos/das raças por sobrevivência, como vimos anteriormente, no interrogatório policial ele enfatizou que suas opiniões pessoais eram irrelevantes e que a única coisa decisiva era sua fidelidade a seu juramento. O defensor de Eichmann, Robert Servatius, o indagou na sessão 105 do julgamento sobre atitudes mais positivas dele com relação aos judeus na entrevista a Sassen na Argentina – como quando afirmou que nunca teve uma má experiência com um judeu –, o que contrastaria com outros trechos destacados pela acusação que revelariam uma atitude mais hostil. Eichmann respondeu que não pertencia ao grupo dos nazistas antissemitas: "E como eu não pertencia a esse grupo, o resultado automático foi que, no que me dizia respeito, eu não via, de fato, um inimigo pessoal nos judeus, e isso leva a essa atitude que talvez possa ser chamada de positiva. Eu não sei".[63] Ele dizia ter razões particulares para não ser antissemita e "não abrigar no peito nenhum mau sentimento por suas vítimas",[64] como amigos

---

59 Lang, *Eichmann interrogated*, pp. 157 e 198.

60 Ibid., p. 158 (grifos meus).

61 "Eichmann and a duty of man", *Life* (Editorial), 05 dez. 1960, p. 46.

62 Arendt, *Eichmann em Jerusalém*, p. 154.

63 "Trial, Minutes of sessions, German, n°s 103-105", 105, *Hannah Arendt Papers*, p. L1 (Adolf Eichmann File, 1938-1968, n.d).

64 Arendt, *Eichmann em Jerusalém*, p. 42.

de infância e membros judeus da família de sua madrasta, e Arendt menciona que ele teria tido uma amante judia na Áustria.

David Cesarani, historiador e biógrafo de Eichmann, observou que há notável consistência na descrição que Eichmann ofereceu de sua reação à Solução Final por meio da aniquilação física em suas manifestações na Argentina e em seu julgamento em Jerusalém, ao contrário do que se pode verificar acerca de outros temas.[65] Falando em liberdade a Sassen, na Argentina, ele registrou sua repulsa nas visitas aos locais de assassinato em Litzmannstadt e Minsk, por exemplo, entre 1941 e 1942. Em Litzmannstadt Eichmann relatou que foi levado a um local onde cerca de mil judeus estavam prestes a embarcar em ônibus selados cujos escapamentos lançavam monóxido de carbono em seu interior. Um médico sugeriu que ele observasse o processo por um olho mágico, mas ele se recusou, com as pernas trêmulas, por não ser capaz de olhar a cena. Ao relatar esse acontecimento ao seu superior Müller, ele o teria censurado por não ter cronometrado a execução, mas o teria perdoado por isso.

Eichmann teria ainda presenciado os cadáveres serem lançados nas valas e terem seus dentes de ouro arrancados com alicates: "O inferno se abriu para mim pela primeira vez".[66] Ele relatou que ficou atônito com o que viu e afirmou: "Se soubesse então dos horrores que mais tarde aconteceriam aos alemães, teria sido mais fácil para mim assistir às execuções dos judeus. *No fundo, sou um homem muito sensível. Simplesmente não consigo olhar para qualquer sofrimento sem estremecer*".[67] Quando esteve em Auschwitz, disse que não acompanhou o extermínio por gás por julgar que desmaiaria. A incineração dos cadáveres o teria enjoado. Teriam dito a ele que o próprio Himmler teria cambaleado ante tais cenas. Na opinião de Eichmann, os funcionários do campo teriam relatado ocorrências brutais para propositalmente desequilibrar "um homem acostumado ao trabalho de escritório", rindo dele quando "ficava nervoso e não conseguia manter a dignidade militar".[68]

Na seção 120 do julgamento, o juiz Moshe Landau, presidente da corte, concedeu a Eichmann a possibilidade de se pronunciar sobre sua condenação. Ele então afirmou: "*Minhas ações não ocorreram conforme meus desejos. Não era*

---

65 Cesarani, *Becoming Eichmann*, pp. 105-106.

66 "Eichmann tells his own damning story", parte 1, 28 nov. 1960, p. 104.

67 Ibid. Grifos meus.

68 Lang, *Eichmann interrogated*, pp. 83-84.

meu desejo matar pessoas". Disse que foi obrigado a se manter naqueles "deveres sombrios", que "essa obediência não foi fácil" e que não perseguiu os judeus "*com avidez e prazer*" (*Gier und Lust*). E prosseguiu:

> Acuso os governantes de abusarem de minha obediência. Naquela época, a obediência era exigida, assim como no futuro também será exigida do subordinado. *A obediência é louvada como uma virtude. Portanto, posso pedir que se leve em consideração que eu ter obedeci e não a quem obedeci.* Já disse que a classe dirigente, à qual não pertencia, deu as ordens e, em minha opinião, merecia, com razão, ser punida pelas atrocidades cometidas contra as vítimas sob suas ordens. Mas os subordinados agora também são vítimas. Eu sou uma dessas vítimas. Isso não pode ser desconsiderado. Dizem que eu poderia e deveria ter me recusado a ser obediente. Essa é uma consideração tardia. Nas circunstâncias que prevaleciam na época, essa atitude não era possível. Tampouco alguém se comportou dessa maneira. Pela minha experiência, sei que a possibilidade, alegada somente após a guerra, de se opor às ordens é um conto de fadas de autoproteção. Um indivíduo poderia escapar secretamente. Mas eu não era um dos que achavam que isso era permitido.[69]

Eichmann corresponderia ao súdito ideal do regime totalitário de que fala Arendt em *Origens do totalitarismo*: não o "nazista convicto", mas o que "mergulha no movimento".[70] O poder ilimitado almejado pela dominação totalitária, para o qual o próprio caráter é uma ameaça e até leis injustas são um obstáculo, só é alcançável quando toda espontaneidade for tornada supérflua – e toda individualidade, portanto –, quando não houver distinção entre ficção e realidade, quando a convicção for irrelevante para a execução.

> O que toma a convicção e a opinião de qualquer espécie tão ridículas e perigosas nas condições totalitárias é que os regimes totalitários se orgulham de não precisarem delas, como dispensam qualquer tipo de auxílio humano. Os seres humanos, na medida em que são mais que

69 "Trial, Minutes of sessions, German, n°s 120-121", sessão 120, *Hannah Arendt Papers*, p. J1 (Adolf Eichmann File, 1938-1968, n.d). Grifos meus.

70 Arendt, *Origens do totalitarismo*, p. 526.

> reação animal e desempenho de funções, são inteiramente supérfluos para os regimes totalitários.[71]

Se no escrito *Die Anderen sprachen, jetzt will ich sprechen!* (*Os outros falaram, agora eu quero falar!*), de 1956, quando estava na Argentina, ele recorreu a Sócrates para justificar a obediência irrestrita à autoridade nacional como uma virtude, na sua memória da prisão em 1961 ele falou de Sócrates como uma vítima da irracionalidade e da falta de discernimento alheio. Ele só pôde se afirmar ante a violência do Estado por meio de sua morte sacrificial, e mesmo alguém da estatura de Platão não teria conseguido convencer o tirano Dioniso a seguir suas ideias sobre o governo.[72] Também aí Eichmann indicou que na guerra, com condecorações e *slogans*, o Estado "enevoa as mentes" de seus comandados e comprime os valores morais para mantê-los sob sua tutela: "Por meio dessa transvaloração (*Umwertung*), a liderança do Estado agora congela o espírito e a vontade de seus comandados, muito depois de ter paralisado sua liberdade de ação".[73] Nessa transvaloração – e Eichmann recorre ao mesmo termo empregado por Nietzsche – o Estado estabelece o que é o "mandamento moral". Todavia, pergunta-se,

> o que é um mandamento moral se ele pode ser transformado em algo variável pela liderança do Estado e está subordinado aos desejos políticos da liderança do Estado, em vez de ser o contrário e a liderança do Estado se submeter a esse mandamento? A liderança do Estado força seu poder executivo a violentar o indivíduo. *E que proteção essencial teria o recebedor de ordens se ele pudesse agir de acordo com sua consciência?*[74]

Eichmann entregou livremente sua consciência à liderança do Estado com seu juramento. Ele não mencionou Hobbes em seus escritos da Argentina ou de Jerusalém, mas possivelmente concordaria com a afirmação dele de que em um Estado o conhecimento do justo e do injusto não compete aos indivíduos, de modo que, "portanto, o que o legislador ordena deve ser considerado bom, e mau o que ele proíbe", pois os soberanos "tornam justas as coisas que eles ordenam,

71 Ibid., p. 508.

72 Eichmann, *Götzen*, pp. 287-288 (AE 204).

73 Ibid., p. 554 (AE 190).

74 Ibid., p. 619 (AE 36). Grifos meus.

só com ordená-las, e injustas as que eles proíbem, por só as proibir".[75] Em vista disso, quando obedeço a quem tem autoridade sobre mim, mesmo em atos que eu considere injustos, não cometo injustiça e não tenho de responder por esse ato, de modo que "a opinião desses que ensinam que os súditos pecam quando obedecem a ordens do príncipe que lhes pareçam injustas não só é errônea como também deve ser incluída entre aquelas coisas que são contrárias à obediência civil".[76]

No discurso de Eichmann, o contraste entre sua obediência cadavérica, sua pretendida ausência de ódio aos judeus, sua alegada e paradoxal recusa da violência e sua sensibilidade ao sofrimento era fundamental à sua autocompreensão no que diz respeito à justificação dos seus atos relacionados ao extermínio. Foi Nietzsche quem deu forma a essa variedade específica de obediência de um modo muito mais próximo de Eichmann, ao apontar a obediência absoluta como "*remédio para aliviar-se*".[77]

> O *Estado*, ou a *imoralidade* organizada (...). Como é que se consegue que uma massa faça coisas que o indivíduo nunca estaria disposto a fazer? – com divisão de responsabilidades; – de comando e execução; – com a interposição das virtudes da obediência, do dever, do amor à pátria e ao príncipe.[78]

Em 1945, no texto "Culpa organizada e responsabilidade universal", intitulado originalmente "Culpa alemã", Arendt assimilou as figuras do burguês, do indivíduo da ralé e do membro das massas – que ela depois buscou distinguir e tipificar em *Origens do totalitarismo* – na seguinte observação, na qual Eichmann bem poderia se reconhecer:

> O que chamamos de "burguês" é o indivíduo de massa moderno, não em seus momentos exaltados de excitação coletiva, mas na segurança (hoje deveríamos dizer insegurança) de seu próprio domínio privado. Ele levou tão longe a dicotomia entre funções públicas e funções privadas,

75 Hobbes, *Do cidadão*, p. 182.

76 Ibid., p. 183.

77 Nietzsche, "Fragmentos póstumos de novembro de 1887 a março de 1888", n. 14[102]. In: *Sämtliche Werke. Kristische Studienausgabe* (KSA), vol. 13, p. 279. Grifos no original.

78 Ibid., p. 187 (n. 11[407]).

> entre profissão e família, que não consegue mais encontrar, em sua própria pessoa, nenhuma ligação entre ambas. *Quando sua profissão o obriga a assassinar pessoas, ele não se considera um assassino, pois não fez isso por inclinação pessoal, e sim em seu papel profissional.* Por ele mesmo, jamais faria mal a uma mosca. Se dissermos a um membro dessa nova categoria profissional gerada por nossos tempos que ele está sendo responsável pelo que fez, a única coisa que ele sentirá é que foi traído.[79]

Arendt parecia identificar mais em Himmler que em Hitler o próprio caráter total e impessoal do regime. Himmler revelava, em seu "gênio satânico", ter plena clareza de que um burguês, mais ainda no desespero do período entreguerras, desempregado em uma economia colapsada, não perderia uma oportunidade de "se dar bem" ou ao menos de sair do apuro, desde que não fosse responsabilizado por seus atos, mesmo que estes fossem os expedientes extremos do extermínio. Em "Culpa organizada e responsabilidade universal" Arendt fala de Himmler como sendo ele próprio

> um "burguês" com toda a aparência de respeitabilidade, todos os hábitos de um bom pai de família, que não trai a esposa e procura ansiosamente garantir um futuro decente para os filhos; montou sua mais recente organização terrorista, cuja rede cobre o país inteiro, baseando-se no pressuposto consciente de que os indivíduos, na maioria, não são boêmios nem fanáticos, nem aventureiros, tarados sexuais ou sádicos, e sim, acima de tudo, trabalhadores e bons pais de família.[80]

Sem dúvida, para Arendt "não é possível sustentar matanças administrativas em organizações meramente integradas por fanáticos e pervertidos".[81] O chauvinismo, o patriotismo fanático alardeado pelos mais variados clichês do vocabulário nazista e mesmo o "idealismo" dissimulariam, na maioria dos casos, um radical oportunismo no qual a vida privada e os cálculos privados

---

79 Arendt, "Culpa organizada e responsabilidade universal", p. 159. Grifos meus.

80 Ibid., p. 157. Odilio Aguiar aproximou essa imagem do "bom pai de família" ao próprio Eichmann, o que me parece acertado (Aguiar, "Técnica, política e banalização do mal", p. 42). Eichmann parecia estar muito mais próximo de Himmler e de Höss do que certamente gostaria.

81 Di Pego, *Política y filosofia en Hannah Arendt*, p. 323.

desempenhavam papel fundamental. Para Arendt, "praticamente nenhum outro país da cultura ocidental estava tão pouco imbuído das virtudes cívicas clássicas",[82] as virtudes do *citoyen* enquanto distintas das do *bourgeois,*[83] como a Alemanha. Infelizmente, ela notou, tratava-se de um fenômeno internacional contemporâneo a transformação do pai de família "de membro responsável da sociedade, interessado em todos os assuntos públicos, em 'burguês' interessado apenas em sua existência privada, ignorando qualquer virtude cívica".[84]

O próprio Eichmann, em suas memórias da prisão de 1961, passou ao largo do inflexível e presumidamente honroso discurso da "obediência cadavérica" – fundada na dignidade militar, nos deveres dos cidadãos, na lealdade incondicional aos juramentos e na "filosofia moral de Kant para o homem comum" – para afirmar que em tempos de guerra todas exigências morais da vontade do indivíduo são formulações teóricas que não adquirem qualquer realidade prática precisamente porque o Estado, democrático ou totalitário, suprime qualquer ação contrária a seus propósitos.

Para Eichmann, falar de leis morais a serem realizadas e denunciar em voz alta, mesmo sem qualquer resultado prático, que as ações requeridas pelo aparato de poder do Estado são criminosas e não serão cumpridas é relativamente fácil se o indivíduo que denuncia "tiver atingido a idade apropriada, entre cinquenta e sessenta anos, ou: não tiver família, ou: sua família estiver tão segura economicamente que seu dever de cuidado a esse respeito possa ser considerado insignificante". Caso contrário "o indivíduo irá, na melhor das hipóteses, contorcer-se e revirar-se, mas, finalmente, cumprir o 'dever' ordenado pelo Estado. As poucas exceções confirmam a regra".[85] Arendt mencionou acreditar ter sido o escritor Charles Péguy, morto em combate na Primeira Guerra Mundial, "que definiu o pai de família como o *grand aventurier du 20e siècle*. Morreu antes de saber que era também o grande criminoso do século".[86]

---

82 Arendt, "Culpa organizada e responsabilidade universal" p. 158.

83 Ver Id., *Sobre a revolução,* p. 187.

84 Id., "Culpa organizada e responsabilidade universal" p. 158.

85 Eichmann, *Götzen,* pp. 657-658 (AE 64). No mesmo trecho Eichmann afirmou que a Igreja católica teria imposto o celibato ao clero precisamente porque a liberdade em relação aos cuidados familiares privados reforçaria a capacidade de resistir quando a fé e os valores éticos estivessem em risco.

86 Arendt, "Culpa organizada e responsabilidade universal" p. 157.

Em *Eichmann em Jerusalém*, Arendt mencionou que o governante nazista de Warthegau, Arthur Greiser, argumentou no tribunal polonês que o condenou que "só a sua 'alma oficial' havia cometido os crimes pelos quais foi enforcado em 1946; sua 'alma privada' sempre fora contra eles".[87] Um dos mais entusiastas executores de políticas rígidas de segregação e de extermínio no Leste Europeu, Greiser alegou, como Eichmann, que não conhecia o ódio nacional e racial, que havia tempos discordava do partido e que várias vezes pedira renúncia de suas funções. Sua constante resistência interna teria sido incapaz de se manifestar externamente em ações por haver na vida humana forças mais poderosas do que cada um de nós. Contrariando o que "sua própria alma lhe ditava, ele foi forçado a fazer o que sua alma oficial ordenava".[88]

Em *A face do III Reich*, Joachim Fest, na única vez em que tratou de Eichmann no livro, observou que ele, Höss e outros "representavam, cada um à sua maneira horripilante, esse tipo de homem totalmente maleável, capaz de equilibrar elementos totalmente incompatíveis sem qualquer sinal de desconforto interior".[89] Fest prosseguiu destacando o que ele chamou de "personalidade dividida". Ele citou a afirmação de Rudolf Höss de que era "completamente normal". Mesmo quando estava realizando a tarefa de extermínio, levava uma vida familiar normal e assim por diante.[90] A anotação de Höss em seus diários indicando que também tinha um coração e "não era perverso" é ainda mais impactante porque, de certa forma, diz Fest, era verdade. Muitos nazistas conciliavam o assassinato cotidiano com uma vida familiar "quase carinhosa", discussões sobre o aumento da eficácia dos fornos crematórios e saraus musicais à luz de velas, a dureza implacável com as vítimas e a indignação com o roubo entre os prisioneiros nos campos.

> Extrema docilidade em relação aos superiores e dureza inflexível em relação aos inferiores, incerteza na tomada de decisões pessoais e sangue-frio resoluto na execução de ordens, sentimentalismo na vida privada e falta de sentimento no dever oficial, a capacidade de se dividir e, ainda assim, permanecer em harmonia consigo mesmo: essas e

87 Id., *Eichmann em Jerusalém*, p. 144.

88 Epstein, *Model Nazi*, p. 321.

89 Fest, *The face of the Third Reich*, p. 302.

90 Ibid., p. 276.

muitas outras antíteses semelhantes fornecem o ponto de partida para um estudo psicológico desse tipo. Sua necessidade de ter algo em que se apoiar, que era a expressão de uma inadequação da personalidade, foi ainda mais reforçada pela consciência deliberadamente estimulada de uma ameaça constante, de modo que a sensação de segurança, quando existia, dependia da obediência cega. "As emoções humanas", comentou Rudolf Höss, passaram a parecer "uma traição ao *Führer*".[91]

Isso se tratava do que Arendt chamou, não sem ironia, de "emigração interna", um termo que circulava na época para se referir ao caso de pessoas que ocupavam inclusive altos postos no regime nazista e disseram depois da guerra, "a si mesmas e ao mundo em geral", que haviam sido oponentes internos e secretos do regime para que as coisas não piorassem e assim se permitiram chegar ao ponto em que "*não havia como* ficar pior".[92] A questão, diz ela, é que, dizendo eles a verdade ou não, "tinham de parecer 'externamente' mais nazistas que o nazista comum a fim de manter seu segredo".[93] Tudo se passava, para Arendt, como se essas alternâncias de almas ou estados de espírito "tivessem devorado toda a substância, a superfície firme da identidade pessoal, de ser bom ou mau, terno ou brutal, um idiota 'idealista' ou um cínico pervertido sexual".[94] Para Arendt, o presumido ideal da "dureza" revelava antes "*sujeitos gelatinosos*" e "não passava de um mito de autoengano, escondendo um desejo feroz de conformidade a qualquer preço".[95]

Hannah Arendt recusou, desde seus primeiros textos sobre o regime nazista, nos anos 1940, qualquer atribuição de culpa coletiva – "quando todos são culpados, ninguém o é"[96] –, ou considerações sobre a centralidade do que seria o "caráter nacional alemão" para compreender o nazismo. Em *Eichmann em Jerusalém*

---

91 Ibid., p. 302. A esse respeito é emblemático o filme *Zona de interesse* (2023), dirigido por Jonathan Glazer, que representou precisamente a vida comum e bucólica da família de Höss em uma casa com jardim ao lado de Auschwitz.

92 Arendt; Fest, "'Como se falássemos com uma parede' – uma conversa com Joachim Fest", p. 329. Grifos no original.

93 Arendt, *Eichmann em Jerusalém*, p. 143. "O sinistro Dr. Otto Bradfisch, ex-membro de um dos *Einsatzgruppen*, que coordenou o assassinato de pelo menos 15 mil pessoas, contou a uma corte alemã que sempre tinha sido 'internamente oposto' ao que estava fazendo. Talvez a morte de 15 mil pessoas fosse necessária para lhe fornecer um álibi aos olhos dos 'verdadeiros nazistas'" (Ibid., p. 144).

94 Id., "Auschwitz em julgamento", p. 323.

95 Id., *Eichmann em Jerusalém*, p. 194.

96 Id., "Responsabilidade pessoal sob a ditadura", pp. 90-91.

ela observou, não obstante, que a versão de Kant para o uso doméstico concebida por Eichmann era consistente com a noção que ela julgava então ser comum na Alemanha (algo que parece "tipicamente alemão, ou característico do perfeito burocrata") "de que ser respeitador das leis significa não apenas obedecê-las, mas agir como se fôssemos os legisladores da lei que obedecemos",[97] assimilando a própria vontade ao que é comandado pela lei. Isso implicava que não bastaria agir em estrita obediência, mas ainda em convicta obediência. Não bastaria agir conforme ao dever, para empregar alegoricamente os termos de Kant, mas por dever, sem se permitir desviar por qualquer inclinação.

Nesse mesmo contexto Arendt mencionou, mas não desenvolveu, a possível contribuição de Kant na formação da mentalidade do "homem menor/comum" na Alemanha. Para ela era certo que ao menos essa interpretação de que a lei não admite exceções aproximava Eichmann de Kant, aparentemente também no juízo do próprio Eichmann. Ele afirmou, em uma de suas memórias a que Arendt não teve acesso, que:

> devido a meu ofício, havia permitido que o pensamento independente se atrofiasse, pensamento que teria me levado a uma alta montanha de onde eu poderia ter visto melhor um grande horizonte. A ordem era a coisa mais importante para mim e tinha de ser obedecida. É possível que muitos alemães tenham essa atitude.[98]

Arendt tardou deliberadamente a reagir às profusas críticas que recebeu por *Eichmann em Jerusalém* – a despeito da insistência da amiga Mary McCarthy, por exemplo, para que o fizesse – porque julgava que "grande parte da controvérsia se dirigia a um livro que jamais fora escrito".[99] Como vimos no primeiro capítulo, sua posição era bastante compreensível, e em grande medida ela tinha razão. Entretanto, quando resolveu reagir, ao se dar conta de que não estava sendo apenas atacada pelo que não havia escrito, mas também defendida pelo que jamais havia dito, o tema da obediência ocupou um papel central em suas reflexões. Ela concluiu "Responsabilidade pessoal sob a ditadura", seu primeiro texto publicado sobre a polêmica, em 1964, indicando que muitos se engajaram no nazismo sustentando

---

97 Id., *Eichmann em Jerusalém*, p. 154.

98 "Ich ließ ein selbständiges Denken verkümmern", *Die Welt*, 13 ago. 1999.

99 Ver Arendt, "Responsabilidade pessoal sob a ditadura", p. 79.

que "a obediência é uma virtude política de primeira ordem, sem a qual nenhum corpo político poderia sobreviver". Isso pareceria plausível porque mesmo os governos "mais autocráticos, mesmo as tiranias, 'baseiam-se em *consentimento*', e a falácia reside em igualar o consentimento à obediência".[100]

Já há algum tempo que é importante no direito penal a discussão sobre a imputabilidade da "ignorância deliberada" ou, poderíamos dizer, do paradoxal autoengano intencional.[101] Kant mesmo reconhecia que o descaso com o respeito por si próprio pode vir a se tornar causa de males que o indivíduo então advogará ser descuidos não intencionais, mas que sua consciência moral indicará como atos livres pelos quais ele deve ser imputado.[102]

A implicação subjacente ao que Arendt defende ser uma falácia é a concepção de que a relação virtuosa do cidadão com as instituições políticas e seus condutores consistiria em obedecer irrestritamente, sem considerar o mérito do que é comandado, pois sem isso nenhuma comunidade política poderia sobreviver. Esse expediente escamoteava o fato de que a obediência, às leis e aos superiores, mesmo no caso dos "dentes da engrenagem" em uma organização estritamente burocrática, significa o "apoio global a um empreendimento comum".[103] Por isso, diz ela, "*a pergunta endereçada àqueles que participaram e obedeceram a ordens nunca deveria ser: 'Por que vocês obedeceram?', mas: 'Por que vocês apoiaram?'*".[104] Arendt insistiu em que a troca de "obediência" por "apoio"

> não é uma irrelevância semântica para aqueles que conhecem a estranha e poderosa influência que simples "palavras" têm sobre a mente dos seres humanos, que são, em primeiro lugar, animais falantes. *Muito seria ganho se pudéssemos eliminar essa perniciosa palavra, "obediência", de nosso vocabulário do pensamento moral e político.* Se refletíssemos exaustivamente sobre essas questões, poderíamos recuperar um pouco de autoconfiança e até de orgulho, isto é, recuperar o que os tempos

100 Ibid., p. 109.

101 Uma detalhada análise dessa discussão é feita em Robbins, "The Ostrich Instruction: Deliberate Ignorance as a Criminal Mens Rea", *passim*.

102 Kant, *Crítica da razão prática*, p. 160 (A 176).

103 Ibid., p. 110.

104 Ibid., p. 111.

antigos chamavam de dignidade ou da honra do ser humano: não talvez da humanidade, mas do *status* de ser humano.[105]

4.2. Kant "para o uso doméstico do homem comum" (ou: o que Eichmann julgou encontrar em Kant?)

Bettina Stangneth afirmou que era uma pose e uma mentira inescrupulosa de Eichmann apresentar-se em Jerusalém como devoto de Kant, mas reconhecia que em seus escritos ao longo do julgamento Eichmann se apresentava deliberadamente como um estudante de filosofia.[106] Ao contrário do que afirmou Arendt, ao menos na prisão ele estava muito interessado em metafísica.[107] Em uma de suas anotações na prisão, após o julgamento, enquanto aguardava o veredicto, dizia não ser um filósofo, mas um "leigo interessado" que "por prazer e amor pela matéria se ocupou às vezes com um ou outro tema".[108] Entretanto, pelos seus vários escritos na prisão parece que a filosofia significava mais que isso:

> A filosofia foi e ainda é como um molho ao qual estão anexadas muitas chaves, e eu sempre procurei e ainda procuro encontrar uma chave adequada para as portas fechadas. Às vezes, essa chave se encaixa imediatamente, outras vezes tenho de procurar longa e arduamente. Às vezes, eu mesmo tenho de trabalhar um pouco nela, com ou sem habilidade. Diz-se que, apesar de milhares de anos de esforço, a filosofia ainda não conseguiu encontrar uma linha aceita em geral que pudesse unir todas as mentes filosóficas. Até o momento, há "se" e "mas" para cada realização. Alguns expressaram suas dúvidas suavemente e cheios de pesar, e outros, como Schopenhauer, por exemplo, às vezes se manifestaram de forma mais brusca. Essa conversa, no entanto, obviamente

---

105 Arendt, "Responsabilidade pessoal sob a ditadura", p. 111. Grifos meus. Sobre o poder das palavras, Pierre Vidal-Naquet observou o seguinte: "quem pode dizer quantas vítimas fizeram expressões como 'tratamento especial' para designar a morte? Quantos franceses foram tranquilizados sobre os campos soviéticos simplesmente porque eles eram chamados de 'campos de reeducação', simplesmente porque eles adequaram as palavras, às simples palavras com aspas?" (citado e traduzido por Nadia Souki em *Hannah Arendt e a banalidade do mal*, p. 91).

106 Stangneth, *Eichmann before Jerusalem*, pp. 220 e 223.

107 Ver Arendt, *Eichmann em Jerusalém*, p. 39.

108 Eichmann, *Götzen*, p. 584 (AE 6).

não é capaz de tirar o filósofo de sua equanimidade. Pois o que já é geralmente reconhecido, argumenta ele, não tem nada em comum com a filosofia de fato, uma vez que se trata de um reconhecimento científico geral, obrigatoriamente válido. É claro que eu sempre pensei: meu Deus, como isso deve ser bonito![109]

Em seu diálogo com William Hull, Eichmann afirmou que quando voluntariamente abandonou a fé protestante, em 1937,[110] passou a se interessar pelas diversas religiões, mas quanto mais estudava, mais se afastava das Igrejas, por não encontrar a "verdade espiritual" e a "paz no coração" que então buscava e por perceber o vínculo das Igrejas com o dinheiro e o poder. Hull era um pastor protestante canadense que vivia havia anos em Jerusalém e buscou convertê-lo de volta ao protestantismo nos meses de 1962 que antecederam sua execução, tão obstinado em sua crença, diz Bettina Stangneth, que "como leitores sentimos algo como uma genuína simpatia por Eichmann em face de uma visitação tão odiosamente fundamentalista".[111]

Eichmann afirmou que foi pela filosofia que suportou sem se suicidar o fardo psicológico do anonimato de uma vida na clandestinidade: "Na medida em que me refugiava na filosofia, minha curiosidade, meu desejo de conhecimento tornava-se cada vez maior do que a angústia momentânea que me prendia".[112] Com isso se distanciava do sofrimento da vida cotidiana e suas preocupações pessoais se tornavam insignificantes.

Voltei-me para a filosofia helenística. Estudei Kant. Li *O Anticristo*, de Nietzsche. Tudo isso em minha busca pela paz por meio da verdade, mas não a encontrei. Decidi tentar fazer contato direto com Deus por

109 Ibid., p. 586 (AE 8).

110 Ibid., p. 590 (AE 11).

111 Stangneth, *Eichmann before Jerusalem*, p. 487, nota 77. Quando o pastor afirmou para Eichmann que o único modo de encontrar Deus é por meio de Jesus, Eichmann afirmou que "sobre essa questão não pode ser que cientistas, matemáticos e filósofos como Kant, Planck, Schopenhauer e outros que estudaram esse tema da criação possam estar errados. Eles não podem estar enganados. Isso não pode ser um engodo. Por que eu deveria acreditar em você quando todos esses escreveram em outro sentido? Você quer dizer que todos esses cientistas e filósofos que fizeram disso o estudo de uma vida, e eu que fiz disso o estudo de uma vida, estamos perdidos?" (Hull, *The struggle for a soul*, pp. 81-82).

112 Eichmann, *Götzen*, p. 589 (AE 10).

> mim mesmo e por meio da natureza encontrei Deus (...). Tomo o lado prático da Bíblia, assim como leio livros de filosofia, e escolho o que me dá paz. Procurei as coisas divinas.[113]

Assim, como disse em seu julgamento, ele não foi um filósofo verdadeiro, alguém capaz de encontrar para si mesmo algum caminho que fosse "permanente e possível".[114] Apenas quando foi enviado aos locais de extermínio no Leste Europeu, entretanto, Eichmann teria percebido que não conseguiria seguir sendo "kantiano":

> Durante algum tempo, tentei adaptar as exigências de Kant às minhas convicções nacional-socialistas da época, e devo dizer que funcionou muito bem por algum tempo. É verdade que apenas dentro dos limites modestos da capacidade de compreensão de minha mente. Mas então chegou o momento em que houve um salto e todas as tentativas de se encaixar foram em vão; o momento em que até mesmo um pouco de sofisma, que eu usava com frequência – como eu poderia negar? – para completar o todo, não ajudou mais.[115]

Bettina Stangneth afirmou que ele pretendia basear seu depoimento final no julgamento quase inteiramente em Kant, mas teria sido dissuadido por seu advogado.[116] Ele reafirmou essa centralidade de Kant e da filosofia em vários momentos de seu diálogo com o pastor Hull. Como em seus escritos na Argentina, Eichmann reiterou que Deus se manifestava para ele unicamente por meio da natureza e ainda que conhecia Deus pelo que os filósofos escreveram.[117]

Preocupado com sua própria atitude diante da sua morte então iminente, ele reagiu à afirmação do pastor Hull de que todos os ateus clamam por Deus diante da morte afirmando que isso ocorreria apenas se eles fossem hipócritas. Disse ainda que havia escrito a seu irmão para obter informações sobre como filósofos, matemáticos e cientistas lidaram com isso: "Quero ver como

---

113 Hull, *The struggle for a soul*, p. 35.

114 "Trial, Minutes of sessions, German, n.os 96-97", sessão 96, *Hannah Arendt Papers*, p. Hh1 (Adolf Eichmann File, 1938-1968, n.d).

115 Eichmann, *Götzen*, pp. 594-595 (AE 15-AE 16).

116 Stangneth, *Eichmann before Jerusalem*, p. 220.

117 Hull, *The struggle for a soul*, pp. 83 e 85.

morreram, se acreditaram no último momento, se foram hipócritas ao morrer. Então verei como Schopenhauer e outros morreram".[118] Bettina Stangneth mencionou que também em uma carta a seu irmão ele teria solicitado contato com o filósofo Martin Heidegger para se informar sobre o que ele pensava acerca dos ritos fúnebres: "Não que eu tenha a pretensão de me comparar com esse grande pensador em algo, mas seria importante para mim no que diz respeito a minha relação com o cristianismo".[119]

Quando seguia para a forca, ante a insistência do pastor para que ele clamasse pelo nome de Jesus, ele simplesmente disse que estava em paz e tranquilo. Nas palavras de Hull, "ele persistiu em sua crença até o final de nossas conversas. Aparentava estar feliz, até mesmo alegre, e sem nenhum sinal de medo. Ele parecia estar bem até o fim".[120] Eichmann provavelmente teria gostado de ler a afirmação de Kant de que "a morte de um delinquente se encontra enobrecida pela firmeza de que faz prova ao morrer".[121] Em carta a Eichmann, quatro dias antes da execução da pena de morte, o pastor Hull afirmou que se ele "tivesse mantido a fé de sua infância e não tivesse se envolvido nos pensamentos filosóficos de Kant e Espinosa poderia estar vivendo agora uma vida normal e feliz".[122]

Eichmann dizia acreditar em um Deus que se deixava entrever na ordem da natureza e que era absolutamente bom e amoroso, a responder pelo contínuo aprimoramento da humanidade sob uma ordem na qual cada indivíduo é apenas um pequeno elo em uma cadeia infinita. Seu Deus não era de modo algum um juiz punitivo e raivoso. Recorreu em duas ocasiões ao filósofo judeu Espinosa em suas conversas com o pastor para justificar um panteísmo naturalista que não admitia mal intrínseco no mundo nem no ser humano. Não acreditava no inferno, mas que seu espírito sobreviveria no mundo como energia, que poderia ser transformada, mas não suprimida. Os antigos e os modernos filósofos já teriam assinalado que não há o nada e que tudo é fluxo.[123]

Em seu diálogo com Eichmann, sobre o apelo dele a Kant, o juiz Raveh perguntou ainda se ele estaria agindo em conformidade com o imperativo

---

118 Ibid., p. 85.

119 Stangneth, *Eichmann before Jerusalem*, p. 221.

120 Hull, *The struggle for a soul*, p. 157.

121 Kant, *Metafísica dos costumes*, p. 370 (436).

122 Hull, *The struggle for a soul*, p. 151.

123 Ibid., pp. 24, 69, 133, 146 e 149.

categórico kantiano quando atuou na deportação dos judeus e Eichmann respondeu que agia então sob coação, de modo que na época seu livre-arbítrio estaria suprimido. Mas coação de quê ou de quem? Para Eichmann o próprio comando já era coercitivo, independentemente de seu conteúdo, e por isso mesmo, após ouvir sobre sua condenação à morte, afirmou que não se envolveu diretamente nos assassinatos, mas que se fosse ordenado a isso não evadiria: "*Devido à coerção exercida por uma ordem, não havia saída, eu teria enfiado uma bala em meu cérebro para resolver o conflito entre consciência e dever*".[124] A coação a que ele se refere parecia ser antes a exigência daqueles a quem estava vinculado por juramento de que cumprisse seu dever independentemente de seus pendores e inclinações.

Em momento algum Eichmann afirmou em seu julgamento que era inocente ou que não tinha responsabilidade alguma pelo extermínio. Ele sabia perfeitamente que não podia reclamar ser virtuoso cumpridor do seu dever e ao mesmo tempo dizer que não tinha escolha alguma. De fato, "ele se reconhece responsável, mas desloca a responsabilidade, situa-a num ponto em que ela já não pode se comunicar com a culpabilidade do genocídio".[125] Ele admitiu a responsabilidade técnica pelo transporte e que sabia do destino fatal dos transportados, mas insistiu que tratava apenas de logística. Além disso, reivindicou a responsabilidade cívico-moral pela fidelidade aos juramentos que fez: "Ele reivindica a *moralidade* de sua obediência, apoia-a numa responsabilidade de pura lealdade".[126]

O juiz Raveh perguntou: "Você está dizendo que seguir cegamente as ordens das autoridades é a realização do imperativo categórico de Kant?". E Eichmann respondeu: "Coloquei minha vida, na medida do possível, a serviço, – eu diria dessa forma – dessa exigência kantiana. E eu já disse que outros tinham de assumir a responsabilidade pelos aspectos fundamentais. Como um pequeno receptor de ordens, eu tinha que obedecer".[127] Eichmann afirmou ainda ao juiz Raveh que assassinar pessoas certamente não estava de acordo com o imperativo categórico kantiano e que lera a *Crítica da razão prática*,[128] mas que quando atuou na deportação para os campos de extermínio estava sob um poder e uma violência superiores, não sendo mais senhor de

---

124 "Trial, Minutes of sessions, *Hannah Arendt Papers*, German, n.os 120-121", sessão 120, p. K1 (Adolf Eichmann File, 1938-1968, n.d).

125 Gros, *Desobedecer*, p. 120.

126 Ibid. Grifos no original.

127 "Trial, Minutes of sessions, *Hannah Arendt Papers*, German, n.os 103-105", sessão 105, pp. Nn1-O1 (Adolf Eichmann File, 1938-1968, n.d). Grifos meus.

128 Na tradução brasileira de *Eichmann em Jerusalém* aparece equivocadamente *Crítica da razão pura* (p. 153).

sua vontade. Por seu juramento de obediência às autoridades teve de adotar princípios sobre os quais não tinha influência. Como lembrou Arendt, "até no Terceiro Reich havia muito poucas pessoas que concordavam devotamente com os últimos crimes do regime, mas um grande número ainda assim estava perfeitamente disposto a cometê-los".[129]

Eichmann informou em uma de suas memórias da prisão, de 1961, que em 1939 começou a se interessar pela filosofia moral de Kant, e então percebeu que tudo à sua volta não tinha muito a ver com a razão.[130] Disse que com o começo da guerra comprou "*a* Crítica da razão prática *da editora Reclam [edição de bolso], porque assim podia carregar essa* Crítica *no uniforme*" da SS e esforçou-se "para assimilar o que agora achava que podia reconhecer por meio dele, a fim de viver a vida de acordo com isso",[131] mesmo nem sempre compreendendo suficientemente. Lamentou, entretanto, por ter lhe faltado – pelas circunstâncias da guerra e por sua fidelidade a seu juramento de lealdade e a seu ofício, segundo ele – a "disposição ética" (*Gesinnungsethik*) que se poderia esperar de alguém que já se preocupava com essas linhas de pensamento.[132]

Em *Eichmann em Jerusalém*, Arendt compreendeu que a pretensão de Eichmann de ser um kantiano era espúria por ele não se assumir como legislador autônomo da própria conduta, mas ser antes um inflexível executor heterônomo do comando do *Führer*. Ela observou que é algo "aparentemente ultrajante, e também incompreensível Eichmann se declarar kantiano por buscar seguir a definição kantiana de dever, uma vez que a filosofia moral de Kant está intimamente ligada à faculdade de julgar, o que elimina a obediência cega".[133] Eichmann reconheceu que quando fora encarregado de executar a Solução Final, principalmente a partir da Conferência de Wannsee, em janeiro de 1942, não vivia mais de acordo com os princípios kantianos, o que revelou sua surpreendente convicção de que até essa data, atuando na expulsão e na concentração dos judeus nos campos e guetos, era sim, não obstante, um kantiano. Ele disse se consolar a partir de 1942 com a ideia de que não era mais senhor de seus atos e não podia mudar qualquer coisa.

---

129 Arendt, "Algumas questões de filosofia moral", p. 98.

130 Eichmann, *Götzen*, pp. 136-137 (AE 96).

131 Ibid., p. 586 (AE 8). Grifos meus.

132 Ibid., p. 595 (AE 16).

133 Arendt, *Eichmann em Jerusalém*, p. 153.

Ao menos em um aspecto Arendt insistiu em que "não existe a menor dúvida de que Eichmann efetivamente seguia os preceitos de Kant: uma lei era uma lei, não havia exceções".[134] Sua intransigência, embora reforçasse sua condenação aos olhos de todos, era o que parecia justificá-lo para ele mesmo. Foi decisivo, entretanto, que ela tenha observado que a distorção promovida por Eichmann, ao identificar sua vontade com a ordenação jurídica vigente, desistindo de legislar a própria conduta, corresponderia ao que ele mesmo chamou de versão de Kant "para o uso doméstico do homem comum".[135] Arendt especulou que essa distorção não seria invenção de Eichmann. Nesse uso doméstico, restaria de Kant apenas a noção de que a lei não admite exceções e a exigência de que o indivíduo apenas obedeça. É necessário identificar a própria vontade com o princípio de onde surge a lei:[136] se em Kant é a razão pura prática, no uso doméstico de Eichmann se tratava da vontade do *Führer*.

As referências de Eichmann a Kant no depoimento e na sessão do julgamento foram sublinhadas profusamente por Arendt no exemplar do interrogatório em alemão que ela possuía. Em *Eichmann em Jerusalém* ela pareceu de início afastar integralmente Kant da "obediência cadavérica" de Eichmann, ao indicar que ele teria distorcido a fórmula kantiana ao assimilar os princípios de suas ações aos do legislador local, como se recorresse ao "imperativo categórico do Terceiro Reich", formulado por Hans Frank: "Aja de tal modo que o *Führer*, se souber e sua atitude, a aprove".[137] Esse imperativo é completamente antikantiano, defendeu Arendt, uma vez que para Kant "todo ser humano é um legislador quando começa a agir",[138] é um sujeito autônomo obedecendo a si mesmo, em vez de um sujeito heterônomo obedecendo ao comando de outrem ou assujeitado por suas próprias inclinações. Em Kant, cada pessoa é uma legisladora e não tem o direito de abdicar dessa condição para simplesmente obedecer.[139]

---

134 Ibid., p. 154.

135 Ibid., p. 154. Na paródia de François Bondy, anterior a *Eichmann em Jerusalém*: "Kant e Eichmann, o pensador para uso doméstico do carrasco..." (Bondy, "On misunderstanding Eichmann", p. 43).

136 Ver Allison, "Reflections on the banality of (radical) evil", p. 171.

137 Arendt, *Eichmann em Jerusalém*, p. 153. O próprio Hans Frank teria invocado o imperativo categórico de Kant ao recomendar aos "guardiões da lei" (*Rechtswahrern*) "que alinhassem o seu senso de justiça com o sentimento sadio do povo, quando este pudesse ser elevado a uma norma geral no sentido de Kant" (Schenk, *Hans Frank*, p. 121).

138 Arendt, *Eichmann em Jerusalém*, p. 153.

139 Arendt; Fest, "'Como se falássemos com uma parede' – uma conversa com Joachim Fest", p. 326.

O próprio Eichmann, embora possivelmente tenha conhecido a reformulação do imperativo por Hans Frank, jamais a mencionou, mesmo em suas notas pessoais sobre obediência e moral. Eichmann ofereceu ao juiz Raveh uma formulação própria que julgava traduzir o imperativo categórico kantiano no contexto em que vivia: "'[*Seja*] *fiel à lei, obediente, siga uma vida ordeira, não entre em conflito com a lei'. Eu diria que esse é o imperativo categórico para o uso doméstico de um homem comum*".[140] Em seus escritos, na Argentina ou em Jerusalém, não encontramos elaboração análoga. Eichmann pareceu ter chegado a essa formulação espontaneamente no diálogo com o juiz Raveh. Quando perguntado pelo juiz sobre se havia encontrado formulação parecida em Kant, ele disse que não e que a obra kantiana não era inteiramente compreensível para uma pessoa como ele: "Eu só tomei para mim dessas questões o que podia entender e o que minha imaginação era capaz, de alguma forma, de captar".[141]

Eichmann interpretou a devoção ao dever na filosofia moral kantiana de modo a discernir virtude em atos realizados irrestritamente sob uma obediência desapaixonada, inclusive a colaboração com o extermínio. Precisamente por isso sua recorrente referência a Kant não pode ser simplesmente descartada como uma estratégia de dissimulação que ele possa ter assumido no julgamento. Independentemente do quanto Eichmann compreendia ou não a obra de Kant ou do quanto a sua imaginação podia captar da filosofia moral kantiana, a questão que permanece é sobre o que eventualmente haveria na filosofia moral de Kant – se é que há algo – que possibilitaria ou facilitaria sua apropriação por Eichmann e por muitos outros para justificar como virtude uma obediência cadavérica que não cai na tentação das inclinações, sejam elas quais forem.

Eichmann reverberou – possivelmente de modo inadvertido, uma vez que não indica em parte alguma ter lido a *Metafísica dos costumes* – a formulação de Kant na "Doutrina do direito": "*É um imperativo categórico: obedeça à autoridade que tem poder sobre vós*".[142] Kant repetiu aí o apóstolo Paulo (Rm 13, 1-5), para quem a obediência é devida porque toda autoridade provém de Deus e é um

140 "Trial, Minutes of sessions (German), *Hannah Arendt Papers*, n°s. 103-105", sessão 105, p. O1 (Adolf Eichmann File, 1938-1968, n.d) ("'*Getreu nach dem Gesetz, gehorsam, selber ein ordentliches Leben führen, nicht mit den Gesetzen in Konflikt kommen'. Dieser, Ich möchte mal sagen, den Kategorischen Imperativ für den Hausgebrauch eines kleinen Mannes*"). Grifos meus.

141 Ibid., p. Pp1.

142 Kant, *Metafísica dos costumes*, p. 269 (371). Grifos meus.

instrumento de Deus para conduzir ao bem. Kant, todavia, sustentou que se deve obedecer de modo irresistível ao soberano legislador que unifica o povo mediante uma legislação, mesmo que defeituosa, porque a constituição jurídica existente representa a ideia de uma constituição política em geral que é, para cada povo, precisamente por unir a todos mediante uma lei, "sagrada e irresistível", "um mandado absoluto da razão prática que ajuíza de acordo com conceitos jurídicos".[143] A submissão devida é, portanto, algo tão incondicional que é sempre punível qualquer resistência a esse poder supremo de mandar e de legislar, mesmo que se resista em nome de uma origem alegadamente ilegítima desse poder ou do caráter defeituoso da constituição jurídica que regula seu exercício.

Os críticos da defesa da obediência incondicional por Kant recorrentemente mencionam a sexta proposição de "Ideia de uma história universal com um propósito cosmopolita", na qual ele afirma que "o ser humano é um *animal* que, quando vive entre seus congêneres, *precisa de um senhor*".[144] Esse senhor ele deve buscar no gênero humano, o qual, por sua vez, sendo também animal, "carece de um senhor" para que cada pessoa não abuse da sua liberdade, sendo esse senhor um "chefe supremo" que "deve ser *justo por si mesmo* e, não obstante, ser *homem*". Essa tarefa seria a mais difícil, sem solução perfeita possível, porque "de um lenho tão retorcido, de que o homem é feito, nada de inteiramente direito se pode fazer".[145]

O que distanciava Kant de Hobbes, mencionado aqui anteriormente, era a defesa, consistente com sua posição sobre os usos público e privado da razão, de que era lícito ao cidadão "arrazoar publicamente"[146] e criticar inclusive a legislação, sem, no entanto, lhe ser de modo algum permitido opor a ela qualquer resistência. Isso tudo dependeria, é claro, de o soberano ser, ao menos, um déspota esclarecido. Não obstante esse condicionante restritivo, a liberdade de escrever e de denunciar eventuais erros do soberano na aplicação da lei, com autorização dele, era para Kant "o único paládio dos direitos do povo".[147]

---

143 Ibid. Grifos meus.

144 Id., "Ideia de uma história universal com um propósito cosmopolita", p. 28 (396). Grifos no original.

145 Ibid., p. 29 (397).

146 Id., *Metafísica dos costumes*, p. 272 (372).

147 Id., "Sobre a expressão corrente: isto pode ser correto na teoria, mas nada vale na prática", p. 91 (265).

É frequentemente mencionada com entusiasmo – e certa desatenção – a conexão entre esclarecimento e emancipação no texto "Resposta à pergunta: que é o iluminismo?", de 1784. Michel Foucault dedicou especial atenção a esse texto de Kant em algumas ocasiões decisivas. Em um texto de 1978, intitulado "O que é a crítica?", ele recorreu a esse texto de Kant para estabelecer uma relação estreita entre o que chamou de "uma atitude crítica como virtude em geral", na medida em que opõe ao governo e à obediência uma "arte de não ser tão governado", sendo a crítica "a arte da *inservidão voluntária*, e a arte da indócil reflexão".[148] Essa atitude crítica, julgava Foucault, foi identificada por Kant com a própria *Aufklärung* (palavra usualmente traduzida por "Ilustração", "Esclarecimento", "Luzes", "Iluminismo"), embora ele mesmo observasse sem tomar por objeção que "a autonomia está longe de se opor à obediência aos soberanos".[149]

Também Arendt vinculou *Aufklärung*, crítica e filosofia. A própria filosofia tornou-se crítica, opondo-se igualmente ao dogmatismo e ao ceticismo, na era da *Aufklärung*, assumindo para si a posição modesta de que como seres finitos talvez os seres humanos não sejam capazes de alcançar a verdade, mas nem por isso são inaptos ou podem abdicar de ter "uma noção, uma ideia da verdade para a regulação de seus processos espirituais".[150] De fato, a posição crítica assume que pode haver algo de errado com a compreensão da verdade como absoluta, que seria compartilhada por céticos e dogmáticos, negando ou afirmando, como a única possível. O pensamento crítico, como a maiêutica socrática, é mobilizado pelo "amor ao exame, não pelo amor ao conhecimento"[151] ou pelos sistemas (nesse caso, a despeito de Kant).

No que diz respeito estritamente a Kant, Arendt destacou a conexão entre pensamento crítico e comunicabilidade, consoante a qual a publicidade do pensamento não tem o sentido estrito da mera divulgação, mas é uma condição da própria liberdade de pensar, pois "o pensamento, muito embora seja uma ocupação solitária, depende dos outros para ser possível".[152] O pensamento crítico

148 Foucault, *Qu'est-ce que la critique? suivi de La culture de soi*, pp. 35, 37 e 39, respectivamente. Grifos meus na expressão em que Foucault alude à obra *Discurso da servidão voluntária* (1550), de Etienne de La Boétie.

149 Foucault, *Qu'est-ce que la critique? suivi de La culture de soi*, p. 42.

150 Arendt, *Lições sobre a filosofia política de Kant*, p. 45.

151 Ibid., p. 50.

152 Ibid., p. 54.

é reflexivo e ainda um pensar em comunidade, pois dependemos da comunicação dos nossos pensamentos a outros e os desses outros a nós para pensarmos ampla e corretamente, de modo que "pode muito bem dizer-se que o poder exterior que arrebata aos seres humanos a liberdade de *comunicar* publicamente os seus pensamentos lhes rouba também a liberdade de *pensar*".[153] Karl Jaspers, o "único sucessor que Kant teve",[154] sustentou precisamente que "a verdade é aquilo que podemos comunicar", e Kant acreditava, defendia Arendt, "que a própria faculdade do pensamento depende de seu uso público; sem o 'teste do exame livre e aberto', nenhum pensamento, nenhuma formação de opinião são possíveis".[155]

Esse exame que exige a prestação de contas das próprias posições é político em sua origem grega e tem implicações políticas incontornáveis, para Arendt, na medida em que é antiautoritário por definição. Kant julgava que a *Aufklärung* dependia da popularização progressiva do que se pensa e se diz, inclusive a reflexão filosófica mais profunda. Não obstante, Arendt destacou que o uso público da razão de que fala Kant, a liberdade para falar e publicar – que ele consideraria, segundo ela, "a mais importante liberdade política",[156] mas que ele mesmo disse ser "a mais inofensiva entre tudo o que se pode chamar liberdade"[157] – era antes a liberdade de um erudito, "que não é a mesma coisa que o cidadão",[158] para se dirigir a uma comunidade que também não é, de modo algum, a comunidade política, mas a sociedade dos cidadãos do mundo. Essa sociedade é composta do público leitor apto a debater com o erudito naquilo em que ele é um especialista, público que deveria progressivamente se ampliar na era da *Aufklärung*. O "uso público da razão" pensado por Kant, portanto, abrange um âmbito muito mais estreito que o do pensamento crítico acessível a qualquer um, que Arendt concebe a partir mais de Sócrates que de Kant.

Na *Crítica da faculdade do juízo* Kant mencionou três máximas do entendimento humano comum: "1. Pensar por si mesmo; 2. Pensar no lugar de todo o outro; 3. Pensar sempre de acordo consigo próprio".[159] Todas foram relevantes

153 Kant, "O que significa orientar-se no pensamento?", p. 52 (A 325).

154 Arendt, "Karl Jaspers: uma *laudatio*", p. 69.

155 Id., *Lições sobre a filosofia política de Kant*, p. 53.

156 Ibid., p. 52.

157 Kant, "Resposta à pergunta: o que é o iluminismo?", p. 13.

158 Arendt, *Lições sobre a filosofia política de Kant*, p. 52.

159 Kant, *Crítica da faculdade do juízo*, p. 196 (§40, 158).

para a reflexão de Arendt sobre a filosofia moral, mas quando tratou do pensamento crítico ela chama atenção para a primeira máxima, "o pensar por si mesmo (*Selbstdenken*)", que para Kant coincidia com a própria *Aufklärung* e consistia antes de tudo em se livrar dos preconceitos que tornam a razão heterônoma, sendo o principal deles a representação da natureza como não submetida a regras do entendimento.[160] Para ele, "*pensar por si mesmo* significa procurar em si próprio (isto é, na sua própria razão) a suprema pedra de toque da verdade; e a máxima de pensar sempre por si mesmo é a *Ilustração* (*Aufklärung*)".[161]

Ao pensar por si mesmo, emancipado do preconceito e da superstição na busca da verdade, Kant opôs o que chamou de "livre pensamento, isto é, o princípio de não reconhecer mais nenhum dever".[162] Um exemplo fornecido por ele é o do gênio, que aspira a ver mais longe empregando a razão liberada de toda lei, privando inclusive as leis morais de sua autoridade e, por fim, de sua condição de móbil da ação. Ocorre que, para Kant, nem mesmo a atividade mais absurda pode ser exercida durante muito tempo sem lei, de modo que se a razão não se dá sua própria lei, tem de se submeter à lei de outrem, como quando a autoridade política intervém para conservar a ordem pública. A liberdade sem lei, para ele, destrói a si mesma, também porque em sua arrogância provoca a desordem que leva a autoridade política a suprimir a liberdade de pensar.

Em textos da década de 1980, Foucault conectou o texto de Kant mais com o que chamou de ontologia da atualidade, tal como ele define sua própria atividade filosófica, enquanto no texto de 1978 ele vinculava claramente à crítica, deixando entrever a relevância concedida por ele a esse movimento da obra kantiana. Na primeira aula do curso *O governo de si e dos outros*, Foucault mencionou os dois movimentos acima como uma dupla tradição crítica, que reuniria, de um lado, uma analítica da verdade, associada às três *Críticas*, principalmente a *Crítica da razão pura*, e uma pergunta pela atualidade, concernindo ao "que poderíamos chamar de uma ontologia do presente, uma ontologia da atualidade, uma ontologia da modernidade, uma ontologia de nós mesmos".[163] Isso indica a centralidade da obra kantiana para a autocompreensão de Foucault

---

160 Ibid., p. 197 (§ 40, 158).

161 Id., "O que significa orientar-se no pensamento?", p. 54 (A 330), nota. Grifos no original.

162 Ibid., p. 54 (A 328).

163 Foucault, *O governo de si e dos outros* (*1982-1983*), p. 21 (Aula de 05 jan. 1983, 1ª hora).

de seu projeto filosófico e ainda a importância que adquiriu nos últimos anos de sua vida a resposta de Kant sobre o que é a *Aufklärung*. Para meus propósitos, a análise que Foucault faz desse texto é fundamental, mas não primeiramente pelo que nele o entusiasma.

Na segunda hora da primeira aula desse curso Foucault fez uma análise mais detida da "Resposta à pergunta: que é o iluminismo?". Kant definiu a menoridade como a condição de estar sob a direção de outrem, devida a uma falta de decisão e de coragem para se servir do próprio entendimento, também por preguiça e conveniência. Ele então exortou, paradoxalmente sob a forma de um comando, à saída dessa menoridade pelo "*Sapere aude*", ousar saber, fazer uso do próprio entendimento, e identificou essa atitude crítica de pensar por si mesmo, como destacou Arendt, com a própria *Aufklärung*.

Foucault observou que para Kant esse estado de menoridade se caracterizava pela constituição de "dois pares indevidos e ilegítimos": de um lado, "o par obediência e ausência de raciocínio", e de outro, "o par, ou pelo menos a confusão entre duas coisas que devem ser distinguidas: o privado e o público".[164] Quanto ao primeiro par, Kant contestaria a hipótese de que raciocinar implicaria desobedecer e defendeu assim que era bastante possível dizer "*raciocinai tanto quanto quiserdes e sobre o que quiserdes; mas obedeça*", frase que ousou dizer Frederico, rei da Prússia, também "por dispor de um exército bem disciplinado e numeroso para garantir a ordem pública".[165]

Quanto ao segundo par, Kant empregou os conceitos de público e de privado de modo bastante peculiar. Não representam ambos aí a esfera doméstica e a política da vida, mas um uso privado da razão, na condição de oficial/funcionário, quando somos meros executores passivos de uma tarefa de interesse coletivo, e um uso público, quando nos situamos como membros da sociedade civil mundial. No uso privado não é permitido raciocinar e esse uso público não é propriamente a fala do cidadão na esfera pública, mas antes a manifestação de um erudito, que pode ser o oficial/funcionário, a um público leitor. A menoridade se dá, então, "quando obedecer é confundido com não raciocinar e quando, nessa confusão

164 Ibid., p. 33 (Aula de 05/01/1983, 2ª hora).

165 Kant, "Resposta à pergunta: que é o iluminismo?", p. 18. A manutenção da ordem pública justificaria inclusive que se estabelecesse uma lei que "adiasse a ilustração" pelo estabelecimento de uma tutela ampla em algum momento crítico, "na expectativa, por assim dizer, de uma lei melhor, por um determinado e curto prazo, para introduzir uma certa ordem" (Ibid, p. 16), desde que não se restringisse o uso público da razão.

do obedecer com o raciocinar, oprime-se o que deve ser o uso público e universal de nosso entendimento".[166] Nas palavras de Foucault,

> na menoridade, se obedece em qualquer circunstância, seja no uso privado, seja no uso público, e por conseguinte não se raciocina. Na maioridade, desconectam-se raciocínio e obediência. Faz-se valer a obediência no uso privado e faz-se valer a liberdade total e absoluta de raciocínio no uso público.[167]

Aos que exercem funções públicas, como o soldado, não é de modo algum permitido argumentar contra o cumprimento das tarefas que lhes são atribuídas, pois se deve obedecer irrestritamente. Na condição de especialista deveria ser-lhes permitido, não obstante, dirigirem-se por escrito a um público especializado, na medida em que isso não prejudicasse o desempenho de suas funções como oficiais. Não lhes cabe discutir sobre a conveniência ou não da ordem que receberam de seu superior, "mas não se lhe pode impedir de um modo justo, enquanto perito, fazer observações sobre os erros do serviço militar e expô-las ao seu público para que as julgue".[168] Enfim, a obediência não deve implicar ausência de raciocínio, mas o raciocínio nunca dá o direito de desobedecer. O que define a menoridade, portanto, não é a presença constante da obediência, mas a ausência total do raciocínio.

O que define a maioridade não é a recusa da obediência, opção que não está à disposição, mas o raciocínio técnico sobre o aprimoramento das questões operacionais, burocráticas, religiosas, militares e de administração da justiça. Esse raciocínio técnico, o uso público da razão, não afeta minimamente a obediência nem jamais a tem por objeto da crítica. Antes o contrário, como nota Foucault sobre o texto de Kant: o uso do entendimento mostraria cada vez mais claramente na sociedade civil que a necessidade de obedecer se impõe, de modo que "quanto mais liberdade para o pensamento vocês deixarem, mais vocês terão certeza de que o espírito do povo será formado para a obediência".[169]

---

166 Foucault, *O governo de si e dos outros (1982-1983)*, p. 35 (Aula de 05 jan. 1983, 2ª hora).

167 Ibid., p. 36.

168 Kant, "Resposta à pergunta: que é o iluminismo?", p. 14.

169 Foucault, *O governo de si e dos outros (1982-1983)*, p. 37 (Aula de 05 jan. 1983, 2ª hora).

A maioridade não afeta a atividade superobediente do oficial/soldado/funcionário, mas permite que ele contribua para aprimorar, pelo raciocínio, o exercício de suas funções. É inevitável, nesse ponto, que nos questionemos sobre as possíveis implicações do uso público da razão por Eichmann. Enquanto oficial/funcionário, incumbido da logística da deportação para o extermínio, ele jamais poderia desobedecer a qualquer ordem que recebesse, mas enquanto especialista[170] ou erudito ele poderia se dirigir ao público do "mundo letrado" com vistas a aprimorar o exercício da sua atividade e o próprio governo, como o oficial que aponta erros do serviço militar a seu público para que os julgue, sem qualquer prejuízo a sua obediência no exercício dos seus deveres.[171]

A liberdade implicada no uso público da razão é antes uma liberdade de escrita que não colocaria em risco a obediência e, por conseguinte, a ordem civil, mas antes deveria resultar na ampliação dos conhecimentos e na purificação dos erros que em uma época asseguraria "o avanço progressivo da *Aufklärung*".[172] Mesmo ao cidadão que paga seus impostos é permitido indicar a "injustiça de tais prescrições",[173] mas apenas como erudito, não como cidadão. Tendo isso em consideração, é de imaginar que se Eichmann fizesse (ou tiver feito) uso público da razão, dirigindo-se a seus superiores (como Heydrich, Müller e Kaltenbrunner) e a seus subordinados e colaboradores (como Wisliceny ou Kasztner) visando à purificação dos erros no exercício da tarefa na qual ele era especialista, a cuja ordem de cumprimento ele não podia desobedecer, a situação das vítimas tenderia a ser ainda pior.

O texto de Kant começa com a irrestrita obediência cega da menoridade e termina, na era da *Aufklärung*, com a irrestrita obediência raciocinada da maioridade. Frédéric Gros atribui a Kant a defesa da manutenção da obediência acompanhada de uma "vigilância crítica",[174] mas ele não diz o que Kant recomendaria fazer no caso de a crítica revelar que um comando é espúrio.

---

170 *Un spécialiste* (1999) é precisamente o título do filme documentário sobre Eichmann dirigido por Eyal Sivan, com roteiro dele e de Rony Brauman. Trata-se de "um ensaio político sobre a obediência e a responsabilidade, construído a partir da dramatização do processo e inspirado pela obra de Hannah Arendt *Eichmann em Jerusalém: um relato sobre a banalidade do mal*" (Brauman e Sivan, *Éloge de la désobéissance*, p. 9).

171 Kant, "Resposta à pergunta: que é o iluminismo?", p. 14 (A485).

172 Ibid., p. 15 (A488).

173 Ibid., p. 14 (A486).

174 Gross, *Desobedecer*, p. 162.

Foucault notou que ao funcionário ou oficial não é concedido dizer "eu não te obedeço e tua ordem é absurda".[175] Kant não mencionou uma única situação em que a desobediência seria legítima, falando apenas de uma moralidade interna, como veremos a seguir. Essa vigilância crítica presumida por Gros poderia levar ao aprimoramento progressivo da humanidade mediante um aperfeiçoamento constante da execução das tarefas ou deveres, mas não à desobediência (e podemos imaginar que algumas tarefas que violam a dignidade humana conflitariam frontalmente com esse progresso, mas a crítica não parece funcionar como antídoto contra sua execução).

Foucault não examinou em qualquer desses seus textos tardios sobre Kant o quanto essa superobediência poderia afetar a capacidade para a crítica e para a realização de uma ontologia do presente, uma ontologia de nós mesmos.[176] Em verdade Foucault supôs, sem oferecer qualquer suporte textual nesse ponto, que "Kant não pede que se pratique uma obediência cega e tola; mas que se faça um uso da razão adaptado a essas circunstâncias determinadas".[177] Mas é difícil não concluir que uma obediência que nunca é colocada em risco pelo raciocínio e pela crítica só pode ser cega e tola.

Em seu livro *Desobedecer*, Frédéric Gros contrastou Kant e Henry Thoreau afirmando que esse último se recusaria a desfazer a conexão entre reflexão crítica e desobediência, pois não faria sentido objetar teoricamente aos comandos e agir como autômatos obedientes. Thoreau sustentaria que "não há crítica autêntica a não ser como desobediência prática".[178] Mesmo Frédéric Gros, que ocasionalmente se entusiasmou como Foucault com a compreensão da *Aufklärung* por Kant, se espantou, ao considerar a obra *Sobre a pedagogia*, com a defesa kantiana

---

175 Foucault, *Qu'est-ce que la critique? suivi de La culture de soi*, p. 68.

176 Frédéric Gros sustentou que Foucault julgava que deveria ser denunciado "esse corte entre atitude crítica e desobediência prática", mas citou para sustentar essa hipótese altamente plausível um texto em que Foucault parece antes demandar que a manifestação da indignação, por vezes concedida aos cidadãos, não seja "teatral" e se reflita na ação dos governos (Gross, *Desobedecer*, p. 163, nota 4). Gross citou o texto-manifesto de Foucault intitulado "Face aux gouvernements, les droit de l'homme" (*Dits et écrits*, V. IV, p. 708). Recorro ao termo "superobediência" conforme seu emprego por Gros, como um conceito ampliado que indica um excesso "em relação a sua determinação primeira" (Gros, *Desobedecer*, p. 59).

177 Foucault, "O que são as Luzes?", v. 2, p. 339.

178 Gros, *Desobedecer*, p. 152.

da obediência. Nessa obra tardia, Kant sustentou que nos humanizamos, transformamos nossa animalidade em humanidade, pela disciplina, pela obediência involuntária e incondicional que seria a razão de ser da escola. Desobedecer é entregar-se à selvageria, ao "instinto anárquico", de modo que, "se é o animal em nós que nos faz desobedecer, então obedecer é afirmar nossa humanidade".[179] Mas o que Gros considera "um argumento politicamente perturbador" é a defesa por Kant de uma obediência absoluta que prepararia a criança para a condição em que, como cidadão, ela deve obedecer cegamente às leis: "A obediência cega prepara o futuro sujeito político *para a aceitação das leis com as quais ele não concordaria*. Educa-o para a resignação política".[180]

Importa enfatizar que mesmo que o soberano não permita ao oficial argumentar e discutir com seu público, nem por isso lhe seria autorizado, em qualquer situação, no uso privado de sua razão, desobedecer. Não apenas o oficial a serviço do Estado, mas o próprio povo deve suportar "um abuso do poder supremo, mesmo um abuso considerado intolerável",[181] porque é um "princípio prático da razão (...) obedecer ao poder legislativo atualmente existente, qualquer que seja sua origem".[182] Para Kant, a razão desse dever é que a resistência ativa contra a legislação suprema destrói a constituição legal na sua totalidade, esfacelando anarquicamente, ao solapar o que mantém unida sob leis a comunidade política, uma soberania que só pode ser indivisível.

Qualquer resistência aponta para a anarquia, que para Kant era pior para a liberdade humana que qualquer governo despótico. Reiss destacou que Kant não teria previsto o Estado totalitário, "que é muito pior que a anarquia", mas ponderou que, na medida em que o Estado totalitário é uma "ilegalidade organizada" que viola a dignidade e a liberdade humanas, não seria um dever obedecê-lo, de acordo com os princípios kantianos, mas oferecer-lhe resistência tanto passiva quanto ativa. Lamentavelmente, não encontramos nos textos de Kant suporte para a defesa de tal posição.[183] Mais tarde o próprio Reiss viria a indicar que apenas em uma situação anárquica análoga ao estado de natureza seria legítima a rebelião, mas, embora ele compare o Estado nazista a esse

179 Ibid., p. 28.

180 Ibid., p. 30. Grifos no original.

181 Kant, *Metafísica dos costumes*, p. 190 (320).

182 Ibid., p. 188 (319).

183 Reiss, "Kant and the right of rebellion", pp. 183-184.

estado de natureza em que a ordem civil deixa de existir, por não respeitar a dignidade humana, acaba por indicar que Estados autoritários como o nazista de modo algum podem ser tidos por anárquicos,[184] o que nos devolve à estaca zero no que diz respeito ao direito de rebelião.

Assim, como "não pode haver uma lei que permita a ilegalidade, nem uma instituição de poder que preveja sua própria dissolução forçada",[185] toda resistência ativa (sedição, revolta ou revolução) deve ser maximamente rechaçada – um argumento que Lewis White Beck considerou de um "formalismo *in extremis*".[186] O importante é que isso implica que "temos o dever de obedecer mesmo o déspota mais intolerável",[187] porque é já um crime questionar a lei civil com o propósito de suspender seu efeito, pois ela é "representada como tendo de proceder não de homens, mas de algum legislador supremo e irrepreensível".[188] Kant sustentou que um soberano destronado por uma revolução não pode ser punido por sua administração anterior, pois tudo o que ele fez antes como soberano deve ser considerado "como realizado exteriormente em conformidade com a lei e que ele próprio, considerado como fonte das leis, não pode agir injustamente".[189] Mesmo considerando que em uma revolução "violar a lei para dar nascimento à lei gera um nascimento legal e legítimo",[190] Kant defendeu que o soberano deposto jamais poderá ser punido por suas ações de quando era soberano.

Ao mandamento de que obedeçamos incondicionalmente a autoridade que tem poder sobre nós Kant acrescentou entre parênteses o seguinte: "*em tudo aquilo que não contradiga o que é intrinsecamente moral*".[191] O que é intrinsecamente moral ou a moralidade interior é a dignidade da humanidade em cada pessoa e o dever consequente de não permitir que a humanidade de cada pessoa

---

184 Id., "Postscript", pp. 264-265.

185 Beck, "Kant and the right of revolution", pp. 413-414.

186 Ibid., p. 413.

187 Allison, "Reflections on the banality of (radical) evil", p. 181.

188 Kant, *Metafísica dos costumes*, p. 188 (319).

189 Ibid., p. 191 (321), nota.

190 Onfray, "Un kantiano entre los nazis", p. 38. "A rebelião nunca pode ser correta; e essa proibição é incondicional, embora quando uma rebelião tiver sido bem-sucedida, ela deva ser aceita pelos súditos, que não devem tentar, por meio de outra rebelião, derrubar o novo governo" (Reiss, "Kant and the right of rebellion", p. 183).

191 Kant, *Metafísica dos costumes*, p. 270 (371). Grifos meus.

seja tratada como meio mediante o despojamento de sua liberdade interior, do privilégio de agir de acordo com princípios.[192]

Resta que só posso resistir ao despotismo em bases morais e apenas de modo politicamente passivo, sem me opor abertamente, como no caso da desobediência civil.[193] Kant mencionou apenas o caso em que, se previsto na constituição, o parlamento legitimamente oferece resistência passiva ao se recusar vez ou outra a dar anuência ao que o governo apresenta como necessário para a administração do Estado.[194] Isso significa efetivamente que minha recusa a obedecer a um comando da autoridade política que viola a dignidade de minha humanidade, minha moralidade interna, "envolve a disposição de sacrificar a própria vida e até mesmo o bem-estar da família em nome da moralidade".[195] Assim, meu dever de autoconservação conectado a minha animalidade[196] é violado em nome da conservação de minha disposição moral, devido à interdição incontornável a uma resistência ativa à autoridade política – incluindo Nero e Calígula, para ficar junto apenas aos distantes romanos.

Podemos concluir, portanto, que na filosofia prática de Kant não há guarida jurídica de qualquer natureza para o objetor de consciência que, politicamente, não passa de um mártir moral impotente. Como bem observa Beck,

> não temos justificativa para matar um tirano a fim de preservar a vida de milhares ou milhões de seus súditos. O máximo que posso fazer moralmente é expor os abusos de seu poder e fazer propostas para sua reforma, desobedecê-lo se ele me ordenar a fazer algo imoral e sofrer o martírio, se necessário.[197]

Henry Allison observou que,

> infelizmente, essas qualificações da exigência de obediência absoluta aos poderes dominantes permanecem como observações enigmáticas, que

192 Ibid., p. 344 (420).

193 Arendt, "Desobediência civil", p. 61.

194 Kant, *Metafísica dos costumes*, p. 194 (322).

195 Arntzen, "Kant on duty to oneself and resistance to political authority", p. 424.

196 Kant, *Metafísica dos costumes*, p. 345 (421).

197 Beck, "Kant and the right of revolution", p. 420.

> Kant nunca integrou em sua teoria política. No entanto, se assumirmos, como acredito ser razoável fazer, que Kant teria considerado os crimes nazistas como "diretamente opostos à lei da moralidade" ou em "conflito com a moralidade interior", elas são suficientes para privar Eichmann de seus supostos fundamentos para a chamada "defesa kantiana".[198]

Lamentavelmente, essas qualificações não foram suficientes. Não parece ter sido difícil para Eichmann e muitos outros justificar pelo contexto extremo da guerra a obediência mesmo ao que se opunha à sua "moral interna". Ele pareceu julgar que não precisava mais que torcer um tanto a filosofia prática de Kant para que ela servisse a seu propósito de se justificar para si mesmo e ante os demais. Considerando o interesse difuso, mas importante, por filosofia prática, principalmente em seu tempo na prisão, parece que Eichmann encontrou conforto em Kant após uma longa perambulação. Em suas memórias de 1961 ele observou que suas ilusões de uma solução política para a questão judaica se abalaram já com o início da guerra, em 1939, e desvaneceram completamente no final de 1941. Ele teria se dado conta então de que "os líderes do Reich naquela época não se importavam com as exigências morais; certamente não com a concepção de Kant sobre as coisas".[199] Diz ter percebido, enfim, que "'ter de agir' de acordo com uma lei moral inerente aos seres humanos tornou-se difícil, se não impossível, para mim, devido às leis de guerra às quais estava sujeito, que me prendiam e me tornavam não livre, contra minha concepção interior".[200]

Como bem observou Bettina Stangneth, Eichmann julgava que estava tudo bem com sua "moralidade interior", mas avaliou que o mais importante era a vontade dos líderes, não tanto porque obrigavam violentamente à obediência, mas porque agiam em nome do povo/da raça na luta com outros povos/raças por sua sobrevivência. Por isso, contra o parêntese de Kant sobre a moralidade interior, que Eichmann possivelmente não conhecia, ele defendeu que "*uma pessoa não deve permitir que sua moralidade interior entre em conflito com suas ordens; ela deve ver que essas ordens são para o bem do povo e cumpri-las com convicção*".[201]

Além de Lewis White Beck, que mencionei anteriormente, numerosos intérpretes da obra moral e principalmente política de Kant expressam seu desconforto com a defesa kantiana de uma obediência política irrestrita e com a interdição total

---

198 Allison, "Reflections on the banality of (radical) evil", p. 182.

199 Eichmann, *Götzen*, pp. 189-190 (AE 131).

200 Ibid., pp. 189-190 (AE 131).

201 Stangneth, *Eichmann before Jerusalem*, p. 217.

ao direito de rebelião, mesmo no caso do pior despotismo. Em um texto recente, John Silber sustentou uma posição muito próxima da que defendo. O pressuposto de Silber é o de que Kant certamente seria contra o regime nazista – por sua defesa da liberdade de falar e de escrever e sua interdição a tratar os outros como meios, por exemplo[202] –, mas sugeriu como exercício de pensamento que examinemos seriamente a pretensão de Eichmann de ser um kantiano considerando não o que sabemos de Kant pessoalmente, mas apenas seus escritos. Para além de avaliar a pretensão de Eichmann, é decisivo compreender como ele poderia ser responsabilizado por seus feitos consoante a filosofia prática de Kant.

Ao reclamar a companhia de Kant na justificação de sua obediência e de sua fidelidade a Hitler, Eichmann acabou por associar o imperativo categórico ao dever de obedecer à autoridade – "talvez conhecendo ou intuindo mais de Kant do que Hannah Arendt estava inclinada a acreditar".[203] Para Silber, embora seja ultrajante associar Kant ao extermínio, como Eichmann acabou por fazer, não é surpresa para os especialistas na obra kantiana o caráter problemático dessa noção de uma obediência irrestrita à autoridade política. Se Eichmann tivesse recorrido a trechos da *Metafísica dos costumes* ou do ensaio sobre teoria e prática[204] em que Kant sustenta essa posição, seu recurso a Kant ficaria muito mais complexo, uma vez que sua responsabilidade estaria notavelmente mitigada e sua obediência cadavérica tinha mais chance de parecer virtuosa, como ele pretendia.

> Depois de considerar o comando do soberano em termos dos procedimentos exigidos pelo imperativo categórico, o indivíduo pode considerá-lo abominável. No entanto, ele não pode universalizar a máxima de agir em oposição ao comando do soberano, pois isso implica a rejeição de toda lei e da sociedade civil. Kant evita um conflito de deveres ao subordinar a determinação individual da lei à lei do Estado. Certamente, Kant deve ter achado essa subordinação profundamente preocupante, mas não tanto quanto o caos que resultaria da elevação da consciência individual acima da vontade do soberano.[205]

---

202 Silber, *Kant's ethics*, p. 318.

203 Ibid., p. 320.

204 Kant, "Sobre a expressão corrente: isto pode ser correto na teoria, mas nada vale na prática", *passim*.

205 Silber, *Kant's ethics*, p. 325.

É tendo isso em vista que Silber se perguntou sobre se "Eichmann estava tão longe do alvo, então, ao apelar para Kant para justificar sua aceitação do *Führerprinzip*".[206] Isso se complica ainda mais se considerarmos, como sugere Silber, que o nazismo ascendeu ao poder pelas vias legais e mesmo o decreto que concedeu plenos poderes a Hitler em março de 1933 foi aprovado no Parlamento alemão. Além disso, Kant de fato defendeu que o cidadão podia criticar por escrito o que considerava injusto inclusive na legislação, mas, como vimos, nenhuma resistência ativa é admitida, inclusive atos de desobediência civil, e é prerrogativa exclusiva do soberano decidir em última instância o que está ou não de acordo com a lei.

> Contra a suprema autoridade legisladora do Estado não há, portanto, resistência legitima do povo; pois que só mediante submissão a uma vontade universalmente legisladora se torna possível um estado jurídico; não existe, portanto, nenhum direito de sedição (*seditio*), ainda menos de rebelião (*rebellio*), e muito menos ainda o direito de atentar contra a sua pessoa (como monarca), inclusivamente contra a sua própria vida (*monarchomachismus sub specie tyrannicidii),* sob o pretexto de abuso do seu poder (*tyrannis*). A menor tentativa a este proposito constitui alta traição *(proditio eminens)* e este tipo de traidor tem de ser punido como alguém que tenta assassinar a sua pátria (*parricida*), ou seja, nunca menos do que com a pena de morte. – A razão pela qual o povo deve suportar, apesar de tudo, um abuso do poder supremo, mesmo um abuso considerado como intolerável, e a de que a sua resistência contra a legislação suprema em si há-de conceber-se como ilegal, como destruidora mesmo da constituição legal na sua globalidade. Pois que para estar para tal capacitado teria que existir uma lei publica que autorizasse esta resistência do povo, quer dizer, que a legislação suprema contivesse uma determinação de acordo com a qual não fosse suprema e convertesse o povo como súbdito, num e no mesmo juízo, em soberano daquele a que está submetido; o que é em si contraditório, contradição essa que salta à vista mal se coloca a questão de saber quem deveria ser então o juiz neste conflito entre o povo e o soberano? (pois que, sob um ponto de vista jurídico, trata-se sempre de duas pessoas morais diferentes); com o que se torna claro que o povo quer ser juiz em causa própria.[207]

---

206 Ibid., p. 325. Ver Bernstein, *Radical evil*, pp. 36-37.

207 Kant, *Metafísica dos costumes*, pp. 190-191 (320).

Em vista disso, sustentou Silber, não devemos tomar por má-fé a pretensão de Eichmann de justificar sua obediência incondicional ao *Führer* recorrendo a Kant. Allen Wood defendeu que alguém que tivesse sua dignidade afrontada e abusada pelo despotismo desenvolveria uma forte inclinação a desobedecer ao soberano e a se rebelar contra ele, e sugeriu que essa desobediência e essa rebelião encontrariam amparo na obra de Kant.[208] Silber insistiu, todavia, que essa posição não encontrava amparo nos escritos de Kant, que chegou a afirmar que o alemão, "por sua inclinação à ordem e à regra, se deixa antes tiranizar que envolver em inovações (sobretudo reformas arbitrárias no governo). – *Este é seu lado bom*".[209]

Podemos desejar e mesmo consistentemente supor que Kant se oporia ao regime de Hitler, mas se considerarmos seus escritos – e é o que temos e não estamos autorizados a ignorar – podemos apenas presumir com Silber como "possível e altamente provável" que ante o nazismo e sua brutalidade ele "tivesse reescrito sua filosofia política para justificar o tiranicídio ou o direito de revolução em uma situação tão extrema",[210] e também mudado de ideia em sua condenação moral do suicídio, admitindo-o como uma forma moralmente justificada de se recusar a colaborar com algo como o nazismo.[211]

---

208 Wood, *Kant's moral religion*, p. 212, nota.

209 Kant, *Antropologia de um ponto de vista pragmático*, p. 213 (318). Grifos meus.

210 Silber, *Kant's ethics*, p. 328.

211 Ibid., pp. 341-342. Cf. Kant, *Metafísica dos costumes*, pp. 346-349 (422-424).

5

Mal por dever

O calor pessoal do coração deve capitular perante a frieza gélida da legalidade.

— Adolf Eichmann, *Ich, Adolf Eichmann*, p. 435.

El ejercicio de ese cargo no me fue grato; pero no pequé nunca de negligencia.

— Jorge Luís Borges, "Deutsches requiem", *O Aleph*, p. 98.

Há um limite para o número de pessoas que se pode matar por ódio ou desejo de carnificina, mas não há limite para o número de pessoas que você pode matar da maneira fria e sistemática do "imperativo categórico" militar.

— Arthur Seyss-Inquart, general da SS condenado à morte em Nuremberg.[1]

5.1. "Como o dever entrou na ética?"

No curso "Algumas questões de filosofia moral" (1965/1966), Arendt exaltou o que chamou de caráter rebelde da filosofia kantiana, por Kant sustentar, "com a coerência de pensamento que é a marca do grande filósofo", que a

1 Citado em Gilbert, *The psychology of dictatorship*, p. 256.

moral tem a ver com a relação do indivíduo consigo mesmo e por "colocar os deveres que o indivíduo tem para consigo à frente dos deveres para com os outros".[2] Além disso, "a contragosto da ética cristã", Kant destacou o elemento de dignidade pessoal fundamental da nossa personalidade, da nossa condição de sujeitos morais. Para ele, a moral "não é uma questão de mansidão, mas de dignidade humana e até de orgulho humano", e assim "o padrão não é nem o amor por algum próximo nem o amor-próprio, mas o respeito próprio".[3] No âmbito moral, "sou o legislador, o pecado ou o crime já não podem ser definidos como desobediência à lei de outra pessoa, mas ao contrário com a recusa a desempenhar o meu papel de legislador do mundo".[4] Arendt já havia destacado isso em *Eichmann em Jerusalém* ao defender Kant de Eichmann.

Esse caráter rebelde da prioridade do si-mesmo (*self*), que vincularia Kant a Sócrates,[5] também na exigência de consistência consigo mesmo, acabaria por ficar negligenciado porque, conforme Arendt, Kant equivocou-se ao formular a lei moral como um imperativo e não como uma proposição. Ela observou que para tentar resolver o problema de tornar as proposições morais obrigatórias – amplificado pela dificuldade adicional da filosofia após a Antiguidade sobre "como persuadir a vontade a aceitar o ditame da razão", uma vez que certamente a razão não comanda a vontade "de modo automático" – Kant "introduziu a forma do imperativo e sorrateiramente retomou o conceito de obediência".[6] Em uma nota de 1965 ela sustentou que "a obediência certamente entrou na política a partir do declínio da *polis* grega, vindo da escravidão e da creche", mas a razão de ter se espalhado "tão amplamente está na natureza da vontade, que só sabe mandar e obedecer".[7]

Se penso a lei como necessidade da natureza ou como ordens a que devo obedecer inelutavelmente, é uma contradição, para Arendt, falar de "lei da liberdade".[8]

---

2 Arendt, "Algumas questões de filosofia moral", p. 131.

3 Ibid.

4 Ibid., p. 133.

5 O próprio Kant reclama essa vinculação ao sustentar que o princípio moral pode ser alcançado pela razão comum e que a capacidade de julgar moralmente é acessível a todo indivíduo, sem necessidade de ciência ou filosofia. À filosofia moral, como em Sócrates, caberia chamar a atenção da razão humana para seu próprio princípio, sua bússola moral (*Fundamentação da metafísica dos costumes*, pp. 35-36 (BA, 20-21).

6 Arendt, "Algumas questões de filosofia moral", p. 136.

7 Id., *Denktagebuch – 1950 bis 1973*, p. 638 (1965, XXIV, 49).

8 Id., "Algumas questões de filosofia moral", p. 134.

Esse equívoco de Kant se deveria ao fato de que ele compreendeu a lei em um sentido político específico em que a obediência desempenha um papel estrutural. Essa centralidade da conexão entre lei e obediência, por sua vez, se deveria

> à transformação que o termo tinha sofrido pelo uso religioso no qual a Lei de Deus realmente só pode se dirigir ao ser humano na forma de um mandamento: 'Deves' – não sendo a obrigação, como vimos, nem o conteúdo da lei nem o possível consentimento do indivíduo em relação à lei, mas o fato de que Deus assim nos ordenara. Nesse ponto, nada conta senão a obediência.[9]

As proposições morais, como quaisquer proposições que se pretendem verdadeiras, têm de ser evidentes por si mesmas ou provadas por demonstrações, sendo que as leis morais foram sempre consideradas evidentes por si mesmas, não podendo ser provadas. Elas presumivelmente possuem, assim, um caráter coercitivo e se impõem como ditames da razão:

> disso se seguiria que uma obrigação – o "Deves" ou "Não deves", o imperativo – é desnecessária, e tentei lhes mostrar as razões históricas para o imperativo categórico de Kant, que bem poderia ter sido uma afirmação categórica, como a afirmação de Sócrates: é melhor sofrer o mal do que o cometer, e não: deves antes sofrer o mal do que praticá-lo. Sócrates ainda acreditava que, na presença de razões suficientes, não podemos deixar de agir dessa maneira, enquanto Kant, sabendo que a vontade – essa faculdade desconhecida da Antiguidade – pode dizer não à razão, achou necessário introduzir uma obrigação. *No entanto, a obrigação não é absolutamente evidente por si mesma e nunca foi provada sem que se exceda o âmbito do discurso racional.* Por trás do "Deves", "Não deves", está um "se não", a ameaça de uma sanção imposta por um Deus vingador, pelo consentimento da comunidade ou pela consciência, que é a ameaça de autopunição que comumente chamamos de arrependimento. No caso de Kant, a consciência ameaça com o desprezo por si próprio; no caso de Sócrates, como veremos, com contradizer-se a si mesmo. E aqueles que temem o desprezo por si próprio ou o contradizer-se a si mesmo são mais uma vez aqueles que vivem consigo mesmos; acham as proposições morais evidentes em si mesmas, não precisam da obrigação.[10]

---

9 Ibid., pp. 133-134.

10 Ibid., pp. 141-142, grifos meus.

Em Kant, ao obedecer à lei moral, portanto, preservo e honro em minha pessoa "a dignidade da humanidade" enquanto destinada a um progressivo aprimoramento moral por um "Autor do Mundo de suma perfeição".[11] Assim, quando obedeço à lei moral ajo em respeito ao que em mim é mais sublime, minha condição de ser racional autônomo, que pertence, enquanto legislador universal, a um reino dos fins, um reino ideal realizável por nossas ações e omissões no qual convergiriam nossas legislações com as de todos os outros seres racionais – em uma presumida "ordem moral do mundo" consoante a qual a criação encontraria seu fim terminal: "o ser humano subordinado a leis morais".[12]

Possivelmente em nenhuma outra parte da obra de Kant a centralidade da obediência no âmbito moral fica tão evidente quanto em seu "hino ao dever" na *Crítica da razão prática*:

> Oh dever! Sublime e grande nome, que não compreendes em ti nada benquisto que comporte adulação, mas reivindicas submissão, contudo tampouco ameaças com algo que para mover a vontade provocasse no ânimo aversão natural e o atemorizasse, porém simplesmente propões uma lei que por si encontra acesso ao ânimo e que, todavia, mesmo a contragosto granjeia para si veneração (embora nem sempre observância), ante a qual todas as inclinações emudecem, mesmo que secretamente se oponham a ela.[13]

Para Kant, a razão prática como vontade legisladora pode determinar o arbítrio devido ao sentimento de respeito e de reverência que a lei moral provoca em nós, um respeito por nossa condição de entes racionais que podem legislar a própria conduta do ponto de vista da humanidade. Kant chega a identificar a liberdade com essa "causalidade intelectual".[14] Como único sentimento ativo e *a priori*, não condicionado pela ordem da natureza, o respeito seria capaz de

---

11 Kant, *Crítica da razão prática*, p. 224 (A 252). Ver p. 142 (A 157).

12 Id., *Crítica da faculdade do juízo*, p. 376 (415, §86). Ver Giacoia, "Reflexões sobre a noção de mal radical", p. 192.

13 Id., *Crítica da razão prática*, p. 140 (A 154). Como bem observou Ernst Cassirer, esse hino ao dever é análogo ao louvor de Rousseau à consciência em sua obra *Emílio* – "como instinto divino, voz celeste e juiz infalível do bem e do mal que torna o ser humano semelhante a Deus" –, o que irmanaria Rousseau e Kant na concepção de uma "teologia moral" (*Rousseau, Kant, Goethe: two essays*, pp. 47-48).

14 Kant, *Crítica da razão prática*, p. 119 (A 130). Cf. p. 120 (A 130).

concorrer com as motivações egoístas provindas da sensibilidade e assim se impor como móbil determinante do arbítrio. Por isso, o sentimento de respeito "constitui, para Kant, o elemento essencial da moralidade, *é a própria essência da moralidade nas ações de um ser racional finito*, na medida em que esta (moralidade) afeta subjetivamente a sensibilidade como móbil".[15] Esse respeito pelo dever é o "único e ao mesmo tempo indubitável motivo moral".[16]

O dever, que requer submissão e mesmo a contragosto conquista veneração, provém da personalidade, "a liberdade e a independência do mecanismo de toda a natureza". Ele eleva o ser humano como ente racional, por ele dar a si mesmo leis práticas puras, de modo que "a pessoa enquanto pertencente ao mundo sensorial está submetida a sua própria personalidade, na medida em que ela pertence ao mesmo tempo ao mundo inteligível".[17] Em vez de se envergonhar de si mesmo e se mostrar indigno da vida a seus próprios olhos, quem conserva a liberdade moral de sua autodeterminação preserva em sua pessoa a dignidade da humanidade, pois "o homem é deveras bastante ímpio, mas a humanidade em sua pessoa tem de ser santa",[18] uma vez que "ele é o *sujeito da lei moral*, por conseguinte daquilo que é em si santo".[19]

O que consideramos acima sumariza algumas das posições que serão submetidas a uma "reconstrução destrutiva que Hegel empreende da teologia moral kantiana".[20] Em sua *Fenomenologia do espírito*, ele focou sua crítica radical nos postulados da razão prática kantiana (Deus, liberdade e imortalidade da alma), principalmente como aparecem na *Crítica da razão prática*. Esses postulados seriam indispensáveis para a obediência à lei moral e para a transformação do mundo rumo ao sumo bem, exigida pela lei moral. O recurso aos postulados como suposições teóricas necessárias a uma teleologia moral transcendente, que aponta para um inteligível reino dos fins no qual seria realizado o sumo bem – assegurado por um "santo legislador", enquanto "sumo bem originário" –,

---

15 Giacoia Jr., *Nietzsche x Kant*, p. 76. Grifos no original.

16 Kant, *Crítica da razão prática*, p. 127 (A 139).

17 Ibid., p. 141 (A 155).

18 Ibid., p. 141 (A 155). Cf. *A religião nos limites da simples razão*, p. 55.

19 Ibid., p. 211 (A 237). Grifos no original.

20 Müller, "A crítica de Hegel aos postulados da razão prática como deslocamentos dissimuladores", p. 107. Tive a satisfação de ouvir a apresentação do admirado professor Marcos L. Müller que deu origem a esse texto inspirador no Congresso Kant que ocorreu em Itatiaia, RJ, em 1997.

constitui o que Hegel chamou de "visão moral do mundo", um "resto dogmático" hipócrita e distorcido que deve ser submetido a uma crítica implacável que a exponha como teologia moral dissimulada. Hegel, como bem observou Marcos Lutz Müller em um texto seminal sobre o tema, retomou e radicalizou "a crítica kantiana à metafisica dogmática, mostrando que a teologia moral dos postulados, fundada em última análise numa autonomia formal que separa o puro e o empírico, a validade e a realidade efetiva, é ainda um prolongamento daquela".[21]

O dever proviria do respeito do ser humano por sua dignidade enquanto legislador racional autônomo de sua conduta de um ponto de vista universal e, assim, enquanto candidato a membro de um reino de legisladores, como fins em si mesmos, que encontraria em Deus o legislador supremo. Sem a pressuposição de uma razão divina, um reino dos fins, a noção de progresso da humanidade e de um Deus fiador da ordenação moral do mundo[22] o dever não faria qualquer sentido e se tornaria um conceito vazio – o que para Arendt é precisamente o caso. Mas nada a mantém mais distante da filosofia moral kantiana que a noção de obediência, contrabandeada da religião e da relação política entre governantes e governados para o âmbito moral.

Ao rechaçar a noção de dever e a obediência que lhe corresponde, Arendt afinou-se muito estreitamente às críticas de Schopenhauer à fundamentação kantiana da moral. Isso é perceptível especialmente no curso "Algumas questões de filosofia moral", precisamente aquele no qual Schopenhauer não é mencionado[23] – distintamente do que ocorre em outros cursos dela sobre filosofia moral de meados dos anos 1960. A ácida crítica que ele dirige a Kant concluiu que a fundamentação das concepções kantianas de dever e de obediência nos entrega sofismas e contradições, disfarçados pelos "dons

---

21 Ibid., p. 143.

22 Em uma nota a "Ideia de uma história universal com um propósito cosmopolita" Kant afirmou que "não sabemos qual é a constituição dos habitantes de outros planetas e qual a sua índole (...). Talvez entre eles cada indivíduo consiga atingir plenamente o seu destino durante a sua vida. Conosco as coisas passam-se de modo diverso: apenas a espécie pode aspirar a isso" (p. 29 [A 398]).

23 Oswaldo Giacoia manifestou estranhamento por Schopenhauer não ter sido incluído por ela na discussão sobre o mal radical e o mal banal, precisamente porque ele "não recua diante de nenhuma das mais audaciosas hipóteses sobre a malignidade humana – inclusive diante da hipótese da diabólica vontade maligna e da crueldade desinteressada" (Giacoia, "Mal radical e mal banal", p. 176).

combinatórios" de Kant e por "declamações morais".[24] Embora admita como louvável a grandeza do esforço kantiano de fundamentação da moral em bases não empíricas, afastada do eudemonismo, notadamente na *Fundamentação da metafísica dos costumes*, para Schopenhauer a partir já da *Crítica da razão prática* seria possível reconhecer cada vez mais que o que Kant buscou foi uma teologia moral (com o eudemonismo reintroduzido sorrateiramente na doutrina do Sumo Bem).[25]

Ainda na *Crítica da razão prática*, Kant insistiu que a lei moral, embora não dependa da religião, conduz a ela, na medida em que a concepção de um sumo bem possível no mundo, a convergência entre a máxima perfeição moral e a máxima felicidade possíveis, que a lei moral me ordena a admitir como objeto último de toda conduta, exigem a concordância de minha vontade com a de um santo "Autor do Mundo". Os deveres morais devem ser tomados então como mandamentos do "Ser supremo" enquanto vontade moralmente perfeita e onipotente.[26] Isso não por temor ou esperança de castigos ou prêmios, mas como uma vontade com a qual temos de concordar, na medida do possível, para nos tornarmos dignos de ser partícipes da felicidade, que é aquilo em que precisamente consistiria a moral: "Só se a religião é acrescida a ela, realiza-se

---

24 Schopenhauer, *Sobre o fundamento da moral*, pp. 20 e 21. Para Schopenhauer isso atingiria seu ápice com "Princípios metafísicos da doutrina da virtude", segunda parte da *Metafísica dos costumes*, obra na qual, segundo ele, "predomina a influência da fraqueza da idade" (Ibid.). Na *Crítica da filosofia kantiana* ele é ainda mais ácido ao se referir à primeira parte da *Metafísica dos costumes*, "Princípios metafísicos da doutrina do direito", como "obra tão fraca" que ele considera "supérflua uma polêmica contra ela, já que ela, como se não fosse a obra desse grande homem, mas antes a produção de um comum filho da terra, há de morrer de morte natural, por sua própria fraqueza" (Schopenhauer, *Crítica da filosofia kantiana*, p. 176). Arendt cita esse trecho com aprovação nas *Lições sobre a filosofia política de Kant*, p. 14.

25 Schopenhauer, *Sobre o fundamento da moral*, p. 22. Jacob Rogozinski mencionou a oscilação da filosofia moral de Kant em "antinomias irredutíveis", dentre elas aquela "entre a exclusão rigorista da felicidade e sua reabilitação como condição necessária do Soberano Bem" (Rogozinski, *O dom da lei: Kant e o enigma da ética*, p. 434).

26 Na terceira e quarta partes de *A religião nos limites da simples razão* é tematizada precisamente a concepção de uma religião moral que coincidiria com a cristã e nos fortaleceria na oposição à propensão para o mal. Essa religião moral "não deve estabelecer-se em estatutos e observâncias, mas na intenção do coração de cumprir todos os deveres humanos como mandamentos divinos" (Kant, *A religião nos limites da simples razão*, p. 90).

também a esperança de nos tornar algum dia partícipes da felicidade na proporção em que cuidamos de não ser indignos dela".[27]

Cinco anos depois, no prólogo à primeira edição de *A religião nos limites da simples razão*, Kant reiterou que a lei moral bastava a si mesma para determinar o arbítrio mediante o dever e o sentimento de respeito que lhe corresponde, não precisando para isso de qualquer fim material. No entanto, ponderou que nossa vontade não pode ser determinada sem qualquer relação com um fim, uma vez que o arbítrio demanda algum objeto determinado, objetiva ou subjetivamente, para saber não apenas como, mas para onde atuar. Além disso, a razão não pode ser indiferente à questão sobre as consequências de nosso agir moralmente bem, sobre que mundo nossa ação moral engendraria se estivesse em nosso poder fazê-lo. Para conceber a ideia de um bem supremo no mundo, reiterou, "*devemos* supor um ser superior, moral, santíssimo e onipotente... só assim se pode proporcionar realidade objetiva prática à combinação da finalidade pela liberdade com a finalidade da natureza, combinação de que não podemos prescindir".[28] É por isso que, mais uma vez, a moral conduz à religião e se estende para fora do homem na ideia de um legislador moral poderoso, "em cuja vontade é fim último (da criação do mundo), o que ao mesmo tempo pode e deve ser o fim último do homem".[29]

O primeiro tópico crítico ao qual Schopenhauer se dedicou, privilegiado para expor o que considerou insustentável na filosofia moral kantiana, é o "Sobre a forma imperativa da ética de Kant", forma esta que seria para ele o primeiro passo em falso de Kant em sua filosofia moral. Schopenhauer se perguntou: "Quem nos diz que há leis às quais nossas ações devem submeter-se? Quem vos diz que deve acontecer o que nunca acontece? O que vos dá o direito de antecipá-lo e logo impor uma ética na forma legislativo-imperativa como a única

---

27 Kant, *Crítica da razão prática*, p. 209 (A 234). "A felicidade, segundo a nossa *natureza,* é para nós, como seres dependentes de objetos da sensibilidade, o primeiro e o que incondicionalmente desejamos. De acordo com a nossa natureza (se assim se pretender em geral denominar o que nos é inato), enquanto seres dotados de razão e de liberdade, a felicidade não é de longe o primeiro, nem sequer é incondicionalmente um objeto das nossas máximas; mas tal é a *dignidade de ser feliz,* a saber, a consonância de todas as nossas máximas com a lei moral" (Kant, *A religião nos limites da simples razão* p. 52, n. 17. Grifos no original).

28 Kant, *A religião nos limites da simples razão*, p. 13.

29 Ibid., p. 13.

para nós possível?".[30] Ele sustentou que conhecemos o conceito jurídico-político de lei, o conceito metafórico de lei para definir as regularidades da natureza e destacou ainda o que chamou de "lei da motivação", para indicar que nenhuma ação é desencadeada pela vontade sem motivo suficiente.[31] Schopenhauer insistiu, todavia, que "as leis morais, independentes de regulamentação humana, da instituição estatal ou da doutrina religiosa, não podem ser admitidas como existentes sem prova".[32] Ele considerou que, em vez de provar o que chama de lei moral, Kant a pressupôs, contrabandeando para a ética as noções de dever, de mandamento e de lei tal como se originaram na moral teológica, sendo esta fundamentalmente "uma moral que *ordena*".[33] Schopenhauer defendeu ainda que todo dever se associa inevitavelmente a castigos ou recompensas, sendo contraditório falar de um "dever incondicionado". Em grande medida devido a isso, ele supõe, emergiu na *Crítica da razão prática*, sorrateiramente, a doutrina do Sumo Bem, fazendo reingressar "pela porta dos fundos" o eudemonismo que Kant havia "expulsado solenemente pela porta de entrada".[34]

Igualmente para Arendt os deveres seriam antes imperativos hipotéticos, na terminologia de Kant, ou condicionais/instrumentais, principalmente se considerarmos como motivos morais os sentimentos de vergonha/autodesprezo e orgulho[35] que se desdobrariam do sentimento de respeito pela lei moral e atuariam como motivos para realizar ou evitar determinadas ações. Para Arendt, a forma imperativa foi introduzida estrategicamente por Kant, como um *deus ex machina*, para conferir um caráter obrigatório ao comando que a razão dirige à vontade, mas ela insiste em que "a razão só pode dizer à vontade: isso é bom, de acordo com a razão; se quiser alcançá-lo, você deve agir de acordo, o que na terminologia de Kant seria uma espécie de imperativo hipotético ou nem seria um imperativo".[36]

Disso se seguiria que "não há, em absoluto, imperativo no sentido moral".[37] Aristóteles, por exemplo, claramente reconhecia a dignidade das

30 Schopenhauer, *Sobre o fundamento da moral*, p. 23.

31 Ver Giacoia, "Mal radical e mal banal", p. 172.

32 Schopenhauer, *Sobre o fundamento da moral*, p. 24.

33 Ibid., p. 25. Grifos no original.

34 Ibid., p. 28.

35 Arendt, "Algumas questões de filosofia moral", p. 131.

36 Ibid., p. 135.

37 Ibid., p. 134.

coisas divinas, mas elas não operavam diretamente na moral, em cujo âmbito não há qualquer comando que possa ser obedecido. Trata-se antes de saber "qual é o melhor modo de vida para o indivíduo, algo que obviamente cabe a ele descobrir e julgar".[38] Apenas na religião revelada os mandamentos são obrigatórios enquanto comandos de Deus, e "disso resulta o princípio muito importante de que na religião, mas não na moralidade, o pecado é primariamente compreendido como desobediência".[39] A filosofia não tem lugar onde "a religião, especialmente a religião revelada no sentido hebraico-cristão é o padrão válido para o comportamento humano e o critério para julgá-lo".[40]

Para Schopenhauer, enfim, "a redação da ética, numa forma *imperativa*, como *doutrina dos deveres*, e o julgar o valor ou o não valor das ações humanas como cumprimento ou violação de deveres provêm, junto com o *dever*, inegavelmente só da moral teológica e, logo, do Decálogo".[41] Para ele, a própria forma imperativa revelaria que a religião a que a moral conduziria, sem dela precisar, segundo Kant, estaria antes no próprio fundamento da moral kantiana: "O procedimento de Kant é o de ter dado como resultado aquilo que teria de ter sido o princípio ou o pressuposto (a teologia) e de ter tomado como pressuposto aquilo que teria de ter sido derivado como resultado (o mandamento)".[42]

Em *O Anticristo* Nietzsche reverberou a crítica de Schopenhauer ao vincular a filosofia moral kantiana à corrupção da filosofia "pelo sangue dos teólogos" ("O pastor protestante é o avô da filosofia alemã, o protestantismo é o seu *peccatum originale*"[43]). O júbilo do mundo erudito alemão com o aparecimento de Kant se deveria ao fato de ele divisar, com seu "instinto de teólogo", "uma trilha oculta para o velho ideal": "o conceito de 'mundo *verdadeiro*' e o conceito da moral como *essência* do mundo (– os dois erros mais malignos que existem!) eram novamente, graças a um sagaz e manhoso ceticismo, se não demonstráveis, não mais *refutáveis*, pelo menos".[44]

38 Ibid., p. 129.

39 Ibid., p. 130.

40 Ibid., p. 121.

41 Schopenhauer, *Sobre o fundamento da moral*, pp. 28-29. Grifos no original.

42 Ibid., p. 30.

43 Nietzsche, *O Anticristo*, p. 16 (§10).

44 Ibid. Grifos no original.

Em termos ainda mais enfáticos, Nietzsche fez uma avaliação crítica abrangente da filosofia moral de Kant:

> a *firmeza* do seu juízo moral poderia ser prova justamente de mesquinhez pessoal, de falta de personalidade; sua "força moral" poderia nascer de sua teimosia – ou de sua incapacidade de ver novos ideais! E, resumidamente: se você tivesse pensado com maior finura, observado melhor e aprendido mais, em nenhuma circunstância você chamaria mais de dever e consciência a este seu "dever" e esta sua "consciência": a compreensão de *como surgiram uma vez os juízos* morais lhe estragariam o gosto por essas palavras patéticas – como já lhe foram estragados outros termos patéticos: "pecado", "salvação da alma" e "redenção", por exemplo. – E agora não me venha falar de imperativo categórico, meu amigo! – essa expressão me faz cócegas no ouvido e eu tenho de rir, mesmo em sua tão séria presença: lembra-me o velho Kant, que, como punição por ter obtido furtivamente a "coisa em si" – também algo ridículo! –, foi furtivamente tomado pelo "imperativo categórico", e com ele no coração *extraviou-se de volta* para "Deus", "alma", "liberdade" e "imortalidade", semelhante a uma raposa que se extravia de volta para a jaula – e a sua força e esperteza é que haviam *arrombado* a jaula! – Como? Você admira o imperativo categórico em você? Essa "firmeza" do que é chamado seu juízo moral? Essa "incondicionalidade" do sentimento de que "nisso todos têm ele julgar como eu"? Admire antes o seu egoísmo nisso! E a cegueira, estreiteza e modéstia do seu egoísmo! *Pois egoísmo é sentir o próprio juízo como uma lei universal"*.[45]

No início do capítulo quarto da obra *Opus Dei: arqueologia do ofício,* intitulado "As duas ontologias, ou como o dever entrou na ética", Giorgio Agamben afirmou ser notória o que considerou ser uma lacuna na obra *Genealogia da moral,* de Nietzsche: uma quarta dissertação com uma genealogia do conceito de dever. Para Agamben isso poderia justificar-se por essa genealogia já ter sido esboçada de modo "muito provavelmente correto" por Schopenhauer, como vimos anteriormente. Não temos indicação na obra publicada ou nos "fragmentos póstumos" de que Nietzsche tenha deixado de escrever uma genealogia do dever por Schopenhauer já tê-la feito. É certo, todavia, que a

45 Id., pp. 223-224. Últimos grifos meus.

questão do dever é recorrente na obra de Nietzsche sobre moral, mas não chega a ser articuladora de nenhuma delas.

Não obstante a decisiva referência a Schopenhauer e Nietzsche como primeiros genealogistas da matriz teológica dissimulada na moral kantiana, o percurso de Agamben – na reflexão não tanto sobre a origem da ideia de dever, mas antes sobre o que está em jogo na concepção da ação moral como cumprimento de um dever – é demarcado pelos estudos sobre governamentalidade e sobre a relação entre pastorado cristão e governo realizados por Michel Foucault no final dos anos 1970. Uma distinção fundamental entre a obra de ambos concerne precisamente ao lugar de Kant em suas análises. Enquanto no último capítulo de *Opus Dei* Kant é o personagem mais decisivo, no curso *Segurança, território, população* (1977-1978), no qual Foucault apresenta o pastorado cristão, enquanto governo das almas e da conduta, como a mais remota origem da noção moderna de governo político dos seres humanos, Kant nem sequer é mencionado, não obstante Foucault e Agamben chegarem a conclusões muito próximas, notadamente no que diz respeito à obediência.

No início do curso *Segurança, território, população* Foucault anunciou que daria prosseguimento aos estudos sobre biopolítica como gestão da vida das populações, iniciados no curso anterior, *O nascimento da biopolítica* (1975-1976), e no primeiro volume da *História da sexualidade*, intitulado *A vontade de saber*. No curso de 1977-1978, Foucault retrocedeu dos dispositivos de segurança – instrumentos de coordenação da conduta das populações – ao problema do governo no século XVI (Maquiavel e outros) e enfim à noção mais geral de governo dos homens, cuja fonte mais remota remete à organização de um poder pastoral cristão. Esse poder pastoral consolidou-se por volta do século III d. C. com uma amplitude institucional muito ampla e como um fenômeno único, consistindo em "toda uma arte de conduzir, de dirigir, de levar, de guiar, de controlar, de manipular os homens" cuja função seria "encarregar-se dos homens coletiva e individualmente ao longo de toda a vida deles e a cada passo da sua existência".[46] Para Foucault, foi essa "arte de governar os homens" a "origem, o ponto de formação, de cristalização, o ponto embrionário dessa governamentalidade cuja entrada na política assinala, em fins do século XVI, séculos XVII-XVIII, o limiar do Estado moderno"[47]. No pastorado cristão, "o pastor guia para a salvação, prescreve a Lei, ensina a verdade"[48] e se reúne

46 Foucault, *Segurança, território, população*, pp. 218-219.

47 Ibid., p. 219.

48 Ibid., p. 221.

com o rebanho guiado por ele em uma "comunidade de destino", salvando-se e, eventualmente, perdendo-se com o rebanho quando calamidades se abatem.

Quando, com o surgimento do Estado moderno e da governamentalidade que lhe corresponde, o soberano foi demandado não apenas a dominar e assujeitar a todos, mas a governar as condutas de cada um presumivelmente em vista do bem comum, não precisou inventar uma arte de governar inteiramente nova. Para Foucault, o pastorado cristão não foi propriamente suplantado, "houve na verdade intensificação, multiplicação, proliferação geral dessa questão e dessas técnicas da conduta. Com o século XVI, entramos na era das condutas, na era das direções, na era dos governos".[49]

Em *O reino e a glória*, Agamben afirmou que Carl Schmitt teria feito uma genealogia do "governo dos homens" análoga à de Foucault quando, na obra *Estado, movimento, povo*, por ocasião da ascensão de Hitler ao poder em 1933, encontrou no pastorado cristão a origem mais distante de uma imagem do exercício do poder político que não se deixa capturar propriamente nem pelo reinar nem pelo governar, mas apenas pelo guiar (*führen*). Com o presidente Paul von Hindenburg nomeando Hitler chanceler e em seguida concedendo a ele plenos poderes, Hitler nem reinava, nem tampouco apenas governava como executor de procedimentos de gestão, mas guiava o povo rumo a seus fins próprios (em uma "secularização do paradigma pastoral"[50]).

Ao soberano governante não será suficiente o conhecimento das leis e dos instrumentos de sua aplicação, mas antes de tudo o conhecimento dos elementos que constituem o Estado e dos meios para sua conservação e fortalecimento, de modo que do soberano não ser*ão* demandadas como antes apenas a sabedoria e a prudência no manejo das leis, mas principalmente o saber técnico das coisas. Esse saber é revelado pela estatística e manejado por um aparelho administrativo que progressivamente se confundirá com o governo e o próprio soberano, em um processo no qual a virtude do príncipe como governante é progressivamente apagada em proveito da eficiência técnica do Estado.[51]

---

49 Ibid., p. 309. "E o governo é isso. É mais do que a soberania, é um suplemento em relação à soberania, é algo diferente do pastorado, e esse algo que não tem modelo, que deve buscar seu modelo, é a arte de governar. Quando se houver encontrado a arte de governar, saber-se-á de acordo com que tipo de racionalidade se poderá fazer essa operação que não é nem a soberania nem o pastorado. Donde o que está em jogo, donde a questão fundamental desse fim de século XVI: o que é a arte de governar? (Ibid., p. 317).

50 Agamben, *O reino e a glória*, p. 91.

51 Ver Senellart, *As artes de governar*, pp. 58-60.

Desdobramentos como esses culminarão, nas palavras de Hannah Arendt, no "governo de Ninguém" ou burocracia, "o domínio de um sistema intrincado de departamentos nos quais nenhum ser humano, nem um único nem os melhores, nem a minoria nem a maioria, pode ser tomado como responsável";[52] "a forma mais social de governo", "o último estágio do governo no Estado-nação", que mesmo sendo "o governo de ninguém não é necessariamente um não governo", podendo antes "vir a ser uma das suas mais cruéis e tirânicas versões".[53] O governo totalitário nazista certamente não se exauria no funcionamento anônimo da burocracia, mas não funcionava sem ele.

Na trilha aberta por Foucault, Michel Senellart, editor do curso *Segurança, território, população*, concebeu uma obra hoje incontornável para a compreensão do que significa governar e, claro, ser governado. Visando a uma "genealogia do Estado moderno", Senellart encontrou no cristianismo não uma possivelmente esperada negação da política, mas antes uma lenta interação do temporal com o religioso, a apontar para uma forma inteiramente nova de governo. Como Foucault, Senellart recorreu a vários pensadores cristãos a partir do século III d. C. – como Gregório Magno e Tomás de Aquino –, mas concedeu um lugar especial na história do governo a Agostinho de Hipona, que nem sequer é mencionado por Foucault em seu curso.

Até Agostinho, nos três primeiros séculos da era cristã, acreditava-se que com o batismo "era restaurada a liberdade descrita no Gênesis (1-3)", de modo que os cristãos haviam assim "recuperado a capacidade de governar a si mesmos alienada pelo pecado",[54] sendo a tarefa dos sacerdotes antes exortar que obrigar (João Crisóstomo). Agostinho travou um longo e duro combate com o pelagianismo, definido como primeira heresia do Ocidente cristão, que "exaltava a aptidão natural do ser humano à autonomia", "considerava absurda a ideia de um pecado original que impedisse os seres humanos de progredirem por si mesmos"[55] e julgava que a queda de Adão era antes um mau exemplo contraposto pelo bom exemplo de Jesus que uma condenação da humanidade ao reinado da morte.

---

52 Arendt, *Sobre a violência*, p. 33.

53 Id., *A condição humana*, p. 49. Em "Franz Kafka: uma reavaliação", p. 101, Arendt sustentou que o pesadelo figurado em *O processo* "representa adequadamente a natureza verdadeira da coisa chamada burocracia – a substituição do governo pela administração e das leis por decretos arbitrários".

54 Senellart, *As artes de governar*, p. 74.

55 Ibid., p. 79, nota 40.

Para Agostinho, o mal da alma residia não na carne, mas na carne corrompida, condenada à morte pela queda de Adão transmitida pelas gerações, pelo pecado original que se perpetua no ato sexual e se manifesta no descontrole de si. O pecado "transformou o corpo dócil de Adão em uma carne rebelde".[56] Não é a carne a causa do pecado, mas a desobediência de Adão que engendrou então uma corrupção da carne, que passou a tiranizar a vontade:

> Foi da vontade, com efeito, e não da carne, que se originou o pecado. Mas a culpabilidade transmitida por Adão à sucessão dos homens é acompanhada de uma surpreendente inversão. Enquanto no paraíso a carne foi corrompida pela falta da vontade, doravante é por causa da corrupção da carne que a vontade é impotente. Adão pecou por ter querido o que ele não podia ser – viver segundo ele mesmo, desligado de toda obediência –; os homens estão votados ao mal por não poderem o que eles querem.[57]

As implicações políticas da reorientação agostiniana dificilmente podem ser exageradas. Agostinho sustentou que o pecado original, definido pela tentativa de Adão de governar a si mesmo, "marca o começo da servidão do homem. Desde a queda, sua vontade é escrava, impotente para comandar a carne. Daí a necessidade de coerção".[58] Opunha-se a autores cristãos como Gregório de Nissa e João Crisóstomo, para quem a Igreja formava uma "comunidade de um tipo absolutamente novo", "não apenas, o que é evidente, por suas crenças e suas regras de vida, mas porque, fundada na soberania do livre-arbítrio, só ela era capaz de governar-se a si mesma".[59] É a degradação do gênero humano que justifica um poder repressivo.

Com a pretensão de ser autônomo, Adão foi punido com a indocilidade de sua libido, com o conflito constante entre o que queria e o que podia, com a servidão decorrente do estar constantemente em desacordo consigo mesmo, com a incapacidade de obedecer a si mesmo. Ele não teria percebido que

> sua verdadeira glória, com efeito, consistia na obediência, não na liberdade. Ele mandava em si mesmo somente na medida em que respeitasse

---

56 Ibid., p. 86.

57 Ibid., p. 84.

58 Ibid., p. 73.

59 Ibid., p. 77.

> o mandamento divino. A ordem dada por Deus – a proibição, fácil de observar, de uma única espécie de alimento entre outras – não tinha por finalidade senão ensinar-lhe "*a pura e simples obediência, que é a grande virtude da criatura racional*" (*A cidade de Deus*, XIII, 20). Adão, em suma, era livre enquanto aceitava sua sujeição. Sua falta foi ter acreditado que o princípio de seu domínio de si residia em sua própria vontade. Sua queda, a partir de então, foi o efeito natural de sua insubmissão.[60]

A "impossível coincidência de si consigo", coincidência agora recobrável apenas no "outro mundo", promove "uma inversão das relações entre poder e vontade", uma vez que no paraíso Adão comandava a si mesmo "querendo o que Deus ordenava": "O poder não é mais a consequência de uma vontade que obedece, mas o meio de coagi-la a obedecer. Se bastava a Adão querer o bem para *exercer* seu poder, é preciso que os homens *se submetam* a um poder para serem capazes de bem-querer".[61] Não há aqui mais a separação entre autoridade espiritual e coerção secular, de modo que agora também os cristãos precisam ser coagidos, e o poder temporal, como órgão repressor, tem a tarefa da disciplina, da coerção física. O poder temporal se justificará doravante no plano moral por sua tarefa de "combater o mal que fazia de cada homem um inimigo para si e para outrem".[62] O poder temporal faz convergir pela coerção a medicina das almas com a disciplina dos corpos, esta última legitimada pela doutrina do pecado original. Tendo isso em consideração, chama também a atenção que, tanto quanto Foucault, Agamben passe ao largo da obra de Agostinho.

Na obra *Opus Dei*, Agamben detém-se no que chamou de "arqueologia do ofício".[63] Em *O reino e a glória* ele já havia levantado a hipótese de que a teologia cristã teria dado origem a dois paradigmas políticos, antinômicos e conexos, decisivos para a conformação da vida política até nossos tempos: de um lado, a teologia política, a fundar "a transcendência do poder soberano" em um Deus único; de outro, uma teologia econômica a conceber uma ordem imanente "tanto da vida divina quanto da vida humana", engendrando "a biopolítica moderna até

---

60 Ibid., p. 87. Grifos meus.

61 Ibid., p. 88. Grifos no original.

62 Ibid., p. 89.

63 Julgo importante notar que na tradução em inglês (Stanford, 2013) optou-se por traduzir o subtítulo da obra por "*an archeology of duty*" ("uma arqueologia do dever").

o atual triunfo da economia e do governo sobre qualquer outro aspecto da vida social".[64] Ele também assinalou aí que na teologia cristã predominou a compreensão de que a criatura é puro agradecimento e só se liberta de sua impotência no louvor à glória de Deus: "Se a criatura é essencialmente glorificação da glória, glória que a glória divina tributa a si mesma, torna-se evidente por que a vida da criatura alcança seu ápice na obediência (*Lebensgehorsam*)".[65]

Há uma notável analogia, para Agamben, entre os louvores religiosos à glória divina e os ritos cerimoniais de aclamação associados à soberania. Essa vida que encontra seu sentido último na submissão glorificadora claramente possui implicações políticas decisivas, para Agamben, nas "imponentes liturgias políticas dos regimes totalitários".[66]

> Uma redução tão absoluta da criatura à sua função glorificante não pode deixar de lembrar o comportamento que os poderes profanos exigem de seus súditos, tanto em Bizâncio quanto na Alemanha dos anos 1930 (...). Também aqui a dignidade mais elevada e a máxima liberdade consistem na glorificação do soberano. E, também aqui, a glorificação é devida ao soberano, não porque ele tenha necessidade disso, mas, como mostram as insígnias resplandecentes, o trono e a coroa, porque ele é em si mesmo glorioso.[67]

A tese de Agamben é a de que o *Opus Dei*, termo técnico da Igreja católica que designa o exercício da função sacerdotal, legou ao Ocidente (inclusive à ética kantiana) um influente paradigma para a ação humana consoante o qual o que alguém faz e o que alguém é se indistinguem, de modo que um indivíduo "é aquilo que deve (ser) e deve (ser) aquilo que é".[68] *Opus Dei* designa a liturgia, termo originário do grego que apenas no século XIX veio a substituir – em uma curiosa substituição do latim pelo grego – o termo latino *officium* até então empregado, "cuja esfera semântica não é fácil de definir e que, ao menos em aparência, nada parecia destinar à sua nova fortuna teológica".[69]

---

64 Agamben, *O reino e a glória*, p. 13.

65 Ibid., p. 236.

66 Id., *Opus Dei*, p. 9.

67 Id., *O reino e a glória*, p. 236.

68 Id., *Opus Dei*, p. 9.

69 Ibid., p. 7.

Na tradição litúrgica, sustentou Agamben, o vínculo entre *officium* e *effectus* (que traduz o grego *energeia*, atividade) é compreendido de acordo com o modelo aristotélico potência-ato, mas com uma importante diferença em relação a Aristóteles. Para este, o que permite a passagem da potência ao ato na ética são os hábitos (*hexeis*), que são, assim, identificados com a virtude, com a capacidade de se tornar bom e fazer bem a própria obra. Ocorre que o hábito se torna aporético precisamente porque ele não é só o que atualiza uma potência em ato, pois "ter a *hexis* de uma potência significa poder não a exercer".[70] Isto é: para que possa ser compreendido como uma virtude, o hábito não pode estabelecer uma conexão necessária entre potência e ato, ou sempre estar determinado a atualizar uma potência, mas "só enquanto o hábito é também hábito de uma privação, a potência pode permanecer e se controlar, sem se perder sempre no ato".[71] A virtude consiste, portanto, não apenas em realizar bem a obra, mas também no que Agamben chamou de uma "potência de não", em um poder não exercer o hábito, de modo que a virtude é "'um certo hábito' (*hexis tis*) e, ao mesmo tempo, algo que, no hábito, o torna capaz de passar ao ato e agir do melhor modo",[72] sendo simultaneamente capacidade e decisão.

Na apropriação escolástica da ética aristotélica esse fundo aporético de uma virtude que é antes de tudo um poder agir bem, mas sempre também um poder não agir, se dissolveu significativamente. Em Tomás de Aquino, destacou Agamben, é colocada entre parênteses "a conexão aporética entre o hábito e o poder não passar ao ato", uma vez que para ele "a virtude humana se refere só à potência de agir",[73] de modo que o caráter bom da virtude consiste em "sua efetualidade, seu impelir e orientar a potência em direção a sua perfeição. E esta não consiste, para o homem, no ser, mas no operar, e só através da ação o homem se assemelha a Deus".[74]

Para Agamben, é na teoria da religião, a indicar uma relação especial do ser humano com Deus, que virtude e ofício se indistinguem e que a relação fundamental entre virtude e dever é formulada pela primeira vez. Para Tomás de Aquino a religião acaba por ser a mais elevada das virtudes morais precisamente porque rende a Deus a honra devida a ele, articulando assim louvor e ofício:

---

70 Ibid., p. 100.

71 Ibid., p. 99.

72 Ibid., p. 101.

73 Ibid., p. 104.

74 Ibid., p. 105.

> reflita-se sobre o singular paradigma prático que está em questão aqui e parece constituir de qualquer maneira o modelo do "dever de virtude" (*Tugendpflicht*) kantiano e pré-kantiano. No conceito de uma virtude cujo único objeto é um *debitum*, de um ser que coincide integralmente com um ter de ser, virtude e *officium* coincidem sem resíduos. O "dever-ser" é, portanto, o dispositivo que permite aos teólogos resolver a circularidade entre ser e agir na qual restava presa a doutrina das virtudes. O ato realizado graças à inclinação operativa do hábito virtuoso é, na realidade e na mesma medida, a execução de um dever. Fazendo literalmente "da necessidade virtude", o religioso é, ao mesmo tempo, inclinado ao dever e obrigado à virtude.[75]

A devoção do culto religioso não tem seu caráter louvável mitigado pelo fato de ser uma obrigação, pois a pronta vontade na realização do culto devido, em "incondicionada dedicação interior", é já um ato de virtude – como aquele do servo que converte necessidade em virtude ao fazer de modo voluntário o que deve a seu patrão, conforme um exemplo mencionado por Tomás de Aquino.[76] Em uma anotação de 1955, em diálogo precisamente com Tomás de Aquino, Arendt ponderou que a interpretação da obediência como virtude teve origem na interpretação da soberba como o maior pecado e na concepção da obediência como ruptura com a disposição para se rebelar contra Deus. Além disso, a obediência *à autoridade política, mundana,* foi identificada como forma privilegiada do cultivo da humildade necessária para não se rebelar contra Deus.[77] Com isso, observou Arendt, comentando o apóstolo Paulo, a desobediência veio a se tornar "o pecado mortal *par excellence*; e a obediência, a própria base da ética cristã, a 'virtude das virtudes' (Ekhart)", que, "diferentemente da pobreza e da castidade, dificilmente pode ser tirada dos ensinamentos e das pregações de Jesus de Nazaré".[78]

Em Francisco Suárez a noção de débito se deslocou para o centro de sua compreensão da religião, unindo "dever e hábito na ideia de uma virtude que é, ao mesmo tempo, um *officium*".[79] Agamben cita sua definição de religião:

---

75 Ibid., p. 108.

76 Ver Ibid., pp. 107-108.

77 Arendt, *Denktagebuch – 1950 bis 1973*, pp. 540-541 (jul. 1955, XXI, 56).

78 Id., *A vida do espírito*, p. 331.

79 Agamben, *Opus Dei*, p. 110.

o nome da religião se pode assim explicar corretamente: porque a criatura racional é ligada por um débito natural e por uma íntima inclinação a oferecer um culto ao seu autor, ela é ligada novamente [*religatur*] por uma escolha voluntária e por um hábito a ela acrescida. Por isso a virtude que cumpre esse *officium* pode-se chamar *religio*.[80]

Nessa compreensão em que direito e religião coincidem, consoante a qual temos a ideia do ser humano como não tendo "outro conteúdo além de um puro débito",[81] um ter de ser, Agamben destacou dois aspectos que considerou fundamentais: de um lado, "aquele em que ele especifica a natureza legal do vínculo que une na *religio* o homem a Deus com o termo 'respeito' (*reverentia*)";[82] de outro, aquele que indica o dever religioso como o débito inexaurível na relação do ser humano com Deus. Esses aspectos são decisivos porque permitem começar a vislumbrar na arqueologia do ofício realizada por Agamben a ética kantiana. *Reverentia* é a mesma palavra traduzida por Kant como *Achtung* para descrever o "sentimento não empírico" de respeito pela lei moral. Ademais, a ideia de um dever infinito é reverberada por ele na ideia de virtude como um ideal inatingível do qual, não obstante, devemos nos aproximar constantemente.

Entre Suárez e Kant, não obstante, na sua genealogia da ideia de dever Agamben ainda faz uma parada na obra de Samuel Pufendorf, que sustentou enfim que "a categoria que deve guiar o tratamento da ética não é a virtude, mas o dever", marcando assim "o ingresso na ética moderna daquela ideia de dever que não devia mais abandoná-la".[83] Pufendorf sustentou, na sua obra *De officio hominis et civis* (*Sobre o dever do homem e do cidadão*), que a ação das pessoas na esfera do Estado é definida pelo fato de que ela e seus efeitos podem e devem ser imputados aos agentes: "A obrigação que nasce dessas ações não coincide com a coação externa, mas penetra na própria vontade do agente, como uma espécie de sentido moral intrínseco (...), que o impele a conformar-se ao prescrito pela norma".[84]

Aí é fundamental que Pufendorf tenha recorrido, para conferir força de lei ao princípio de que cada ser humano tem de conformar-se à sociedade, "a um

80 Ibid., p. 110 (citando Suárez, *Opera omnia*, v. 13, p. 5).

81 Ibid., p. 112.

82 Ibid., p. 110.

83 Ibid., p. 112.

84 Ibid., p. 114.

Deus transcendente que governa o mundo com sua providência".[85] Principalmente por isso, ele dirigiu uma crítica feroz ao pensamento de Espinosa, por sua negação do governo divino do mundo e de uma justiça divina a prover prêmios e castigos, o que implicaria a abolição de toda religião, nos termos expostos acima, desde ao menos Agostinho. Não à toa Eichmann recorreu a Espinosa quando quis pensar um Deus não punitivo e raivoso e um mundo que coincidia com uma natureza amoral, como vimos no capítulo anterior. Para Agamben,

> há então um nexo entre a crítica ao espinosismo e a posição do dever como categoria fundamental da ética: trata-se, em ambos os casos, de afirmar a solidariedade entre governo divino do mundo e imputabilidade das ações humanas. A tripartição dos deveres em deveres em relação a Deus, em relação a si mesmo e em relação aos outros sanciona essa solidariedade. Situado no vértice entre a *socialitas* humana e a providência divina, o *officium* torna possível e garante a efetividade do governo.[86]

Na ética kantiana "o paradigma do ofício encontrou sua extrema e mais aporética formulação", por Kant conceber nela um "dever de virtude" (*Tugendpflicht*) no qual dever e virtude são equiparados e enfim tornados indistintos: a ação ética coincide com "uma ação cujo único motivo e impulso (*Triebfeder*) é o dever".[87] Isso, insistiu Agamben, é precisamente o que define o paradigma do ofício tal como assumido na *religio*, de modo que a ética kantiana é, para ele, com seu "dever de virtude", a realização completa do projeto de uma ética fundada sobre deveres.

> Se a ideia aberrante de uma ação realizada unicamente por dever (isto é, em obediência a um comando, e não por uma inclinação natural) pôde penetrar e se impor na ética, foi somente porque a Igreja, através de uma praxe e de uma teorização secular, havia elaborado o ofício como modelo da atividade humana mais alta, encarnada no sacerdote e, antes ainda, no sacerdócio de Cristo (...). Se no ofício a garantia da efetualidade da ação litúrgica *ex opere operato* está em Cristo, o que em Kant toma o lugar de Cristo como garantia da efetualidade do dever é a lei.[88]

---

85 Ibid.

86 Ibid., p. 115.

87 Ibid., p. 116.

88 Ibid., pp. 116-117.

A efetualidade do dever se dá porque a lei provoca o sentimento de *respeito*. O sentimento de respeito é o sentimento *a priori* de reverência pela lei que faz com que a consciência da lei moral se traduza no dever, na necessidade de uma ação motivada apenas pela lei, sem incidência de qualquer inclinação.[89] Agamben dedicou especial atenção a uma nota na *Fundamentação da metafísica dos costumes* em que Kant reconheceu que o sentimento de respeito pode parecer obscuro e sustentou que ele não é mais que a "consciência da *subordinação* da minha vontade a uma lei"[90] e, nos termos de Agamben, "o reconhecimento e o efeito da sujeição a um comando, que define a própria forma da lei".[91]

O sentimento de respeito, enquanto veneração pela lei, é capaz também de ser motivo para a ação moral na medida em que provoca humilhação – o sentimento negativo de desagrado por ver tolhido o interesse próprio –, que não obstante opera como "fundamento determinante subjetivo"[92] para o acolhimento da lei moral pela vontade. Para Agamben, Kant admitiu que a origem do respeito é imperscrutável ou impenetrável para a razão especulativa porque o respeito, "exatamente como o dever, não tem outro conteúdo senão a sujeição ao comando da lei", uma vez que, "como sentimento vazio ou de grau zero, o respeito não é senão a sombra que o dever – isto é, que a coerção diante do comando da lei – projeta sobre o sujeito".[93]

O dever desloca-se do âmbito do direito e da religião para o da ética na medida em que passou a ser compreendido não como uma coerção externa, do Estado ou de Deus, mas como uma autocoerção, mediante a qual, mais uma vez, percebo-me livre na medida em que me percebo capaz de me constranger a obedecer à lei, "mesmo com prejuízo de todas as minhas inclinações".[94] Por meio da razão, o ser humano tem de se julgar capaz de combater e vencer os impulsos da natureza que constituem obstáculo ao cumprimento do dever, de modo que o próprio cumprimento do dever, a capacidade e o propósito deliberado de vencer as inclinações enquanto adversárias da atitude moral em nós, é já por si virtude.[95] Na medida em que o sentimento moral se efetua como

89 Ver Kant, *Fundamentação da metafísica dos costumes*, p. 31 (BA 14).

90 Ibid., p. 32 (BA 16). Grifo no original.

91 Agamben, *Opus Dei*, p. 118.

92 Kant, *Crítica da razão prática*, p. 122 (A 133).

93 Agamben, *Opus Dei*, p. 121.

94 Kant, *Fundamentação da metafísica dos costumes*, p. 31 (BA 15).

95 Ver Id., *Metafísica dos costumes*, p. 283 (380).

vitória sobre as demandas das inclinações, parece permanecer como um risco sempre presente a possibilidade de confundir o mero vencer as inclinações, quaisquer que sejam, como já sendo a virtude inteira.

5.2. Dever, apatia, crueldade: a inversão da dinâmica da tentação

Em uma conferência da mesma época em que publicou *Opus Dei* (2012), chamada "O que é um comando?", Agamben distendeu as diretrizes do que então anunciava ser uma pesquisa em andamento sobre a arqueologia do comando. Aí ele aprofundou algumas intuições anunciadas em *Opus Dei* sobre "o *monstrum* de um dever que é também um impulso e de uma vontade que se deixa livremente determinar pela lei".[96] Ele destacou o que identificou como um uso paradoxal dos verbos modais, ou um "entrelaçamento ininteligível das categorias modais" que se manifestou no cânone do juízo moral tal como formulado na *Fundamentação da metafísica dos costumes*: "Temos de *poder querer* (*Man muß wollen können*) que uma máxima de nossa ação se transforme em lei universal".[97] Essa frase, para Agamben "delirante em todos os aspectos", nessa peculiar imbricação dos três verbos modais "define o espaço da modernidade e, ao mesmo tempo, a impossibilidade de articular aí algo como uma ética".[98]

Para assinalar a singularidade desses desdobramentos, Agamben destacou que na tradição ocidental subsistem duas ontologias distintas e imbricadas, sendo uma a ontologia do comando "própria do âmbito jurídico-religioso, que se exprime no imperativo e tem caráter performativo", e a outra a ontologia da substância e do ser, "que se exprime na forma do indicativo" (ou substantivada como "é", "ser", "ente") e é própria da tradição filosófico-científica.[99] Em Kant a ontologia do comando e do dever-ser teria atingido seu paroxismo e insidiosamente penetrado a ontologia do ser, substituindo substâncias por exigências e imperativos, em que as ideias da razão não são palavras denotativas, mas "comandos", "ideias reguladoras". A ontologia ocidental seria constituída pela "máquina dupla" do assertivo e do performativo, representando o performativo "um cruzamento entre as duas ontologias, no qual a ontologia do *estō* [dever ser] suspende e substitui a ontologia do *esti* [ser]".[100] São exemplos eminentes do performativo "o juramento, o comando e a oração".[101]

96 Agamben, *Opus Dei*, p. 119.

97 Kant, *Fundamentação da metafísica dos costumes*, p. 62 (BA 57). Grifos no original.

98 Agamben, *Creación y anarchia*, p. 98.

99 Id., *Opus Dei*, p. 124.

100 Id., *Creación y anarchia*, p. 94.

101 Id., *Opus Dei*, p. 124.

A verdadeira "revolução copernicana" de Kant – que para Deleuze "consiste em fazer com que o Bem gire em torno da Lei"[102] – é, para Agamben, a substituição da ontologia da substância pela ontologia do comando, ou a imbricação desta naquela, principalmente no âmbito moral.

> No limiar da modernidade, quando a teologia e a metafísica parecem ceder definitivamente o campo para a racionalidade científica, o pensamento de Kant representa o ressurgimento secularizado da ontologia do *estō* no seio da ontologia do *esti*, o ressurgir catastrófico do direito e da religião no seio da filosofia. Diante do triunfo da consciência científica, Kant procurou assegurar a sobrevivência da metafísica, enxertando e deixando agir a ontologia do comando e do dever-ser naquela do ser e da substância. Crendo assegurar desse modo a possibilidade da metafísica e fundar, ao mesmo tempo, uma ética não jurídica nem religiosa, ele, por um lado, acolheu sem dar-se conta a hereditariedade da tradição teológico-litúrgica do *officium* e da operatividade e, por outro, demitiu permanentemente a ontologia clássica.[103]

É precisamente nesse movimento conclusivo do livro *Opus Dei* que Agamben faz referência à menção a Kant por Eichmann em seu julgamento. Ele destacou como digno de atenção não tanto o fato de Arendt defender Kant de Eichmann indicando a heteronomia deste, mas que ela tenha levado a sério a versão de Kant "para o uso doméstico do homem comum", mencionada por Eichmann, ao apontar suas possíveis implicações na mentalidade da gente comum na Alemanha. Agamben concluiu, após mencionar Eichmann, que

> a cegueira de Kant é não ter visto que, na sociedade que estava nascendo com a Revolução Industrial, na qual os homens seriam sujeitados a forças que não poderiam de modo nenhum controlar, a moral do dever os havia habituado a considerar a obediência a um comando (pouco importa se externo ou interno, porque nada é mais fácil que interiorizar um comando externo) como um ato de liberdade.[104]

---

102 Deleuze, *Présentation de Sacher-Masoch (le froid et le cruel)*, p. 73.

103 Agamben, *Opus Dei*, p. 126.

104 Ibid., p. 127.

É certamente hiperbólico indicar como cegueira o fato de Kant não considerar a sociedade pós-Revolução Industrial, que ele mal pôde conhecer, mas a importância da moral do dever para a ordenação dessa sociedade dificilmente pode ser subestimada. Nietzsche deu forma a isso, no que diz respeito ao Estado, nos seguintes termos:

> Todos vocês não têm coragem de matar um ser humano ou até mesmo de chicoteá-lo ou até mesmo de –, mas a tremenda loucura do Estado domina o indivíduo de modo que ele *recusa* a responsabilidade pelo que faz (obediência, juramento etc.) (...). *Isso é alcançado pela divisão do trabalho, de modo que ninguém mais tenha toda a responsabilidade.*[105]

A essa identidade entre vida e função, que subjaz à glorificação do dever, Agamben opõe a "potência de não", a dissolução da conexão necessária entre comando e execução, entre potência e atividade, a própria ideia de possibilidade como experiência que os teólogos teriam buscado apagar.[106] A figura emblemática da experiência do tornar inoperosos a lei e o dever e de uma liberdade que não consiste em admitir necessariamente a lei é Bartleby, o escrivão que passou a dizer simplesmente "preferiria não" quando o "homem da lei" lhe propunha precisamente exercer sua função como escriba.[107] Seu experimento com o "preferiria não" é o da contingência absoluta, que consiste em conservar-se como potência que não se atualiza e assim recordar as possibilidades que não se atualizaram. O "preferiria não" restitui a possibilidade ao destituir a necessidade mesmo do já acontecido, e ao fazer com que a razão suficiente para que

---

105 Nietzsche, "Fragmentos póstumos de novembro de 1887 a março de 1888", n. 11[252]. In: *Sämtliche Werke. Kristische Studienausgabe* (KSA), v. 13, p. 97. Grifos no original.

106 Na seção "O problema do novo", do volume sobre a vontade em *A vida do espírito*, Arendt citou com aprovação a seguinte afirmação de Bergson: "A maioria dos filósofos ... é incapaz ... de conceber a novidade radical e a imprevisibilidade ... Mesmo os poucos que acreditaram no *liberum arbitrium* reduziram-no a uma simples 'escolha' entre duas ou mais opções, como se estas opções fossem 'possibilidades'... e a Vontade ficou restrita a realizar uma delas. Logo, eles ainda aceitavam ... que tudo é dado. Parecem nunca ter tido a menor noção de uma atividade inteiramente nova ... E esse tipo de atividade é, afinal, a ação livre" (*A vida do espírito*, p. 293).

107 Agamben, *Bartleby, ou da contingência*, p. 51.

algo ocorra não implique necessariamente sua ocorrência. Para Agamben, essa desativação atualiza "o único sentido possível da liberdade humana", "aquele que faz a experiência de poder não querer",[108] que restitui a diferença entre vida e dever (ou função, ou tarefa, ou ofício) e pode assim evitar que as catástrofes da obediência sejam ilimitadas.

Como bem observou Agamben, Nietzsche não escreveu uma quarta dissertação n'*A genealogia da moral* realizando uma investigação genealógica sobre o ingresso do conceito de dever na ética. Além disso, não dedicou atenção especial à filosofia moral de Kant nessa sua obra basilar. Não obstante, Nietzsche é bastante incisivo ao sustentar, nesse período final de sua produção filosófica, que a noção de dever decorre da dívida com o Deus criador, ela mesmo uma deificação da irresgatável dívida com os antepassados; que "o imperativo categórico cheira a crueldade";[109] que a moral de Kant é aquela do funcionário do Estado.

"De uma maneira historicamente curiosa e problemática", a forma mais remota do direito, a relação entre credor e devedor, fundamental ao desenvolvimento da memória e da consciência definidoras do nosso processo de hominização, introduziu-se "na relação entre *os vivos e seus antepassados*".[110] Os antepassados fundadores da comunidade são percebidos como a fonte dos benefícios de uma vida comum ordenada, de modo que a eles se devem "homenagens, sobretudo obediência – pois os costumes são, enquanto obra dos antepassados, também seus preceitos e ordens".[111] Quanto mais fortalecida e vitoriosa a estirpe, maior a consciência da dívida para com os ancestrais, que adquirem então proporções gigantescas e assim são divinizados enquanto espíritos poderosos que não cessam de prover bens sempre novos.

Na imagem final de um Deus único criador e provedor da vida e de todo bem-estar, como o Deus cristão, o sentimento de culpa/dívida atinge seu paroxismo quando o próprio Deus credor se sacrifica por amor para quitar a dívida que se tornou humanamente irresgatável.[112] Com esse gesto, após um alívio temporário, a dívida é duplicada, de modo que a consciência de seu caráter irresgatável se volta como castigo contra o devedor e redunda necessariamente

---

108 Ibid., p. 40.

109 Nietzsche, *Genealogia da moral*, p. 55 (II, 6).

110 Ibid., p. 77 (II, 19). Grifos no original.

111 Ibid.

112 Ibid., p. 80 (II, 21).

em uma humanidade atormentada. Uma dívida para com Deus, mais ainda se for irresgatável, torna-se um suplício permanente.

Ainda sobre esse movimento curioso e problemático, Nietzsche refletiu sobre o que chamou de "suposição religiosa".[113] O Estado, inicialmente por necessidade de ordenar a vida gregária, inibiu por um direito punitivo extremo as ações que não podem se dar na vida comum, a fim de interditar instintos tidos por deletérios, mediante um processo de domesticação. O castigo instaura um hiato entre intenção e gesto. O indivíduo então passa a culpar-se e martirizar-se por continuar a sentir os impulsos para as ações proibidas que levam ao castigo. Assim, criam todo um sistema de automortificação cujo horizonte é ou a crueldade infinita ou a apatia decorrente do domínio das inclinações/desejos/paixões, que aparece como santidade moral. Ao hino kantiano ao dever na *Crítica da razão prática*, mencionado anteriormente, Nietzsche contrapõe sua origem cruenta.

O "bicho-homem interiorizado, acuado dentro de si mesmo"[114] desenvolve, devido à crueldade reprimida, uma vontade de se torturar que, por meio da hipótese de uma dívida para com Deus, conduz seu automartírio ao extremo. O "Não" que esse bicho-homem diz a si mesmo, a seus instintos animais, é projetado externamente como "Sim" a um Deus que é santo e ainda juiz e verdugo, a imagem última de uma perfeição inalcançável e de uma dívida irresgatável por qualquer castigo, à qual só pode corresponder um infernal tormento eterno.

> Há uma espécie de loucura da vontade, nessa crueldade psíquica, que é simplesmente sem igual: a vontade do homem de sentir-se culpado e desprezível, até ser impossível a expiação, sua vontade de crer-se castigado, sem que o castigo possa jamais equivaler à culpa, sua vontade de infectar e envenenar todo o fundo das coisas com o problema do castigo e da culpa, para de uma vez por todas cortar para si a saída desse labirinto de "ideias fixas", sua vontade de erigir um ideal – o do "santo Deus" – e em vista dele ter a certeza tangível de sua total indignidade.[115]

Nietzsche defendeu que há aí não apenas uma perspectiva dentre outras, mas "*doença*, sem qualquer dúvida, a mais terrível doença que jamais devastou o ser

---

113 Ibid., p. 81 (II, 22).

114 Ibid.

115 Ibid.

humano",[116] "a maior e mais sinistra doença, da qual até hoje não se curou a humanidade, o sofrimento do homem *com o homem, consigo*".[117] Trata-se da doença da má consciência, do sentimento de culpa decorrente do encarceramento, no âmbito da sociedade e da paz, em costumes demasiado estreitos, doença para a qual o castigo aparece como cura, domesticação e adormecimento dos instintos: "Esse animal que querem 'amansar', que se fere nas barras da própria jaula, este ser carente, consumido pela nostalgia do ermo, que a si mesmo teve de converter em aventura, câmara de tortura, insegura e perigosa mata".[118]

Essa humanidade doente e atormentada é conservada, curiosamente, por uma inversão da direção do ressentimento, que não se dirige mais àquele outro que me faz sofrer, mas a mim mesmo. O agente dessa mudança de perspectiva é o sacerdote ascético, cuja suprema maestria é "*a dominação sobre os que sofrem*".[119] A estes ele oferece a resposta para sua busca pela causa de seu sofrimento, a busca por "um agente *culpado* suscetível de sofrimento":[120] o sofredor mesmo, como pecador, é o culpado e, por conseguinte, também quem deve ser punido. O sacerdote ascético, como médico da alma, não aspira à cura da doença, mas ao consolo oferecido ao sofredor pela atribuição de sentido ao sofrimento, sua razão de ser como castigo e expiação. Mais que cura, aspiram a dominar os sofredores, e para isso "o sacerdote *vive* dos pecados, ele necessita que se peque":[121] "ele traz unguento e bálsamo, sem dúvida; mas necessita primeiro ferir, para ser médico; e quando acalma a dor que a ferida produz, *envenena no mesmo ato a ferida*", pois sua arte de gênio consiste em tornar "tudo o que é são necessariamente doente, e tudo doente necessariamente manso.[122]

Com noções como "culpa", "pecado", "pecaminosidade", "corrupção" e "danação" os sacerdotes ascéticos, muitos deles filósofos/teólogos da moral,[123] tornaram inofensivos os sofredores, aproveitando-se de seus instintos ruins

---

116 Ibid. Grifos no original.

117 Ibid., p. 73 (II, 16). Grifos no original.

118 Ibid.

119 Ibid., p. 115 (III, 15). Grifos no original.

120 Ibid., p. 116 (III, 15). Grifos no original.

121 Id., *O Anticristo*, p. 33 (§26).

122 Id., *Genealogia da moral*, p. 116 (III, 15). Grifos no original.

123 "Pode-se dizer que apenas nas *andadeiras* desse ideal a filosofia aprendeu a dar seus primeiros passinhos sobre a Terra – ah, ainda tão desajeitada, de carinha tão aborrecida, tão pronta a cair e ficar deitada sobre o ventre, essa coisinha tímida e mimosa de pernas tortas!" (Nietzsche, *Genealogia da moral*, p. 102 (III, 9). Grifos no original.

"para o fim de autodisciplinamento, autovigilância, autossuperação".[124] Esses expedientes de anulação instintiva, de domesticação, apoiam-se na convicção de que pelo castigo se alcançam "o acréscimo do medo, a intensificação da prudência, o controle dos desejos" – "numa intensificação da prudência", da memória, da ação cautelosa e desconfiada, "numa melhoria da faculdade de julgar a si próprio".[125] Ao se punirem e se desinteressarem por si próprios, exceto como alvos de vigilância e castigo, compreendem-se então como bons e justos. Os "homens de boa vontade" atribuem-se então a prerrogativa de serem censores, de modo que

> eles mesmos estão no fundo dispostos a *fazer* pagar, como anseiam ser *carrascos*! Entre eles encontram-se em abundância os vingativos mascarados de juízes, que permanentemente levam na boca, como baba venenosa, a palavra justiça e andam sempre de lábios em bico, prontos a cuspir em todo aquele que não tenha olhar insatisfeito e siga seu caminho de ânimo tranquilo.[126]

Essa vida adoecida que não suprime a si mesma – porque encontra justificação no castigo a si próprio e na justiça/vingança dirigida contra todo aquele que não tem aversão por si nem forma rebanho – é organizada pelo sacerdote ascético, que estimula a formação de rebanhos e permite a afirmação de uma vida que nega a si mesma. O não que o indivíduo farto de si "diz à vida traz à luz, como por mágica, uma profusão de Sins mais delicados; sim, quando ele se fere, esse mestre da destruição, da autodestruição – é a própria ferida que em seguida o faz viver...".[127]

Nietzsche voltou a esse tema em *Crepúsculo dos ídolos* quando mencionou o livre-arbítrio como algo forjado pelos sacerdotes com o objetivo de punir. Os indivíduos têm de ser considerados livres, atuando de modo deliberado e motivado, para que possam ser considerados culpados e ser então punidos. Teria sido pela reclamação do direito de impor castigos que os sacerdotes conceberam essa psicologia da vontade, da intencionalidade livre. Para Nietzsche, os teólogos – mediante o conceito de "ordem moral do mundo", de um mundo em que a culpa não fica sem castigo, de que há uma vontade de Deus

124 Nietzsche, *Genealogia da moral*, p. 118 (III, 16).

125 Ibid., p. 72 (II, 15).

126 Ibid., pp. 112-113 (III, 14). Grifos no original.

127 Ibid., p. 111 (III, 13).

sobre o que indivíduo deve ou não fazer, interpretada pelo sacerdote, que deve ser obedecida para que não sobrevenha a punição[128] – são os mais radicais adversários da tarefa que ele se atribuiu de purificar o devir das noções de culpa e de castigo.

O sacerdote é, para Nietzsche, o "sagrado parasita", artífice da sujeição e da obediência pelo medo, assim como da interpretação da "desobediência a Deus, isto é, ao sacerdote, à 'Lei'",[129] como pecado, do qual o sacerdote depende para manter seu domínio. É a partir dessas considerações que é possível compreender as afirmações de Nietzsche de que as religiões são "sistemas de crueldades"[130] e que o cristianismo é uma "*negação da vontade de viver tornada religião*",[131] "uma metafísica do carrasco".[132] Dessa perspectiva – e tendo em consideração que "o sistema crítico de Kant constitui, para Nietzsche, um dos exemplos mais expressivos de que a filosofia alemã foi nutrida com o leite materno da teologia"[133] – se pode compreender sua afirmação, inicialmente enigmática, de que "o imperativo categórico cheira a crueldade".

O que Nietzsche nomeou como "ideal ascético", noção à qual dedicou a terceira e última dissertação de *Genealogia da moral*, concerne diretamente ao "instinto de liberdade reprimido" que, devido à violência tirânica do Estado, é "capaz de desafogar-se somente em si mesmo".[134] Esse voltar-se sobre si mesmo com "crueldade de artista", forjando em si próprio um caráter, assujeitando "o seu velho Eu animal", suas inclinações, fez certamente "vir à luz uma profusão de beleza e afirmação nova" – inaugurando possibilidades de constituição de si insinuando um ideal "em noções contraditórias como *ausência de si, abnegação, sacrifício*". Todavia, é certo para Nietzsche que "o *prazer* que sente o desinteressado, o abnegado, o que se sacrifica: este prazer vem da crueldade",

---

128 Ver Id., *O Anticristo*, p. 32 (§26). Em *A religião nos limites da simples razão* Kant concebe o castigo como "o efeito do desgosto que Deus tem no sujeito" e afirma que "deve haver uma satisfação da justiça suprema, perante a qual alguém culpável jamais pode ficar sem castigo" (p. 79).

129 Ibid., p. 33 (§26).

130 Id., *Genealogia da moral*, p. 51 (II, 3).

131 Id., *Ecce homo*, p. 98 ("O caso Wagner", 2). Grifos no original.

132 Id., *Crepúsculo dos ídolos*, p. 46 ("Os quatro grandes erros", 7).

133 Giacoia, "Metafísica de carrascos", p. 99.

134 Nietzsche, *Genealogia da moral*, p. 75 (II, 17).

de modo que "somente a má consciência, somente a vontade de maltratar-se fornece a condição primeira para o *valor* do não egoísmo".[135]

Em um movimento cômico de *Crepúsculo dos ídolos* Nietzsche se pergunta: "– 'Quem é o homem perfeito'? – O funcionário público! 'Que filosofia oferece a mais elevada fórmula para o funcionário público?' – A de Kant: o funcionário público como coisa-em-si, alçado a juiz do funcionário público como fenômeno".[136] Nesse mesmo movimento, cujo título é "De um exame de doutorado", ele afirmou que a tarefa de todo ensino superior é fazer do indivíduo uma máquina, ensinar a enfadar-se pelo conceito de dever. O sentido desse movimento elíptico é mais bem compreendido a partir de anotações de 1887 em que Nietzsche associa filologia, monotonia, dever, Kant e o que chama de atividade maquinal. O filólogo, ele insiste, é o educador por excelência porque oferece o modelo de uma atividade monótona que ensina a conceber a monotonia como virtuosa e a desvalorizar os sentimentos agradáveis.

Essa monotonia que alcança o grandioso ensina a não se desencaminhar pelo agradável, o que é "a primeira precondição para conseguir desempenhar o dever maquinalmente (como funcionário público, marido, burocrata, leitor de jornal, soldado)".[137] Nietzsche associou a atividade maquinal à pretensão de tornar os indivíduos maximamente utilizáveis. Para isso, é indispensável conceber a realização de algo desagradável como "prova de força, de poder, de autossuperação", de obediência à lei, de senso social, patriótico, heroico.[138] Essas formas específicas de existência demandam mais que outras a justificação e a transfiguração filosófica que consistem em desvalorizar o agradável a partir da instância superior que é o "dever em si":

> talvez até mesmo o *pathos* da reverência em relação a tudo o que é desagradável – e essa exigência fala além de toda utilidade, de todo deleite, de toda conveniência, de modo imperativo. A forma maquinal da existência como

---

135 Ibid., p. 76 (II, 18). Grifos no original. Ver Neuhouser, "Autonomy, spiritual illness and theodicy", pp. 181ss.

136 Nietzsche, *Crepúsculo dos ídolos*, p. 80 (IX, 29). Ver Giacoia, "Mal radical e mal banal", p. 167.

137 Id., "Fragmentos póstumos do outono de 1887", n. 10[11]. In: *Kristische Studienausgabe* (KSA), v. 12, p. 460. É notória aqui a ressonância dos personagens exemplares do uso privado da razão mencionados por Kant em seu "Resposta à pergunta: que é o iluminismo?", conforme examinamos no capítulo anterior.

138 Nietzsche, "Fragmentos póstumos do outono de 1887", n. 10[10]. In: *Kristische Studienausgabe* (KSA), v. 12, p. 458.

a forma mais elevada e venerável de existência, que adora a si mesma. (– Tipo: Kant como um fanático do conceito formal "tu deves").[139]

Antes de reverberar em *Crepúsculo dos ídolos*, essas notas ressoaram na *Genealogia da moral*. Para Nietzsche, em contraste com a exigente redenção hipnótica do sofrimento por meio do "amortecimento geral da sensibilidade" oferecido pelas religiões, seria bem mais frequente outro "*training*",[140] que consiste na atividade maquinal, "a absoluta regularidade, a obediência pontual e impensada, o modo de vida fixado uma vez por todas, o preenchimento do tempo, uma certa permissão, mesmo educação para a 'impessoalidade', para o esquecimento de si, para a '*incuria sui*'".[141]

Que Nietzsche vincule Kant ao que chamou de atividade maquinal, ainda mais mencionando entre parênteses esses personagens do cumprimento maquinal do dever, não é algo estranho para quem atenta para um movimento decisivo do texto kantiano "Resposta à pergunta: o que é o iluminismo?". Aí, quando menciona a legitimidade do uso meramente instrumental do funcionário ou oficial para fins coletivos, ele trata de membros da comunidade que "devem se comportar de um modo puramente passivo a fim de, mediante uma unanimidade artificial, serem orientados pelo governo para fins públicos".[142] Eles podem então ser concebidos como "partes da máquina" (*Teil der Maschine*),[143] ou engrenagens passivas de um mecanismo que anula, em sua condição de funcionário, sua personalidade, a autonomia de sua conduta.[144]

---

139 Ibid., p. 460 (n. 10[11]).

140 Nietzsche grafou *training* (treinamento), em inglês, no original (Nietzsche, *Genealogia da moral*, p. 123 (III, 18)).

141 Nietzsche, *Genealogia da moral*, p. 124 (III, 18).

142 Kant, "Resposta à pergunta: que é o iluminismo?", p. 13 (A485).

143 "A cog in a machine" (Foucault, "What is Enlightenment?", p. 36).

144 John Dewey defendeu que seríamos injustos com Kant se sustentássemos que essa divisão peculiar entre a esfera pública do cidadão/cientista/filósofo e a do oficial/funcionário perduraria para sempre, pois "por meio do exercício da liberdade de pensamento, e por sua publicação e pela educação que deve fazer com que seus resultados permeiem todo o Estado, os hábitos de uma nação finalmente se elevarão à racionalidade, e a disseminação da razão possibilitará que o governo trate os seres humanos não como engrenagens em uma máquina, mas de acordo com a dignidade de criaturas racionais" (Dewey, *German philosophy and politics*, p. 39).

E mesmo quando lhe é permitido, como especialista, se pronunciar por escrito sobre aprimoramentos em seu âmbito de atuação perante seu estrito público leitor, "pode certamente raciocinar sem que assim os negócios a que em parte se encontra sujeito como membro passivo sofram qualquer dano".[145]

A crueldade do imperativo categórico e o seu caráter "*perigoso para a vida*" estão diretamente conectados à noção de "dever impessoal", de acordo com o qual o prazer na realização de uma ação, mesmo benéfica, é uma objeção contra ela – e o desprazer na realização de uma ação, mesmo danosa, insinua-se como índice de algo bom. Kant é, assim, para Nietzsche, o "autômato do 'dever'", "a antinatureza como instinto",[146] por ter, em sua filosofia, conferido consistência filosófica, não obstante suas notáveis aporias, ao mandamento teológico da renúncia de si, da hostilidade contra a vida, usando "o sagrado pretexto de 'melhorar' a humanidade como ardil para *sugar* a própria vida, torná-la anêmica".[147] No dever de se autoanular na universalidade do próprio dever, no combate a todo egoísmo de se pretender um indivíduo cuja dignidade repousa em sua irredutibilidade, no ódio a todo indivíduo, domina o que Nietzsche chamou de "instinto gregário" ou "instinto do sentido comunitário",[148] no qual a obediência absoluta, o sacrifício e a abnegação são virtudes e conferem distinção.

Sem mencionar Nietzsche, Michel Foucault chegou a algumas conclusões próximas das dele em seu curso *Segurança, território, população* (1977-1978). No que diz respeito ao problema da lei e da obediência, que mais interessa aqui, Foucault sustentou que o cidadão grego só aceitava ser dirigido pela lei e pela persuasão. À lei, que se dirige a todos da mesma maneira em nome de todos, se devotava respeito, sendo a categoria geral da obediência inexistente entre os gregos. O pastorado cristão organizou, não obstante, a instância da "obediência pura", que se justifica por si só, mesmo o pastor cristão não sendo propriamente o indivíduo da lei, mas antes um médico da alma que cuida de cada ovelha de modo individualizado, guiando-a em uma relação de dependência integral, mais ainda nos monastérios: "Para um cristão, obedecer não é obedecer a uma lei, não é obedecer a um princípio, não é obedecer em função

145 Kant, "Resposta à pergunta: que é o iluminismo?", p. 14 (A485).

146 Nietzsche, *O Anticristo*, p. 17 (§11). Grifos no original.

147 Id., *Ecce homo*, p. 108 ("Por que sou um destino", 8). Grifos no original.

148 Id., "Fragmentos póstumos do fim de 1886 ao início de 1887", n. 7[6]. In: *Kristische Studienausgabe* (KSA), v. 12, pp. 279 e 281 (Die Guten und die Verbesserer).

de um elemento racional qualquer, é pôr-se inteiramente na dependência de alguém por ser alguém".[149]

Atinge-se a perfeição da obediência quando se obedece até a ordens absurdas ou "mesmo quando a ordem é contrária a tudo o que pode ser considerado lei".[150] Essa obediência nunca cessa porque não é um meio para atingir fins como a saúde ou a vitória na guerra: "Na obediência cristã, não há finalidade, porque aquilo a que a obediência cristã leva é o quê? É simplesmente a obediência. *Obedece-se para ser obediente, para alcançar um estado de obediência*".[151] Se há um efeito buscado, é precisamente a renúncia à vontade própria e um processo de assujeitamento em redes de obediência, de "individualização por sujeição".[152]

Desenvolve-se aí um modo de vida de obediência irrestrita com vistas não ao aprendizado da dominação das paixões pela razão ou pela vontade, mas a um estado permanente de renúncia a uma vontade própria. Nesses termos, "a obediência é uma virtude, o que quer dizer que não é, como entre os gregos, um meio provisório para alcançar um fim, mas antes um fim em si".[153] A renúncia à vontade individual é alcançada em uma relação generalizada de obediência que acaba por engendrar o par "servidão-serviço" em que aquele que comanda, tanto quanto quem obedece, concebe sua atividade de comandar como um encargo, um *officium*, de modo que "deve comandar unicamente porque lhe deram ordem de comandar".[154]

Na obediência cristã, o que se visa é precisamente ao controle de si por meio da *apatheia*, da ausência de paixões, ou antes do controle sobre elas. Se já é possível encontrar essa noção entre os gregos pré-cristãos, é no cristianismo que a *apatheia* será concebida integralmente como uma recusa virtuosa de si, uma renúncia ao egoísmo que consiste em possuir uma vontade singular, orientada para si mesma, em nome de uma vontade que aspira constantemente a renunciar a si mesma, renunciar a ser uma vontade própria em nome de alcançar

---

149 Foucault, *Segurança, território, população*, p. 232.

150 Ibid., p. 233.

151 Ibid., p. 233. Grifos meus.

152 Ibid., p. 243.

153 Id., *Omnes et singulatim*, p. 38.

154 Id., *Segurança, território, população*, p. 236. Na página seguinte Foucault menciona que seria importante comparar a noção cristã de obediência com as noções grega e romana do encargo, do *officium*, mas ele mesmo não desenvolve esse tema, que acabou sendo fundamental ao *Opus Dei*, de Agamben, como vimos antes neste capítulo.

a virtude de possuir uma vontade que sempre diz sim ao que é comandado. Trata-se de "um modo de individualização que não passa pela afirmação do eu, mas, ao contrário, implica sua destruição".[155]

É digno de nota que ao tratar da noção de obediência nesse curso Foucault não mencione Nietzsche, mas é surpreendente que não aluda a Kant uma única vez, ainda mais tendo em consideração que em sua tese complementar ele fez uma longa introdução e a tradução de *Antropologia de um ponto de vista pragmático*, obra na qual Kant, que já havia reiteradamente tratado do dever e da obediência no centro de sua obra moral, também mencionou a apatia: "O princípio da apatia, a saber, que o sábio nunca deve sofrer afecção, *nem mesmo de compaixão com os males de seu melhor amigo*, é um princípio moral inteiramente justo e sublime da escola estoica, pois a afecção torna (mais ou menos) cego".[156] Em vista disso – que é platônico antes de ser estoico –, quem é naturalmente tendente à apatia tem mais condições de se tornar sábio, insiste Kant. O mal consistiria, como observa Henry Allison, "em uma falha no exercício de um tipo de controle de impulsos, embora baseado em considerações morais e não prudenciais", e "o exercício de tal controle constitui a virtude como Kant a entendia", incluindo nesse controle "coisas como sentimentos de simpatia".[157]

Na mesma época, em sua *Metafísica dos costumes*, ele mencionou inclusive um "dever de apatia", vinculado à constatação de que a virtude demanda, antes de tudo, o domínio de si próprio. O dever de apatia consiste no mandamento de que cada indivíduo mantenha sob seu controle suas faculdades e inclinações e não se deixe dominar por afetos e paixões. O "estado de salubridade na vida moral", que permite a tranquilidade de espírito que é a força da virtude, não implica a insensibilidade ou a indiferença, mas o domínio sobre as inclinações: "Na apatia moral, os sentimentos que dimanam das impressões sensíveis só perdem a sua influência sobre o sentimento moral quando o respeito pela lei é mais forte que o conjunto desses sentimentos".[158]

Não encontramos em Foucault o duro juízo de Nietzsche e Agamben (ou de Hegel e Schopenhauer) sobre a filosofia moral de Kant. Mesmo quando tratou de obediência e dever, Foucault jamais inseriu Kant como uma etapa de sua

155 Id., *Segurança, território, população*, p. 236.

156 Kant, *Antropologia de um ponto de vista pragmático*, p. 151 (§75, 253). Grifos meus.

157 Allison, *Kant's conception of freedom*, p. 466.

158 Kant, *Metafísica dos costumes*, p. 328 (408).

genealogia do pastorado e do poder disciplinar. Antes investe no contrário, e em duas direções distintas, no que diz respeito à relação entre esclarecimento e atitude crítica, de que já tratamos brevemente no capítulo anterior, e à relação entre ascese e pastorado. Foucault situou o ascetismo como uma das contracondutas em relação de oposição à demanda de obediência incondicional colocada pelo pastorado. A ascese seria incompatível com a obediência precisamente por ser um exercício de si sobre si, atingindo não um "estado de obediência", que mencionamos anteriormente, mas um "estado de *apátheia*", sendo que "a *apátheia* do asceta é o domínio que ele exerce sobre si mesmo, sobre seu corpo, sobre seus sofrimentos", por meio de um desafio constante e de exercícios cada vez mais exigentes cujo estágio final é o de que o corpo não é mais fonte de sofrimentos, "nenhuma perturbação, nenhuma paixão, nenhuma sensação forte".[159] Para Foucault, o cristianismo não é, nesses termos, uma religião ascética, mas antes da obediência pastoral, que é a obediência irrestrita a outrem. Nesses termos, o ascetismo "sufoca a obediência com o excesso de prescrições e desafios que o indivíduo lança a si mesmo", tornando-se inacessível a uma direção externa, "uma espécie de obediência exasperada e contravertida, que se tornou domínio de si egoísta"[160] – sendo assim antes uma contraconduta marcadamente antipastoral.

Dessa perspectiva não é difícil associar Kant antes a uma *apátheia* ou ascetismo cujo resultado é o domínio sobre si, sobre os afetos e paixões, que à sujeição pastoral a um comando externo que silenciaria inteiramente minha própria vontade enquanto arbítrio – vontade que é assim anulada sem que eu deixe de ser competente executor do que me é comandado. Mas a relação pastoral de obediência persistiria na obra kantiana no caso do oficial ou funcionário, que nunca escaparia ao que Foucault chamou de "estado de obediência", mesmo quando lhe é permitido arrazoar, de modo que um funcionário como Eichmann, um "cidadão respeitador das leis", não teria dificuldade para equiparar essa obediência irrestrita com o que ele chamava de "obediência cadavérica" e a interpretar como virtude.

Embora Foucault vincule à Escola de Frankfurt sua compreensão da centralidade da *Aufklärung* enquanto crítica do presente,[161] o tratamento dado à *Aufklärung*, pelo menos por Adorno e Horkheimer na *Dialética do esclarecimento*, é marcadamente diferente, notadamente no que diz respeito à filosofia kantiana.

159 Foucault, *Segurança, território, população*, p. 272.

160 Ibid., p. 274.

161 Id., *Qu'est-ce que la critique? suivi de La culture de soi*, pp. 45-46.

No segundo excurso dessa obra, intitulado "Juliette ou esclarecimento e moral", os autores seguem a pista nietzschiana acerca da vinculação entre imperativo categórico e crueldade estabelecendo uma então inusitada aproximação entre Kant e Sade. Além de identificarem na filosofia de Kant a tentativa "de transformar a lei divina em autonomia",[162] a "tentativa desesperada de colocar no lugar da religião enfraquecida um motivo intelectual para perseverar na sociedade quando o interesse falha",[163] sustentaram que o imperativo categórico é despótico ao visar "a independência em face de potências exteriores".[164]

No centro da análise da relação entre esclarecimento e moral por Adorno e Horkheimer na *Dialética do esclarecimento* estão, de fato, a noção de apatia, de um lado, e a funcionalização esquemática da razão, por outro. Ao dever de apatia kantiano, à apatia como virtude, eles associam "a autodisciplina do criminoso", sua frieza e sua "liberdade de remorsos", tal como aparece em Sade.[165] À razão puramente formal da filosofia moral kantiana associam a razão burguesa funcionalizada, disponível para quaisquer fins, em cujo centro se encontram a eficácia do esquema e "o procedimento sem erro e sem conteúdo".[166] Essa apatia e essa razão funcionalizada, ajustada ao "modo de produção maquinal",[167] proscrevem antes de tudo e peremptoriamente a compaixão em nome do que em Sade é o "'estoicismo', o 'repouso das paixões', que lhe permite tudo 'fazer e tudo aguentar sem emoção'".[168] A compaixão, rechaçada por Kant, Sade e Nietzsche, por exemplo, além de Arendt, "é o pecado pura e simplesmente".[169]

Interessa-me menos aqui a conexão estabelecida alegoricamente por Adorno e Horkheimer entre Kant, Sade e a "ordem totalitária", por sua compreensão da razão como formal e desapaixonada. Importa-me antes o fato de encontrarmos na razão eficiente e desapaixonada a conexão entre apatia e virtude buscada por Eichmann, seu orgulho por ter suportado a legalidade gélida da guerra,

---

162 Adorno e Horkheimer, *Dialética do esclarecimento*, p. 95.

163 Ibid., p. 95.

164 Ibid., p. 95. Para os autores, o mesmo valeria para a imagem nietzschiana do super-homem (*Übermensch*).

165 Ibid., p. 81.

166 Ibid., p. 78.

167 Ibid., p. 87.

168 Ibid., p. 86, citando Sade.

169 Ibid., p. 85.

não meramente a aceitando, mas também apreendendo seu calor único.[170] Uma das referências de Dieter Wisliceny a Eichmann, seu chefe, no Julgamento de Nuremberg concerniu precisamente a esse tema. Ao revelar a preocupação de que os inimigos viessem a agir com os nazistas como eles estavam agindo com os judeus, Eichmann teria dito a ele para "deixar de sentimentalidades", pois se tratava de uma ordem do *Führer* e isso bastava.[171]

Adorno e Horkheimer se referiram ainda a uma passagem de *Os 120 dias de Sodoma* em que

> o duque de Blangis anuncia aos subordinados que os parentes dos senhores, filhas e esposas, serão tratados tão rigorosamente, ou melhor, ainda mais rigorosamente do que os outros, "e isso justamente para mostrar-vos a que ponto são desprezíveis a nossos olhos os laços pelos quais imaginais que estamos presos".[172]

Dois anos após a publicação da *Dialética do esclarecimento*, logo após o final da Segunda Guerra Mundial, essa disposição encontrou uma segunda versão, agora literária, no conto "*Deutsches Requiem*" (1946), de Jorge Luís Borges. Nele é narrada em primeira pessoa a estória de Otto Dietrich zur Linde, oficial de um campo de concentração que, na noite que antecede sua execução, conta sua própria história, compreendida por ele como um símbolo das gerações do porvir. "Não pretendo ser perdoado, porque não há culpa em mim, mas quero ser compreendido (...). Sei que casos como o meu, excepcionais e assombrosos agora, serão muito em breve triviais."[173] Apaixonado por música e metafísica, interessou-se também por poesia e teologia, tendo sido desviado dessa última e da fé cristã por Schopenhauer, "com razões diretas", e por Shakespeare e Brahms, "com a infinita variedade de seu mundo. Saiba quem se detém maravilhado, trêmulo de ternura e de gratidão, ante qualquer lugar da obra desses felizes, que eu também me detive aí – eu, o abominável".[174]

Tendo perdido uma perna em uma batalha pouco antes do início da guerra, em 1941 foi nomeado subdiretor de um campo de concentração: "*O*

---

170 Stangneth, *Eichmann before Jerusalem*, p. 223.

171 Gilbert, *Nuremberg diary*, p. 98.

172 Adorno e Horkheimer, *Dialética do esclarecimento*, p. 96.

173 Borges, "*Deutsches Requiem*", p. 94.

174 Ibid., p. 95.

exercício desse cargo não me foi grato; mas nunca pequei por negligência".[175] Ele compreendeu o nazismo como um fato moral que consistia em substituir o viciado homem velho pelo novo, em instaurar uma nova ordem, o que implicou destruir muitas coisas, incluindo a Alemanha: "Paira agora sobre o mundo uma época implacável. Nós a forjamos, nós que já somos sua vítima. Que importa que a Inglaterra seja o martelo e nós a bigorna? O importante é que domine a violência, não as servis timidezes cristãs".[176] Essa transfiguração é algo comum no campo de batalha, mas não nos calabouços, onde a piedade é uma tentação insidiosa. Esse "último pecado de Zaratustra" quase foi cometido por Otto Dietrich zur Linde quando o insigne poeta David Jerusalém, por quem nutria especial admiração, foi aprisionado no campo.

> Fui severo com ele; não permiti que me abrandassem nem a compaixão nem sua glória. Eu havia compreendido há muitos anos que não há coisa no mundo que não seja germe de um Inferno possível (...). No final de 1942 Jerusalém perdeu a razão; em 1º de março de 1943 conseguiu se matar. Ignoro se Jerusalém compreendeu que se o destruí foi para destruir minha piedade. Diante de meus olhos, não era um homem, nem mesmo um judeu; havia se transformado no símbolo de uma zona detestada de minha alma. Eu agonizei com ele, eu morri com ele, eu de algum modo me perdi com ele; por isso, fui implacável.[177]

Já em *Origens do totalitarismo* Arendt havia insistido sobre a centralidade da transformação da noção de lei, que não mais salvaguardava a liberdade ou permitia a criação de vínculos ou estabilizava o espaço comum da ação – "a erigir fronteiras e a criar canais de comunicação entre os seres humanos"[178] –, mas era ela mesma, transformada em lei do movimento da natureza ou da história, um instrumento de terror. Em *Eichmann em Jerusalém* ela reiterou a importância desse desdobramento ao indicar que as leis foram identificadas à própria vontade cambiante do *Führer*, ela mesma o fundamento do terror. Além disso, Arendt indicou uma inaptidão das categorias jurídicas correntes para lidar com o novo

175 Ibid., p. 98.

176 Ibid., p. 103.

177 Ibid., pp. 99-100.

178 Arendt, *Origens do totalitarismo*, p. 517.

tipo de crime e o novo tipo de criminoso que perpetrava os "massacres administrativos".[179] Os nazistas "agiam sob condições em que todo ato moral era ilegal e todo ato legal era criminoso",[180] e o próprio Eichmann "percebeu pelo menos vagamente que não era uma ordem, mas a própria lei que os havia transformado a todos em criminosos",[181] em uma "inversão completa da legalidade".[182]

Algo análogo teria se dado no âmbito da moral, tanto no que diz respeito à inaptidão da moral filosófica e religiosa para fornecer respostas aos desafios colocados pelos eventos quanto no que concerne a uma inversão do que ela até então vinha sendo. As questões morais desafiadoras não foram colocadas pelos nazistas, mas pelos que "apenas se 'coordenaram' e não agiram por convicção".[183] A disponibilidade total e não a convicção estrita era o requisito para se portar como súdito ideal da dominação totalitária. O colapso total da ordem moral se deu duas vezes na Alemanha, seja quando as pessoas, majoritariamente cristãs, se ajustaram a um regime cujo lema era "Matarás!", seja quando essas pessoas, após o colapso do regime, retornaram tranquilamente à normalidade de onde haviam saído. Em nenhum movimento essa inversão da moralidade é tão clara quanto no parágrafo conclusivo do capítulo "Deveres de um cidadão respeitador das leis", que começa com a referência de Eichmann a Kant.

> E assim como a lei de países civilizados pressupõe que a voz da consciência de todo mundo dita "Não matarás", mesmo que o desejo e os pendores do homem natural sejam às vezes assassinos, assim a lei da terra de Hitler ditava à consciência de todos: "Matarás", embora os organizadores dos massacres soubessem muito bem que o assassinato era contra os desejos e os pendores normais da maioria das pessoas. No Terceiro Reich, o Mal perdera a qualidade pela qual a maior parte das pessoas o reconhece – a qualidade da tentação. Muitos alemães e muitos nazistas, provavelmente a esmagadora maioria deles, devem ter sido tentados a *não* matar, a *não* roubar, a *não* deixar seus vizinhos partirem para a destruição (pois eles sabiam que os judeus estavam

179 Id., *Eichmann em Jerusalém*, p. 311.

180 Id., "Responsabilidade pessoal sob a ditadura", p. 103.

181 Id., *Eichmann em Jerusalém*, p. 167.

182 Id., "Responsabilidade pessoal sob a ditadura", p. 101.

183 Id., "Algumas questões de filosofia moral", p. 117.

sendo transportados para a destruição, é claro, embora muitos possam não ter sabido dos detalhes terríveis), e a *não* se tornarem cúmplices de todos esses crimes tirando proveito deles. Mas Deus sabe como eles tinham aprendido a resistir à tentação.[184]

Ao declarar que não era cruel e sempre achou difícil exercer seus "deveres sombrios", Eichmann requeria que precisamente sua inabalável eficácia fosse compreendida como ainda mais virtuosa.[185] Ele sabia que em geral "acreditamos que o mal é sempre o que aparece sob a forma de tentação, enquanto o bem é aquilo que nunca queremos fazer espontaneamente". Ele "*e tantos outros muitas vezes foram tentados a fazer o que chamamos de bem. Eles resistiram justamente porque se tratava de uma tentação*".[186]

---

184 Id., *Eichmann em Jerusalém*, p. 167.

185 "O subterfúgio, a evitação, a desobediência, a recusa, eis o que poderia tornar humanos os gestores impecáveis do crime e do horror. Para sua defesa, eles nos contrapõem essas virtudes preconizadas nas salas de aula e no seio das famílias: docilidade, aplicação, exatidão, senso de eficácia, lealdade, credibilidade, meticulosidade" (Gros, *Desobedecer*, p. 32).

186 Arendt; Fest, "'Como se falássemos com uma parede' – uma conversa com Joachim Fest", p. 324. Grifos meus.

6

Kant e o problema do mal

A bondade e a maldade humanas são limitadas pelo si-mesmo.

— Arendt, *Denktagebuch*, p. 128 (set. 1951, vi, 5).

Sobre o mal radical: Hamann: "Quão abominável poderia ser o ser humano se seu corpo não o mantivesse limitado".

— Arendt, *Denktagebuch*, p. 339 (abr. 1953, xiv, 27).

6.1. Mal radical e vícios diabólicos

O conceito kantiano do mal radical, como aparece em *A religião nos limites da simples razão* (1793), é um ponto quase final de uma reflexão constante na obra de Kant, desde o período pré-crítico, sobre a liberdade da vontade e sua relação com a natureza e a razão. Não se trata de um progressivo aprofundamento apenas, mas de um conjunto intrincado de problemas e soluções que vão se enredando em um "tecido confuso" tramado por Kant.[1] Em seu clássico comentário à *Crítica da razão prática* (1788), Lewis White Beck observou que o conceito de vontade cujo atributo é a liberdade é equívoco na *Crítica da razão prática* porque seria o ponto de encontro entre o conceito de liberdade como

1 Beck, *A commentary on Kant's* Critique of Practical Reason, p. 176.

espontaneidade da *Crítica da razão pura* (1781/1787) – "a faculdade de iniciar uma nova série causal no tempo",[2] que tanto interessava Arendt – e o conceito de liberdade como autonomia da *Fundamentação da metafísica dos costumes* (1785), em que a liberdade é legisladora, independentemente de qualquer lei prévia, inclusive e principalmente das da natureza.

Ocorre que, em geral, Kant se referiu a ambas – como espontaneidade e como autonomia – pelo mesmo nome: *vontade*. Mesmo quando empregou o termo *arbítrio* (*Willkür*) para se referir à liberdade como espontaneidade e *vontade* (*Wille*) para se referir à liberdade como autonomia, ao menos até a *Crítica da razão prática* os termos são empregados em geral de modo intercambiável. Considerando-se que ele utiliza ainda o termo *Wille* para se referir à liberdade como um todo (*voluntas*), tanto à vontade enquanto autônoma como à vontade como o conjunto de autonomia com espontaneidade, o termo permaneceu "sistematicamente ambíguo".[3] Inclusive n'*A metafísica dos costumes* (1797), quando buscou estabelecer uma clara distinção entre *Wille* e *Willkür*, vontade e arbítrio, após empregar os termos em *A religião nos limites da simples razão* "para caracterizar respectivamente as funções legislativa e executiva da faculdade da volição",[4] ele nem sempre conseguiu evitar misturar a discussão de um conceito com a discussão do outro.[5]

A dissipação dessas confusões e ambiguidades, para empregar os termos de Beck e Allison – e ambos julgam ser possível esclarecer e reconstruir de modo consistente a posição de Kant –, é decisiva para a compreensão do lugar do conceito de mal radical na filosofia prática kantiana. Comentando a *Crítica da razão prática*, Beck revira os escritos morais de Kant para defender que é possível esclarecer as posições dele se considerarmos que há duas noções de liberdade (espontaneidade e autonomia) e duas noções de vontade (arbítrio e vontade legisladora) constituindo a mesma faculdade da vontade, embora essas distinções não sejam feitas de modo explícito nessa obra.

---

2 Ibid., p. 177.

3 Em texto recente, considerando a confusão gerada pelo emprego de *Wille* para se referir ao mesmo tempo à vontade legisladora e à vontade como um todo (*voluntas*, envolvendo vontade legisladora e arbítrio), Henry Allison julgou ser necessário empregar *Wille1* para se referir à faculdade da vontade em sua totalidade e *Wille2* para se referir à função legisladora dessa faculdade (Allison, *Kant's conception of freedom*, p. 452).

4 Allison, *Kant's conception of freedom*, p. 451.

5 Beck, *A commentary on Kant's* Critique of Practical Reason, p. 177.

A espontaneidade do arbítrio consiste, antes de tudo, em ele não ser determinado pela causalidade que preside toda a natureza, causalidade que incide inclusive nos desdobramentos do ato espontâneo, uma vez deflagrado no mundo. A vontade liberada da determinação empírica,[6] não determinada pelo objeto ou por nossa concepção dele, e independente do mecanismo da natureza, é, não obstante, "a faculdade de determinar nossa causalidade mediante a concepção de regras (...) A vontade é a faculdade que torna uma regra da razão a causa eficiente de uma ação mediante a qual o objeto é tornado real".[7]

Essa vontade como faculdade de desejar guiada por uma máxima fundada na razão – princípio de autodeterminação da vontade para a ação – é o que mais tarde, notadamente a partir de *A religião nos limites da simples razão*, Kant chamará de arbítrio (*Willkür*). É decisiva aqui a concepção de que o arbítrio não atua em sua liberdade como "capricho sem lei",[8] mas só opera moralmente quando é uma faculdade de desejar de acordo com conceitos que, para Kant, ou são fornecidos pela lei moral ou pelas inclinações.[9] A questão é saber a que lei o arbítrio pode obedecer – uma vez que, se é livre, para Kant, tem sempre de obedecer a alguma – sem perder sua liberdade como espontaneidade.

Temos, por outro lado, a vontade não como determinadora da ação por meio de máximas, mas como razão legisladora (*Wille*) que incide diretamente sobre as máximas do arbítrio, e apenas indiretamente, por meio delas, sobre as ações. Com efeito, "aqui não se trata de saber se o sujeito atuante pode iniciar uma série causal, mas diz respeito à fonte da lei que o sujeito segue em tal iniciação".[10] Enquanto o arbítrio, como atividade espontânea, é livre no sentido negativo de não ser determinado pela natureza quando obedece à lei

---

6 Kant, *Crítica da razão prática*, p. 107 (A 118).

7 Beck, *A commentary on Kant's* Critique of Practical Reason, p. 178. Beck observou que Kant fez um uso bastante variável do termo "regra" e não oferece dele uma definição formal. Não obstante, a "regra" está relacionada com "o caráter empírico contingente das ações em situações específicas" (p. 79), enquanto a máxima é um princípio geral de ação que pode se traduzir em vários tipos de regras.

8 Ibid., p. 196. "A liberdade do arbítrio tem a qualidade inteiramente peculiar de ele não poder ser determinado a uma ação por móbil algum *a não ser apenas enquanto o homem o admitiu na sua máxima* (o transformou para si em regra universal de acordo com a qual se quer comportar); só assim é que um móbil, seja ele qual for, pode subsistir juntamente com a absoluta espontaneidade do arbítrio (a liberdade)" (Kant, *A religião nos limites da simples razão*, pp. 29-30).

9 Allison, *Kant's conception of freedom*, p. 452.

10 Beck, *A commentary on Kant's* Critique of Practical Reason, p. 197.

moral, a razão prática é espontânea ao dar à vontade sua lei própria, sendo uma liberdade em sentido positivo, ou autonomia.

A lei é dada pela razão e é definida antes de tudo pela forma da universalidade traduzida no imperativo categórico. A lei fundamental da razão pura prática é: "Aja de tal modo que a máxima de tua vontade possa sempre valer como princípio de uma legislação universal".[11] A Revolução Copernicana de Kant na filosofia moral consistiria, para Beck, precisamente na concepção de dois aspectos na vontade, sendo um a capacidade de criar obrigação e outra a capacidade de cumpri-la. Assim, um arbítrio acolheria livremente na máxima da ação uma lei livremente concebida pela vontade legisladora, "somando ao conceito negativo de liberdade (independência espontânea de leis externas) o conceito positivo de liberdade (autolegislação autônoma)" em uma única faculdade da vontade.[12]

Ocorre que, mesmo a vontade legisladora sendo obrigatória e universalmente válida, o arbítrio pode acolher ou não a lei moral como fundamento de suas máximas. Mas Kant não apenas sustentou, até a *Crítica da razão prática*, que a vontade é boa apenas quando age por dever, quando o arbítrio acolhe a lei moral como fundamento de suas máximas, mas chegou a reiteradamente sustentar que quando o arbítrio não acolhe a lei moral como fundamento ele deixa de ser livre e passa a ser determinado pelas inclinações.[13] Embora Beck pondere que uma vontade que acolhe como princípio de suas máximas algo distinto da lei moral (a motivação egoísta) é uma vontade má, ele mesmo precisa que, neste caso, o arbítrio fracassa na realização de sua liberdade, sendo vontade "só no nome, sendo realmente um *arbitrium brutum*".[14] Assim, o arbítrio perderia até a liberdade negativa que consiste em sua espontaneidade, sua indeterminação pela natureza, uma vez que seria determinada estritamente pela inclinação ou pelo impulso sensível. O problema decorrente disso é: se não somos livres quando nossa vontade é má, também não podemos ser imputados por nossos atos maus, e isso Kant não pode admitir. Frequentemente é difícil afastar a ideia de que em Kant, em vez de podermos ser imputados porque somos livres, devemos ser livres porque devemos ser imputados.

A própria distinção *Wille-Willkür*, demarcando como vontade e arbítrio as funções legislativa e executiva da faculdade da volição, é um passo importante no enfrentamento do problema do lugar da liberdade no cometimento de atos

11 Kant, *Crítica da razão prática*, p. 51 (A 54).

12 Beck, *A commentary on Kant's* Critique of Practical Reason, p. 199.

13 Silber, "The ethical significance of Kant's *Religion*", p. lxxxii.

14 Beck, *A commentary on Kant's* Critique of Practical Reason, p. 203.

maus e sua consequente imputação. Essa demarcação, que aparece já na primeira parte de *A religião nos limites da simples razão*, ganha contornos mais definidos n'*A metafísica dos costumes* (1797). Na seção desta obra intitulada "Da relação das faculdades anímicas humanas com as leis morais", Kant buscou precisar conceitualmente várias dimensões da nossa capacidade desiderativa. Tratou da faculdade de desejar em geral como a de ser atraído pelo objeto que nos afeta por meio de uma representação, provocando em nós um sentimento que não envolve necessariamente a consciência de poder alcançar ou produzir o objeto por meio da ação. Interessou a Kant, precisamente pelas implicações para a moral, a faculdade de desejar segundo conceitos, "a faculdade discricionária de fazer ou não fazer", "na medida em que o princípio que a determina para a ação não se encontra no objeto, mas nela mesma". O arbítrio consiste na faculdade de desejar segundo conceitos "conexionada com a consciência de sua ação ser capaz de produzir o objeto". A vontade legisladora consiste na faculdade de desejar em que a própria determinação se encontra no sujeito, de modo que "a vontade é, pois, a faculdade de desejar, considerada não tanto em relação com a ação (como o é o arbítrio), mas antes com o fundamento de determinação do arbítrio para a ação".[15]

O arbítrio determinado pela razão pura é chamado por Kant de "livre-arbítrio", enquanto

> o que só pode ser determinado pela inclinação (impulso sensível, *stimulus*) seria arbítrio animal (*arbítrio brutum*). O arbítrio humano é, pelo contrário, um arbítrio que é, sem dúvida, afetado, mas não determinado pelos impulsos sensíveis e que não é, portanto, puro por si próprio – sem uma adquirida habilidade da razão –, mas pode ser determinado a certas ações pela vontade pura. A liberdade do arbítrio é a independência da sua determinação por impulsos sensíveis; este é o conceito negativo de liberdade. O positivo é: a liberdade é a faculdade da razão pura de ser por si mesma prática.[16]

Estas considerações adquirem seu pleno sentido se tivermos em conta que já na *Crítica da razão pura*[17] Kant distinguiu no ser humano entre o caráter empírico, a manifestação fenomênica do caráter de um indivíduo por meio do que há de

---

15 Kant, *A metafísica dos costumes*, p. 18 (213).

16 Kant, *A metafísica dos costumes*, pp. 18-19 (213).

17 Cf. Kant, *Crítica da razão pura*, pp. 473ss (B 577ss.).

constante em suas ações (seu comportamento regular sob certas condições[18]), e o caráter inteligível, o "princípio incondicionado da regularidade empírica (isto é, do caráter empírico) de nossas ações".[19] O conceito positivo de liberdade concerne precisamente à capacidade de nosso caráter inteligível, não submetido ao tempo ou a qualquer condição sensível, de determinar mediante a lei moral o nosso arbítrio – de modo incondicionado, embora não de modo compulsório. O arbítrio, como capacidade de escolha e de determinação da ação mediante máximas, é, assim, afetado na escolha das máximas tanto por um caráter numênico ou inteligível quanto por um caráter fenomênico ou empírico, como dois aspectos do mesmo poder de escolha. Não obstante, a relação entre o caráter inteligível e o empírico deve ser pensada como uma relação de determinação do último pelo primeiro, caso em que o poder de escolha seria verdadeiramente livre e não subordinado à causalidade natural traduzida nas motivações sensíveis. Resta, não obstante, o dilema da imputação:

> Por um lado, como não temos acesso direto ao caráter inteligível de uma pessoa (incluindo o próprio), a imputação deve ser baseada no caráter empírico observável dela; enquanto, por outro lado, como o caráter empírico de um agente é determinado causalmente de acordo com as leis da natureza, a imputação deve ser dirigida ao caráter inteligível inacessível do agente.[20]

A questão central sobre o lugar do mal na filosofia moral de Kant consiste, como bem observou Oswaldo Giacoia Jr., em

> explicitar a razão – posto que há de existir forçosamente alguma razão – pela qual a vontade de um ser racional finito é inclinada numa ou noutra direção: ou pela lei moral da razão, ou pelos impulsos da sensibilidade, sem que com isso se destrua a possibilidade de imputação tanto num caso como no outro.[21]

É na discussão dessa dificuldade que Kant chegou não só a uma clara distinção entre vontade legisladora e arbítrio, conforme consideramos anteriormente, mas ainda à noção de mal radical, introduzida na primeira parte de *A religião nos limites*

---

18 Allison, *Kant's conception of freedom*, p. 269.

19 Giacoia Jr., *Nietzsche x Kant*, p. 66.

20 Allison, *Kant's conception of freedom*, p. 267. Cf. p. 269.

21 Giacoia Jr., *Nietzsche x Kant*, p. 69.

da simples razão. Ao se perguntar pela origem do mal na natureza humana, Kant sustentou então que o ser humano é mau por natureza. Apressou-se, não obstante, em precisar que natureza aqui não implica uma determinação necessária da conduta pelas inclinações ou pelo instinto (o que implicaria ações moralmente indiferentes). Com efeito, um arbítrio determinado incessantemente por causas naturais sequer poderia ser nomeado arbítrio, ou seria um *arbitrium brutum*, uma vez que não haveria aí qualquer espaço para a liberdade e, por conseguinte, "o uso ou abuso do arbítrio do homem, no tocante à lei moral, não se lhe poderia imputar, e o bem ou o mal chamar-se nele moral".[22] Por isso, o fundamento do mal deve ser encontrado antes no princípio de aceitação de boas ou más máximas que o arbítrio acolhe para uso de sua liberdade, universalmente como ser humano, revelando assim o caráter da espécie.

Esse primeiro fundamento é natural ainda no sentido de que é inato ao ser humano, antecedendo toda experiência, existindo desde o nascimento, mas não causado por ele, e sem determinar de modo necessário a conduta. A disposição de ânimo (*Gesinnung*) boa ou má é inata porque não foi adquirida no tempo, não podendo ser conhecido seu fundamento, sendo uma propriedade do arbítrio "que lhe advém por natureza" – uma vez que não pode ser derivada "de qualquer primeiro *actus* temporal do arbítrio", "mas ela própria deve ter sido adotada também pelo livre-arbítrio, pois de outro modo não poderia ser imputada".[23] Esta articulação paradoxal de um ato livre e atemporal do arbítrio, pelo qual a própria espécie é responsável, não é simples de equacionar, e Kant tratará de deslindar sua argumentação, em esforço cujo êxito é duvidoso.

Seria uma contradição exigir uma origem temporal da qualidade moral ou das ações livres do ser humano, pois se trata de um ato inteligível, um "protoato da vontade",[24] a definição no arbítrio pelo fundamento das suas máximas – sendo este fundamento, assim, atemporal, de origem racional, precedendo toda experiência. Como bem observou Slavoj Žižek, há um problema importante aí nessa escolha pelo mal sem a tentação das inclinações, que só podem se dar no tempo:

> Kant aponta como, a propósito de uma pessoa realmente má, podemos ver que o Mal pertence ao seu próprio caráter eterno: essa pessoa não cedeu

22 Kant, *A religião nos limites da simples razão*, p. 27.

23 Ibid., p. 31.

24 Giacoia Jr., *Nietzsche x Kant*, p. 73.

> ao mal sob a influência de más circunstâncias; o Mal reside em sua própria 'natureza'. Ao mesmo tempo, é claro, ele é – como todo ser humano – radicalmente *responsável* por seu caráter. A implicação necessária disso é que, em um ato transcendental "eterno", atemporal, ele deve ter escolhido o Mal como a característica básica de seu ser. O caráter transcendental, *a priori*, desse ato significa que ele não poderia ter sido motivado por circunstâncias patológicas; a escolha original do Mal tinha de ser um ato puramente ético, o ato de elevar o Mal a um princípio ético.[25]

Consideradas empiricamente, nossas ações morais constituem uma série de atos singulares baseados em máximas fundadas em uma máxima suprema, mas as mesmas ações podem ser concebidas transcendentalmente como um único "ato atemporal" mediante o qual a máxima suprema é admitida no arbítrio, que define o nosso caráter para o bem ou para o mal.[26] Este ato não se dá antes dos atos morais empíricos, mas acompanha cada ato enquanto ele se dá como uma condição transcendental dele. A propensão para o mal é transcendental, "uma condição universal e necessária que determina a própria possibilidade da natureza humana como a conhecemos".[27] Em vista disso, só podemos indagar pela origem racional da propensão ou do "fundamento subjetivo universal da admissão de uma transgressão na nossa máxima".[28] O principal problema consiste em como uma propensão pertencente a toda a humanidade pode ser imputada a um agente individual[29] e em como ela pode ser adquirida fora do tempo sem que o *ato inteligível* pareça apenas um *deus ex machina*. Kant não ofereceu uma solução para esse problema.

---

25 Žižek, *Tarrying with the negative: Kant, Hegel, and the critique of ideology*, p. 101, grifos no original. John Silber explicitou a mesma dificuldade em outros termos: "Se não há mal original em um ser humano até que essa pessoa o origine, como é que alguém se corrompe? O *Willkür* humano, na análise de Kant, chega à autoconsciência em relação ao *Wille*, a voz de sua natureza racional, que infunde em *Willkür* o respeito pela lei moral como parte do autorreconhecimento de *Willkür*. Possuidor de sentimento moral e em estado de inocência, por que *Willkür* deveria escolher ser mau? Qual é a ocasião ou condição de sua escolha de uma má máxima?" (Silber, *Kant's ethics*, p. 97).

26 Caswell, "Kant on the diabolical will: a neglected alternative?", p. 148.

27 Palmquist, *Comprehensive commentary on Kant's* Religion within the bounds of bare reason, p. 79. Cf. p. 81.

28 Kant, *A religião nos limites da simples razão*, p. 47.

29 Allison, *Kant's conception of freedom*, p. 467.

Junto à predisposição (*Anlage*) originária para o bem na natureza humana encontra-se a igualmente decisiva propensão (*Hange*) para o mal na natureza humana, "uma inclinação *natural* do homem para o mal". Trata-se aqui do mal moral, "o mal propriamente dito",[30] uma propensão inerente universalmente no caráter da espécie que é o fundamento subjetivo da possibilidade de admitir nas máximas do arbítrio não a lei moral, mas as inclinações. Não obstante, diz Kant, "é impossível explicar o fenômeno segundo o qual o ser humano, face a esta alternativa (onde a bela fábula situa Hércules, entre a virtude e o prazer), mostre uma tendência mais pronunciada a dar ouvidos à inclinação do que à lei".[31] A propensão para o mal é uma abertura para vícios, mas não apenas como desvios ou perversões, e é muito mais uma fonte de antagonismo ativo ao sentimento moral, à veneração e ao respeito pela lei moral. Denomina-se *bom* ou *mau coração* "a capacidade ou a incapacidade do arbítrio para acolher ou não a lei moral na sua máxima".[32]

Para meus propósitos neste capítulo, é decisivo destacar que Kant discerne três graus dessa propensão para se desviar da lei moral. Em primeiro lugar, temos a *fragilidade* do coração humano (ou da natureza humana), quando se acolhe a lei moral no arbítrio, mas falta a força no coração para agir em conformidade com ela. A *impureza* do coração humano, em segundo lugar, se dá quando se acolhe no arbítrio a lei moral e eventualmente se atua em conformidade com ela, mas para a ação conforme à lei são necessários outros móbeis, como "ânsia de honras, amor de si em geral, ou inclusive um instinto benévolo, como é a compaixão". Neste caso, é contingente que se atue conforme a lei ou que se a transgrida, uma vez que "ações conformes ao dever não são feitas puramente por dever".[33] Por fim, temos a *malignidade*, a *corrupção* ou a *perversidade* do coração humano, que consiste em subverter a ordem das motivações ao se colocar a lei moral sempre em posição subsidiária em relação a móbeis não morais, de modo que é possível que haja ações conformes ao dever, mas elas jamais serão morais, pois o modo de pensar moral é corrompido na raiz, uma vez que a lei moral nunca é aí móbil supremo do arbítrio. Mesmo que coincida de o indivíduo sempre realizar boas ações, ele será, não obstante, mau.

30 Kant, *A religião nos limites da simples razão* p. 35.

31 Ibid., pp. 282-283 (379), nota.

32 Ibid., p. 35.

33 Ibid., p. 36.

Kant defendeu que nosso ato conectado a nossa liberdade tem de ser concebido em dois sentidos diferentes: o acolhimento deliberado no arbítrio de uma máxima suprema conforme ou contrária à lei moral, por um lado, e as próprias ações realizadas em conformidade com esta máxima, por outro. Assim,

> a inclinação para o mal é, pois, um ato no primeiro significado (*peccatum originarium*) e, ao mesmo tempo, o fundamento formal de todo ato – tomado na segunda acepção – contrário à lei, ato que, quanto à matéria, é antagônico à mesma lei e se chama vício (*peccatum derivativum*).[34]

A causa da corrupção de nossa máxima pelo mal é insondável, embora seja claro que o mal que realizamos é um ato próprio nosso pelo qual temos de responder, uma vez que a propensão para o mal não determina de modo absoluto o arbítrio e só se torna um vício se livremente acolhemos no arbítrio motivos que não a lei moral. Em vista disso, essa propensão deve ser concebida como "uma inclinação natural para o mal, e, visto que ela deve ser, no entanto, sempre autoculpada, podemos denominá-la a ela própria um *mal radical* inato (mas nem por isso menos contraído por nós próprios) na natureza humana".[35]

> Esta culpa *inata* (*reatus*) – que assim se chama porque se deixa perceber tão cedo como no homem se manifesta o uso da liberdade e deve, no entanto, ter dimanado da liberdade e, por isso, lhe pode ser imputada – pode ajuizar-se, nos seus dois primeiros graus (o da fragilidade e o da impureza) como culpa impremeditada (*culpa*), mas no terceiro, como premeditada (*dolus*), e tem por carácter seu uma certa *perfídia* do coração humano (*dolus malus*), que consiste em enganar-se a si mesmo acerca das intenções próprias boas ou más.[36]

O fundamento desse mal não pode ser a sensibilidade e as inclinações dela derivadas, não criadas por nós, nem a perversão da razão moralmente legisladora, como se fosse possível denegar a autoridade da lei moral ou agir livremente sem leis. Para Kant, isso é impossível. Nem o pior dos seres humanos

34 Ibid.

35 Ibid., p. 38. Grifos no original.

36 Ibid., p. 44.

renuncia à lei moral ou se rebela contra ela, pois ela se impõe de modo irresistível por meio da disposição moral, da suscetibilidade ao sentimento de respeito pela lei, e se nada atuasse em sentido contrário, devido à disposição natural do ser humano a acolher em sua máxima motivos da sensibilidade, ele não seria moralmente mau.[37] Com efeito,

> para fornecer um fundamento do mal moral no homem, a *sensibilidade* contém demasiado pouco; efetivamente, faz do homem, enquanto remove os motivos que podem proceder da liberdade, um ser simplesmente *animais,* em contrapartida, porém, uma *razão* que liberta da lei moral, uma razão de certo modo *maligna* (uma vontade absolutamente má), contém demasiado, porque assim a oposição à própria lei se elevaria a móbil (já que sem qualquer motivo impulsor se não pode determinar o arbítrio) e, por isso, se faria do sujeito um ser *diabólico.* – Mas nenhuma das duas coisas é aplicável ao ser humano.[38]

Tornaremos adiante sobre o lugar do diabólico na filosofia moral e da religião de Kant. Por ora, importa destacar que para ele ninguém é bom ou mau por carecer da lei moral como móbil, devido à disposição moral, ou por possuir o impulso dos sentidos ou do amor de si, devido à disposição natural, por si mesmas inextirpáveis. O critério para o bom ou para o mau é antes estabelecido pala ordem de subordinação desses motivos na fundamentação das máximas do arbítrio. A propensão ao mal reside nessa tendência a escolher a felicidade própria como fundamento das máximas do arbítrio, e "este mal é *radical,* pois corrompe o fundamento de todas as máximas". Assim,

> a malignidade da natureza humana não deve, portanto, chamar-se *maldade,* se esta palavra se toma em sentido estrito, a saber, como uma disposição de ânimo (*princípio* subjetivo das máximas) de admitir como móbil o mal *enquanto mal* na própria máxima (pois ela é diabólica), mas antes *perversidade* do coração, o qual, por consequência, se chama um *mau coração.*[39]

---

37 Id., *Crítica da razão prática*, pp. 206-207 (A 231) e *A religião nos limites da simples razão*, p. 42.

38 Kant, *A religião nos limites da simples razão*, p. 41. Grifos no original.

39 Ibid., p. 43. Grifos no original.

A questão é: se não provém das inclinações, mas da decisão de fundamentar as máximas das ações na felicidade própria, "o celebrado princípio da felicidade",[40] onde tem origem essa propensão capaz de rivalizar com o sentimento de respeito pela lei moral? A resposta de Kant é desconcertante.

Estas considerações se harmonizam inteiramente, para Kant, com o que encontramos na Bíblia, onde temos a indicação de que o mal não tem origem em qualquer propensão, mas em um estado de inocência sucedido pelo pecado ou queda, que consistiu em não obedecer à lei moral como mandamento divino. A partir da queda, possuímos tal propensão para o mal moral. Desde então é claro, diz Kant, que "todos pecamos em Adão": "Só que em nós se pressupõe já uma inclinação inata para a transgressão, ao passo que no primeiro homem não se conjectura tal coisa, mas, segundo o tempo, a inocência, portanto, a transgressão denomina-se nele *queda*".[41] Assim, possuímos uma predisposição originária para o bem e fomos originalmente criados em estado de inocência, de modo que o mal não provém das limitações de nossa natureza, mas da perversão da volição humana, de uma escolha do mal pelo caráter inteligível da espécie que permanece insondável para nós, mas nem por isso é menos operante.

Do mesmo modo que para sermos imputados precisamos ser livres e se somos livres temos de ser responsáveis pelo mal radical em nossa vontade – a partir de um *ato inteligível*, atemporal, transcendental, para nós insondável –, é necessária uma revolução na disposição de ânimo (*Gesinnung*), no modo de pensar moral, para o restabelecimento da predisposição (*Anlage*) originária para o bem em nós. Esta revolução não consiste num aprimoramento progressivo dos costumes de um indivíduo, mas em uma verdadeira conversão, "e ele só pode tomar-se um homem novo graças a uma espécie de renascimento, como que por uma nova criação (Jo III, 5; cf. I Moisés, 2) e uma transformação do coração".[42]

É possível tornar-se legalmente bom, atuando cada vez mais em conformidade com a lei moral, por uma progressiva reforma dos costumes (o que se torna moderado por conta da saúde, deixa de ser mentiroso pela honra etc.), mas para se tornar moralmente bom ("agradável a Deus") é necessário que se converta e revolucione sua disposição de ânimo de modo a agir somente por dever, na medida do possível, tornando-se "virtuoso segundo o caráter

---

40 Ibid., p. 53.

41 Ibid., p. 48. Grifos no original.

42 Ibid., p. 53.

inteligível (*virtus noumenon*)".[43] Por conseguinte, "a formação moral do homem não deve começar pela melhoria dos costumes, mas pela conversão do modo de pensar e pela fundação de um caráter".[44] E se o dever nos ordena que nos tornemos melhores, sem prometer qualquer bem ou ameaçar qualquer mal, isso tem de ser possível por nossas próprias forças – conforme preconiza, nos termos de Kant, a religião moral (sendo a única historicamente conforme com essa natureza a religião cristã).

Não podemos mais partir da inocência original de Adão, mas temos de supor "uma malignidade do arbítrio na adoção das suas máximas contra a disposição moral originária, e visto que a propensão para tal é inextirpável, começar por agir incessantemente contra ela".[45] Para isso é necessário subordinar o amor a si que busca a felicidade ao amor a si racional,[46] que busca a dignidade de ser feliz, a consonância de nossas máximas com a lei moral. O sentimento correspondente a esse amor de si racional é o da "sublimidade da sua própria determinação moral", que provoca entusiasmo no ânimo e o fortalece "para os sacrifícios que lhe possa impor a reverência pelo seu dever".[47] Essa dignidade de ser feliz pode tornar esse indivíduo suscetível "de uma assistência superior para nós imperscrutável", podendo esperar "que será completado mediante uma cooperação superior o que não está em sua capacidade".[48]

O mal radical, em suma, é uma propensão a cair em tentação, a desviar-se do dever. Essa propensão é parte do caráter da espécie humana, mas, para Kant, ao mesmo tempo algo pelo que temos de ser responsáveis, se formos

---

43 Ibid.

44 Kant, *A religião nos limites da simples razão*, p. 54. "O ser humano consciente de um caráter em sua índole não recebe esse caráter da natureza, mas precisa sempre tê-lo *adquirido*. Pode-se admitir também que o estabelecimento dele, como uma espécie de renascimento, como uma certa promessa solene que a pessoa se faz a si mesma, torna inesquecíveis para ele esse renascimento e o momento em que nele ocorreu essa transformação, como se fosse uma nova era" (Kant, *Antropologia de um ponto de vista pragmático*, p. 190 [294]).

45 Kant, *A religião nos limites da simples razão*, p. 57.

46 Aqui a influência da distinção de Rousseau entre *amour de soi* (animalidade) e *amour propre* (vida social) é decisiva – como o será também na definição dos vícios da cultura. Cf., por exemplo, Muchnik, *An essay on Kant's theory of evil*, p. 144.

47 Kant, *A religião nos limites da simples razão*, p. 56.

48 Ibid., pp. 51 e 58.

concebidos como livres, como tem de ser. Não obstante, não se pode dizer que a maldade de um indivíduo "é uma qualidade do caráter dele, pois então ela seria diabólica; o ser humano, contudo, nunca *aprova* o mal em si e, assim, *não há propriamente maldade por princípios, mas somente porque se abdicou deles*".[49]

A tentação não consiste meramente em ser atraído por algum objeto do mundo, que ao despertar em nós um desejo acaba por determinar nossa ação. Não que tais afetos não existam, mas, por serem compulsórios, suprimem a liberdade e, por conseguinte, não possuem valor moral. Há uma conexão entre paixão, inclinação e propensão, mas a inclinação, por mais compulsória que seja, não determina nossa ação de modo absoluto, e a propensão é antes uma abertura para o condicionamento pelos objetos sensíveis mediante a inclinação. Essa propensão só se atualiza como desvio da lei moral quando acolhemos em nosso arbítrio a felicidade e não o dever em nossa definição do fundamento das máximas que regularão nossa ação. Essa escolha só é possível porque ao sentimento de respeito e veneração que a lei moral desperta em nós como seres racionais se contrapõe o sentimento do desejo de felicidade própria, de amor a si, como seres finitos.

O mal radical consiste na tentação para o desvio do dever arraigada em nossa natureza, desvio acolhido por cada um de nós, por fragilidade (fraqueza de vontade), impureza (autoengano) ou corrupção (prioridade deliberada da felicidade). Esta última é a perversão suprema que mitiga a dignidade de nossa personalidade ao colocar a lei moral sempre em segundo plano em relação ao amor a si.[50] O bestial e o diabólico situam-se aquém e além de nossa humanidade e, portanto, do bem e do mal morais.[51] Esse também é o caso da vontade santa, que não obstante não deve deixar de ser concebida como

---

49 Id., *Antropologia de um ponto de vista pragmático*, p. 189 (293-294). Grifos meus.

50 Silber ofereceu uma versão eloquente das implicações para alguém que se desviou da lei moral: tal pessoa má "perdeu a dignidade de ser feliz, embora possa continuar a ser feliz; perdeu tudo o que faz a vida ser digna de ser vivida, embora possa continuar a viver; arruinou a si mesma como pessoa e é indigna enquanto um ser humano, embora devido a seu poder outras pessoas possam se render a ela. De todas essas maneiras, Kant fala da aplicação aqui e agora da exigência da lei moral. Se alguém rejeita a lei moral, perde sua realização pessoal, sua realização como ser livre, em favor da realização como animal" ("The ethical significance of Kant's *Religion*", p. cxxxi, nota 122).

51 "Kant rejeita todas as especulações sobre seres demoníacos: tais seres são, em sua teoria, ou transcendentes (portanto, além da experiência humana) ou, se estiverem dentro dos limites da experiência humana real, seres cuja perversidade resulta de algum grau de impotência" (Silber, *Kant's ethics*, p. 333).

um fim das ações do ser humano, que no máximo pode ser virtuoso, mas não santo.[52] Em *A metafísica dos costumes* Kant ponderou que chamamos os vícios extremos de diabólicos e de virtudes angelicais os seus contrários como "ideias de um máximo, pensado como bitola de comparação do grau de moralidade, na medida em que assinala ao homem o seu lugar no céu ou no inferno, sem dele fazer um ser intermédio, que não ocupa nem um nem outro destes lugares".[53]

Kant divisou quatro níveis de operação de nossa capacidade de desejar que são fundamentais para compreender o caráter moral ou não moral de nossa capacidade de agir mal: a *propensão* (*Hang*), que atua como predisposição (*Prädisposition*) para algo de que não tenho qualquer experiência; com a experiência desse algo, o "conhecimento do objeto do apetite", a propensão gera uma *inclinação* (*Neigung*) para ele; entre a propensão e a inclinação encontra-se o *instinto* (*Instinkt*), "uma necessidade sentida de fazer ou saborear algo de que não se tem ainda conceito algum"; e, por fim, partindo da inclinação, existe a *paixão* (*Leidenschaft*), "a qual é uma inclinação que exclui o domínio sobre si mesmo".[54] Na *Antropologia de um ponto de vista pragmático* Kant retoma e aprofunda estas considerações.

> A *possibilidade* subjetiva do surgimento de um certo desejo, que precede a representação de seu objeto, é *propensão* (*propensio*); – a *coação* interna da faculdade de desejar para possuir esse objeto, antes de conhecê-lo, é *instinto* (como impulso de acasalamento ou impulso paternal dos animais de proteger suas crias etc.). – O desejo sensível que serve de regra (hábito) ao sujeito chama-se *inclinação* (*inclinatio*). – A inclinação pela qual a razão é impedida de comparar essa inclinação com a soma de todas as inclinações em vista de uma certa escolha, é a *paixão* (*passio animi*).[55]

---

52 "Uma vontade para a qual a felicidade não é uma 'tentação', isto é, a fonte de uma concepção competitiva do bem, é ela mesma homogênea, sujeita a um único tipo de incentivo, desembaraçada da tarefa de dar a si mesma uma forma. Embora suas ações tenham conteúdo moral oposto, tanto um demônio quanto um santo são agentes unidimensionais (...). Apesar das aparências em contrário, a rejeição kantiana do diabólico é a condição para a possibilidade de preservação da liberdade da vontade, que se anula assim que negligenciamos sua heterogeneidade estrutural. Despidos de razões, os demônios são libertinos – eles não têm escolha a fazer" (Muchnik, *An essay on Kant's theory of evil*, p. 119).

53 Kant, *A metafísica dos costumes*, p. 411 (461).

54 Id., *A religião nos limites da simples razão*, pp. 34-35, nota 9.

55 Id., *Antropologia de um ponto de vista pragmático*, p. 163 (265). Grifos no original.

Enquanto na *Religião* ele apenas mencionou, na nota citada, que a afecção (*Affekt*) se distingue da paixão por pertencer ao sentimento de prazer e desprazer, na *Antropologia* Kant precisou que a afecção é uma inclinação atual em estado extremo que leva à perda de controle e não permite o surgimento da reflexão. Como em uma condição de arrebatamento e desvario, a afecção é um estado mórbido turbulento e passageiro de interdição da razão, como no caso da ira, e que justamente por isso é incapaz de atingir os fins que tenciona. Não é o caso da paixão. As paixões não são apenas "disposições *infelizes* da mente",[56] como as afecções, mas sempre más e moralmente reprováveis. A paixão é um ímpeto prolongado que ganha em duração e frieza o que perde em intensidade. Por mais violenta que seja, a paixão não tem pressa para alcançar seu fim. Nos eloquentes termos de Kant, "*a afecção é como a água que rompe um dique; a paixão, como um rio que se enterra cada vez mais fundo em seu leito*".[57]

As paixões são "*altamente prejudiciais à liberdade porque se deixam unir à mais tranquila reflexão*", podendo, em seu prolongamento potencialmente indefinido no tempo, "deitar raízes e coexistir mesmo com a argumentação sutil",[58] como a paixão do ódio, que "não tem pressa em se enraizar profundamente para pensar em seu inimigo".[59] O ódio, por exemplo, uma das paixões mais vigorosas, pode brotar inicialmente de uma injustiça sofrida e gerar um desejo de vingança, análogo ao desejo de justiça acolhido pela razão, e resultar afinal da mistura da máxima da razão com a inclinação, tornando-se "uma das paixões mais impetuosas e mais profundamente arraigadas, que, quando parece estar extinta, sempre deixa ainda sobrar um resto de um ódio, chamado *rancor,* como um fogo que arde sob a cinza".[60] Assim,

> essa inclinação (de perseguir e destruir) transforma o desejo de justiça contra o ofensor em paixão de retaliação, que com frequência é violenta até a loucura de expor a si mesmo à ruína, se o inimigo não se põe a salvo, e toma esse ódio hereditário inclusive entre os povos (na vingança de sangue), porque, como se diz, o sangue do ofendido, mas ainda não

56 Ibid., p. 164 (267). Grifos no original.

57 Ibid., p. 150 (252) Grifos meus..

58 Ibid., p. 163 (265). Grifos meus.

59 Ibid., p. 150 (252).

60 Ibid., p. 168 (270). Grifos no original.

vingado, *clama vingança* até que o sangue inocentemente derramado seja novamente lavado com sangue – mesmo que seja o de um descendente inocente.[61]

Kant concebeu paixões como o impulso sexual como naturais, mas a cobiça e o desejo de dominação, por exemplo, são provenientes da civilização, como os vícios da cultura de nossa disposição para a humanidade. A paixão envolve o acolhimento persistente de máximas prescritas pela inclinação – contra a lei moral, portanto –, tendo mais a ver com cálculo e obstinação que com fraqueza,[62] estando assim ligada à razão dos sujeitos e podendo então ser a eles imputada. Nas palavras de Kant, "a paixão é um apetite sensível convertido em inclinação permanente (por exemplo, o ódio, por contraposição à ira)".[63] As paixões são sempre inclinações que envolvem outras pessoas e constituem a forma das inclinações mais propensas a operar como antagonistas da lei moral.[64]

Kant sustentou que possuímos uma predisposição (*Anlage*) originária para o bem na natureza humana, embora a razão de essa disposição ser boa permaneça implícita e apareça apenas indicada no título da seção em que Kant trata do tema. Essa predisposição envolve uma tripla determinação: 1) Uma predisposição para a *animalidade* do ser humano como vivente, envolvendo um amor a si físico que não requer a razão. Ela se manifesta na autoconservação, na reprodução da espécie e na sociabilidade, e é boa porque amplia a possibilidade de nossa sobrevivência. 2) Uma predisposição para a *humanidade* como ser vivente e racional, implicando um amor-próprio físico que compara a própria condição com as dos demais e aspira ao reconhecimento do próprio valor pela opinião dos outros e à igualdade em relação a eles (algo que, distintamente da predisposição para a animalidade, os outros animais não possuem). É constitutivo do caráter da espécie que não possamos nem prescindir da convivência pacífica com as demais pessoas nem evitar o antagonismo que essa convivência engendra, sob o princípio regulador da progressiva realização de uma *sociedade*

61 Ibid., p. 168 (271). Grifos no original.

62 "Afetos podem ser causa de fraqueza, mas as paixões são as causas do verdadeiro mal" (Borges, "Passions and evil in Kant's philosophy", p. 344).

63 Kant, *A metafísica dos costumes*, p. 327 (408).

64 Wood, *Kant's ethical thought*, p. 253.

civil mundial (*cosmopolitismus*).[65] O desejo de ser valorizados nos estimularia a nos conduzirmos bem e buscarmos nos aprimorar, o que indicaria nossa original predisposição para o bem. 3) E uma predisposição à *personalidade*, que consiste em uma suscetibilidade ao respeito pela lei moral como móbil suficiente do arbítrio, suscetibilidade que é o próprio sentimento moral.

Essas são as três inextirpáveis predisposições para o bem, na medida em que fomentam o seguimento da lei moral. O que nos torna propriamente pessoas é o respeito pela lei moral como motivo determinante de nossa volição, mas permanecemos sempre pessoas uma vez que comportamos a inextirpável predisposição para acolher a lei moral como fundamento das máximas de nosso arbítrio, mesmo quando de fato não o fazemos na ação. Somos pessoas na medida em que podemos ser imputados, o que exige que possamos ser considerados causadores livres e responsáveis de nossas ações. As três disposições em conjunto são fundamentais na constituição de nossa natureza humana, pois jamais seremos pessoas morais sem nossa animalidade e nossa humanidade.[66]

Quando tratou dessas disposições para o bem na natureza humana – para a *animalidade*, a *humanidade* e a *personalidade* – Kant destacou que essas disposições são também aberturas para vícios importantes na definição do que são as inclinações para nós. Ele não concebeu, de fato, que a vontade possa ser diabólica, que possa assumir como motivo a oposição deliberada ao que a lei moral ordena, mas admitiu sem maiores restrições a existência de vícios sociais diabólicos resultantes de uma corrupção dos desejos e afetos que interdita a conduta moral.[67] Ele não associa qualquer vício à disposição para

---

65 Kant, *Antropologia de um ponto de vista pragmático*, p. 225 (331). Em *A religião nos limites da simples razão* referiu-se a uma ideia de comunidade como condição para a vitória do princípio bom sobre o princípio mau que seria o correlato moral indispensável de uma sociedade civil mundial: "Kant apresenta a comunidade ética não apenas como um ideal regulador para o desenvolvimento moral humano, mas como o ideal necessário para a superação do mal (...) É porque a propensão ao mal é inerente às formas competitivas das relações sociais que ela deve ser combatida por um ideal ético de sociedade" (Anderson-Gold, "Kant, radical evil, and crimes against humanity", p. 213).

66 "Nossa predisposição original para o bem não é uma possibilidade 'contingente'; não é algo de que poderíamos prescindir e ainda sermos pessoas humanas; antes, é necessário para a própria possibilidade de nossa natureza que desejemos permanecer vivos, comparar-nos com os outros e respeitar a lei moral" (Palmquist, *Comprehensive commentary on Kant's* Religion within the bounds of bare reason, p. 71).

67 Kant, *A religião nos limites da simples razão*, p. 39.

a personalidade, porque o respeito pela lei moral é a própria personalidade e não pode ser suprimida ou pervertida, mas as duas primeiras disposições comportam aberturas da natureza humana para vícios nada negligenciáveis: os da animalidade são os vícios da brutalidade da natureza, que em suas formas extremas são vícios bestiais como a gula, a luxúria e a selvagem ausência de lei; os da humanidade são os vícios da cultura e da civilização, que, "no mais alto grau da sua malignidade (...), por exemplo, na *inveja*, na *ingratidão*, na *alegria malvada* etc., chamam-se *vícios diabólicos*".[68]

As paixões que alimentam sistematicamente o mal – como "a inveja, a ânsia de domínio, a avareza e as inclinações hostis a elas associadas" – são despertadas e fomentadas antes de tudo na vida em sociedade, implicando que a vitória sobre o mal depende não apenas do cumprimento do dever de cada agente moral de buscar sua própria perfeição, mas do estabelecimento de uma *comunidade ética* sem a qual o princípio bom jamais prevaleceria sobre o princípio mau: "A uma associação dos homens sob simples leis de virtude, segundo a prescrição desta ideia, pode dar-se o nome de sociedade *ética* e, enquanto estas leis são públicas, sociedade *civil ética* (em oposição à sociedade *civil de direito*), ou uma *comunidade ética*".[69] Tal necessidade moral pressuporia, inescapavelmente, mais uma vez, a ideia de um "ser moral superior" que organizaria universalmente as forças dos particulares "em vista de um efeito comum".[70]

De que exibamos com muita frequência uma conduta "diabólica" não se segue que nos tornemos pessoas diabólicas, uma vez que tal conduta maximamente pervertida não extirpa de nós nossa personalidade, a disposição moral que consiste em jamais denegar a autoridade da lei moral ou perder o respeito por ela, inclusive quando nos comportamos "diabolicamente". Acolher a oposição à lei moral como motivo é diabólico porque viola ao mesmo tempo a liberdade fundada na lei moral e o amor a si, visto que é de se imaginar que vez ou outra a lei moral nos ordena a fazer aquilo para que nossas inclinações nos atraem e assim coincidiria incidentalmente no arbítrio dever e felicidade, com esta última subordinada ao primeiro. O que não faz sentido para Kant é conceber alguma motivação moral subjacente à oposição sistemática à lei moral, implicando inclusive sacrifícios de bem-estar e de felicidade.

68 Ibid., p. 33. Grifos no original.

69 Ibid., p. 100. Grifos no original.

70 Ibid., p. 104.

N'*A metafísica dos costumes* Kant chama os vícios da cultura de vícios de misantropia. A *inveja* consiste na "irritação em ver ensombrado o nosso próprio bem-estar com o bem-estar alheio",[71] constituindo um desejo de destruição da felicidade alheia que pode se traduzir em ato; a *ingratidão* tem sua origem na inquietação que se instala na relação de desigualdade entre o favorecido e o benfeitor, que fere a autoestima e pode acabar se convertendo em um "direito a odiar aquele que ama";[72] e a *alegria com o mal alheio* ou *alegria hostil*, cuja forma "mais doce" – que assume a aparência "de constituir o amor dos direitos e mesmo de constituir uma obrigação (como desejo de justiça) – é o *desejo de vingança, que consiste em propor-se como fim causar dano a outros, mesmo sem ser em proveito próprio*".[73] Esses vícios não constituem em primeira instância males propriamente morais, que, consoante a noção de mal radical, concernem à definição sobre se a lei moral ou as inclinações fundarão as máximas de nosso arbítrio. *Stricto sensu*, esses vícios hipertrofiam as inclinações e chegam mesmo a dissociá-las de nosso interesse em nossa própria felicidade, desequilibrando assim a relação entre a lei moral e as inclinações como motivos para nosso arbítrio.

> A alegria com o mal alheio, que é, precisamente, o oposto da simpatia, não é estranha também à natureza humana, inclusive quando nos leva a fazer o mal, revelando a misantropia, como *alegria com o mal alheio qualificada*, e manifestando por inteiro o seu caráter hediondo. Sentir mais intensamente o bem-estar próprio e até mesmo o bom comportamento quando a desgraça ou o envolvimento em escândalo atingem os outros é algo que é obviamente fundado na natureza, de acordo com as leis da imaginação, especificamente com a lei do contraste. Mas alegrar-se diretamente pelo fato de existirem tais monstruosidades, que destroem o que de melhor há no mundo – e, por conseguinte, também desejar tais eventos –, é secreta misantropia e, precisamente, o oposto do amor ao próximo, que nos incumbe como dever.[74]

O que Kant não concebe é a possibilidade de um quarto grau de mal radical em que a vontade admitisse como móbil a oposição à própria lei, o mal *enquanto*

71 Id., *A metafísica dos costumes*, p. 407 (458).

72 Ibid., p. 409 (459).

73 Ibid., p. 410 (460). Grifos meus.

74 Ibid., p. 409 (459-460). Grifos meus.

mal na própria máxima, mesmo que isso implicasse infelicidade, o que tornaria a vontade diabólica. Assim, o arbítrio pode ser dominado pelos brutais vícios da cultura e levar a ações diabólicas, mas a vontade legisladora permanece ainda assim intacta, porque o ser humano "(inclusive o pior), seja em que máximas for, não renuncia à lei moral, por assim dizer, rebelando-se (como recusa da obediência)", pois "a lei moral impõe-se-lhe irresistivelmente por força da sua disposição moral".[75] Com efeito, diz Kant, o indivíduo transgride a lei a contragosto, porque não existiria alguém "tão perverso que não sinta em si com essa transgressão [da lei moral] uma resistência e uma aversão em relação a si próprio, tendo assim que exercer uma coerção sobre si mesmo".[76] Isso valeria para todos os seres humanos, mesmo os que conceberam e atuaram nos campos de extermínio e os membros da SS – incluindo, claro, Eichmann e Hitler.

Na *Antropologia de um ponto de vista pragmático* (1798), Kant observou que, mesmo havendo na humanidade uma propensão a sermos "mal-intencionados uns com os outros", encontramos "antes desatino que maldade se destacando como traço característico de nossa espécie".[77] Até os atos mais "diabólicos" seriam realizados com base em um sentido pervertido do que é "bom", implicado pelo autoengano acerca do que se passa ou sobre a natureza dos princípios que regem tais atos, e não na escolha da malignidade como forma de vida. A forma política que corresponderia a essa hostilidade generalizada na disposição de nossa humanidade para a sociabilidade, cujo paroxismo seria a supremacia aniquiladora sobre os outros, é chamada por Kant de "barbárie", em que há violência (*Gewalt*) sem liberdade nem lei.[78]

Uma questão importante que acaba por não ficar esclarecida é o quanto as paixões, mesmo que socialmente intensificadas, poderiam ser concebidas como uma determinação afetiva natural da conduta, à revelia de qualquer deliberação sobre máximas, caso em que as ações decorrentes não seriam livres, mas determinadas por leis da natureza e, portanto, moralmente indiferentes.[79] Para Kant, "os grandes crimes são paroxismos, cujo espetáculo produz calafrios nos homens de alma sã" e "têm o seu fundamento apenas no poder das

75 Id., *A religião nos limites da simples razão*, p. 42.

76 Id., *A metafísica dos costumes*, p. 282 (379), nota.

77 Id., *Antropologia de um ponto de vista pragmático*, p. 226 (332). "Desatino" é uma afecção, perturbação momentânea, levada a seu paroxismo (p. 151 [253]).

78 Ibid., p. 225 (331).

79 Id., *A religião nos limites da simples razão*, p. 29, nota 5.

inclinações".[80] Mas poderíamos considerar que os perpetradores desses grandes crimes, quando tomados por afetos como a ira ou paixões como o ódio, ainda estariam a atuar no uso da sua liberdade, no seu juízo perfeito? E se as paixões excluem o domínio sobre si mesmo, como imputar moral e juridicamente aqueles que cometem grandes crimes sob seu influxo?

6.2. O desafio do nazismo

Já em 1948, no imediato pós-guerra, muito antes do apelo de Eichmann a Kant, portanto, o kantiano Julius Ebbinghaus reclamava do que chamava de interpretações equivocadas do imperativo categórico:

> Ninguém precisa se surpreender se, nas atuais misérias do mundo, se erguerem vozes expressando com muita clareza a opinião de que a suscetibilidade ao nacional-socialismo demonstrada por amplas faixas do povo alemão decorre propriamente daquela prontidão para a obediência incondicional, daquele espírito de sacrifício incondicional, que é indubitavelmente exigido por Kant em sua lei do dever; ou, pelo menos – não indo tão longe –, a opinião de que a lei de Kant expressa precisamente aquela inclinação prussiana ou alemã para a disciplina e a sujeição, aquela disposição para a dureza e o rigor, aquela insensibilidade a todos os movimentos mais suaves do espírito, que celebraram seus terríveis triunfos nos anos do Terror. "Tudo o que é digno de respeito em mim é minha capacidade de obedecer – e o mesmo deve valer para vocês e para mim." Com essas palavras, Friedrich Nietzsche já expressou uma interpretação da ética de Kant na qual a visão acima é antecipada. A moralidade do imperativo categórico como a moralidade do oficial prussiano correto, que considera seus superiores como deuses ou semideuses e desdenha os prazeres da vida como uvas verdes – essa é uma das armadilhas em que a maior conquista no campo da ética desde Platão foi distorcida por um tratamento sociológico que perdeu seu rumo.[81]

Ebbinghaus não reagia à *Dialética do esclarecimento*, de Adorno e Horkheimer, que poucos anos antes havia associado Kant a Sade por meio da noção

---

80 Id., *A metafísica dos costumes*, p. 289 (384).

81 Ebbinghaus, "Interpretation and misinterpretation of the categorical imperative", p. 98.

de apatia, como vimos no último capítulo, mas à obra *German philosohpy and politics*, de John Dewey, publicada originalmente em 1915, que acabava de ser reeditada em 1944. Nessa obra Dewey afirmou, muito antes do surgimento do nazismo, que "o evangelho de um Dever desprovido de conteúdo naturalmente se prestou à consagração e idealização de deveres específicos que a ordem nacional existente poderia prescrever".[82] Além disso, apontou que um tirano poderia indicar a obediência incondicional a ele mesmo como o conteúdo do dever kantiano, demandando do súdito o sacrifício de sua vida e de sua felicidade em nome do cumprimento desse dever. Esta poderia ser uma interpretação possível do caso de Eichmann, numa "apropriação por decalque do pensamento kantiano".[83] Para Ebbinghaus isso extrapolava o texto de Kant, pois, ao submeter cada ato de vontade próprio à vontade arbitrária de uma outra pessoa, o indivíduo não poderia admitir os comandos dessa vontade arbitrária como um imperativo categórico, "pois tal lei faria com que ele não tivesse vontade própria e, consequentemente, ele também deixaria de ser uma pessoa"[84] – algo que ele não proclama ser impossível, mas denuncia como não kantiano. Menciono isso apenas como um índice de que a vinculação entre Kant e uma virtuosa "obediência cadavérica" não foi invenção de Eichmann.

O próprio Ebbinghaus foi importante na resistência possível ao nazismo e logo após o fim da guerra tornou-se reitor da Universidade de Marburgo, tendo desempenhado, como Karl Jaspers, um decisivo papel na reconstrução cultural alemã no pós-guerra. Em uma manifestação a Hans Jonas, Ebbinghaus teria confidenciado que "sem Kant, não teria sido capaz". Jonas considerava esse kantiano "rígido e distinto", "basicamente puro", que havia sido seu professor, um exemplo de alguém em quem "a doutrina e a vida eram uma só".[85] O exemplo de Ebbinghaus é um bom ponto de partida para compreender a dificuldade que os nazistas tiveram para lidar com Kant, um pensador que estava no centro da cultura alemã que eles enalteciam, mas que não se prestava facilmente às apropriações deturpadoras levadas a cabo por vários intelectuais alinhados ao regime.

Outro exemplo notório é o de Kurt Huber, professor de filosofia na Universidade de Munique, que foi condenado à morte por seu envolvimento

---

82 Dewey, *German philosophy and politics*, p. 53.

83 Chapoutot, *A revolução cultural nazista*, p. 109.

84 Ebbinghaus, "Interpretation and misinterpretation of the categorical imperative", p. 103.

85 Jonas, "Filosofia. Um olhar retroativo e para adiante no fim do século", p. 311.

com o movimento Rosa Branca, de resistência ao nazismo, e em sua última declaração perante o tribunal recorreu a Kant para justificar suas ações. Por meio do imperativo categórico ele teria se perguntado sobre a correção de suas ações na defesa do estado de direito, da liberdade de crítica e da restauração da confiança entre as pessoas, e para ele a única resposta possível era a de que se suas ações fossem universalizadas e o povo recobrasse sua autodeterminação isso só poderia ser algo moralmente bom. Defendeu que houvesse um limite moral para a legalidade externa fundado na defesa da liberdade.[86] O caráter paradoxal da relação com Kant no período fica claro quando notamos, por exemplo, que o jurista Roland Freisler, presidente do tribunal popular nazista (*Volksgerichtshof*) que condenou o próprio Kurt Huber à morte, mencionou como princípios fundadores da comunidade, na concepção alemã,

> o imperativo categórico kantiano; o dever fichtiano; a máxima federiciana: ser o primeiro servidor do Estado; a concepção clausewitziana da essência militar alemã; o princípio nacional-socialista: o interesse comum tem primazia sobre o interesse privado.[87]

Os nazistas bem que tentaram. Frequentemente se recorria ao expediente de universalização do imperativo categórico para justificar posições do regime, empregado como uma fórmula retórica o "'Aja sempre de tal modo que...' – pouco importando o que se seguia".[88] Entretanto, a tarefa de domesticar Kant para o nazismo não era simples, principalmente por sua associação ao projeto do esclarecimento e por seu consequente discurso universalista, que tem em conta sempre a humanidade e a dignidade de cada indivíduo enquanto agente racional livre, o que praticamente fecha as portas para o discurso racial que funda o direito e a moralidade nazistas.

O ideólogo nazista Alfred Rosenberg sabia dessa dificuldade e talvez por isso tenha feito em sua obra apenas referências reverentes e genéricas a Kant como ícone filosófico, sem examinar mais detidamente sua obra. Quando escreveu na Argentina sobre questões morais, defendeu Stangneth, Eichmann julgava que Kant também não era étnico, mas internacional, de modo que ele discordaria da

---

86 Poliakov; Wulf, *Das Dritte Reich und seine Denker*, pp. 123-124.

87 Citado por Chapoutot, *A revolução cultural nazista*, p. 108.

88 Ibid., p. 109.

apropriação de Alfred Rosenberg, que teria buscado atualizar o imperativo categórico nos seguintes termos: "Viva de acordo com sua natureza e defenda os valores de sua raça".[89] Eichmann não discordaria do teor da afirmação, mas da hipótese de que Kant pudesse ser assimilado a um pensamento racialmente arraigado.

Otto Dietrich, chefe da assessoria de imprensa do Partido Nazista, buscou já em 1935 dissociar Kant do universalismo da ideia de humanidade para associá-lo a uma ética instintiva que vincula o indivíduo à comunidade racial na qual ele nasceu. Otto Dietrich, na "única tentativa de anexação total de Kant ao discurso nazista",[90] afirmou então que "a lei moral de Kant (...) é a formulação adequada e clássica da ética nacional-socialista",[91] tendo sido muito criticado por Alfred Rosenberg precisamente por vincular-se ao universalismo da obra kantiana. O nazista Hans Schwarz buscou também nacionalizar e biologizar a obra de Kant, destacando ainda que a própria lei moral abarcava o conceito de comunidade e o caráter intelectual e heroico da noção kantiana de dever, consoante a qual sentimentos altruístas não seriam tidos como virtudes.[92]

Era notório o desconforto dos ideólogos alinhados com o nazismo com a obra kantiana, e muitos explicitaram publicamente objeções sobretudo ao universalismo da obra de Kant. Cabe notar ainda que, para além dessas apropriações espúrias, nenhum kantiano academicamente reconhecido assumiu publicamente o nazismo, e a revista *Kant-Studien* não publicou um único artigo sequer entre 1933-1945 que estabelecesse qualquer aproximação entre Kant e o nazismo. O próprio Hitler, esclarece uma nota a uma edição crítica em inglês de sua obra *Mein Kampf*, teria julgado que Kant (assim como Schiller e Goethe) refletia mais a mente ocidental que as criações do espírito alemão, que se caracterizaria antes pelos impulsos irracionais e pelas forças vitais.[93]

Se um Kant nazista, a despeito de Eichmann e dos exemplos acima, pode ser sumariamente descartado, como julgo evidente, parece-me relevante e inspiradora a inquirição não tanto sobre como Kant avaliaria o nazismo – embora sobre isso

---

89 Stangneth, *Eichmann before Jerusalem*, p. 222.

90 Chapoutot, *A revolução cultural nazista*, p. 119. Para uma abordagem geral das apropriações nazistas de Kant, conferir o capítulo 5 dessa obra, intitulado "Na escola de Kant? Kant, filósofo 'nórdico'".

91 Citado por Ibid., p. 118.

92 Ibid., pp. 122-123.

93 Hitler, *Mein Kampf*, p. 352, nota.

também –, mas antes sobre o quanto sua filosofia prática explicaria os vários tipos nazistas e permitiria condenar suas condutas. John Silber especulou que Kant aprovaria que sua teoria moral tivesse sua efetividade testada na prática, uma vez que visava orientar a conduta humana cotidiana,[94] e se o "mal radical" se refere à raiz de todo mal presente na natureza humana e manifestado na conduta humana, também deve tornar compreensíveis males extremos de que somos capazes, como o genocídio. Arendt também indicou que Kant julgava que com o imperativo categórico não estava a criar uma teoria moral, mas antes a enunciar "a fórmula que a mente humana aplica sempre que tem de distinguir o certo do errado".[95]

Como Kant insistiu que há apenas duas fontes de motivação moral que se podem escolher livremente (o respeito pela lei moral e a aspiração à felicidade mediante a satisfação das inclinações), não julgava possível uma vontade ser diabólica, querer o mal pelo mal. Liberada da lei moral, tal vontade diabólica seria ininteligível para nós em seus princípios e motivos. Por nunca estar sujeita ao chamado do dever, "tal vontade não está sujeita à tentação no sentido normal. Tal vontade não experimentaria remorso, luta moral ou conflito interior de qualquer tipo, pois, por hipótese, sem controle pelo incentivo moral, o amor ao mal prevalece".[96] Numerosos intérpretes da obra de Kant indicaram a não admissão de uma vontade diabólica como sendo uma limitação de sua tese do mal radical. Um dos mais discutidos defensores dessa interpretação é precisamente John Silber, inicialmente em seu texto introdutório a uma tradução estadunidense de *A religião nos limites da simples razão*, intitulado "O significado ético da *Religião* de Kant" – esta edição, do mesmo ano em que Eichmann foi detido (1960), é a que constava na biblioteca pessoal de Arendt. Ele retornou a esse tema defendendo a mesma posição cerca de trinta anos depois, de um modo ainda mais enfático, em seu texto "Kant em Auschwitz".

Silber julgou que uma das principais razões para a dificuldade da filosofia moral kantiana para abranger o mal representado por Auschwitz era precisamente o fato de Kant considerar impossível que se possa querer o mal pelo mal, que a vontade possa ser diabólica, nos termos kantianos. Essa denegação da vontade diabólica exibiria não os limites da liberdade humana, mas os da concepção kantiana de liberdade, pois para Silber é "um fato inextirpável da experiência

94 Silber, *Kant's ethics*, pp. 314 e 317.

95 Arendt, "Algumas questões de filosofia moral", p. 125.

96 Caswell, "Kant on the diabolical will: a neglected alternative?", p. 150.

humana" a aberta confrontação à lei moral. Se concebermos o mal como "impotência da personalidade", como demanda a concepção kantiana da liberdade, insiste Silber, jamais compreenderíamos os feitos de Hitler, por exemplo.[97] Para Kant, com efeito, as paixões, como "cancros para a razão prática", "por veementes que possam ser como móbiles sensíveis, são puras *fraquezas* no que diz respeito àquilo que a razão prescreve ao ser humano".[98] Em Kant, é exclusivamente a lei que prova a nossa liberdade, de modo que não poderíamos rejeitá-la deliberadamente, isto é, livremente: "A lei moral é a *ratio cognoscendi* da liberdade. A realização da liberdade – ou seja, o poder de agir livremente – depende da incorporação dessa lei na volição, em decisões livres da vontade".[99]

A noção de que o desvio da lei decorre de uma impotência ou de uma incapacidade (*Unvermögen*) – como no caso dos graus do mal radical como fragilidade, enquanto incapacidade de agir de acordo com a lei que o indivíduo acolheu no arbítrio, ou como impureza, enquanto erro do juízo ao misturar motivos morais com a satisfação das inclinações – dificulta também a compreensão de um personagem como Hitler, em quem a obstinação no agir e a convicção no julgar não pareciam indicar qualquer vinculação com fragilidade ou impureza na relação com a lei moral. Resta ainda a corrupção como grau mais elevado do mal radical concebido por Kant, na aberta e deliberada acolhida do bem próprio sempre que conflita com o que a lei moral ordena, mas também aqui Hitler não parece movido por egoísmo ou interesse próprio. Dentre os nazistas mais conhecidos, Hitler não revelava qualquer relutância na transgressão da lei moral, contrariando a hipótese kantiana de que "não existe homem tão perverso que não sinta em si com essa transgressão uma resistência e uma aversão em relação a si próprio" das quais decorreria uma "coerção sobre si mesmo",[100] no sentido de realinhar-se com a lei moral. Com efeito, Hitler foi, "do início ao fim de sua carreira política, a antítese da fraqueza de personalidade, da subserviência ou da falta de vontade".[101] Hitler seria, distintamente de Eichmann, exemplo histórico de uma volição pertinaz e deliberadamente malevolente.

---

97 Silber, "The ethical significance of Kant's *Religion*", p. cxxix e *Kant's ethics*, p. 333.

98 Kant, *Antropologia de um ponto de vista pragmático*, p. 164 (266) e 169 (272). Grifos no original.

99 Silber, *Kant's ethics*, p. 332.

100 Kant, *Metafísica dos costumes*, p. 282 (380), nota.

101 Silber, *Kant's ethics*, p. 331.

O caso de Eichmann seria distinto, para Silber, pois ele poderia ser compreendido, em termos kantianos, "como uma pessoa fraca e de vontade impura", cuja consciência estava subordinada à vontade do *Führer*. Nele a obediência fez com que ele alcançasse os limites mínimos da personalidade, o que segundo seu juízo o liberava de qualquer responsabilidade por seus atos.[102] Para Silber, encontramos em Eichmann o exemplo admitido por Kant de alguém que teria chegado ao ponto de uma "anestesia moral".[103] Eichmann corresponderia ao caso de alguém sobre quem se diz: "Este homem não tem consciência moral" – significando para Kant que esse indivíduo não leva em consideração em sua conduta o veredicto de sua consciência, por si mesma inextirpável.

Silber julgava que Eichmann, ao contrário de Hitler, é abrangido pela teoria moral de Kant, na medida em que teria abandonado sua autodeterminação moral em favor da satisfação de seus desejos naturais ou inclinações, possivelmente devido a seu carreirismo. Ele concluiu que a ética kantiana era inadequada para compreender Auschwitz, que transcenderia os limites conceituais da teoria de Kant, uma vez que ela não admite a rejeição deliberada, diabólica, da lei moral. Silber julgava que Hitler, no complexo conjunto de fatos que constituiu sua vida, o forçava "a acreditar que o diabólico é uma expressão possível da liberdade"[104] e que com Auschwitz temos de reconhecer "o poder do irracional como um modo de expressão livre", "o fato terrível do livre poder da humanidade de rejeitar a lei moral".[105] O diabólico seria sobre-humano ou ilusório para Kant precisamente por ele não admitir "a possibilidade de uma afirmação irracional da liberdade, que deriva seu poder do uso parasitário da racionalidade", mas para Silber estamos com Hitler e Auschwitz ante "o mal demoníaco de um exercício poderoso, embora irracional, da liberdade".[106]

Richard Bernstein aprofundou as suspeitas de Silber e se questionou se não seria possível que "*alguns* seres humanos sejam seres diabólicos".[107] Para ele, mesmo que aceitemos a hipótese de Kant de que a espécie humana não é nem pode ser diabólica e que mesmo as piores pessoas reconhecem a autoridade da

---

102 Ibid., p. 330.

103 Ibid., p. 331.

104 Ibid., p. 332.

105 Ibid., p. 334.

106 Ibid., p. 333.

107 Bernstein, *Radical evil*, p. 38. Grifos no original.

lei moral, sua própria interpretação de que o arbítrio de cada indivíduo pode eleger uma disposição (*Gesinnung*) que aceita ou recusa a lei moral implica que "tem de ser possível para um indivíduo *tornar-se* uma pessoa diabólica (...). Ele consistentemente adota máximas más. Isto pode ser julgado moralmente malvado e perverso, mas ainda assim é uma perversa *possibilidade*".[108] Isso certamente representa uma contradição com a dignidade de nossa condição de seres racionais finitos, mas não seria uma impossibilidade.

Os incentivos para as máximas não podem se restringir, para Silber e Bernstein, a apenas o respeito pela lei moral e o amor a si. Kant sustentaria uma limitada psicologia moral que dificultaria pensar diferentes tipos de mal e uma notável variedade de incentivos envolvida na adoção de máximas más. Ele não admitia que pudéssemos nos desviar da lei moral senão para alcançarmos satisfações decorrentes do amor a si. O diabólico é sobre-humano porque seria contrário à natureza humana eleger como princípio transgredir a lei moral, mesmo que isso represente desprazer e dano a si próprio. Bernstein destacou que Kant sabia que

> existem diferenças enormes entre aqueles que podem se extraviar porque dão prioridade a seus sentimentos de simpatia por seus semelhantes, aqueles (como Eichmann) cujo principal incentivo para cumprir seu "dever" parece ser progredir em sua própria carreira, aqueles que zombam da lei moral e a desafiam, e aqueles que fazem o mal pelo mal.[109]

A questão decisiva, para Bernstein, é que a doutrina kantiana do mal radical não oferece ferramentas conceituais para iluminá-las – e esta não é uma questão menor, mesmo que consideremos, como devemos, que Kant admite que nem todos os males são males morais. Como Kant só reconhece duas fontes de motivação, é difícil compreender moralmente as ações más de agentes que se colocam em grande risco e sacrifício para realizá-las em nome de suas convicções ideológicas, ou aquelas que visam causar dano a outrem sem qualquer proveito próprio. Os horrores do século XX deveriam ser suficientes para indicar a variedade de tipos de incentivos para as ações más.[110] Como já havia indicado Silber, "o grande mal, ao que parece, pode envolver tanto

---

108 Ibid., p. 39. Grifos no original.

109 Ibid., p. 42.

110 Ver Ibid.

autossacrifício (pelo menos como é normalmente concebido) e intensificação da personalidade como a grande virtude".[111]

Žižek já havia indicado que ao rejeitar o mal diabólico Kant teria dificuldade para compreender "o paradoxo final do mal radical", referindo-se aos casos em que atos maléficos em seu conteúdo "preenchem completamente os critérios formais de um ato ético", mas "não são motivados por quaisquer considerações patológicas":[112] "Seu único fundamento motivador é o mal como princípio, e é por isso que eles podem envolver a revogação radical dos interesses patológicos de alguém, até o sacrifício da própria vida."[113] Trata-se de casos em que não a paixão, como mencionamos anteriormente, mas antes a apatia – que vimos no último capítulo Kant indicar como uma facilitadora da conduta virtuosa – opera como facilitadora de males hiperbólicos.

Essa observação de Žižek aponta para uma dificuldade, mais de Silber que de Bernstein, com a hipótese de que uma vontade diabólica pode explicar Eichmann ou, principalmente, Hitler. Žižek julgou que

> Hannah Arendt tinha razão em sua problemática tese sobre a "banalidade do Mal": se tomarmos Adolf Eichmann como um ente psicológico, uma pessoa, não encontraremos nada de monstruoso nele – ele não passava de um burocrata mediano; seu "perfil psicológico" não nos dá nenhuma pista dos horrores que ele executou.[114]

Arendt observou que Eichmann não parecia ter qualquer motivação pessoal senão o interesse em ter sua dedicação e sua virtude reconhecidas e que isso redundasse em progressos em sua carreira. Sua dedicação implicava colaborar diretamente no extermínio dos judeus dizendo não ter nada contra eles, o que para ele reforçava sua virtude, ele que disse que "teria matado o próprio pai se houvesse recebido ordem nesse sentido".[115] O carreirismo de Eichmann não

111 Allison, "Reflections on the banality of (radical) evil", p. 176.

112 Žižek, *Tarrying with the negative: Kant, Hegel, and the critique of ideology*, p. 95. Henry Allison mencionou críticas a Kant que indicam que praticamente qualquer máxima, se adequadamente formulada, pode passar no teste de universalização demandado pelo imperativo categórico (Allison, "Reflections on the banality of (radical) evil", p. 180).

113 Žižek, *Tarrying with the negative: Kant, Hegel, and the critique of ideology*, p. 95.

114 Id., *Did somebody say totalitarianism?*, p. 70

115 Arendt, *Eichmann em Jerusalém*, p. 33.

o situava no âmbito do mal radical compreendido como o desvio do bem por motivos humanamente compreensíveis, na busca de proveito para si mesmo, pois há uma desproporção abissal entre as consequências do que ele faz com esmero na perpetração do extermínio e os progressos em sua carreira ou em qualquer carreira imaginável. Para Arendt, "Eichmann não era nenhum Iago, nenhum Macbeth, e nada estaria mais distante de sua mente do que a determinação de Ricardo III de 'se provar um vilão'".[116]

Se não quisermos evadir do problema do mal, temos de admitir, segundo Arendt, a possibilidade de alguém "praticar deliberadamente atos cruéis, querer o mal pelo mal".[117] Deveria antes nos espantar que um fenômeno como o sadismo apenas recentemente tenha encontrado um nome e jamais tenha sido listado até muito pouco tempo no catálogo dos vícios humanos na religião e na filosofia moral, no qual estão incluídas, por exemplo, a gula, a preguiça e a luxúria. Espanta mais ainda que personagens tão decisivos na história do cristianismo como Tertuliano e Tomás de Aquino, "numa santa inocência, por assim dizer, contaram a contemplação dos sofrimentos no inferno entre os prazeres a serem esperados no paraíso".[118] Não obstante isso, para Arendt não é pela consideração do sadismo ou da vontade diabólica que estaremos inteiramente à altura do desafio colocado à filosofia moral pelas condutas de Eichmann ou de Hitler, embora certamente se apliquem a muitos nazistas.

Para Silber, "*a teoria de Kant pode compreender as motivações de um Eichmann, um funcionário cuja eficiência e zelo foram motivados quase inteiramente por preocupações carreiristas; mas não pode iluminar a conduta de um Hitler*", o que evidenciaria que "sua teoria é inadequada na prática".[119] Hitler exibiria, como Stalin, uma "volição malevolente": "A vida de Hitler é um conjunto complexo de fatos que me força a acreditar que o diabólico é uma expressão possível da liberdade", disse Silber.[120] Diabólica, para Kant, como vimos na primeira seção deste capítulo, seria uma vontade que admitisse como móbil a confrontação sistemática da lei moral, independentemente de com isso obter satisfação de qualquer inclinação e mesmo pagando o preço do desprazer, do sofrimento ou

---

116 Ibid., p. 310.

117 Id., "Algumas questões de filosofia moral", p. 136.

118 Ibid., p. 137.

119 Silber, *Kant's ethics*, p. 339. Grifos meus.

120 Ibid., p. 332.

mesmo da autoaniquilação. Tratar-se-ia do caso de um agente assumir como parâmetro do seu juízo moral o propósito de promover o mal no mundo, mas isso não se aplicaria nem a Eichmann nem a Hitler, que pareciam acreditar que com suas ações estavam a promover o bem de sua comunidade racial.

Possivelmente, ao contrário do que supõe Silber, a doutrina kantiana do mal radical (com sua interpretação correlata das paixões e dos vícios diabólicos, como veremos) tem muito mais condições de compreender a conduta ideologicamente motivada de Hitler que a de Eichmann. Afinal, pode ser concebida como motivada pelo amor-próprio a conduta carreirista de alguém que colabora diretamente para o extermínio de ao menos 6 milhões de pessoas para subir uma patente na hierarquia da SS? Em todo caso, parece iluminar pouco compreender Hitler como diabólico e Eichmann como autointeressado. Na insistência sobre o diabólico para compreender Hitler, tanto Silber quanto Bernstein acabaram por supor que Hitler estava determinado a ser um vilão e a contrapor deliberadamente a lei moral, não importando o que isso custasse em termos de proveito pessoal. Para Silber, Eichmann poderia ser interpretado como uma pessoa de vontade fraca e impura,[121] mas Hitler não.

Como vimos, ao menos Eichmann como Arendt o compreendeu, e como ele compreendeu a si mesmo em suas memórias, não pode ser tido por alguém que se deixava desviar por suas inclinações quando estava a cumprir o seu dever enquanto cometia "crimes legalizados pelo Estado",[122] tal como formulou sem seu julgamento. Silber destacou que muita determinação, e não fraqueza, é necessária para deliberadamente fazer o mal, mas ele mesmo reconheceu que não há qualquer evidência de que Hitler acreditava que estava agindo errado[123] – antes o contrário.

Muito mais promissora que insistir na hipótese da vontade diabólica parece-me ser a análise do que Kant chamou de vícios diabólicos da conduta na vida social, conforme examinamos na primeira seção deste capítulo. Um exemplo dessa tentativa de abarcar os crimes nazistas a partir da filosofia moral de Kant é o texto "Kant, radical evil, and crimes against humanity", de Sharon Anderson-Gold. Ela destacou que para Kant o amor a si é o fundamento subjetivo de todo mal, envolvendo, por um lado, o amor a si físico e mecânico de nossa animalidade, que diz respeito à autopreservação, à propagação da espécie e

121 Ibid., p. 330.

122 Arendt, *Eichmann em Jerusalém*, p. 153.

123 Silber, *Kant's ethics*, p. 329, nota 38.

ao impulso à sociedade sem envolver o uso da razão.[124] Por outro lado, abarca ainda o amor a si racional de nossa humanidade, conformado diretamente por nossa vida social, que é uma precondição para o respeito próprio e traduz um desejo legítimo de igualdade em relação aos outros, mas que acaba também por constituir uma forma de vida competitiva e calculadora da insociável sociabilidade, na qual a opinião dos outros acaba por ser decisiva para a estima do meu próprio valor.[125] O amor a si, que nessas duas formas representa para Kant um bem, não é um mal moral até que eu decida subordinar a lei moral a ele. Para Kant, todo mal moral é explicável por essa prioridade do amor a si, decorrente também dos vícios da nossa animalidade e da nossa humanidade, que mencionamos na primeira seção deste capítulo.

Anderson-Gold sustentou que a identidade humana é um processo complexo que se desenvolve na relação com outras pessoas, de modo que o amor a si "não tem como único objeto o si-mesmo (*self*) fisicamente constituído",[126] mas engloba tipicamente aqueles que amamos e de quem dependemos. Mas esse amor a si envolve também sempre o temor implicado nas relações sociais no tocante à perda tanto de satisfação quanto de igualdade, o que pode acabar por se traduzir no desejo de superioridade sobre os outros subjugando-os ou mesmo, no limite, os destruindo. Esse temor constante pode transformar o amor a si, assim como a comparação que pode nos aprimorar, em uma rivalidade aniquiladora a despertar os vícios da cultura que Kant, como vimos, não teme chamar de diabólicos. A angústia permanente com a competição na vida social pode hiperbolizar as demandas do amor a si e converter as inclinações em paixões viciosas. Como observou Maria de Lourdes Borges, para Kant a vida social faz com que a natureza humana, originalmente moderada, seja tomada de assalto pelas paixões, de modo que "apenas a associação dos seres humanos pode produzir o puro mal".[127]

Os vícios associados à disposição para a humanidade decorrem, segundo Kant, de nossa predisposição a nos compararmos com os outros com quem vivemos em sociedade. Essa comparação, como dissemos antes, é

---

124 Kant, *A religião nos limites da simples razão*, p. 32.

125 Anderson-Gold, "Kant, radical evil, and crimes against humanity", p. 200. Aqui a influência da distinção de Rousseau entre *amour de soi* (animalidade) e *amour propre* (vida social) parece ser decisiva – como o será também na definição dos vícios da cultura. Ver, por exemplo, Muchnik, *An essay on Kant's theory of evil*, pp. 144-145.

126 Anderson-Gold, "Kant, radical evil, and crimes against humanity", pp. 200-201.

127 Borges, "A (in)capacidade explicativa do conceito do mal em Kant", p. 578.

originalmente boa devido à demanda resultante de aprimoramento pessoal e do também resultante impulso para a criação de distintas culturas. Para ele, é, curiosamente, essa capacidade de nos compararmos com outros membros de nossa própria espécie que operaria como diferença específica entre os seres humanos e os demais animais. Essa competição, que inicialmente busca "não conceder a ninguém superioridade sobre si", mediante a inveja e a rivalidade, acaba por se converter em uma "competição apreensiva" pela superioridade, quando permitimos que as inclinações dominem nossa habilidade racional de nos compararmos mutuamente. Em seus extremos, esse temor se traduz em uma busca por supremacia sobre os demais, o desejo positivo de causar mal a alguém, em vez de simplesmente utilizá-lo como meio para um bem próprio.[128] A propensão para o mal na natureza humana é prévia à vida em sociedade, mas é na sociedade que o mal encontra suas formas mais extremas de manifestação.

Anderson-Gold sugere que precisamente por nossa disposição para a humanidade – para a vida social cujas relações são mediadas pela razão calculadora e pela comparação que envolve tanto admiração quanto temor persistente – temos de considerar como interdependentes as dimensões individual e social da teoria kantiana do mal. Para ela, "a predisposição para a humanidade fornece um local para a propensão ao mal na forma de um *amor a si expandido*, que, em sua forma corrompida, é uma característica contingente e, ainda assim, universal da espécie".[129] Não obstante essa noção de amor a si expandido não estar formulada no texto de Kant, Anderson-Gold a conecta à noção de comunidade ética enquanto nosso destino moral comum, como uma dimensão moral final de nosso estar juntos e, ao mesmo tempo, a tarefa moral de cada pessoa, transcendendo qualquer dimensão estritamente pessoal. A obediência à lei moral seria apenas o primeiro passo para a constituição da boa vontade, pois, como vimos no capítulo anterior, a fórmula do reino dos fins, como realização do sumo bem no mundo, exige a convergência de nossos fins com os dos outros membros da comunidade ética, e para Anderson-Gold "não podemos integrar fins sem alguma forma de princípio público ou ética social para nos guiar".[130] A comunidade ética se aprimoraria continuamente nesse estar juntos marcado

---

128 "A vontade própria está sempre prestes a prorromper em hostilidade contra seu próximo e a todo momento se esforça para realizar sua pretensão à liberdade incondicional de ser, não apenas independente, mas também soberana sobre outros seres" (Kant, *Antropologia de um ponto de vista pragmático*, p. 221 [327]).

129 Anderson-Gold, "Kant, radical evil, and crimes against humanity", p. 201. Grifos meus.

130 Ibid., pp. 203-204.

pelo aprimoramento moral recíproco e não pela angústia permanente de uma competição social por predomínio. Nesse sentido, a comunidade ética seria como um antídoto para males como os vícios da cultura.

Assim como a boa vontade não seria estritamente pessoal, também o mal moral "não é radicalmente 'egoísta' ou atomístico. Ele permite formas de amor a si que incluem identificações sociais",[131] insiste Anderson-Gold. É nesse passo que ela busca tornar operativo o conceito de "amor a si expandido" para abranger pela filosofia moral de Kant males coletivos como o perpetrado pelos nazistas. Para ela, a propensão ao mal "é a tendência humana enxertada na predisposição da humanidade de subordinar a lei moral às exigências de um amor-próprio generalizado. Isso inclui identidades sociais e culturais que não atendem às exigências da comunidade ética".[132] Envolveria ainda admitir, mesmo cada vez mais distante da letra do texto de Kant, embora talvez não do espírito, que o contexto é decisivo para a formação do caráter de uma pessoa, e que esse contexto é marcadamente definido na sociedade e na cultura. Henry Allison afirmou, a partir de uma perspectiva próxima, que o que diferencia Eichmann dos muitos como ele que não se envolveram no extermínio são as circunstâncias em que ele acabou por se encontrar.[133] Assim, haveria um forte traço de adesão cultural a grupos na compreensão que os indivíduos possuem de seu próprio caráter, de modo que mesmo quando forem requeridos sacrifícios o grupo recompensaria com *status* ou reconhecimento social.

"A propaganda nazista muitas vezes exigia o sacrifício de sentimentos pessoais na busca do bem maior do grupo, sem apelar à crueldade",[134] recorrendo antes à adesão apaixonada que assim se sobreporia tanto ao egoísmo quanto à empatia – a "devoção obstinada" à ideologia "como lógica de uma 'ideia'",[135] poderíamos dizer com Arendt. Isso que para Arendt era uma espécie de autoabandono do indivíduo nas massas[136] é interpretado por Anderson-Gold ainda como uma forma de amor a si consoante o qual a atuação no próprio grupo contra outros

---

131 Ibid., p. 205.

132 Ibid., p. 205.

133 Allison, "Reflections on the banality of (radical) evil", p. 172.

134 Anderson-Gold, "Kant, radical evil, and crimes against humanity", p. 208.

135 Arendt, *Origens do totalitarismo*, pp. 509 e 521. Sobre crenças ideológicas que reduzem as identidades dos indivíduos a suas posições nos grupos, ver Anderson-Gold, "Kant, radical evil, and crimes against humanity", p. 210.

136 Arendt, *Origens do totalitarismo*, p. 366.

grupos, atingindo o paroxismo da aniquilação de indivíduos nos quais não se reconhecem direitos ou humanidade, é uma espécie de extensão dos vícios diabólicos de nossa disposição para a humanidade. Para ela, a comunidade ética, ao apelar para a universalidade da humanidade, operaria como um antídoto contra a guerra étnica intergrupos, ao exigir que as diversas identidades culturais sejam concebidas "como expressões particulares da comunidade ética".[137]

Anderson-Gold julgou, assim, que por meio da noção de um "amor a si expandido" e dos vícios da cultura – deslocados da relação entre os indivíduos na vida social para a relação entre grupos em competição por identidades – era possível compreender a adesão de indivíduos a grupos hostis a outros grupos. Esses tidos por "inimigos objetivos" são combatidos independentemente de sua conduta e têm seu extermínio justificado como autodefesa.[138] Ela julga que com a noção de comunidade ética seria possível igualmente imputar a esses indivíduos os males despersonalizados que eles cometem nesses grupos ao se desviarem do dever de promover o sumo bem no mundo.

Julgo que a insistência no caráter coletivo desses males ainda vinculados a um amor a si, mesmo estendido, para abarcar Eichmann e Hitler de um ponto de vista kantiano, extrapola bastante a interpretação do mal radical por Kant, mas parece mais proveitosa que a insistência na concepção de uma vontade diabólica que quer fazer o mal pelo mal. Com efeito, como vimos, esses perpetradores de extermínios parecem julgar estar promovendo não o mal, mas antes o bem do seu grupo, em conformidade com a presumida lei natural da luta permanente pela sobrevivência do grupo mais forte ou mais apto.

Ao menos de uma perspectiva arendtiana a posição de Anderson-Gold consistiria em uma reabilitação por expansão do que Arendt chamava de motivos humanamente compreensíveis (interesse próprio, fragilidade, paixões). Para Henry Allisson, essa análise, "que equivale a uma socialização do mal", pode vincular a simples propensão ao mal à perpetração de males extremos como o extermínio nos campos de concentração, compreendido como um fenômeno social, sem apelar à noção de vontade diabólica. Nessa perspectiva, "o mal está enraizado em uma autoconsideração que se recusa a se limitar pela lei moral e que, devido à nossa sociabilidade insociável, em suas formas avançadas se torna incomensurável com o interesse próprio como normalmente entendido".[139]

---

137 Anderson-Gold, "Kant, radical evil, and crimes against humanity", p. 213.

138 Arendt, *Origens do totalitarismo*, p. 474.

139 Allison, *Kant's conception of freedom*, p. 491. Ver Id., "Reflections on the banality of (radical) evil", p. 177.

Allison ponderou que mesmo concebendo os vícios diabólicos como "inveja, ingratidão e maldade (*spitefulness*), ou *Schadenfreude*" como "as formas mais elevadas de maldade das quais os seres humanos são capazes",[140] Kant não concedeu a esses vícios maior centralidade em sua teoria moral e acabou por situar o mal moral ainda como algo arraigado no predomínio do amor a si de cada indivíduo na definição do fundamento das máximas que dirigem sua ação pessoal. Allison destacou as posições de Arendt e Silber quanto a ser profundamente insatisfatório, uma vez que soa trivial e pouco abrangente, "equiparar ser radicalmente mau a ter uma propensão para o mal, concebendo esta última apenas como uma tendência (esperamos que muitas vezes resistida) a subordinar as exigências morais ao interesse próprio".[141] Além disso, mesmo que tomemos a expressão radical por algo arraigado em vez de extremo, surge o problema de explicar todo mal moral, mesmo males extremos como o extermínio nos campos de concentração, como derivado dessa raiz comum que é o interesse próprio.

Ainda que reconhecendo a importância da solução proposta por Anderson-Gold, Allison destacou como problema, do ponto de vista de Kant, o apelo à experiência – os males da nossa insociável sociabilidade – para abranger tanto a universalidade da propensão ao mal quanto a liberdade que ela pressupõe. Essa posição mais recente é um tanto distinta da que ele avançou em um texto mais antigo sobre mal radical e banalidade do mal, que examinarei adiante. Allison mantinha, dialogando com Anderson-Gold, que Kant tinha algo a dizer sobre como o "mal aparentemente desinteressado" e os "vícios diabólicos" seriam enxertados na propensão original para o mal. Para ele, nessa ocasião, "é nesta conjuntura, que marca a passagem de uma teoria moral *a priori* para uma antropologia moral com base empírica, que a explicação kantiana começa a fazer contato com o retrato de Eichmann feito por Arendt".[142]

Allison avançou uma perspectiva própria de interpretação da noção do mal em Kant, a partir da noção de autoengano, que ele julgou ser capaz de abranger males extremos como os que Eichmann contribuiu para perpetrar. Encontramos em *A religião nos limites da simples razão* um trecho emblemático em que Kant mencionou a "desonestidade de lançar poeira nos próprios

140 Allison, *Kant's conception of freedom*, p. 491.

141 Ibid., p. 490.

142 Id., "Reflections on the banality of (radical) evil", p. 177.

olhos", que acaba por se estender "externamente à falsidade e ao engano a outros", como impeditivo à "fundação de uma genuína intenção moral", constituindo-se assim na "mancha pútrida da nossa espécie".[143] Allison lembrou que Kant associou o "sistemático autoengano"[144] ao nível mais elevado do mal radical, a malignidade, no qual encontramos uma perfídia do coração que engana a si próprio sobre suas intenções morais boas ou más.[145] Trata-se da capacidade do ser humano de mentir para si mesmo e acreditar na própria mentira.

Arendt destacou o caráter peculiar da centralidade do autoengano em Kant, compreendido por ele como razão para que o temor do desprezo por si próprio não seja motivo suficiente para o cumprimento da lei moral. Ela ressalta que o mandamento "Não mentirás" jamais apareceu em algum dos códigos éticos ou religiosos, com exceção do de Zoroastro, e que Dostoiévski parece ter concordado com Kant sem o saber: "em *Os irmãos Karamázov*, Dmitri K. pergunta a Starov: 'O que devo fazer para ganhar a salvação?', e Starov responde: 'Acima de tudo, nunca minta para si mesmo'".[146] Isso está em conformidade com o que Kant sustentou na *Metafísica dos costumes*. Para ele a mentira pode ser externa ou interna, gerando a primeira o desprezo por parte dos outros e a última o desprezo por si próprio, sendo essa última pior por violar "a dignidade da humanidade na sua própria pessoa", mas não pelas consequências da mentira a si ou aos outros. "A mentira (no sentido ético do termo), como falsidade deliberada, não precisa de ser prejudicial aos outros para ser considerada reprovável", porque importa que ao mentir o indivíduo se torna algo pior do que uma coisa (que pode ser útil), uma vez que ao empregar a comunicação para afirmar algo em que ele mesmo não acredita ele se degrada em uma mera "máquina de falar", em um meio que procura provocar certo efeito. Assim, enquanto ser moral ele utiliza seu ser físico como simples meio para um fim, sendo assim "rejeição e, por assim dizer, destruição da própria dignidade do homem",[147] mesmo que julgue o fim benéfico para os outros. Por isso, para Kant a mentira é "a maior violação do dever do homem para

---

143 Kant, *A religião nos limites da simples razão*, p. 44.

144 Allison, "Reflections on the banality of (radical) evil", p. 175.

145 Kant, *A religião nos limites da simples razão*, p. 44.

146 Arendt, "Algumas questões de filosofia moral", p. 127.

147 Kant, *Metafísica dos costumes*, pp. 358-359 (429).

consigo próprio, considerado unicamente como ser moral (a humanidade na sua pessoa)".[148]

A mentira a si mesmo ou autoengano é algo cuja realidade pode ser provada, disse Kant, mas cuja possibilidade é mais difícil de explicar, pois a mentira precisa sempre de uma segunda pessoa, e "enganar-se premeditadamente a si próprio parece encerrar em si uma contradição".[149] O autoengano se torna compreensível, para Kant, se tivermos em conta que "a falta de sinceridade é simplesmente uma falta de consciência, isto é, de integridade na confissão perante o seu juiz interior, que é pensado como uma outra pessoa".[150]

No texto "Reflections on the banaljty of (radical) evil" (1995), um dos mais inspiradores para o tema que nos ocupa aqui, Henry Allison examinou Eichmann como Arendt o retratou e destacou que um dos aspectos mais fundamentais da tipificação do caráter de Eichmann feita por ela é o uso que ele fez da linguagem, recorrendo frequentemente a clichês, como vimos no terceiro capítulo. Ela associou essa inabilidade de se expressar à incapacidade de pensar do ponto de vista do outro, de imaginar perspectivas outras para além daquela do contexto no qual ele se encontrava inserido. As regras de linguagem do "oficialês" (*Amtssprache*) da burocracia nazista teriam desempenhado, para Arendt, um papel fundamental na cegueira de personagens como Eichmann para as implicações morais de seus atos. Para Arendt, a ausência de pensamento (*thoughtlessness*) e o "oficialês" estavam intimamente conectados e se traduziam antes de tudo na incapacidade de julgar, de pensar com mentalidade alargada, isto é, de "treinar a própria imaginação para sair em visita"[151] a perspectivas outras. Trata-se da inteira aderência a seu próprio tempo, à ausência daquela

---

148 Ibid., p. 357 (429). Em uma anotação Kant observou ser "curioso que a Bíblia faça datar como o primeiro delito, pelo qual o mal adveio ao mundo, não o fratricídio (de Caim), mas a primeira mentira (porque contra o fratricídio rebela-se a natureza), e que designe como criador de todo o mal desde o início o mentiroso e o pai da mentira; se bem que a razão não possa fornecer nenhum outro fundamento para esta propensão dos homens para a hipocrisia (*esprit fourbe*), propensão que é antecedente à mentira: porque um ato de liberdade não pode deduzir-se e explicar-se (como se fosse um efeito físico) segundo a lei natural da conexão do efeito com a sua causa, que são, todos eles, fenómenos" (Ibid., p. 361 [431]).

149 Kant, *Metafísica dos costumes*, p. 359 (430).

150 Ibid., p. 360 (430).

151 Arendt, *Lições sobre a filosofia política de Kant*, p. 57.

atitude crítica de que falava Foucault, conforme examinamos no quarto capítulo: "a arte da inservidão voluntária, a arte da indócil reflexão".[152]

Não é que Eichmann não soubesse das implicações dos seus atos, mas antes que o autoengano facilitado e promovido por sua ausência de pensamento e seu uso de clichês ofuscariam sua capacidade de avaliar o sentido moral de seus atos. Isso foi facilitado porque o caso de Eichmann não era o do criminoso comum, que tem de agir ocultamente e "só pode se proteger com eficácia da realidade do mundo não criminoso dentro dos estreitos limites de sua gangue",[153]

> pois ele e o mundo em que viveu marcharam um dia em perfeita harmonia. E a sociedade alemã de 80 milhões de pessoas se protegeu contra a realidade e os fatos exatamente da mesma maneira, com os mesmos autoengano, mentira e estupidez que agora se viam impregnados na mentalidade de Eichmann. Essas mentiras mudavam de ano para ano, e frequentemente se contradiziam; além disso, não eram necessariamente as mesmas para todos os diversos níveis da hierarquia do Partido e para as pessoas em geral.[154]

A prática do autoengano teria se trivializado a ponto de se tornar "quase um pré-requisito moral para a sobrevivência" na Alemanha e por isso Arendt se perguntou ironicamente se a mendacidade não teria passado a ser parte do "caráter alemão", mesmo após a derrocada do regime nazista. Uma dessas mentiras era a que interpretava a guerra como "a batalha pelo destino do povo alemão", expressão cunhada por Hitler ou Goebbels, que teria permitido supor que a guerra não era uma guerra, que havia sido iniciada pelo destino e não pela Alemanha, e "que era questão de vida ou morte para os alemães, que tinham de aniquilar seus inimigos ou ser aniquilados".[155]

Allison sustentou que, embora Kant tenha relacionado explicitamente o autoengano à malignidade, o grau mais elevado do mal radical, ele atravessaria todo o exame de Kant sobre o mal e desempenharia um papel crucial em todos os níveis do mal radical, embora ele não o diga explicitamente.[156] A fraqueza

---

152 Foucault, *Qu'est-ce que la critique? suivi de La culture de soi*, p. 39.

153 Arendt, *Eichmann em Jerusalém*, pp. 64-65.

154 Ibid., p. 65.

155 Ibid.

156 Allison, "Reflections on the banality of (radical) evil", p. 175.

moral pode ser algo pelo que somos responsáveis, mas pelo autoengano podemos dissimulá-la para nós mesmos ao justificarmos nossa conduta em desconformidade com a lei moral apontando elementos presumivelmente fora do nosso alcance ("a impotência, o temperamento, a educação, as circunstâncias de tempo e de lugar"[157]). Algo análogo ocorreria no caso do mal radical por impureza, quando recorremos a incentivos extramorais para realizar o que o dever moral comanda e os dissimulamos para nós mesmos como motivos morais. Se devemos ser responsáveis pela fragilidade de nossa conduta moral e pela impureza dos nossos motivos morais, como Kant sustenta que é o caso, isso não pode ser atribuído a traços naturais de nosso caráter (uma constitutiva "má sorte moral") ou aos contextos em que nos encontramos, por mais extremos que sejam. Para Allison, ainda que Kant não explicite nesses termos, "a incapacidade de resistir à tentação é produto do autoengano".[158]

Mesmo ficando clara a importância da noção de autoengano na consideração do mal radical por Kant, Allison indicou que era necessário clarificar como a concepção kantiana do autoengano podia iluminar o fenômeno de Eichmann como compreendido por Arendt. Allison afirmou, entretanto, que era possível sustentar a partir de Kant que é precisamente quando testamos se nossas máximas são universalizáveis sem contradição que se dá a maior ocasião para o autoengano. Allison defendeu que

> Eichmann pode ser visto como um possível caso limite da maldade kantiana, com base no fato de que sua "ausência de pensamento" (*thoughtlessness*) representa um exemplo extremo de negligência de características moralmente notórias. Mais uma vez, o que poderia ser mais notório do que o fato de estarmos lidando com seres humanos? E se essa negligência é, de alguma forma, intencional, como deve ser para que seja imputável, então é difícil ver como se pode evitar atribuí-la a algo como uma propensão ao mal.[159]

Allison conclui seu texto apontando para as dificuldades com a noção de obediência em Kant e para o quanto Eichmann parecia julgar-se justificado

---

157 Kant, *A religião nos limites da simples razão*, p. 44.

158 Allison, *Kant's conception of freedom*, p. 495.

159 Id., "Reflections on the banality of (radical) evil", p. 181.

por ela, conforme examinamos com vagar nos dois capítulos anteriores. Para ele, a pretensão de Eichmann de ser um kantiano se mostrou ilegítima por sua heterônoma "ausência de pensamento" e por sua recusa ou incapacidade de julgar o caráter moralmente condenável da "Solução Final".[160] Uma hipótese não considerada por Allison é o quanto a devoção ao dever e o mandamento da obediência à autoridade política podiam também operar, como a hipótese do amor a si, como expedientes para o autoengano na identificação do que a lei moral comanda em cada situação. É como se em Eichmann o autoengano atuasse não tornando impuras as máximas, mas mal interpretando a própria lei moral e a noção de dever. É por uma noção pervertida do dever, e não por ceder às inclinações, que ele se tornou um extremo malfeitor.

Ao reconhecer em Eichmann a sistemática ausência de pensamento, Arendt o vinculou a um código moral invertido, definido pela obediência cega, que obstaria de modo decisivo sua capacidade de julgar, a ponto de solapar sua consciência moral, presumidamente inextirpável. Embora Kant tenha admitido que o sistemático autoengano pode "perturbar a faculdade moral de julgar",[161] a posição de Arendt é difícil de conciliar com a tese kantiana de que enquanto seres racionais e por nossa predisposição inextirpável e inata à personalidade somos já sempre capazes de ter consciência moral, discernir o bem do mal, mesmo quando não agimos em conformidade com nosso juízo e mesmo em contextos extremos.

Arendt destacou a consistência de Kant ao colocar os deveres para consigo à frente dos deveres para com os outros, como observamos no início deste capítulo.[162] Ele sustentou que temos deveres para conosco mesmos, articulados em torno do dever de conservar a dignidade de nossa humanidade. Do ponto de vista moral, o dever de conservar nossa dignidade se opõe à mentira, à avareza e ao servilismo, pois esses vícios, mencionados por ele n'*A metafísica dos costumes*, contradizem o caráter do ser humano como ser moral, sua personalidade. No caso do servilismo, que nos toca mais de perto aqui, "equivale a dizer: *estabelecem como princípio não ter nenhum princípio*, e, deste modo, não ter também nenhum caráter, quer dizer, degradar-se e converter-se em objeto de desprezo".[163] Não posso permitir que nem mesmo o soberano me escravize

160 Ibid., p. 182.

161 Id., *A religião nos limites da simples razão*, p. 44.

162 Arendt, "Algumas questões de filosofia moral", p. 131.

163 Kant, *Metafísica dos costumes*, p. 344 (420). Grifos meus.

ou me obrigue a mentir, por exemplo, violando o princípio da humanidade em mim. Na *Antropologia de um ponto de vista pragmático*, Kant considerou os indivíduos "sem caráter", como os caricatos arremedadores dos indivíduos de caráter, e concluiu que alguém com caráter, mas com disposição de temperamento maldosa, "é menos ruim que a bondade dela sem caráter",[164] pois o caráter é sempre uma promessa de superação da maldade, enquanto a ausência de caráter pode implicar uma cumplicidade irrestrita com a maldade.

Embora tenha se declarado kantiano, Eichmann claramente acolheu o servilismo condenado por Kant, estabelecendo "como princípio não ter princípio", em uma escolha que lhe pode ser imputada. Do ponto de vista moral, o dever fundamental do indivíduo para consigo consiste em fazer com que os princípios que fundam as máximas de sua conduta provenham da liberdade interior de se guiar a si mesmo que constitui a sua dignidade. Ambições como o carreirismo de Eichmann ou o empenho pela reputação "são sempre um servilismo por meio do qual um outro, se se apodera do indivíduo, tem o poder de utilizar-se dele, pelas inclinações deste, para os próprios propósitos".[165] Eichmann dissimulou seu servilismo na obediência cadavérica, erigida a virtude pelo dever de obediência à autoridade política, pela fidelidade a seus juramentos e por não ceder a suas inclinações.

Os deveres para comigo mesmo como pessoa moral têm primazia sobre os meus deveres do indivíduo enquanto cidadão, pois "o direito de humanidade em minha própria pessoa conta como uma base mais forte de obrigação do que a autoridade do Estado".[166] Não obstante isso, sigo ao mesmo tempo não podendo lhe oferecer resistência ativa, pois não existe qualquer justificação jurídica para a contraposição à autoridade política. Assim, a denúncia kantiana do servilismo, que poderia ser a réplica integral à "obediência cadavérica" de Eichmann, choca-se frontalmente, contudo, com o dever de obedecer à autoridade política. Hipóteses como as consideradas por Silber, Bernstein, Anderson-Gold e Allison – dentre outras a admissão do querer o mal pelo mal, a concepção de uma dimensão social expandida do amor a si, o autoengano e o servilismo destacado por mim –, mesmo muitas vezes extrapolando a letra dos textos de Kant em busca de um espírito mais promissor, ampliam a capacidade de encontrar na filosofia moral kantiana respostas para problemas que são mais nossos que dele.

---

164 Id., *Antropologia de um ponto de vista pragmático*, p. 189 (293).

165 Ibid., p. 169 (272).

166 Arntzen, "Kant on duty to oneself and resistance to political authority", p. 419.

Essas interpretações não problematizam, em todo caso, noções da filosofia moral e da religião de Kant difíceis de sustentar em um contexto não religioso ou metafísico como "reino dos fins", "Deus", "humanidade", "caráter inteligível", "razão moralmente onisciente", "denegação de conflitos morais", "sumo bem" etc. Mesmo Allen Wood, simpático ao recurso a nossa presumida insociável sociabilidade para tornar inteligíveis males extremos, observou que quando se perguntou sobre o mal radical Kant estava interessado em questões distintas das que legitimamente fazemos hoje sobre o mal, pois com *A religião nos limites da simples razão* ele visava explicar a uma audiência de cristãos luteranos do século XVIII como sua fé poderia se conciliar com uma moralidade racional da *Aufklärung*.[167]

A despeito da crítica de Arendt a Kant, aos limites explicativos da noção de mal radical, há uma notável convergência entre a definição dos vícios da cultura que Kant vincula a nossa disposição para a humanidade e a caracterização do mal sob o totalitarismo, feita por Arendt principalmente em *Origens do totalitarismo*. Cabe a ressalva de que, para Kant, continua a ser decisivo nos vícios da cultura o amor a si, em medida nem sempre simples de divisar. Em uma de suas primeiras aparições públicas no contexto do escândalo em torno de *Eichmann em Jerusalém*, em uma palestra a estudantes judeus na Universidade de Chicago, em outubro de 1963, Arendt datilografou que ao tratar da banalidade do mal falou do mal radical em Kant, mas então rasurou o texto e manuscreveu: "Eu falei *contra* o mal radical (Kant)".[168] Examinarei no próximo capítulo a natureza dessa oposição e o significado da noção de banalidade do mal.

---

167 Wood, "Kant and the intelligibility of evil", p. 144.

168 Arendt, "Private replies to Jewish critics", *Hannah Arendt Papers*, p. 3 (Adolf Eichmann File, 1938-1968, n.d.).

7

A banalidade do mal

O que mais me incomodou ao lidar com ele não foi sua monstruosidade, mas sua banalidade.

— Joseph Conrad, *Under Western eyes*, p. 45.

A questão é que o mal é um fenômeno de superfície (*Oberflächenphänomen*) e não que seja "banalizado" ou minimizado. Trata-se do oposto. O decisivo é que pessoas completamente medianas, nem boas nem más por natureza, foram capazes de causar uma catástrofe tão monstruosa.

— Arendt; Scholem, *Der Briefwechsel*, pp. 458-459 (14 set. 1963).

7.1. Um mal extremo, absoluto, radical (Arendt "contra" Kant)

Apenas após *Eichmann em Jerusalém* Arendt buscou, a partir da noção de banalidade do mal, compreender o significado do mal extremo em relação com a estatura dos seus perpetradores, tendo Eichmann como modelo. Ela não apresentou em *Origens do totalitarismo* qualquer teoria moral que pudesse explicar os campos de extermínio e outras atrocidades totalitárias. O seu emprego da noção de mal radical nessa obra teve antes por propósito indicar que tais acontecimentos precipitaram a percepção da falência de nossos padrões de juízo (morais, filosóficos, religiosos, do senso comum) para fornecer qualquer resposta adequada.

Quando disse que ao tratar da noção de banalidade do mal ela falou contra Kant, como indicamos no final do capítulo anterior, ela estava antes cultivando o frequente desenvolvimento de suas ideias em diálogo com um oponente crítico,[1] que no caso representava para ela a síntese de toda uma tradição. Os diferentes graus do mal moral em Kant correspondiam, para Arendt, ao que ela chamou de "motivos humanamente compreensíveis".[2] Ela sugeriu que quando Kant identificou o mal moral com o cair em tentação, com o amor a si que busca a felicidade própria, com o mal utilitário, sua teoria moral mostrou-se claramente inadequada na compreensão do mal sob o totalitarismo, embora seja importante lembrar que em Kant os piores perpetradores do mal diferem de nós apenas em grau, não em espécie: "Mesmo as pessoas mais comuns são capazes dos atos mais horrendos, e é mérito de Kant que ele tenha reconhecido esse fato perturbador da vida humana".[3]

O totalitarismo converteu o princípio do "tudo é permitido", que herdou com naturalidade do imperialismo do século XIX, no muito mais extremo princípio do "tudo é possível". Para Arendt, "esta é precisamente a esfera que não pode ser limitada nem por motivos utilitários nem pelo interesse pessoal, não importa o conteúdo deste último", e é nisso em que "o bom senso e as 'pessoas normais' se recusam a crer".[4] Ela observou que os regimes totalitários, para além de sua crueldade patente, abrigavam em sua *Realpolitik* um conceito de realidade sem precedentes:

> supremo desprezo pelas consequências imediatas e não a falta de escrúpulos; desarraigamento e desprezo pelos interesses nacionais e não o nacionalismo; *desdém em relação aos motivos utilitários e não a promoção egoísta do seu próprio interesse*; "idealismo", ou seja, a fé inabalável num mundo ideológico fictício e não o desejo de poder.[5]

Um dos expedientes para a destruição da pessoa moral sob a dominação totalitária (após a destruição da pessoa jurídica e antes da dissolução da identidade única de cada indivíduo) é precisamente o tornar equívocas e

---

1 Fest, "Das Mädchen aus der Fremde: Hannah Arendt und das Leben auf lauter Zwischenstationen", pp. 212-213.

2 Ver Di Pego, *Política y filosofia em Hannah Arendt*, p. 311.

3 Louden, "Evil everywhere: the ordinariness of Kantian radical evil", p. 98.

4 Arendt, *Origens do totalitarismo*, p. 491.

5 Ibid., p. 467. Grifos meus.

questionáveis as decisões da consciência por apresentar à deliberação não a alternativa entre bem e mal, mas entre matar e matar. Como deve decidir o indivíduo que tem de optar entre trair seus amigos, condenando-os à morte, e, se não o fizer, mandar para a morte a esposa e os filhos, "quando até mesmo o suicídio significaria a matança imediata de sua família"? Ou "quem poderia resolver o dilema moral daquela mãe grega a quem os nazistas permitiram escolher um dos seus três filhos para ser morto"?[6]

Arendt recolheu esse último exemplo de uma palestra que Albert Camus ministrou na Universidade de Columbia, em 1946. Intitulada "La crise de l'homme", ela foi publicada no EUA em 1947 com tradução de Lionel Abel, de quem tratamos no primeiro capítulo. Camus recorreu a quatro exemplos que traduziriam a experiência moral de sua geração, quando a moral tradicional teria se revelado o que sempre teria sido, "uma monstruosa hipocrisia".[7] Tendo herdado um mundo absurdo legado por seus antepassados, sua geração experimentaria a revolta profunda contra um estado de coisas para o qual eles sequer dispunham de parâmetros para condenar – um mundo em que a única alternativa oferecida era a de ser vítima ou algoz, anunciando um horizonte em que todos afinal se mostrariam como vítimas a sofrer a mesma derrota.[8] Camus mencionou que na Grécia

> um oficial alemão prepara-se para disparar contra três irmãos que tomou como reféns. A velha mãe atira-se aos seus pés e ele aceita poupar um, mas com a condição de que ela mesma o designe. Como ela não consegue se decidir, eles são mirados. Ela escolheu o mais velho, porque ele era o responsável por uma família, mas, ao mesmo tempo, condenou os outros dois como o oficial alemão queria.[9]

---

6 Ibid., p. 503. Na verdade, essa mãe teria de escolher qual filho seria poupado. Na sequência do texto, na mesma página, ela antecipa um dos temas que alimentou a polêmica em torno de *Eichmann em Jerusalém*: "Pela criação de condições em que a consciência deixa de ser adequada e fazer o bem se torna inteiramente impossível, a cumplicidade conscientemente organizada de todos os homens nos crimes dos regimes totalitários é estendida às vítimas e, assim, torna-se realmente total".

7 Albert Camus, "La crise de l'homme", p. 37.

8 Ibid., p. 43.

9 Ibid., p. 39.

A que máxima essa mãe grega poderia recorrer para orientar sua decisão – uma vez que, por mais terríveis que fossem, ela ainda tinha escolhas possíveis?[10] O que é marcante ainda, observou Camus, é o fato de que um dos aspectos da crise da humanidade manifesta nesse acontecimento é a impossibilidade de persuasão, por não haver mais nada em comum entre algoz e vítima. A mãe grega não conseguiu convencer o oficial alemão de que ele não tinha o direito de expô-la a alternativas tão horrendas, mas "a SS ou o oficial alemão não representavam mais um ser humano ou os seres humanos, mas um instinto elevado ao nível de uma ideia ou de uma teoria".[11]

No mesmo contexto em que mencionou o evento relatado por Camus, Arendt observou que os primeiros campos de concentração, no início do regime nazista, eram marcados por uma completa sandice. A tortura sistemática não parecia ter qualquer outro objetivo senão o de satisfazer a sanha sádica dos membros bestializados da SA, milícia nazista que então controlava os campos, sendo assim como que recompensada pelos serviços prestados. Eles nutriam um profundo ressentimento contra todos os que lhes pareciam social, intelectual ou fisicamente superiores. Não obstante, ponderou Arendt, "esse ressentimento, que nunca chegou a desaparecer inteiramente dos campos, parece-nos o derradeiro vestígio de um sentimento humanamente compreensível", na medida em que ainda podemos divisar em seus atos de bestialidade individual a conexão entre o mal perpetrado e motivações humanas, por mais malignas que fossem.[12]

Em *Origens do totalitarismo* Arendt distinguiu os primeiros campos nazistas, geridos pela SA (*Sturmabteilung*, "tropa de assalto" paramilitar do partido e do início do regime), com seu ódio e seu ressentimento traduzidos em atos de bestialidade individual, dos que passaram a ser geridos pela SS, quando começou o "verdadeiro horror": "a antiga bestialidade espontânea cedeu lugar à destruição absolutamente fria e sistemática de corpos humanos, calculada para aniquilar a dignidade humana". Os campos deixaram de ser parques de diversões sádicos de

---

10 Este acontecimento foi central à narrativa ficcional da obra *Sophie's choice* (1979), de William Styron, que inspirou o enredo do filme *A escolha de Sofia* (*Sophie's choice*, de 1982, dirigido e roteirizado por Allan J. Pakula). Styron não mencionou precisamente onde teve contato com essa estória, mas fez reiteradas referências a Arendt na interpretação do acontecimento: "como Hannah Arendt escreveu em *Eichmann em Jerusalém*, ao colocar alguém em tal posição os nazistas fazem com que essa pessoa seja o carrasco de seus próprios filhos, que é talvez a forma extrema do mal". Entrevista a Michel Braudeau, intitulada "Why I wrote *Sophie's choice*", em West (ed.), *Conversations with William Styron*, p. 249.

11 Albert Camus, "La crise de l'homme", p. 41.

12 Arendt, *Origens do totalitarismo*, p. 505.

indivíduos "que realmente deveriam estar no hospício ou na prisão" e se tornaram "'campos de treinamento', onde indivíduos perfeitamente normais eram treinados para tornarem-se perfeitos membros da SS".[13] Eles eram louvados por seu "idealismo" por não precisarem recorrer à bebida alcoólica para exterminar a todos.

Com a SS, buscou-se eliminar, por meio de um sistema frio, "motivos e paixões pessoais"[14] na perpetração do extermínio. Conforme enfatizou Camus, "a paixão, mesmo assassina, teria sido preferível. Porque a paixão tem seu fim, e outra paixão, outro grito da carne ou do coração, pode substituí-la".[15] Em espírito análogo, Tzvetan Todorov lembrou que Dwight Macdonald, amigo próximo de Arendt, observou logo após o fim da Segunda Guerra Mundial que a "lição dos crimes nazistas era a de que aqueles que aplicam as leis são mais perigosos que aqueles que as infringem. *Ah, se os guardas tivessem se entregado aos seus instintos! Mas não, eles seguiam o regulamento...*".[16]

À superfluidade produzida nas fábricas da morte correspondia o sentimento da própria dispensabilidade das massas mobilizadas pelo regime, constituída de indivíduos desesperados e furiosos em meio à miséria econômica e à precariedade política na Alemanha do período entreguerras. O "homem de massa", nos termos de Arendt, se sentia injustiçado pelos poucos beneficiários do *statu quo* e ao mesmo tempo perdia o interesse no próprio bem-estar ao se desligar de problemas do dia a dia e se vincular ao projeto de um Reich de mil anos. Nesse contexto, "a consciência da desimportância e da dispensabilidade deixava de ser a expressão da frustração individual e tornava-se um fenômeno de massa".[17] Para Arendt, o fato de as massas resultantes da atomização da sociedade não se unirem com base em qualquer consentimento ou interesse comum testemunhava seu desarraigamento e sua alienação do mundo. Os membros da massa, privados de qualquer relação comunitária,

---

13 Ibid.

14 Ibid., nota 159.

15 Albert Camus, "La crise de l'homme", p. 41.

16 Todorov, *Diante do extremo*, p. 183. Grifos meus.

17 Arendt, *Origens do totalitarismo*, p. 365. "A tentativa totalitária de tornar supérfluos os seres humanos reflete a sensação de superfluidade das massas modernas numa terra superpovoada. O mundo dos agonizantes, no qual os indivíduos aprendem que são supérfluos por meio de um modo de vida em que o castigo nada tem a ver com o crime, em que a exploração é praticada sem lucro, e em que o trabalho é realizado sem proveito, é um lugar onde a insensatez é diariamente renovada" (p. 508).

> fornecem a melhor "matéria-prima" para movimentos que comprimem tão intensamente as pessoas que elas parecem transformar-se em uma pessoa só. A perda dos interesses equivale à perda do "eu" (*self*), e as massas modernas, a meu ver, se distinguem por sua falta de eu, isto é, sua falta de "interesses egoístas".[18]

Ocorre que mesmo um acontecimento outrora inaudito, quando ocorrido, permanece "com a humanidade como uma potencialidade",[19] assim como o totalitarismo, "como potencialidade e como risco sempre presente, tende infelizmente a ficar conosco de agora em diante".[20] A confluência entre explosão populacional, o desenvolvimento de aparatos tecnológicos que tornam "supérfluos" do ponto de vista da utilidade vastos setores da população e o aprimoramento de instrumentos técnicos de destruição muito mais sofisticados que a câmara de gás "deve bastar para nos fazer tremer".[21] Além disso, nada impede que, "um belo dia, uma humanidade altamente organizada e mecanizada chegue, de maneira democrática – isto é, por decisão da maioria –, à conclusão de que, para a humanidade como um todo, convém liquidar certas partes de si mesma".[22] Em todo caso, para Arendt, se não compreendemos melhor o totalitarismo concebendo como diabólicos os perpetradores de seus crimes, certamente arriscamos a incompreendê-lo no que ele tem de singular quando o assimilamos a "motivos humanamente compreensíveis" (egoístas ou utilitários). O problema, portanto, não é nem tanto a não concepção de uma vontade diabólica, que para ela claramente não se aplicaria ao caso de Eichmann, mas antes a vinculação de todo e qualquer mal moral ao amor a si, à fragilidade ou ao autoengano.

A teoria kantiana do mal radical, como vimos no capítulo anterior, pressupõe: admitir uma lei moral que fala inequivocamente em nós por meio da razão, constituindo uma consciência moral insuprimível, enquanto reconhecimento de deveres; a admissão de que uma máxima boa é apenas a que pode ser universalizada; um caráter inteligível que decide atemporalmente se admitiremos uma disposição moral ou uma a serviço das inclinações; a relação entre razão e vontade sob a forma do mando/obediência; etc. Se pensarmos o mal em Kant, com base

---

18 Id., "Uma réplica a Eric Voegelin", p. 422.

19 Id., *Eichmann em Jerusalém*, p. 295.

20 Id., *Origens do totalitarismo*, p. 531.

21 Id., *Eichmann em Jerusalém*, p. 296.

22 Id., *Origens do totalitarismo*, p. 332.

nas várias partes de *A religião nos limites da simples razão*, como tendo origem no pecado ou na queda, por um ato atemporal insondável, na propensão a cair em tentação da qual só podemos nos restabelecer pela conversão, esperando ainda contar com o auxílio da graça, em uma religião moral que coincidiria com a religião cristã, inclusive em uma economia do castigo como punição que avança pela eternidade, tendo como horizonte regulador o céu ou o inferno, com uma desconfortável reativação da teoria dos dois mundos (empírico/inteligível), não há como concordar com Arendt quando ela afirma que

> o mesmo Kant, que na sua filosofia teórica estava tão preocupado em manter aberta a porta para a religião, mesmo depois de ter mostrado que não podemos ter conhecimento nessas questões, foi igualmente cuidadoso em bloquear todas as passagens que podem ter levado de volta à religião na sua filosofia moral ou prática.[23]

Possivelmente seria antes de esperar que Arendt lamentasse a transformação na filosofia moral de Kant da luminosa dignidade humana radicada na autonomia moral em uma radical perfídia da natureza humana e se juntasse ao lamento de Goethe e Schiller, dentre outros, por "a descrição do mal de Kant não ser apenas uma infeliz concessão ao cristianismo ortodoxo por meio da reabilitação de sua doutrina central do pecado original, mas também uma violação do espírito 'crítico' da sua filosofia moral".[24] Karl Jaspers começou com essas observações críticas de Goethe e Schiller um texto seu sobre o conceito de mal radical em Kant, de 1935.[25]

No primeiro fragmento de seus *Diários de pensamento*, edição de vários de seus cadernos de anotações, Arendt refletiu sobre o tema da ofensa, da reconciliação e do perdão. Escrevendo em 1950, ela manteve nesse momento uma distância da noção cristã de perdão – que será posteriormente reavaliada

---

23 Arendt, "Algumas questões de filosofia moral", p. 130. Adiante ela observa que tão forte é o "elemento de real solidão em toda tentativa positiva de praticar o bem e não se contentar em evitar o mal que até Kant, que sob outros aspectos foi tão cuidadoso em eliminar Deus e todos os preceitos religiosos da sua filosofia moral, invoca Deus para que preste testemunho da existência da boa vontade, inexplorável e não detectável em caso contrário" (p. 183).

24 Allison, *Kant's conception of freedom*, p. 467. Além das críticas de Goethe e Schiller, Laura Papish mencionou ainda as duras objeções de Ernst Cassirer. Ver Papish, *Kant on evil, self- deception, and moral reform*, p. 2.

25 Jaspers, "Das radikal Böse bei Kant", p. 90.

por ela de modo fundamental em *A condição humana* (1958)[26] – por julgar que ela implicava uma compreensão da reconciliação como "purificação" de uma natureza humana corrompida pelo pecado original. Tratar-se-ia da "ideia de que todos nós nascemos envenenados",[27] de modo que a solidariedade cristã implicada no perdão indica que todos os seres humanos são pecadores "e podem esperar o pior de si mesmos e dos outros seres humanos".[28]

Ao perdão, nesse momento, Arendt opõe a noção de reconciliação, porque ela corresponderia não à noção de uma natureza envenenada na qual nos igualamos enquanto decaídos, mas ao que ela chamou de "gratidão fundamental pelo dado",[29] gratidão pelo caráter indisponível do mero existir, em vez de um sentimento de dívida encarnada na própria natureza humana. Essa gratidão, que mais tarde ela chamará de *amor mundi,*[30] passa ao largo do ressentimento e da vingança e envolve antes o estabelecimento de uma solidariedade humana. Esta pressupõe que por serem livres e não soberanos os seres humanos podem descumprir promessas e cometer ofensas, mas nem por isso ser naturalmente decaídos. No âmbito da doutrina kantiana do mal radical, todo cair em tentação dá a ver a impureza da natureza humana corrompida em seu fundamento por uma propensão a priorizar o amor a si em detrimento do dever moral. Não temos então apenas as transgressões não intencionais inevitáveis da vida em comunidade de seres não soberanos que precisam ser redimidas pela mútua desobrigação mediante a reconciliação – o perdão de que Arendt trata em *A condição humana.* Na doutrina do mal radical a própria reconciliação parece interditada, pois esta "pressupõe seres humanos que atuam e que podem por isto cometer injustiças, mas não seres humanos envenenados".[31]

---

26 Ver Arendt, *A condição humana*, pp. 292ss.

27 Id., *Denktagebuch – 1950 bis 1973*, p. 4 (jun. 1950, I, 1).

28 Arendt, *Denktagebuch – 1950 bis 1973*, p. 6 (jun. 1950, I, 1).

29 Ibid., p. 4.

30 *Amor mundi* foi o primeiro título pensado por Arendt para a obra *A condição humana.* Em uma carta a Karl Jaspers, de agosto de 1955, ela afirma: "Sim, desta vez gostaria de vos trazer a vastidão do mundo. Comecei muito tarde, na verdade só nos últimos anos, a amar verdadeiramente o mundo, de modo que só agora serei capaz de fazê-lo. Por gratidão, quero chamar ao meu livro sobre teorias políticas '*Amor Mundi*'" (Arendt; Jaspers, *Briefwechsel 1929-1969* (06 ago.1955), p. 301.

31 Arendt, *Denktagebuch – 1950 bis 1973*, pp. 6-7 (jun. 1950, I, 1). Em 1951 ela retomou a oposição entre a reconciliação entre agentes falíveis e a noção cristã de uma natureza pervertida em que cada ato danoso é a confirmação de uma culpa entranhada na natureza do agente (*Denktagebuch – 1950 bis 1973*, p. 69, abr. 1951, III, 22).

O problema na relação de Arendt com a filosofia moral de Kant não diz respeito a uma estetização ou romantização do mal na concepção do agente que visa a promover o mal ao estar "determinado a ser um vilão"[32] (que Arendt, ao contrário de Kant, parece admitir como um ser humano raro, mas possível, mesmo não concebendo Eichmann como um deles), mas antes à redução de toda motivação para o mal ao interesse próprio, ao cair em tentação por "motivos humanamente compreensíveis", nos termos dela. Para Kant, a radical perversidade do seu coração "pode coexistir com uma vontade boa em geral e provém da fragilidade da natureza humana", e é "associada à impureza de não separar os motivos uns dos outros, segundo uma pauta".[33] É bastante possível que exatamente por isso, mas não apenas por isso, para Arendt a compreensão do mal totalitário demande muito mais do que o oferecido pela doutrina kantiana do mal radical, também porque o mal totalitário não é nem apenas ordinário nem apenas moral.

Para Arendt, a filosofia moral de Kant ignorou a pluralidade humana e abrigava três contradições fundamentais a ela relacionadas: a) o progresso, inclusive o pressuposto no reino dos fins, usaria os seres humanos no plural como meios para a humanidade no singular, levando a uma perda de dignidade humana; b) a universalidade do imperativo categórico conflitaria com a dignidade de cada ser humano particular; c) o juízo teleológico aplicado à moralidade conceberia a história como parte da natureza, cuja meta é alcançada à revelia dos agentes singulares.[34] Algum tempo depois, em suas *Lições sobre a filosofia política de Kant*, Arendt reiterou que há na filosofia kantiana uma contradição entre o progresso contínuo da espécie e a exigência colocada pela dignidade humana de que cada ser humano seja considerado em sua particularidade como refletindo a humanidade em geral. Por isso, para ela, "*é contrário à dignidade humana acreditar no progresso*",[35] principalmente porque, como já havia assinalado em *Origens do*

---

32 Id., "Algumas questões de filosofia moral", p. 227.

33 Kant, *A religião nos limites da simples razão*, p. 43.

34 Arendt, "Kant's political philosophy (1964)", *Hannah Arendt Papers*, p. 032255 (Subject File 1949-1975).

35 Id., *Lições sobre a filosofia política de Kant*, p. 99, grifos meus. Arendt observou ainda que, "para Kant, a história é parte da natureza; o objeto da história é a espécie humana entendida como parte da criação, como seu fim último e, por assim dizer, sua coroação. O que importa na história, cujo caráter fortuito e cuja contingência melancólica Kant jamais esquecera, não são as histórias [*stories*] ou os indivíduos históricos, nada do que os homens tenham feito de bom ou de mau, mas a astúcia secreta da natureza, que engendra o progresso da espécie e o desenvolvimento de todas as suas potencialidades na sucessão das gerações" (Ibid., p. 14).

totalitarismo, "o respeito à dignidade humana implica o reconhecimento de todos os seres humanos ou de todas as nações como entidades, como construtores de mundos ou coautores de um mundo comum".[36]

Arendt sustentou, em um curso sobre a filosofia moral de Kant, que o principal argumento contra a ética cristã – o de não enfrentar o mal "para permanecer bom, e assim permitir que o mal se espalhe no mundo"[37] – pode também se aplicar à total recusa de Kant a admitir exceções em consideração às circunstâncias. Ao atuar de acordo com a lei moral, tomo parte em um mundo de seres inteligíveis, "um mundo que não é desse mundo",[38] indicando assim a desmundanidade (*worldlessness*) de sua filosofia moral. Ela julgou que em Kant, por fim, a própria pluralidade humana mal é considerada:

> a insistência nos deveres para comigo mesmo, sua insistência em que os deveres morais devem ser livres de toda inclinação e em que a lei moral deveria ser válida não apenas para os seres humanos neste planeta, mas para todos os seres inteligíveis no Universo, restringe ao mínimo [a] condição da pluralidade.[39]

Arendt, profunda admiradora da obra de Kant, a quem sempre incluiu nas poucas exceções entre os filósofos que respeitaram a dignidade da política, manteve distância de sua filosofia moral, mas ao mesmo tempo a tomou como ícone da insuficiência da tradição da filosofia moral para lidar com os desafios colocados pelo totalitarismo – "os conceitos que herdamos não nos permitem lidar com a forma de matar a partir de uma mesa de escritório ou em massa"[40] e Eichmann era precisamente isso: "era um símbolo, a quintessência do assassino

---

36 Id., *Origens do totalitarismo*, p. 509. Em *A vida do espírito* Arendt afirmou que a noção de progresso e sua companheira, "a entidade indemonstrável chamada Humanidade", expulsam precisamente a noção de liberdade associada à ação de indivíduos (p. 466). Para ela, aí "não é o registro dos eventos passados, mas somente a história o que faz sentido, e o que tanto impressiona nas observações de Kant ao final da vida é ter ele entendido imediatamente que o sujeito da ação da História teria de ser a Humanidade, em vez de o homem ou qualquer comunidade humana constatável" (Arendt, *A vida do espírito*, p. 421).

37 Arendt, "Kant's moral philosophy (1964)", *Hannah Arendt Papers*, p. 032351 (Subject File 1949-1975).

38 Ibid.

39 Id., *Lições sobre a filosofia política de Kant*, p. 29.

40 Arendt; Fest, "'Como se falássemos com uma parede' – uma conversa com Joachim Fest", p. 334.

de escritório ativo".[41] Possivelmente por isso ela ministrou dois cursos sobre a obra kantiana em 1964, imediatamente após a publicação de *Eichmann em Jerusalém*, um sobre filosofia moral e outro sobre filosofia política. A distância que ela manteve da filosofia moral de Kant, mas não da sua filosofia política (ao menos como reinterpretada por ela), se deveu a que para ela essa filosofia moral pressupõe uma razão que estabelece princípios universais e se sustenta em uma noção de dever (e em uma ideia de humanidade) que desconsidera a singularidade de cada indivíduo e a pluralidade da humanidade. Ela lamenta que a noção de virtude em Kant tenha como único conteúdo o seguimento da lei e que haja uma "ausência de consideração pelo outro" em sua filosofia moral.[42]

Arendt dedicou alguns movimentos do curso "Basic moral propositions" ("Proposições morais básicas"), de 1966, à reflexão sobre o problema da obrigação na filosofia moral de Kant. Ela assinalou então que a lei moral é uma "fantasia vazia" se não houver o mundo inteligível. Também o dever seria um "conceito vazio" sem a hipótese da realização progressiva de um reino dos fins dos seres racionais, para o qual contribuo ao obedecer a lei moral, e sem a hipótese de um Deus fiador da ordem moral do mundo.[43] Esse incontornável pano de fundo "platônico" (na dualidade dos mundos e dos caracteres), aliado a uma concepção judaico-cristã de obediência, também afastou decisivamente Arendt da filosofia moral kantiana: quando pensou na liberdade, distanciou-se da noção de liberdade como autonomia e se aproximou antes da noção de liberdade como espontaneidade da *Crítica da razão pura*, como capacidade para o novo; quando pensou na consciência moral, concebeu a interdição à contradição consigo mesmo não como um mandamento da razão, mas socraticamente, como um efeito da convivência comigo mesmo promovida pela reflexão; quando pensou no juízo prático (na ética e na política), considerou antes o juízo reflexionante da *Crítica da faculdade do juízo*, que respeitaria a dignidade do particular. E mesmo no que diz respeito ao juízo, que foi tão decisivo no pensamento dela em sua última década de vida, ela observou que

> se considerarmos a moralidade como algo que engloba mais do que seu aspecto negativo, o abster-se de fazer o mal, que pode significar abster-se de fazer qualquer coisa, teremos de considerar a conduta humana em

---

41 Less, *Lüge! Alles Lüge!*, p. 201.

42 Arendt, "Kant's moral philosophy", *Hannah Arendt Papers*, p. 032347 (Subject File 1949-1975).

43 Ver Id., "Basic moral propositions" (1966), *Hannah Arendt Papers*, pp. 024536 e 024538 (Subject File 1949-1975).

termos que Kant achava apropriados apenas para a conduta estética, por assim dizer. E a razão pela qual ele descobriu certas regras moralmente significativas nessa esfera aparentemente tão diferente da vida humana foi que apenas nesse campo ele considerou os seres humanos no plural, vivendo em comunidade.[44]

Já no breve prefácio à primeira edição de *Origens do totalitarismo* Arendt observa que, se "nos estágios finais do totalitarismo surgiu um mal absoluto (porque já não pode ser atribuído a motivos humanamente compreensíveis), também é verdade que, sem ele, poderíamos nunca ter conhecido a natureza realmente radical do Mal".[45] Arendt retornou ao tema precisamente no final do livro, quando estava a tratar do domínio total levado a cabo nos campos de concentração, no qual os motivos humanamente compreensíveis, como o ódio ou o egoísmo, são dissolvidos em um contexto em que "é como se se pudesse tornar permanente o próprio processo de morrer e criar uma situação em que tanto a morte como a vida são retardadas com a mesma eficácia".[46] É nesse contexto que surge o que ela chamou um "mal radical antes ignorado", que lança a política em um jogo de tudo ou nada no qual a virtual vitória dos campos de concentração conduziria à ruína todos os seres humanos, com sua "atmosfera de loucura e irrealidade"[47] – pela franca antiutilidade de seu mundo dos agonizantes, concebido para provocar o máximo tormento possível.[48] O mundo fantasmagórico dos campos produz como efeito mais tangível a igual superfluidade de todos os seres humanos e seria de esperar que o temor dele venha ao menos introduzir, para além das divergências políticas ordinárias, "a maneira politicamente mais importante de julgar os eventos da nossa época, ou seja: se são úteis ou não ao domínio totalitário".[49]

Em sua resenha de 1952 do livro *Bréviaire de la haine: le III Reich et les Juifs*, de Léon Poliakov (publicado em 1951, como *Origens do totalitarismo*), Arendt

44 Id., "Algumas questões de filosofia moral", pp. 208-209.

45 Id., *Origens do totalitarismo*, p. 13.

46 Ibid., p. 494.

47 Ibid., p. 495.

48 "As massas humanas que os campos detêm são tratadas como se já não existissem, como se o que sucedesse com elas não pudesse interessar a ninguém, como se já estivessem mortas e algum espírito mau, tomado de alguma loucura, brincasse de suspendê-las por certo tempo entre a vida e a morte, antes de admiti-las na paz eterna" (Ibid., p. 496).

49 Ibid., p. 492.

reiterou que o totalitarismo, diferentemente de outras formas de tirania e de opressão até então conhecidas, "trouxe ao mundo um mal *radical* caracterizado pelo rompimento com todos os motivos humanamente compreensíveis da maldade".[50] A fabricação da superfluidade e a destruição de pessoas consideradas como supérfluas nos campos de concentração e extermínio – "o mais novo e mais significativo dispositivo de todas as formas totalitárias de dominação"[51] – não são coisa do passado, e sua compreensão, asseverou Arendt, é fundamental para enfrentarmos os problemas que seguirão nos confrontando. Ela estava convencida de que "as soluções totalitárias podem muito bem sobreviver à queda dos regimes totalitários" e mesmo o totalitarismo, como "uma forma inteiramente nova de governo", "como potencialidade e como risco sempre presente, tende infelizmente a ficar conosco de agora em diante".[52]

O tema do mal radical seguiu interessando Arendt nos anos imediatamente após a publicação de *Origens do totalitarismo*, e são frequentes as anotações sobre o tema em seus *Diários de pensamento*, principalmente até 1953. Ainda em meados de 1950, Arendt registrou que o mal radical é o que não deveria ter acontecido e aquilo com o que não conseguimos nos reconciliar, algo pelo qual, por suas consequências imprevisíveis, não conseguimos assumir a responsabilidade e para o qual nenhuma pena parece adequada.[53] O totalitarismo traduz o mal radical na medida em que é um fenômeno limítrofe da política,[54] e é um fenômeno limite porque não tem a ver com traço psicológico ou de caráter, mas com a lógica de um sentido superior a tornar supérfluos indivíduos que podem ser eliminados a qualquer momento, pretensamente em nome da conservação e aprimoramento do gênero humano mediante a aceleração do predomínio de "raças superiores".[55] Essa lógica da ideologia colide diretamente com a pluralidade de opiniões e de

---

50 Id., "A história do grande crime. Uma resenha de *Bréviaire de la haine: le III Reich et les Juifs*, de Léon Poliakov", p. 749. Grifos no original.

51 Ibid.

52 Id., *Origens do totalitarismo*, pp. 511 e 531. É digno de nota que ao final de *Origens do totalitarismo* Arendt recorra à expressão "banalidade niilística" para designar o tipo de sociedade de aniquilação sistemática realizada pela dominação totalitária. Ver Ibid., p. 510.

53 Id., *Denktagebuch – 1950 bis 1973*, p. 7 (jun. 1950, I, 1). Ao se referir nesse fragmento ao mal radical como o que interdita a reconciliação, Arendt o associou à formulação de Kant sobre as regras para a guerra, em que ele indicava que deveriam ser evitadas ações que interditassem a paz posterior entre os povos. Jaspers já havia mencionado essa máxima em *A questão da culpa*, p. 49.

54 Ibid., p. 67 (abr. 1951, III, 20).

55 Ibid., p. 18 (ago. 1950, I, 22).

subjetividades que para Arendt é a vitalidade de toda comunidade política. Para ela, há uma conexão entre o mal radical e a dedução lógica da ideologia, em que um princípio desarraigado "engole tudo hipertroficamente".[56]

A essas reflexões iniciais bastante próximas dos termos de *Origens do totalitarismo* se seguem precisões conceituais correlatas. Ainda em 1951 Arendt demarcou uma diferença importante entre a maldade humana, vinculada aos motivos do agente, e sua compreensão do mal radical como um mal impessoal ilimitado:

> a maldade é sempre egoica e precisamente por isto permanece ligada a outros; nunca é radical, pois brota sempre de motivos, isto é, não tem origem própria (...). *A bondade e a maldade humanas são limitadas pelo si-mesmo (Selbst)*. Mas não se pode dizer o mesmo do mal radical (...). As características do mal radical são: 1. Falta de motivo e falta do si-mesmo (*Selbstlosigkeit*); 2. Falta completa de imaginação, da qual surge o fracasso completo da compaixão, também da compaixão consigo mesmo; 3. Como consequência do puramente lógico, extrai as conclusões finais das premissas aceitas e sustenta as outras com o argumento: quem disse A deve dizer também B.[57]

Para Arendt, no mesmo fragmento, esses são antes "sintomas psicológicos do mal radical" e não algo que o defina. Ela destacou que do modo como o conceito de "mal radical" apareceu em Kant ele diz respeito antes à baixeza ordinária, psicológica. É também reiterada a associação não kantiana feita por Arendt entre mal radical e ilimitação.[58]

Em carta a Gershom Scholem, já no contexto da polêmica em torno a *Eichmann em Jerusalém*, ela afirmou que se lermos Kant sobre o mal radical veremos "que ele não quer dizer muito mais do que o mal comum, e esse é um conceito psicológico, não metafísico".[59] Ela parece esforçar-se aqui por pensar essa sua

---

56 Ibid., p. 117 (ago. 1951, V, 22).

57 Ibid., p. 128 (ago. 1951, VI, 5), grifos meus.

58 Em um fragmento no qual selecionou e comentou brevemente trechos relacionados ao mal e à vontade da obra *Investigações filosóficas sobre a essência da liberdade humana*, de Schelling, Arendt destacou, em oposição à concepção do mal como privação, que, "do ponto de vista cristão, o diabo não era a criatura mais limitada, mas, pelo contrário, a mais ilimitada" (Arendt, *Denktagebuch – 1950 bis 1973*, p. 177 (jan. 1952, VIII, 4)).

59 Arendt; Scholem, *Der Briefwechsel*, p. 444 (20 jul. 1963).

noção não kantiana de mal radical como algo desarraigado das individualidades, dos traços de caráter de cada indivíduo, embora não negue que esse mal psicológico, ordinariamente autointeressado, pensado por Kant, seja uma ocorrência comum, mesmo não abrangendo a experiência incomum do mal totalitário.

O bem e o mal se traduziriam nas relações humanas como justiça e injustiça, definidas pelas promessas recíprocas que os indivíduos fazem entre si nas relações comunitárias, sendo, portanto, inteiramente convencionais e situadas. Todavia, no caso do mal radical é como se a injustiça não pudesse ser captada por "categorias antropológicas", como se ultrapassasse a medida do que se passa entre os seres humanos, o entre da pluralidade.[60] Arendt sustentou que se concebermos ontologicamente o bem e o mal ultrapassamos a fronteira dos assuntos humanos, o mundo entre os seres humanos que só pode fundar normas "relativas". Com efeito,

> a *justiça* e a *injustiça* que os seres humanos fazem *uns aos outros* têm seu critério no entre, são regidas pelo que foi decidido entre eles – contrato, acordo (*Vertrag, Kontrakt, "agreement"*) –, pelo que garantem uns aos outros, que não existe fora do reino do entre (*Zwischen-Reich*) que se dá entre os seres humanos e que foi criado por eles.[61]

Para Arendt, os regimes totalitários, ao buscar provar que tudo é possível, descobriram um mal que ultrapassa os motivos humanamente compreensíveis para a maldade pessoal e

> que existem crimes que os seres humanos não podem punir nem perdoar. Ao tornar-se possível, o impossível passou a ser o mal absoluto, impunível e imperdoável, que já não podia ser compreendido nem explicado pelos motivos malignos do egoísmo, da ganância, da cobiça, do ressentimento, do desejo do poder e da covardia; e que, portanto, a ira não podia vingar, o amor não podia suportar, a amizade não podia perdoar.[62]

Os crimes totalitários deixam de ser humanamente compreensíveis porque se desconectam dos "motivos malignos" por meio dos quais julgamos humanamente concebíveis, embora não necessariamente justificadas, as ofensas que cometemos

---

60 Arendt, *Denktagebuch – 1950 bis 1973*, p. 113 (jul. 1951, V, 20).

61 Ibid. (jan. 1952, VIII, 5). Grifos no original.

62 Id., *Origens do totalitarismo*, p. 510.

uns contra os outros. Eles desafiam a "gramática do mal que implica sempre a ideia da intenção maligna".[63] Em *A condição humana*, Arendt reverberou suas considerações sobre o mal radical em *Origens do totalitarismo*, associando-o a ofensas que não podemos punir nem perdoar, porque "transcendem o domínio dos assuntos humanos e as potencialidades do poder humano, os quais destroem radicalmente sempre que surgem".[64] Como em *Origens do totalitarismo*, ela novamente menciona Kant na consideração destas ofensas, aparentemente pelo simples fato de ele ter empregado a expressão "mal radical". Apenas após a polêmica em torno de *Eichmann em Jerusalém*, no curso "Algumas questões de filosofia moral" (1964-1965), encontramos uma discussão mais detida sobre a filosofia moral de Kant e uma definição mais precisa do conceito kantiano de mal radical:

> como as inclinações e a tentação estão arraigadas na natureza humana, embora não na razão humana, Kant chamava o fato de o ser humano ser tentado a fazer o mal por seguir as suas inclinações de o "mal radical". Nem ele nem qualquer outro filósofo moral realmente acreditava que o ser humano pudesse querer o mal pelo mal; todas as transgressões são explicadas por Kant como exceções que o ser humano é tentado a fazer perante uma lei que, do contrário, ele reconhece como sendo válida – assim o ladrão reconhece as leis da propriedade, até deseja ser protegido por elas, e só faz uma exceção temporária a essas leis para seu próprio benefício.[65]

Arendt indicou que Kant deve ter vislumbrado a existência de um mal extremo, mas defendeu que a concepção do mal por ele só é capaz de abarcar a maldade desencadeada por motivos humanamente compreensíveis, como o interesse próprio, que nos fazem cair em tentação. Para ela, ao falar de mal radical Kant não teria se referido a algo que ultrapassaria a moral e a razão prática tanto quanto o bem radical, precisamente por não se constituir no *entre* os seres humanos, fora do qual não pode haver justiça ou injustiça, as formas do bem e do mal *entre os seres humanos*. Mais uma vez é notório que Arendt se refere ao mal radical atribuindo-lhe o sentido muito próprio de um ato extremo, distante das pretensões do próprio Kant.

---

63 Birulés, "Prólogo: Arendt sobre Eichmann, unha lectura radical", p. 19.

64 Arendt, *A condição humana*, p. 299.

65 Id., "Algumas questões de filosofia moral", p. 126.

Em todo caso, como vimos no último capítulo, claramente os males associados aos vícios da cultura não são assimiláveis aos motivos humanamente compreensíveis aos quais Arendt vinculou a compreensão kantiana do mal. Os vícios da cultura não decorrem do interesse na satisfação das inclinações, mas do temor e da ansiedade na competição social com os demais, que acabam se traduzindo em estratégias de dominação e mesmo de aniquilação de outros indivíduos ou grupos. Ao contrário dos males decorrentes da priorização do interesse próprio, os vícios da cultura atingem extremos que ultrapassam afetos individuais autointeressados e chegam mesmo a desencadear paixões e ações que prejudicam os próprios perpetradores.

Kant observou que encontramos nas ações humanas exemplos variegados de vícios de brutalidade "onde nem sequer indivíduo algum obtém a mínima vantagem",[66] em que se manifesta um júbilo não egoísta, "desinteressado", com a destruição de outrem. O grau extremo desses vícios da cultura e da civilização (como o regozijo com o sofrimento alheio (*Schadenfreude*)) corresponde para Kant à "ideia de *um máximo de mal, que ultrapassa a humanidade*".[67] Este máximo de mal dos atos aniquiladores desafia nossa capacidade de compreendê-los por não se deixarem assimilar a "motivos humanamente compreensíveis", para empregar os termos de Arendt. Essa realização de um mal que ultrapassa a humanidade é, não obstante, uma possibilidade demasiado humana, ainda que Kant jamais admita a concepção de que pudéssemos ser essencialmente maus, ou maus antes de qualquer escolha nossa. É como se Kant admitisse que o mal moral abrangido pelo mal radical, antes de tudo um mal pessoal, não abarcasse todo o mal possível no mundo, sendo o mal radical na verdade restrito ao mal conectado ao amor a si ou à felicidade, mas não ao "máximo de mal".

Allen W. Wood defendeu que a doutrina kantiana do mal radical, como a doutrina cristã do pecado original,

> visa direcionar nossa atenção principalmente para o mal em nós mesmos. Não almeja, porém, retratar esse mal – seja em nós ou fora de nós – de forma extrema ou exagerada. O termo "mal radical", de Kant, não se refere (como esta expressão geralmente é empregada em nosso discurso moral hoje em dia) a algum tipo especial de mal que seja visivelmente hediondo, odioso, escandaloso ou (neste sentido da palavra) "radical". Para Kant, o

66 Kant, *A religião nos limites da simples razão*, p. 39.

67 Ibid., p. 33. Grifos meus.

> "mal radical" refere-se apenas à raiz comum (*radix*) de todo mal presente na natureza humana, qualquer que seja seu grau.[68]

Além dos vícios da cultura, há ainda outro movimento na obra kantiana que merece ser mencionado por considerar uma forma extrema de mal não abrangida pela doutrina do mal radical. No contexto em que defende, n'*A metafísica dos costumes*, que não pode haver resistência legítima do povo, mesmo no caso de um abuso intolerável, à autoridade legisladora do Estado, Kant insere uma longa nota na qual indica que toda transgressão à lei pode ter origem ou numa máxima criminosa adotada como universalmente válida pelo transgressor ou numa exceção incidental à regra moral em benefício próprio. No último caso, o indivíduo contornaria intencionalmente a lei sem lhe recusar formalmente obediência, podendo inclusive sentir horror por sua transgressão,

> mas no primeiro caso rejeita a própria autoridade da lei, cuja validade não pode desmentir perante a sua razão, e converte para si em regra agir contra a lei; a sua máxima não só se opõe assim à lei por defeito (*negative*), mas sim em termos de ruptura (*contrarie*) ou, como também se diz, diametralmente, como contradição com a lei (de um modo hostil, por assim dizer). Tanto quanto nos possamos aperceber, é impossível aos seres humanos cometerem semelhante crime, que releva de uma maldade formal (completamente inútil), e, no entanto, tal não pode ser descurado num sistema da moral (se bem que se trata da mera ideia do mal na sua expressão mais extrema)".[69]

No mesmo movimento, tomando como exemplo o caso da execução de monarcas soberanos, pretensamente fundada juridicamente, como nas revoluções – em vez do mero assassinato do monarca para precaver-se da vingança dos seus e de seus apoiadores, caso em que o povo abriria uma exceção autointeressada na regra de sujeição irrestrita ao soberano –, Kant considerou que tal ato representaria a total inversão de todos os conceitos jurídicos por meio da qual a violência se transfigura em direito: "uma inversão total dos princípios da relação entre soberano e povo (este, que deve a sua existência apenas à legislação do primeiro, converte-se em soberano dele)". Para Kant, tratava-se de um "crime que permanece para todo o sempre e que não pode expiar-se (*crimen immortale,*

68 Wood, "The evil in human nature", p. 38.

69 Kant, *A metafísica dos costumes*, pp. 192-193 (321).

inexpiabile) e parece assemelhar-se aos pecados que os teólogos denominam de pecados que não podem ser perdoados neste mundo nem no outro".[70]

A esta versão kantiana dos males que, na formulação de Arendt, não se pode punir nem perdoar – embora ela se refira ao genocídio e ele ao regicídio – parecem corresponder as referências dela a ofensas que são *skandala*, o "crime e o mal voluntário" "mais raros talvez que as boas ações", os quais, embora inevitáveis, ultrapassam a capacidade humana de reconciliação com elas. Com efeito, a capacidade humana de reconciliação ordinariamente consegue assimilar as ofensas não intencionais que são *transgressões* (*hamartanein*), decorrentes da espontaneidade da ação humana na vida em comunidade.[71] Em "Algumas questões de filosofia moral", Arendt retorna ao tema indicando que Jesus recomendou perdoar todos os pecados que "podem ser explicados pela fraqueza humana", em contraste com as "ofensas vergonhosas" (*skandala*) em que seria melhor que seus perpetradores não tivessem nascido – "mas Jesus não nos diz qual é a natureza dessas ofensas escandalosas: sentimos a verdade de suas palavras, mas não podemos determiná-la".[72] Logo depois, não obstante, ela volta ao tema no curso, ainda inédito, "Proposições morais básicas" ("*Basic moral propositions*", 1966): reverberando antes o evangelho de Marcos (em vez de Lucas e Mateus, como em *A condição humana*), ela associou o *skandalon* a "traições e ofensas contra os pequeninos, ou seja, *aqueles que você tem em seu poder*".[73]

O *skandalon*, que corresponde ao mal "que cometo voluntariamente", é aquilo "que os poderes humanos não podem remover", "aquilo que não está em nosso poder reparar – pelo perdão ou pela punição – e o que, portanto, permanece como um obstáculo para todas as demais execuções e atos", sendo seus perpetradores violadores do próprio equilíbrio do mundo.[74] Para Arendt, é importante ter em conta a distinção entre transgressões ordinárias e obstáculos mortais, entre aquelas "com as quais sabemos como lidar e das quais sabemos como nos livrar, quer pela punição, quer pelo perdão, e, por outro lado, aquelas ofensas para as quais só podemos dizer: 'Isso nunca deveria ter acontecido'".[75]

---

70 Ibid., p. 192 (321).

71 Arendt, *A condição humana*, p. 297.

72 Id., "Algumas questões de filosofia moral", p. 137.

73 Id., "Basic moral propositions", *Hannah Arendt Papers*, p. 024545. Grifos meus (Subject File 1949-1975). Cf. Mc 9,42, Mt 18,6-9 e Lc 17,1-5.

74 Id., "Algumas questões de filosofia moral", p. 191.

75 Ibid., p. 175.

O mal radical traduz-se então, em *Origens do totalitarismo*, antes de tudo, no cometimento de atos extremos que violam a dignidade dos indivíduos, assentada em sua condição de seres plurais e únicos, capazes de novidade. Os campos de extermínio são os instrumentos do mal extremo que consiste na fabricação da superfluidade. Tornados supérfluos, os indivíduos sequer se prestam a ser utilizados como meios para fins alheios. Toda a solidariedade com a fraqueza humana se desfaz ante crimes em que há uma desproporção abissal entre os "motivos malignos" que os indivíduos podem conceber como móbeis para suas ações e o horizonte de uma humanidade tornada supérflua. É na imagem de um mal "absoluto, impunível e imperdoável" que Arendt refletiu sobre o mal radical: "Podemos dizer que esse mal radical surgiu em relação a um sistema no qual todos os seres humanos se tomaram igualmente supérfluos".[76] A virtual vitória desse mal antes ignorado traduz uma inexorável ruína para a existência de todos os seres humanos em sua pluralidade, e sua mera ocorrência exibe a falência dos nossos padrões tradicionais de julgamento: "Com uma culpa que está além do crime e uma inocência que está além da bondade ou da virtude simplesmente não há o que fazer, humana e politicamente".[77]

O mal como finalidade foi até então inconcebível e impensável, tendo sido concebido na tradição do nosso pensamento moral e religioso como um escândalo para o pensamento, resultado da fragilidade, do autoengano e da ausência de perfeição, mas não de um propósito deliberado. Mas não ampliamos essa compreensão ao interpretarmos esses perpetradores de males extremos como monstros inumanos, radicalmente distintos dos seres humanos comuns. Em sua entrevista com Arendt, Joachim Fest, jornalista e célebre historiador do nazismo, ponderou que "os alemães sempre viram essas figuras, de Hitler a Eichmann, como demônios saídos das profundezas, e talvez entendessem isso como uma forma de álibi para si mesmos".[78] Assim é possível compreender a razão de muitos terem considerado desrespeitoso com as vítimas caracterizar

76 Id., *Origens do totalitarismo*, p. 510.

77 Arendt; Jaspers, *Briefwechsel – 1926-1969* (17 ago. 1946), pp. 90-91. Em *Sobre a revolução* Arendt reitera que "a tragédia é que a lei é feita para os seres humanos, e não para anjos ou demônios. As leis e todas as 'instituições duradouras' desmoronam não só sob o assalto do mal elementar como também sob o impacto da inocência absoluta" (Arendt, *Sobre a revolução*, p. 122).

78 Arendt; Fest, "'Como se falássemos com uma parede' – uma conversa com Joachim Fest", p. 323.

perpetradores como Eichmann como palhaços, como se só se pudesse honrar sua memória e sua dignidade considerando monstruosos seus algozes.[79]

É bastante comum que as pessoas que se julgam normais tomem os perpetradores de crimes hediondos como monstros patológicos radicalmente distintos delas mesmas. Para Arendt, o totalitarismo expôs a precariedade de toda essa articulação: temos algozes supérfluos fabricando a superfluidade de suas vítimas, preparando-as assim para o extermínio e forçando-as a colaborar com ele. Para enfrentar um fenômeno avassalador que provoca a falência dos nossos padrões usuais de julgamento, estamos desamparados pela filosofia moral e pela religião cristã, pois, Arendt ressalta,

> é inerente a toda a nossa tradição filosófica que não possamos conceber um "mal radical", e isso se aplica tanto à teologia cristã, que concedeu ao próprio Diabo uma origem celestial, como a Kant, o único filósofo que, na expressão que cunhou para ele, ao menos deve ter suspeitado de que esse mal existia, embora imediatamente o tenha racionalizado no conceito de uma "vontade má pervertida" que poderia ser explicada por motivos compreensíveis.[80]

Cabe destacar que essa consideração aparece apenas a partir da segunda edição de *Origens do totalitarismo*, de 1958. Nas considerações finais da edição original da obra Arendt assinala que até para a tarefa de evitar assassinatos "somos forçados a duvidar da existência incontestável dos princípios básicos da moralidade sobre os quais repousa toda a estrutura da nossa vida",[81] mas não menciona Kant em parte alguma, o que reforça a importância de suas reflexões sobre o mal radical ao longo da década de 1950, que examinamos anteriormente. Isso também indica o quanto pouco antes do julgamento de Eichmann ela ainda empregava a noção de mal radical apenas como um mal extremo.

Em uma carta de 1951 a Karl Jaspers, por ocasião da publicação de *Origens do totalitarismo*, Arendt observa precisamente que

---

79 Fest, "Das Mädchen aus der Fremde: Hannah Arendt und das Leben auf lauter Zwischenstationen", p. 184.

80 Arendt, *Origens do totalitarismo*, p. 510.

81 Id., *The burden of our time* (O fardo de nosso tempo), p. 438. Esse foi o título dado por Arendt à edição britânica de *Origens do totalitarismo*, no mais idêntica à primeira edição estadunidense.

> o mal provou ser mais radical do que o previsto. Em termos gerais, os crimes modernos não estão previstos no Decálogo. Ou: a tradição ocidental padece do preconceito de que as coisas mais malignas que o ser humano pode fazer provêm do vício do egoísmo, enquanto sabemos que o maior mal ou o mal radical não tem mais coisa alguma a ver com esses motivos pecaminosos, humanamente compreensíveis. O que o mal radical realmente é eu não sei, mas me parece que tem algo a ver com o seguinte fenômeno: tornar os seres humanos supérfluos enquanto seres humanos (não os usando como meio para um fim,[82] o que deixa intocada sua humanidade [*Menschsein*] e viola apenas a sua dignidade humana, mas os tornando supérfluos enquanto seres humanos). Isso acontece assim que se elimina toda imprevisibilidade, que nos seres humanos corresponde à espontaneidade.[83]

Em que consiste então esse conceito arendtiano de mal radical? Antes de tudo, trata-se de um mal não limitado pelas fragilidades, pelos interesses, pelas obsessões e perversões dos indivíduos e que, precisamente por não estar circunscrito ao âmbito do que pode um indivíduo, pode espraiar-se indefinidamente. Esse mal radical é ilimitado e devastador precisamente porque é desarraigado; é extremo porque não é limitado nem pela pior maldade que

---

82 Em uma nota de julho de 1951, pouco após a carta a Jaspers, Arendt observa que a concepção do mal como violação do ser humano enquanto fim em si passa ao largo do "peculiar entre da pluralidade" (Arendt, *Denktagebuch – 1950 bis 1973*, p. 109 (jul. 1951, V, 11)).

83 Arendt; Jaspers, *Briefwechsel – 1926-1969*, p. 166 (04 mar.1951). Na carta em alemão a palavra que corresponde a "imprevisibilidade" é *unpredictability*, em inglês. "Os campos destinam-se não apenas a exterminar pessoas e degradar seres humanos, mas também servem à chocante experiência da eliminação, em condições cientificamente controladas, da própria espontaneidade como expressão da conduta humana, e da transformação da personalidade humana numa simples coisa, em algo que nem mesmo os animais são (...). Em circunstâncias normais, isso nunca pode ser conseguido, porque a espontaneidade jamais pode ser inteiramente eliminada, uma vez que se relaciona não apenas com a liberdade humana, mas com a própria vida, no sentido da simples manutenção da existência. É somente nos campos de concentração que essa experiência é possível" (Arendt, *Origens do totalitarismo*, pp. 488-489). Sobre a conexão entre eliminação da espontaneidade e o caráter extremo do mal, ver Di Pego, *Política y filosofia em Hannah Arendt*, p. 312ss.

qualquer indivíduo pode abrigar, mesmo Hitler. É por isso que comporta a possibilidade de tornar o mundo um deserto, mobilizando "uma tempestade de areia que pode recobrir todas as partes do mundo habitado".[84] Radical aqui significa, portanto, não algo enraizado, como no conceito kantiano de mal radical, mas algo extremo e mesmo "absoluto", no sentido de que transcende os motivos humanos usualmente compreensíveis. Esse mal decorre da paradoxal capacidade humana, atualizada notadamente nas fábricas da morte sob o totalitarismo, de desencadear fenômenos que desafiam a capacidade humana de assimilá-los pela compreensão, de gerar um "mal incalculável".[85]

Os verdadeiros *skandala*, concluiu Arendt, relacionam-se com a "recusa ou a incapacidade de estabelecer uma relação com os outros por meio do julgamento", de escolher as companhias que quero cultivar e de definir exemplos da companhia que quero ser para mim mesmo. Os que sucumbem à banalidade do mal "são incapazes de fazer companhia a si mesmos"[86] precisamente por não se importarem com ela. Eles são "os verdadeiros obstáculos que os poderes humanos não podem remover porque não foram causados por motivos humanos ou humanamente compreensíveis. Nisso residem o horror e, ao mesmo tempo, a banalidade do mal".[87]

7.2. O mal como um fenômeno de superfície (*Oberflächenphänomen*)

No polêmico intercâmbio epistolar público entre Scholem e Arendt em torno a *Eichmann em Jerusalém*, Scholem concluiu sua carta com uma referência ácida à noção de "banalidade do mal". Ele considerou a expressão nada convincente e, de resto, disse lamentar não ter qualquer coisa de positivo a dizer sobre as "teses" de Arendt no livro. Como a expressão apareceu no subtítulo do livro, era de esperar, disse ele, que o tema fosse desenvolvido, mas acabou por se mostrar mais uma frase feita, distintamente da análise profunda do "mal radical" levada a cabo por Arendt em *Origens do totalitarismo*, quando ela "ainda não havia descoberto que o mal é banal". O mal radical, que a análise de Arendt em *Origens do totalitarismo* teria demonstrado de modo elegante

---

84 Arendt, *Origens do totalitarismo*, p. 530.

85 Id., "Culpa organizada e responsabilidade universal", p. 161.

86 Taminiaux, *La fille de Thrace et le penseur professionnel*, p. 174.

87 Arendt, "Algumas questões de filosofia moral", p. 212.

e com conhecimento de causa, "perdeu-se em um *slogan*".[88] Para ele, para ser mais que um *slogan* seria necessário situar a noção de banalidade do mal em um plano mais profundo da filosofia moral e da moralidade política, como julgava ter sido o caso do que ela fez com a noção de mal radical.

Arendt também reservou para o final de sua carta, publicada junto à de Scholem como uma resposta, suas considerações sobre os comentários dele. As afirmações de Arendt são peremptórias e, em grande medida, oblíquas, considerando seu desenvolvimento posterior do tema. Ela considerou as observações de Scholem sobre o mal o único ponto de acordo entre eles, na medida em que indicaria uma mudança de posição por parte dela, que não falaria mais de "mal radical":

> *na verdade, hoje sou da opinião de que o mal é sempre apenas extremo, mas nunca radical, não possui profundidade nem demônios. Pode devastar o mundo inteiro precisamente porque continua a crescer como um fungo sobre a superfície. Mas só o bem é profundo e radical.*[89]

Arendt não voltou ao tema do bem como profundo e radical. Algum tempo depois ela teria dito a Joachim Fest que "'o supostamente bom também pode ser vazio e impensado – e ainda por cima implacável".[90] Uma década antes Arendt havia registrado em suas anotações uma posição distinta que me parece mais esclarecedora no que diz respeito à bondade:

---

88 Arendt; Scholem, *Der Briefwechsel*, p. 434 (24 jun. 1963). Também Ernst Simon – com quem Arendt debateu nos anos 1940 sobre a criação de Israel como um Estado binacional, como ela defendia – disse ser "uma pena que Hannah Arendt não tenha conseguido manter este elevado grau de compreensão da natureza do mal, que – longe de ser sempre 'banal' – é muitas vezes profundamente demoníaco. Ela teria então sido capaz de compreender a situação das pessoas comuns e dos judeus cujo universo inteiro entrou em colapso e que foram subitamente e sem preparação confrontados com a tarefa de suportar o seu destino e de levar a cabo as suas tarefas como líderes nas suas comunidades" (Simon, "Revisionist history of the Jewish catastrophe: a textual examination", p. 396). Arendt cancelou sua assinatura da revista *Ner*, coeditada por Simon, por ele ter feito várias afirmações inverídicas sobre ela em um artigo e ela não ter obtido êxito em suas solicitações para que essas "mentiras" fossem corrigidas (Arendt a Shereshewsky, *Hannah Arendt Papers*, Correspondence, Miscellaneous, English language, S-Z and unidentified, 1963-1967, n.d, 08 jul. 1965).

89 Arendt; Scholem, *Der Briefwechsel*, p. 444 (20 jul. 1963), grifos meus.

90 Fest, "Das Mädchen aus der Fremde: Hannah Arendt und das Leben auf lauter Zwischenstationen", p. 186.

existe o mal radical, mas não o bem radical. *O mal radical sempre surge quando se deseja o bem radical.* O bem e o mal só podem existir entre as pessoas em relação umas às outras; a "radicalidade" destrói a relatividade e, portanto, as próprias relações. O mal radical é qualquer coisa que seja desejada independentemente das pessoas e das relações existentes entre elas.[91]

Esse caráter radical ou extremo do bem conecta-se ao mal radical pelo fato de que quem pretende implementar uma versão do bem radical no mundo pode recorrer a todos os meios disponíveis ou concebíveis, por mais hediondos que sejam. Três dias após sua primeira resposta a Scholem, Arendt aceitou um convite para participar de uma conversa com estudantes judeus na Universidade Columbia, em 23 de julho de 1963. Em sua apresentação ela destacou que teria mudado de ideia sobre dois tópicos em relação a *Origens do totalitarismo*: o papel da ideologia e a natureza do mal. Com efeito, diz ela, nossa tradição compreende que mesmo o demoníaco é identificado como o melhor que se tornou o pior pela queda, e que também o mal radical, como compreendido por Kant, ainda se situaria nessa tradição.[92]

Em carta a Mary McCarthy, dois meses depois – comentando o texto de Lionel Abel contra ela na *Partisan Review* (de que tratei no primeiro capítulo), no qual ele, como Scholem, lamenta as aparentes alterações da posição de Arendt de *Origens do totalitarismo* para *Eichmann em Jerusalém* –, ela observou que, embora Abel não tenha sido capaz de perceber, havia três pontos do livro sobre o julgamento (não mais dois) que conflitariam com o livro sobre o totalitarismo: o primeiro é o de que, enquanto no livro de 1951 ela tratou longamente dos campos de concentração como "poços de esquecimento", em *Eichmann em Jerusalém* ela sustenta que tais poços não existem, porque nada humano é tão perfeito e sempre sobreviverá alguém para contar a estória;[93] o segundo é o de que Eichmann seria muito menos influenciado pela ideologia do que ela sustentou ao descrever os nazistas em seu livro sobre o totalitarismo, no qual pode ter superestimado o papel da ideologia – embora já assinalasse que a política do extermínio enquanto tal era mais importante para o nazismo do que o conteúdo do antissemitismo

---

91 Arendt, *Denktagebuch – 1950 bis 1973*, p. 341 (abr. 1953, xiv, 32). Grifos meus.

92 Id., "Private reply to Jewish critics" (1963), *Hannah Arendt Papers*, p. 6 (Adolf Eichmann File, 1938-1968, n.d).

93 Sobre a conexão entre os julgamentos de nazistas do pós-guerra e essa mudança de posição de Arendt sobre os poços de esquecimento, conferir Di Pego, *Política y filosofia em Hannah Arendt*, pp. 305ss.

ou mesmo o racismo; por fim, "*terceiro*, e talvez mais importante, a própria expressão 'Banalidade do Mal' está em contraste com a que usei no livro sobre o totalitarismo: 'mal radical'".[94] Ela disse a Mary McCarthy que a alteração de "mal radical" para "banalidade do mal" era muito importante, mas também muito difícil de tratar em uma carta. Em todo caso, essa parece ter sido a direção de reflexão definida por Arendt quando se deu conta de que com a expressão "banalidade do mal" não meramente nomeava um fenômeno, mas colocava em questão arraigadas convicções morais e religiosas.

Concordo com a afirmação de Richard Bernstein de que há muita confusão acerca dos sentidos de mal radical e de banalidade do mal em Arendt, em grande medida alimentada pelas reviravoltas do complexo e nuançado esforço dela por compreender o significado do mal. Para ele, acompanhar o percurso de Arendt é como seguir uma estória de detetive, na qual a enfática indicação dela do abandono do conceito de mal radical em nome do de banalidade do mal é uma pista capciosa.[95] Esse é o caso não só porque o conceito de mal radical em Arendt é profundamente distinto do concebido por Kant, como vimos, mas também porque há muito mais em comum entre as noções arendtianas de mal radical e de banalidade do mal do que é possível supor a partir dessas afirmações peremptórias dela sobre sua mudança de posição.

Bernstein defendeu que há compatibilidade e não contradição entre as noções de mal radical e de banalidade do mal em Arendt. Para ele, há antes uma mudança de foco quando ela fala de banalidade do mal. Em *Origens do totalitarismo* o conceito-chave para a compreensão de sua noção de mal radical é o de superfluidade, enquanto em *Eichmann em Jerusalém* é central à noção de banalidade do mal a irreflexão ou a ausência de pensamento (*thoughtlessness*).[96] De fato, enquanto na primeira obra Arendt se deteve sobre o acontecimento do mal extremo, na segunda ela focou sua atenção em um dos principais tipos que tornaram tal acontecimento possível: o cumpridor do dever que pode contribuir para a perpetração de um mal ilimitado porque abdicou de um caráter próprio, delegou sua capacidade de julgar e sua consciência e se tornou uma não pessoa que atua não por interesse próprio, mas de modo desinteressado, por obediência.

Na correspondência privada que se seguiu às cartas publicadas, editadas apenas recentemente, Arendt e Scholem discutiram ajustes para a publicação das cartas, mas também retornaram ao tema do mal, dentre outros. Scholem insistiu que não se deixava convencer pela suposta descrição de Eichmann como

---

94 Arendt; McCarthy, *Entre amigas*, p. 154 (20 set. 1963).

95 Bernstein, "Did Hannah Arendt changed her mind?", p. 128.

96 Ibid., pp. 142-143. Ver Di Pego, *Política y filosofía en Hannah Arendt*, p. 317.

um "Senhor banal" (*banale Herr*) por Arendt e que precisariam conversar sobre mal e banalidade por meio da burocracia ou no interior dela, porque, mesmo ele admitindo que esse tipo de mal banal possa existir, defendeu que teria de ser considerado filosoficamente de modo distinto, mais aprofundado.[97] A reação de Arendt permite divisar a diretriz que orientou o exame das implicações da noção de banalidade do mal que ela de fato realizou apenas após *Eichmann em Jerusalém*, ainda que de modo esparso e mais em material inédito que na obra publicada:

> mais uma vez você entendeu mal a expressão "banalidade do mal". A questão é que o mal é um fenômeno de superfície (*Oberflächenphänomen*) e não que seja "banalizado" ou minimizado. Trata-se do oposto. O decisivo é que pessoas completamente medianas, nem boas nem más por natureza, foram capazes de causar uma catástrofe tão monstruosa.[98]

Algumas semanas após essa carta a Scholem, em anotações para uma palestra na Universidade de Chicago, Arendt especificou o que então queria dizer com a expressão "banalidade do mal". Não se tratava de defender que o mal é um lugar-comum, no sentido de algo ordinário, corriqueiro, pois, insistiu, algo pode ser banal sem acontecer com frequência. Para ela, o modo como Eichmann se expressava poderia até ser corriqueiro, mas "era banal no sentido de uma *superficialidade de arrepiar os cabelos*".[99] O que tornou tão difícil compreender esse mal é o fato de que, quando o pensamento busca por suas raízes, nada encontra.

Foram os motivos mais banais e não os malignos, como "o sadismo, o desejo de humilhar ou a vontade de poder", que fizeram de Eichmann um malfeitor terrível, incapaz de imaginar o sentido do sofrimento que estava causando. Mesmo no julgamento em Jerusalém ele seguiu pronunciando os mesmos clichês, parecendo não se dar conta de onde estava nem de com quem estava falando. Esse mal "nunca é radical, não tem raízes, é um *fenômeno de superfície*; por essa razão é tão contagioso. Ele pode espalhar-se por todo o mundo como um fungo e devastá-lo precisamente porque não está enraizado em lugar algum".[100]

Embora apenas em *Eichmann em Jerusalém* Arendt empregue pela primeira vez a expressão banalidade do mal, é possível remontar essa sua compreensão do mal sem raízes ao menos ao imediato pós-guerra, quase duas décadas antes.

---

97 Cf. Arendt; Scholem, *Der Briefwechsel*, p. 453 (12 ago. 1963).

98 Ibid., pp. 458-459 (14 set. 1963).

99 Id., "Private reply to Jewish critics" (1963), *Hannah Arendt Papers*, p. 3. Grifos no original (Adolf Eichmann File, 1938-1968, n.d).

100 Ibid.

Foi Richard Bernstein quem há muito tempo chamou minha atenção para a centralidade do diálogo de Arendt com Jaspers para a reflexão de ambos sobre o problema do mal e para a definição dos contornos conceituais da noção de banalidade do mal em Arendt.[101] É digno de nota que esse diálogo tenha tido início muito tempo antes, ao menos em 1946. Jaspers, orientador da tese de doutorado de Arendt sobre *O conceito de amor em Agostinho*, tornou-se, além de uma referência permanente para uma filosofia enraizada na experiência, um amigo com quem ela debatia a fundo questões filosóficas, políticas e pessoais. Arendt começou a primeira carta que escreveu a Jaspers logo após o fim da guerra afirmando: "Desde que soube que vocês dois passaram ilesos por todo esse espetáculo infernal, senti-me um pouco mais em casa neste mundo novamente".[102]

O primeiro tema sobre o qual discutiram foi a questão da culpa alemã. Jaspers leu um artigo de Arendt sobre o tema[103] e registrou sua impressão geral: "Senti como se estivesse respirando o ar que ansiava – imparcialidade e justiça e o amor oculto que quase não se deixa falar. Esta é a única maneira de falar sobre essas coisas".[104] Arendt insistiu em seu texto que os Aliados vencedores da guerra não deveriam cair na armadilha nazista de equiparar ser alemão com ser nazista e assim assumirem a noção de culpa coletiva, pois "onde todos são culpados, em última análise ninguém pode ser julgado"[105] – algo que subjaz à ideia de uma natureza humana corrompida pelo pecado. Para Arendt, do mesmo modo que não há entre as capacidades humanas solução política "para o crime do assassinato administrativo em massa", também "a necessidade humana de justiça não consegue encontrar resposta satisfatória à mobilização total de um povo para aquela finalidade".[106]

Está em jogo aí, como bem nota Frédéric Gros, não a irresponsabilidade de não ser previdente ou de ser "inconstante e volátil", de "ser com todos, e principalmente consigo mesmo, negligente", mas antes a desresponsabilidade, que consiste em "agir, executar, realizar, na certeza de que, em tudo o que faço, o *si* não intervém, que não sou o autor de nada do que o corpo realiza, do que

---

101 Ver, por exemplo, Bernstein, "Did Hannah Arendt changed her mind?", *passim*.

102 Arendt; Jaspers, *Briefwechsel – 1926-1969*, p. 58 (18 nov. 1945).

103 Arendt, "Culpa organizada e responsabilidade universal" (1945), originalmente intitulado "German guilt".

104 Arendt; Jaspers, *Briefwechsel – 1926-1969*, pp. 62-63 (10 dez. 1945).

105 Arendt, "Culpa organizada e responsabilidade universal", p. 155.

106 Ibid., 155.

o espírito calcula".[107] Para Arendt, a desmontagem desse artifício de desresponsabilização exige um duplo expediente: de um lado, a individualização dos engajamentos; de outro, a imputação da obediência, da decisão de obedecer e de, aconteça o que acontecer, não desobedecer.

No influente livro que publicou em 1946, *A questão da culpa*, Jaspers citou diretamente o "sóbrio e tocante" artigo de Arendt sobre a culpa para destacar o "fenômeno espantoso" da transformação do povo em cúmplice dos crimes cometidos pelos líderes, em um contexto no qual pais de família e cidadãos dedicados, "que exerciam as suas profissões de forma conscienciosa, também assassinavam de forma conscienciosa e, a uma ordem, executavam outros malfeitos nos campos de concentração".[108] Em seu livro, Jaspers distinguiu a culpa criminal (a violação de leis que é julgada no tribunal), a culpa política (a corresponsabilidade de cada ser humano pelos atos do Estado do qual faz parte), a culpa moral (a responsabilidade pelas ações individuais, inclusive no cumprimento de ordens cuja instância de julgamento é a própria consciência e a comunicação com o amigo ou com o próximo) e a culpa metafísica (a falta de solidariedade com o ser humano enquanto tal na omissão ante um ato de injustiça, mesmo que por impotência, cuja instância de julgamento ultrapassa os poderes humanos).[109]

Sobre a culpa metafísica Arendt comentou a Jaspers que ela envolveria não apenas o "absoluto" que não pode ser julgado por nenhum juiz terreno, mas ainda a solidariedade, que é a base política da república.[110] Essa ponderação repercutiu em *Origens do totalitarismo* na indicação de Arendt de que os carrascos do campo de extermínio situam-se "além dos limites da própria solidariedade do pecado humano",[111] no sentido de que compreendemos a fragilidade dos que caem em tentação e a impotência daqueles cuja eventual ação não é capaz de alterar coisa alguma em uma situação de injustiça. Arendt lembrará quase duas décadas depois dessa definição da culpa metafísica que faz sentir culpado por ainda estar vivo após uma situação em que outros foram mortos. Ela ponderou, entretanto, que quando quem apenas viu, se calou e foi embora diz que somos todos culpados acaba por haver um acobertamento de quem se envolveu ativamente.[112]

---

107 Gros, *Desobedecer*, p. 110. Grifos no original.

108 Jaspers, *A questão da culpa*, p. 77.

109 Ibid., pp. 23-24.

110 Arendt; Jaspers, *Briefwechsel – 1926-1969*, p. 91 (17 ago. 1946).

111 Arendt, *Origens do totalitarismo*, p. 510.

112 Arendt; Fest, "'Como se falássemos com uma parede' – uma conversa com Joachim Fest", p. 331.

Jaspers defendeu que mesmo com as diversas dificuldades jurídicas com o Julgamento de Nuremberg – como a retroatividade das leis em um tribunal dos vencedores a julgar ações de indivíduos que atuaram sob ordens no âmbito de um Estado soberano – pela primeira vez se podia afirmar que se estava diante de um "Estado de criminosos".[113] Ele insistiu em que mesmo atos sob ordens superiores são atos de pessoas que têm de ser responsabilizadas, pois "atos de Estado são, ao mesmo tempo, atos pessoais", e, no que diz respeito à retroatividade das leis, para ele é possível aduzir que, "no âmbito da humanidade, dos direitos humanos e do direito natural, e no âmbito das ideias de liberdade e democracia do Ocidente, as leis a partir das quais se determinam os crimes já existem".[114] Jaspers avaliou que o julgamento tinha para os alemães a vantagem de imputar os líderes, e não o povo coletivamente, e para a humanidade tinha o profundo significado da condenação da guerra como crime. Com a preocupação das potências vencedoras com o estabelecimento de uma ordem mundial compreendida como necessária para a humanidade, "o processo político terá se transformado em um processo jurídico, o direito terá sido fundado e concretizado de forma criativa para um mundo novo, a ser construído agora".[115]

Arendt compartilhou com Jaspers a avaliação positiva sobre Nuremberg, embora fosse claramente menos otimista com relação ao estabelecimento de uma comunidade mundial a assumir a responsabilidade pela humanidade. Já em correspondência de 1946, discutindo com Jaspers sobre seu livro, Arendt passou ao largo das questões gerais com as quais dizia estar de acordo e focou sua atenção em algumas questões sobre as quais gostaria de fazer ponderações, "anotações à margem".[116] A primeira é a de que não era suficiente para a existência futura do povo alemão simplesmente assumir as responsabilidades relativas à derrota e as suas consequências, mas que era fundamental uma declaração política positiva de intenções direcionada às vítimas, concernindo fundamentalmente a uma rejeição constitucional do antissemitismo e à definição de que todo judeu teria direito à cidadania na República alemã, independentemente de seu local de nascimento.

O mais fundamental para Arendt, entretanto, é que ela julgava questionável caracterizar os crimes nazistas em termos de culpa criminal, uma vez que eles "não podem mais ser assimilados juridicamente e é precisamente isto que

113 Jaspers, *A questão da culpa*, p. 47.

114 Ibid., p. 50.

115 Ibid., p. 54.

116 Arendt; Jaspers, *Briefwechsel – 1926-1969*, p. 91 (17 ago. 1946).

constitui sua monstruosidade".[117] Essa culpa para a qual não encontramos punição correspondente excede e estilhaça todos os sistemas legais. Ela julgava que a dominação nazista e principalmente os campos de extermínio fizeram com que os perpetradores tivessem uma culpa tão inumana quanto a inocência de suas vítimas, pois os seres humanos não podem ser tão inocentes como quando na câmara de gás onde "mesmo o usurário mais repulsivo era tão inocente quanto uma criança recém-nascida, porque nenhum crime merece tal punição". Para ela, um abismo se abriu desde 1933 e mesmo desde a política imperialista porque "a culpa que está além do crime e a inocência que está além da bondade ou da virtude não podem ser abordadas em um nível humano-político".[118]

Em sua resposta Jaspers concordou com a posição de Arendt sobre a necessidade de uma declaração política de intenções direcionada às vítimas, mas discordou dela no que concernia a uma associação da culpa metafísica à solidariedade republicana, que dependeria da cooperação ativa da maioria da população. Mais fundamental, todavia, é outra divergência sua que ofereceu um diapasão que foi posteriormente decisivo para ela no rechaço do monstruoso na caracterização de Eichmann, conforme vimos no terceiro capítulo. Jaspers afirmou não se sentir completamente à vontade com a posição de Arendt sobre não compreender como crime o que os nazistas fizeram porque

> uma culpa que transcende toda culpa criminal inevitavelmente assume um traço de "grandeza" – de grandeza satânica – que está tão distante do meu sentimento diante dos nazistas quanto todo o discurso sobre o elemento "demoníaco" em Hitler e outros discursos afins. *Parece-me que temos de considerar essas coisas em sua total banalidade* (in ihrer ganzen Banalität), *sua nadidade totalmente vazia* (ihrer ganzen nüchternen Nichtigkeit)*, porque era disso que se tratava. As bactérias podem causar epidemias que exterminam povos inteiros e ainda assim continuam sendo apenas bactérias.*[119]

Jaspers disse então a Arendt que do modo como se expressou ela quase seguiu o caminho da poesia, mas "um Shakespeare nunca seria capaz de dar uma forma adequada a esse material" sem falseá-lo – ele que criou alguns dos mais exemplares personagens da grandeza satânica –, pois no que concerne

---

117 Ibid., p. 90 (17 ago. 1946).

118 Ibid., pp. 90-91 (17 ago. 1946).

119 Ibid., p. 99, grifos meus (19 out. 1946).

ao crime nazista "não há ideia nem essência. Ele se esgota como objeto da psicologia e da sociologia, da psicopatologia e da jurisprudência".[120] Trata-se, como bem observou Susan Neiman, de indicar que "as origens do mal não são nem misteriosas nem profundas, mas estão inteiramente a nosso alcance".[121] Arendt considerou esta ponderação de Jaspers importante:

> Convenceu-me parcialmente o que você disse de minhas objeções sobre o "além de crime e de inocência" nos atos dos nazistas; isto é, compreendo completamente que do modo como me expressei até agora eu cheguei perigosamente perto daquela "grandeza satânica" que eu, como você, rejeito totalmente. Mas há, não obstante, uma diferença entre um homem que se põe a assassinar sua tia idosa e pessoas que, sem qualquer tipo de cálculo direto de utilidade (as deportações eram muito prejudiciais ao esforço de guerra), construíram fábricas para produzir cadáveres. Uma coisa é certa: todas as tentativas de mitologizar [*Mythen*] o horror devem ser combatidas e enquanto eu não evitar tais formulações não terei compreendido o que realmente ocorreu. Talvez a única coisa por trás de tudo isso seja que não são seres humanos individuais que estão sendo espancados até a morte por outros seres humanos individuais por razões humanas, mas que há uma tentativa organizada de erradicar o conceito de ser humano.[122]

Em *O que resta de Auschwitz?* Giorgio Agamben ressoou a preocupação de Jaspers, acolhida por Arendt. Primo Levi observou com razão, coincidindo com Arendt, que "o sistema concentracionário nazista permanece ainda um *unicum*, em termos quantitativos e qualitativos",[123] mas, se perguntou Agamben, após citá-lo:

> por que indizível [como afirmam muitos]? *Por que atribuir ao extermínio o prestígio da mística?* (...) Dizer que Auschwitz é 'indizível' ou 'incompreensível' equivale a *euphemein,* a adorá-lo em silêncio, como se faz com um deus; significa, portanto, independentemente das intenções que alguém tenha, contribuir para sua glória. Nós, pelo contrário, 'não nos envergonhamos de

120 Ibid., p. 99 (19 out. 1946). Ver Bernstein, "Did Hannah Arendt changed her mind?", p. 140.

121 Neiman, *O mal no pensamento moderno*, p. 331.

122 Arendt; Jaspers, *Briefwechsel – 1926-1969*, p. 106 (17 dez. 1946).

123 Levi, *Os afogados e os sobreviventes*, p. 17.

manter fixo o olhar no inenarrável'. Mesmo ao preço de descobrirmos que aquilo que o mal sabe de si, encontramo-lo facilmente também em nós.[124]

O diapasão estabelecido nesse diálogo com Jaspers seguiu inspirando Arendt, notadamente no que diz respeito à manutenção do mal nos horizontes do humano, mesmo "o mal absoluto, impunível e imperdoável"[125] de que ela fala no final de *Origens do totalitarismo*. Seu caráter incompreensível para as categorias que até então eram em geral empregadas para apreender o bem e o mal significa apenas que temos de compreender sem manual de instruções, na precariedade do mundo após o surgimento da dominação total. Arendt estava convencida de que,

> embora não tenhamos os metros para medir e as regras de subsunção do particular, um ser cuja essência é o iniciar pode trazer dentro de si origens suficientes para compreender sem categorias preconcebidas e para julgar sem esse conjunto de regras comuns que é a moralidade.[126]

Arendt não escreveu muito sobre a noção de banalidade do mal em sua obra publicada, considerando a enormidade da controvérsia e o fato de que o tema seguiu interessando-a até sua morte. Vale lembrar que na primeira edição de *Eichmann em Jerusalém* a expressão só aparece no subtítulo do livro e na última frase do último capítulo. A expressão apareceu no livro quando ela relatou a execução de Eichmann e a "grotesca tolice de suas últimas palavras". Ele anunciou que era um *Gottgläubiger*, termo nazista para designar quem acreditava em Deus como uma força criadora e ordenadora do mundo, mas sem se vincular a qualquer religião. Para Eichmann isso significava também, como vimos no quarto capítulo,

---

124 Agamben, *O que resta de Auschwitz?*, pp. 41 e 42. Grifos meus. Tom Segev ponderou que "o esforço para reabilitar a imagem das vítimas e sobreviventes do Holocausto, para apoiar a luta ideológica do Estado e para moldar a cultura memorial impediu que os historiadores israelenses tentassem entender o nazismo. Eles temiam, talvez, que tal tentativa fosse interpretada como uma justificativa do nazismo ou como um desafio ao seu *status* abstrato, quase místico, como símbolo do mal absoluto. Esse medo inibiu a pesquisa e explica por que os livros mais importantes sobre o nazismo e o extermínio dos judeus não foram escritos em Israel. De fato, apenas algumas dessas obras estrangeiras foram traduzidas para o hebraico, geralmente muito tempo depois da publicação original" (Segev, *The seventh million*, p. 464).

125 Arendt, *Origens do totalitarismo*, p. 510.

126 Id., "Compreensão e política (As dificuldades da compreensão)", p. 344.

uma espécie de panteísmo naturalista que não admitia a vida após a morte, mas que seu espírito persistiria no mundo como energia transformável, mas não suprimível. Não obstante isso, destacou Arendt, ele pronunciou as seguintes últimas palavras: "Dentro de pouco tempo, senhores, *iremos encontrar-nos de novo.* Esse é o destino de todos os homens. Viva a Alemanha, viva a Argentina, viva a Áustria. *Não as esquecerei*".[127] Para Arendt, ele se empolgou com os clichês da oratória fúnebre e se esqueceu de que o morto era ele: "Foi como se naqueles últimos minutos estivesse resumindo a lição que este longo curso de maldade humana nos ensinou – a lição da temível *banalidade do mal,* que desafia as palavras e os pensamentos (*word-and-thought-defying*)".[128]

Em carta a sua amiga Mary McCarthy ela defendeu que sua indicação do caráter ordinário de Eichmann não dizia respeito a qualquer noção ou conceito, mas a uma "descrição fiel de um fenômeno" do qual ela extraiu uma conclusão geral dentre as muitas possíveis ao empregar a expressão banalidade do mal. Arendt inicialmente insistiu em que ao falar de "banalidade do mal" estava apenas nomeando um fenômeno e extraindo as lições que poderíamos aprender com ele. Possivelmente por isso ela foi inicialmente tão lacônica no emprego da expressão e não pareceu ter julgado necessários maiores esclarecimentos. Para discutir conceitualmente o significado da expressão, seria necessário tratar da natureza do mal, algo que ela então dizia não descartar fazer no futuro, mas que considerou inadequado fazer no escopo de sua reportagem.[129]

No pós-escrito adicionado à segunda edição, cerca de um ano após o lançamento do livro, ela ponderou que, ao contrário de suas considerações sobre a cooperação dos Conselhos Judaicos, o subtítulo do livro poderia sim ter gerado uma controvérsia autêntica. Ela reiterou que empregou a expressão "banalidade do mal" "num nível estritamente factual, apontando um fenômeno que nos encarou de frente no julgamento".[130] Embora em apenas um parágrafo, ela demarcou então o sentido do seu uso da expressão. Tratava-se antes de tudo de um fenômeno novo no qual um indivíduo que não estava determinado a provar-se um vilão, mas que acabou se tornando um novo tipo de criminoso ao realizar com afinco e eficácia o que lhe era ordenado, sem qualquer reflexão sobre o sentido mais profundo de suas ações para além do código de valores nazista.

---

127 Id., *Eichmann em Jerusalém*, p. 274. Grifos no original. Ver Hull, *The struggle for a soul*, p. 159.

128 Arendt, *Eichmann em Jerusalém*, p. 274. Grifos no original.

129 Arendt; McCarthy, *Entre amigas*, p. 158 (03 out. 1963).

130 Arendt, *Eichmann em Jerusalém*, p. 310.

> A não ser por sua extraordinária aplicação em obter progressos pessoais, ele não tinha nenhuma motivação. E essa aplicação em si não era de forma alguma criminosa; ele certamente nunca teria matado seu superior para ficar com seu posto. Para falarmos em termos coloquiais, ele *simplesmente nunca percebeu o que estava fazendo*. Foi precisamente essa falta de imaginação que lhe permitiu sentar meses a fio na frente do judeu alemão que conduzia o interrogatório da polícia, abrindo seu coração para aquele homem e explicando insistentemente como ele conseguira chegar só à patente de tenente-coronel da SS e que não fora falha sua não ter sido promovido.[131]

Eichmann claramente sabia das consequências de suas ações, mas jamais avaliava sua conduta a partir delas. Orientava-se antes pela "obediência cadavérica" que devotava a Hitler e ao regime nazista, por seu juramento de fidelidade e por julgar que era isso que o tornava um virtuoso cidadão respeitador das leis. Para Arendt, "*ele não era burro. Foi pura irreflexão* (thoughtlessness) – *algo de maneira nenhuma idêntico à burrice – que o predispôs a se tornar um dos grandes criminosos desta época*", pois "nem com a maior boa vontade do mundo se pode extrair qualquer profundidade diabólica ou demoníaca de Eichmann".[132] Essa irreflexão o tornou "banal" e mesmo engraçado, como ficou claro a partir de seus pronunciamentos ao longo do julgamento, mas nem por isso essa sua banalidade era um lugar-comum. Ela considerou algo espantoso o fato de que seu enredamento na linguagem burocrática, o "oficialês", e seu uso de clichês o tenham acompanhado até o fim e inclusive toldado a realidade de sua própria morte, como revelaram suas últimas palavras. Arendt defendeu então que a banalidade do mal foi a lição que o julgamento legou, "mas foi uma lição, não uma explicação do fenômeno, nem uma teoria sobre ele".[133]

Além do material inédito publicado recentemente – como cursos, conferências e seminários –, seguramente a mais rica fonte de esclarecimento da concepção de banalidade do mal de Arendt são as entrevistas que ela concedeu, principalmente ainda no contexto inicial da polêmica. A primeira entrevista de Arendt foi a Samuel Grafton, para a revista *Look*, que acabou não sendo publicada porque Arendt e seus editores pensaram que era melhor não cooperar porque o repórter teria entrevistado apenas pessoas que falaram contra Arendt.

---

131 Ibid., pp. 310-311.

132 Ibid., p. 311. Grifos meus.

133 Ibid., p. 311.

Ela respondeu por escrito às treze questões que foram enviadas – perguntas que já prejulgavam a resposta, como ela disse na carta a Jaspers[134] –, inclusive sobre o boato de que ela teria se convertido ao catolicismo.[135]

Uma das questões era sobre se a palavra "banalidade" não podia ter ofendido pessoas que podem ter concluído que Arendt considerou seus sofrimentos banais. Ela disse não compreender a razão de as pessoas concluírem isso, porque não haveria em seu livro algo que desse qualquer suporte a tal interpretação. Além disso, destacou: "O senhor equipara 'banal' e 'comum' e eu creio que os dicionários estão do seu lado".[136] É importante essa ponderação única de Arendt porque revela que ela parece ter se dado conta de que a palavra banalidade estava e está muito mais próxima de algo comum que de algo superficial, sem profundidade, como ela a compreendia. Cerca de um ano depois ela confidenciaria que teria empregado descuidadamente a noção de "banalidade do mal" para descrever o mal como um fenômeno, sem imaginar que poderia ser causa de um autêntico mal-entendido, por ter como escritora se apegado ao "charme sombrio das três palavras".[137]

Arendt indicou a Grafton, como na carta a Scholem, que a expressão banalidade do mal contrastava com a noção kantiana de mal radical e com a opinião geral "de que no grande mal há algo de demoníaco, grandioso, de que existe até mesmo alguma coisa como a força do mal para produzir algo bom".[138] Ela citou como exemplo a convicção que atribuiu ao sionismo europeu de que "o antissemitismo era o mal necessário ao bem do povo judaico" e defendeu que "a noção de que nós podemos usar nossos inimigos para nossa própria salvação sempre foi o 'pecado original' do sionismo".[139]

Arendt prosseguiu na resposta indicando que compreendia bem que o mal era comum na Alemanha nazista e que "havia muitos Eichmanns", mas que não escreveu sobre isso.

> Eu quis dizer que o mal não é radical, não vai à raiz (*radix*), não tem profundidade e é precisamente por esta razão que é tão terrivelmente

134 Arendt; Jaspers, *Briefwechsel – 1926-1969*, p. 558 (20 out. 1963).

135 Arendt; Grafton, "Respostas às perguntas de Samuel Grafton", p. 768.

136 Ibid., p. 774.

137 Fest, "Das Mädchen aus der Fremde: Hannah Arendt und das Leben auf lauter Zwischenstationen", p. 186. A Tom Segev ela teria dito que, "se tivesse de escrever o livro novamente, o escreveria de forma diferente. Seu subtítulo, '*um relato sobre a banalidade do mal*', foi exagerado" (Segev, *The seventh million*, p. 465).

138 Arendt; Grafton, "Respostas às perguntas de Samuel Grafton", p. 775.

139 Ibid., p. 775.

> difícil pensar a respeito dele, uma vez que o pensar, por definição, pretende alcançar as raízes. *O mal é um fenômeno de superfície e, em vez de ser radical, ele é simplesmente extremo.*[140]

Aqui, como na carta a Scholem e em outras partes, Arendt pareceu anunciar uma teoria geral sobre o mal, algo que também foi discutido por ela em cartas com Jaspers. Ele disse que não ficou muito satisfeito com a resposta dela a Scholem porque julgava que o mal representado por Eichmann era muito bem abrangido pela expressão "banalidade do mal", que ele considerava uma "inspiração maravilhosa" que ia direto ao ponto: a questão é que "*esse* mal é banal, não *o* mal".[141] Arendt "não queria retratar a destruição em massa como 'banal', nem mesmo o próprio mal. Em vez disso, ela queria descrever esse mal em sua encarnação mais terrível como uma manifestação da ausência de pensamento".[142] Como vimos anteriormente neste capítulo – o que reforça a ponderação de Jaspers –, Arendt claramente admitiu a possibilidade do querer o mal pelo mal, do estar determinado a ser um vilão e que aquilo que Kant chama de mal radical correspondia ao mal como cair em tentação, a forma mais ordinária do mal. O mal banal é, por seu turno, um mal extraordinário, um novo tipo de mal, não explicável por motivos humanamente compreensíveis.

Ela reforçou isso cerca de uma década mais tarde em *A vida do espírito*. Defendeu que "clichês, frases feitas, adesão a códigos de expressão e conduta convencionais e padronizados têm a função socialmente reconhecida de nos proteger da realidade", da exigência de reflexão feita pelos próprios acontecimentos. É de esperar que com a exaustão que representaria responder constantemente a essa exigência de reflexão frequentemente cedamos a expedientes como os clichês no horizonte da vida cotidiana. Ocorre que "Eichmann se distinguia do comum dos seres humanos unicamente porque ele, como ficava evidente, nunca havia tomado conhecimento de tal exigência".[143] Não se tratava, portanto, de alguém demoníaco determinado a promover o mal no mundo.

Para Arendt, a genuína incompreensão da expressão banalidade do mal se devia ao fato de que as pessoas se recusavam a associar um mal extremo à

---

140 Ibid., p. 776. Grifos meus.

141 Arendt; Jaspers, *Briefwechsel – 1926-1969*, p. 578 (13 dez. 1963). Grifos no original.

142 Fest, "Das Mädchen aus der Fremde: Hannah Arendt und das Leben auf lauter Zwischenstationen", p. 186.

143 Arendt, *A vida do espírito*, p. 19.

superficialidade: "O que torna esse fenômeno tão assustador" é o fato de que algo "pode nascer na sarjeta e, apesar de sua falta de profundidade, ao mesmo tempo ganhar poder sobre quase todos".[144] É um mal que tem a ver "com o modo como 'pessoas comuns' podem cometer atos maus sem serem monstros viciosos ou mesmo ter intenções más".[145] Ela disse compreender que isso tenha abalado muitas pessoas, inclusive porque também era algo para o qual não estava preparada.[146] Como bem notou Tzvetan Todorov,

> é precisamente porque é tão fácil e não exige qualidades humanas excepcionais que esse mal é particularmente perigoso: por mais que o vento sopre do lado "bom", ele se propaga na velocidade do fogo. É esse aspecto paradoxal do conceito – um mal extremo, mas não radical – que sem dúvida é responsável pelos mal-entendidos que o cercam. Não obstante, é preciso dizer que o próprio fato é paradoxal: ao mesmo tempo comum e excepcional.[147]

Joachim Fest afirmou, relatando conversas com Arendt, que com Eichmann ela teria se dado conta de que o mal extremo "poderia aparecer na forma de uma pessoa decente cujos pensamentos nunca foram além de sua própria carreira". Ante sua "mediocridade vazia", "desmoronou todo o vocabulário metafísico da definição do mal":

> Todas as noções tradicionais provaram estar erradas: os capangas da SS não eram aqueles modernos mensageiros da morte cujo rastro levava diretamente ao coração das trevas, mas diretamente à cozinha da classe média. É isso que o subtítulo de seu livro queria dizer com a fórmula da "banalidade do mal".[148]

Um dos documentos mais importantes para a compreensão do mal em Arendt é a entrevista que ela concedeu a Joachim Fest para a televisão alemã em novembro de 1964, dedicada inteiramente à discussão sobre Eichmann e a

---

144 Arendt; Koch, "O caso Eichmann e os alemães – uma conversa com Thilo Koch", p. 786.

145 Bernstein, "Is evil banal? A misleading question", p. 135.

146 Arendt; Fest, "'Como se falássemos com uma parede' – uma conversa com Joachim Fest", p. 325.

147 Todorov, *Diante do extremo*, pp. 184-185.

148 Fest, "Das Mädchen aus der Fremde: Hannah Arendt und das Leben auf lauter Zwischenstationen", p. 184.

banalidade do mal, que citamos várias vezes ao longo deste livro. Desse contato inicial seguiram-se entre eles um longo debate e uma amizade que perdurou até a morte de Arendt. Ela diz a ele que Eichmann "era o típico funcionário. E um funcionário que não é nada mais que um funcionário de fato é um indivíduo muito perigoso".[149] Ele não era um assassino motivado por paixão ou interesse pessoal, mas um funcionário burocrata que indiferentemente tomou parte na perpetração de um extermínio em massa e "matou pessoas como se matasse moscas". Não era um assassino típico, mas alguém "infinitamente pior".[150]

Eichmann e outros como ele eram o que Arendt chamou de "funcionários com escrúpulos", mas escrúpulos que não lhes permitiram entrever "uma fronteira a partir da qual seres humanos deixam de ser apenas funcionários", a fronteira em que se abre a possibilidade de dizer não ou, dada a impotência para a resistência ativa, ao menos "não eu": "isso significa não dizer 'nós', mas 'eu' – julgar por si mesmo. E julgar por si mesmo é o que as pessoas fizeram, em todos os lugares, em todas as camadas da população", notavelmente "um número impressionante de trabalhadores".[151] Fest chegou a lamentar posteriormente que Arendt não tenha dado o devido reconhecimento em *Eichmann em Jerusalém* à resistência de muitos alemães que mesmo impotentes se expuseram ao risco de auxiliar os perseguidos ou que tiveram suas vidas pioradas pela recusa a colaborar.[152] Arendt mesma engajou-se inicialmente emprestando sua própria casa em uma rota de fuga de comunistas antes de ser comissionada pelos sionistas para diagnosticar o antissemitismo nos documentos oficiais do Estado alemão, tendo inclusive sido detida em 1933.

Em *Eichmann em Jerusalém* Arendt buscou compreender a conduta de Eichmann e o funcionamento da sua consciência ou a falta dela indicando que a falha específica e decisiva de caráter dele era sua espantosa incapacidade de pensar em um determinado contexto um ponto de vista outro que não aquele no qual ele estava imediatamente inserido. No posfácio à segunda edição, Arendt avançou a hipótese de que Eichmann, por sua "falta de imaginação", "*simplesmente nunca se deu conta do que estava fazendo*".[153] Essa falta de

---

149 Arendt; Fest, "'Como se falássemos com uma parede' – uma conversa com Joachim Fest", p. 323.

150 Ibid., p. 334.

151 Ibid., p. 330.

152 Fest, "Das Mädchen aus der Fremde: Hannah Arendt und das Leben auf lauter Zwischenstationen", p. 182.

153 Arendt, *Eichmann em Jerusalém*, p. 310. Grifos no original.

imaginação é fundamental não apenas porque o modo como imaginamos os outros é decisivo para como agimos com eles,[154] mas também porque a nossa compreensão do que devemos fazer ou deixar de fazer depende de que não estejamos completamente tragados pelo nosso próprio ponto de vista nem completamente determinados pelo ambiente circundante.

> O pensamento político é representativo. Formo uma opinião considerando um dado tema de diversos pontos de vista, fazendo presentes em minha mente as posições dos que estão ausentes; isto é, eu os represento. Esse processo de representação não adota cegamente as concepções efetivas dos que se encontram em algum outro lugar, e por conseguinte contempla o mundo de uma perspectiva diferente; não é uma questão de empatia, como se eu procurasse ser ou sentir como alguma outra pessoa, nem de contar narizes e aderir a uma maioria, mas de ser e pensar em minha própria identidade onde efetivamente não me encontro. Quanto mais posições de pessoas eu tiver presentes em minha mente ao ponderar um dado problema, e quanto melhor puder imaginar como eu sentiria e pensaria se estivesse em seu lugar, mais forte será minha capacidade de pensamento representativo e mais válidas minhas conclusões finais, minha opinião.[155]

Imtrud Wojak observou criticamente que, considerando várias declarações de Eichmann, é de fato difícil não dar razão a Arendt quando ela o vincula à irreflexão e à estupidez.

Embora Arendt tenha subestimado o fanatismo de Eichmann, ela deixou claro que apontar os aspectos assassinos de uma ideologia – ou mesmo os motivos criminosos de uma pessoa – não era suficiente para explicar os mecanismos que eliminaram qualquer sentimento de culpa em Eichmann e em muitos outros e os transformaram em executores de uma política sem precedentes de perseguição e extermínio com obediência cega. Na sua opinião, havia se desenvolvido no Terceiro Reich uma "aura de hipocrisia sistemática" comumente aceita, o que explicava a disposição fria, cínica e desinibida para empregar a violência com a qual os protagonistas da política de violência nacional-socialista e seus cúmplices passaram a assassinar milhões de pessoas.[156] A muitos soou bastante mitigador e mesmo desrespeitoso apresentar um perpetrador do

154 Scarry, "The difficulty of imagining other people", p. 98.

155 Arendt, "Verdade e política", pp. 339-340.

156 Wojak, *Eichmanns Memoiren*, p. 206.

extermínio como um burocrata irrefletido e não como um monstro, mas para Arendt, se burocratas irrefletidos não forjaram sozinhos a dominação total (são necessários líderes ideológicos como Hitler e oportunistas burgueses como Himmler, dentre outros), sem eles ela não é possível. De fato, sem indivíduos como Eichmann, "mas também sem os controladores de tráfego ferroviário, os fabricantes de cimento e os amanuenses dos ministérios, um Stalin ou um Hitler não passam de um odre estufado de ódio e terrores impotentes".[157] Nas acertadas palavras de Roger Berkowitz,

> Arendt argumentou que os sistemas modernos do assassinato e da criminalidade organizados administrativamente dependem da colaboração e do trabalho de muitas pessoas que são normais. Mas esses colaboradores não são simplesmente burocratas e não se limitam a receber ordens. Eles são guerreiros ideológicos irrefletidos que acreditam menos em sua ideologia do que em sua necessidade de acreditar em alguma ideologia.[158]

Arendt relatou a Fest um evento narrado por Ernst Jünger. Durante a guerra ele teria encontrado camponeses na Alemanha e um deles, que tinha abrigado prisioneiros de guerra russos recém-liberados dos campos, comentou com Jünger: "Eles são sub-humanos, (...) como gado. É fácil ver: eles comem a comida dos porcos".[159] Arendt julgou que esse episódio era emblemático do tipo de estupidez que estava em questão no caso de Eichmann e de muitos outros. Esse camponês simplesmente bloqueou para si a percepção de que pessoas famintas se comportam dessa maneira desesperada e que qualquer pessoa, inclusive ele mesmo, tenderia a se comportar de modo análogo em iguais condições. "Há algo de atroz

---

157 Littell, *As benevolentes*, p. 27.

158 Berkowitz, "Did Eichmann think? – A review of *Eichman before Jerusalem*: the unexamined life of a mass murderer by Bettina Stangneth", p. 204.

159 Arendt; Fest, "'Como se falássemos com uma parede' – uma conversa com Joachim Fest", p. 325. Muitos anos antes, logo após a publicação dessas memórias de Jünger, Arendt citou esse episódio de um modo um tanto diferente. A pessoa teria dito sobre os famélicos prisioneiros: "Parece que tem uns malandros no meio. Roubam comida dos cachorros". Na ocasião ela afirmou que Jünger teria comentado que "muitas vezes se tem a impressão de que as classes médias alemãs estão possuídas pelo demônio" (Arendt, "Após o domínio nazista: notícias da Alemanha" [1950], p. 277). Na entrevista a Fest ela fala de "povo alemão" e não "classes médias alemãs".

nessa estupidez", que era a que ela reconhecia em Eichmann, uma estupidez que era "como se falássemos com uma parede. Foi isso que eu quis dizer com banalidade".[160] Trata-se de uma estupidez ativa, cultivada, e essa "capacidade de tornar a si próprio cego e burro, essa teimosia em *não querer saber*, é isso a 'banalidade do mal'".[161] Isso não é inócuo, notadamente em tempos sombrios, quando essas pessoas comuns são convocadas pelo "espírito da época": "Essa distância da realidade e esse desapego podem gerar mais devastação do que todos os maus instintos juntos – talvez inerentes ao ser humano".[162]

Tendo a resistência em consideração, Fest acabou por abordar na entrevista com Arendt um tema fundamental por meio do qual ela seguiu refletindo até o fim de sua vida sobre as questões morais implicadas no regime nazista: ainda é possível "aceitar o antigo princípio de que é melhor sofrer uma injustiça do que cometê-la?". Ela indicou que esse princípio provinha de Sócrates e que ele sabia que o princípio é evidente para alguns, mas não pode ser demonstrado a outras pessoas. Ela se perguntou então sobre "qual é a razão para que alguns acreditem nisso como algo absolutamente evidente",[163] e sua resposta, que resistiu à década seguinte, em *A vida do espírito*, é a de que essa evidência depende de que eu viva comigo mesmo, pois subjaz a ela o parâmetro do tipo de pessoa que posso suportar ser sem entrar em profunda contradição comigo mesmo. Para haver contradição, tenho de desdobrar como "dois em um", e essa experiência é aquela a que chegamos pelo pensamento, pelo conversar conosco mesmos.

Arendt tinha clareza de que sob a dominação totalitária as opções se tornaram muito restritas, mas ainda havia opções, e que uma tarefa primordial da compreensão era identificar as razões de as pessoas aderirem de um modo ideologicamente cego ou despudoradamente oportunista, por um lado, ou rechaçarem radicalmente o regime, combatendo-o, ou, afinal, recusando sua obediência e sua colaboração, por outro. Se no primeiro caso encontramos personagens como Eichmann ou Himmler, no segundo encontramos outros como Anton Schmidt, sargento do Exército alemão que foi preso e executado por ter fornecido caminhões militares e documentos falsificados a guerrilheiros

---

160 Arendt; Fest, "'Como se falássemos com uma parede' – uma conversa com Joachim Fest", p. 326.

161 Gros, *Desobedecer*, p. 129.

162 Arendt, *Eichmann em Jerusalém*, p. 311.

163 Arendt; Fest, "'Como se falássemos com uma parede' – uma conversa com Joachim Fest", p. 332.

judeus,[164] e Kurt Gerstein, tenente da SS responsável pelo suprimento do gás letal Zyklon B para as câmaras de gás de Auschwitz que tentou sabotar o fornecimento e denunciar o extermínio internacionalmente (aos Aliados, a países neutros e ao Vaticano). Ao final da guerra ele deixou um relatório sobre os acontecimentos nos campos, antes de presumidamente ter se suicidado em uma prisão francesa. Gernstein foi o personagem principal da peça *O vigário*, de Rolf Hochhhuth, de que tratamos no primeiro capítulo.

Criticada por não ter dado a devida atenção à resistência alemã em *Eichmann em Jerusalém* – enquanto exaltava a não colaboração de dinamarqueses, italianos e búlgaros –, ela disse a Joachim Fest que reconsideraria o assunto após ele relatar a ela, a partir de experiências aleatórias de sua família e de conhecidos, sobre a conduta de algumas pessoas que foram exceção e não se curvaram.[165] Arendt não propriamente reconsiderou o assunto, mas uma das direções fundamentais da sua reflexão sobre o tema após *Eichmann em Jerusalém* e a polêmica em torno do livro foi a investigação sobre o porquê de alguns terem dito não ao nazismo e assumido os riscos, e essa questão operou como contraponto à pergunta sobre as razões da adesão de Eichmann e outros ao nazismo. Se Eichmann e muitos como ele teriam aderido por não terem uma resposta para a pergunta "*por que não?*", a hipótese de Arendt é de que esses outros, que conscientemente disseram não, tinham uma boa resposta para correr o risco de resistir ou ao menos de não cooperar, mesmo em meio ao colapso dos membros da sociedade respeitável, que foram os primeiros a se render:

> Eles se perguntavam em que medida ainda seriam capazes de viver em paz consigo mesmos depois de terem cometido certos atos; e decidiam que seria melhor não fazer nada, não porque o mundo então mudaria para melhor, mas simplesmente porque apenas nessa condição poderiam continuar a viver consigo mesmos. Assim eles também optavam por morrer quando eram forçados a participar. Em termos francos, recusavam-se a assassinar, não tanto porque ainda se mantinham fiéis ao comando "Não matarás", mas porque não estavam dispostos a conviver com assassinos – eles próprios.[166]

---

164 Arendt, *Eichmann em Jerusalém*, p. 252.

165 Fest, "Das Mädchen aus der Fremde: Hannah Arendt und das Leben auf lauter Zwischenstationen", p. 182.

166 Arendt, "Responsabilidade pessoal sob a ditadura", p. 107.

Para alcançar essa forma de julgar não automática, que não concede aos vencedores do momento a prerrogativa de necessariamente terem razão – e admite, por conseguinte, que meramente o fato de Hitler ter sido bem-sucedido por muito tempo não elevava sua dignidade –, não é necessária "uma inteligência altamente desenvolvida ou uma sofisticação em questões morais, mas antes a disposição para viver explicitamente consigo mesmo, de se relacionar consigo mesmo",[167] isto é, a disposição para pensar, examinar, refletir, ser testemunha de si, recordar, cuidar de si.

Arendt defendeu que o problema moral fundamental surgiu com o fenômeno da "coordenação" ou do "alinhamento" (*Gleichshaltung*): com a conformação forçada pelo terror nazista, por um lado, e, por outro, aquele alinhamento acompanhado pelo "desejo muito primitivo de não perder o trem da História com essa como que honesta mudança de opinião" em que foram abandonadas amizades de vidas inteiras. "Em suma, o que nos perturbou não foi o comportamento de nossos inimigos, o de nossos amigos", que não promoveram o nazismo, mas "estavam apenas impressionados com o sucesso nazista e incapacitados de opor o seu próprio julgamento ao veredicto da História, como eles o interpretavam".[168] Como observou Susan Neiman, "as coisas pelas quais as pessoas estão dispostas a trair tudo que importa são assustadoramente insignificantes".[169]

Em mais de uma ocasião Arendt reiterou que o problema moral e também pessoal emergiu não com a conduta de antissemitas raivosos e outros inimigos, cujo caráter era bem conhecido e de cujas ações já se sabia o que esperar, mas com as ações oportunistas e conformistas dos amigos. Como vivia antes de tudo em um meio intelectual, ela afirmou que "foi como se formasse um vazio" em volta dela, uma vez que a onda da *Gleichshaltung* promovida pelo regime nazista desde o início era a regra entre os intelectuais, "mas não entre os outros", principalmente os operários.[170] Isso gerou no meio intelectual ao mesmo tempo expurgos dos desajustados e ascensões meteóricas dos alinhados. Na entrevista a Joachim Fest ela falou da "comédia de uma sociedade

---

167 Ibid., p. 107.

168 Ibid., p. 86.

169 Neiman, *O mal no pensamento moderno*, p. 329. Schopenhauer afirmou que "alguns homens seriam capazes de assassinar um outro só para engraxar suas botas com a gordura dele" (Schopenhauer, *Sobre o fundamento da moral*, p. 117).

170 Arendt; Gaus, "'O que resta? Resta a língua': uma conversa com Günter Gaus", pp. 40-41.

intelectual" em que "as opiniões tendem para um lado ou para o outro, sob influências, claro...".[171]

Benno von Wiese, colega com quem Arendt namorou por dois anos em sua juventude, aderiu espontaneamente ao Partido Nazista em 1933 e colaborou intensamente com o regime enquanto ele durou. Ele foi orientado por Jaspers em sua tese de doutorado e depois tornou-se professor de literatura alemã na Universidade de Bonn. Em 1953 escreveu uma carta a Arendt solicitando a ela que aceitasse um pedido de reconciliação, após saber por um amigo comum que ela não queria saber dele. Arendt aceitou a reconciliação, mas suas cartas desse período desapareceram. Em 1964 ele enviou a ela um texto que havia acabado de publicar com o título "Bemerkungen zur 'unbewältigten Vergangenheit'" ("Observações sobre o 'passado não superado'"). Nesse texto ele afirmava que, como outros, acabara por sucumbir ao espírito da época ("dem Zeitgeist erlegen") e um dos motivos lhe parecia ser a "atitude excessivamente 'apolítica' dos jovens que cresciam naquela época" e que no início o regime não se mostrava tão terrível como afinal se revelou. Disse que desde o fim da guerra buscou se distanciar desse "espírito da época" porque ele teria se revelado cada vez mais claramente como um "não espírito" ("Ungeist").[172]

Em seu texto, Von Wiese falou do quão "agradável" foi na Alemanha do pós-guerra o trabalho conjunto e reconciliado dos alemães que ficaram com os judeus e outros que emigraram e sobreviveram para retornar. Ele disse também que não via sentido em reabrir rachaduras que haviam se fechado "organicamente", colocando uma geração contra a outra.[173] Para Arendt, esse "fechamento orgânico" só podia querer dizer "sem fazer nada a respeito", como ocorreu no governo Adenauer, quando "não só os assassinos não foram processados, como também puderam se tornar funcionários públicos, muitas vezes em cargos de honra".[174] Isso estaria se alterando timidamente com os julgamentos dos anos 1960, que exibiram as rachaduras do "passado não resolvido" da Alemanha, e enquanto Von Wiese lamentava precisamente isso, mal

---

171 Arendt; Fest, "'Como se falássemos com uma parede' – uma conversa com Joachim Fest", p. 336.

172 Wiese, " Observações sobre o 'passado não superado'", pp. 94-95.

173 Ibid., p. 96.

174 Arendt & Von Wiese, "Correspondência entre Hannah Arendt e Benno von Wiese sobre o texto 'Observações sobre o 'passado não superado'", de Von Wiese, p. 99 (Arendt a Von Wiese, 03 fev. 1965)

dissimulando seu interesse pessoal em observações gerais sobre o futuro da Alemanha, Arendt julgava ser um acontecimento promissor.

Arendt respondeu duramente a essa carta de Von Wiese. Ela lembrou a ele que já em 1932 ele teria revelado na residência dela em Berlim que considerava o nazismo muito pior que um "não espírito" e temia inclusive pela segurança de sua família. Ponderou que Von Wiese só "sucumbiu ao espírito da época" alguns meses depois, quando percebeu que sua carreira estava em risco e por isso se alinhou bem mais rápido que outros e exigiu "a 'remoção do sangue estrangeiro' das universidades", inclusive o dela. Arendt julgava que ele alegou ter sucumbido ao espírito da época apenas porque "se recusou a admitir para si mesmo que estava agindo por oportunismo e porque até hoje não consegue reunir o mínimo de cinismo que poderia salvar sua integridade pessoal naquela época e agora".[175]

Reincidindo no oportunismo, ele vinha se manifestar publicamente somente após vinte anos do fim do regime de Hitler, pelo temor por seu cargo público e por sua posição pública, possivelmente pelos numerosos julgamentos que estavam novamente em curso na Alemanha na mesma época do caso Eichmann. Se ele tivesse simplesmente afirmado que aderiu ao regime por medo, talvez as gerações mais novas pudessem compreendê-lo e certamente seria mais digno, indicou Arendt. Em uma carta posterior, ela observou, com alguma zombaria, que quando Benno von Wiese falou solenemente de ter sucumbido ao espírito da época ele se esqueceu que quem personificava esse espírito da época era Hitler – não um Napoleão, mas um trapaceiro de última categoria –, o que tornava esse sucumbir ainda mais patético e constrangedor para alguém como ele.[176]

Não há como ignorar também o tragicômico da resposta de Heidegger à pergunta de Jaspers sobre como uma pessoa tão pouco educada como Hitler poderia governar a Alemanha. "A educação não importa, basta ver suas mãos maravilhosas", teria dito Heidegger.[177] O mesmo aspecto bizarro é claramente entrevisto em sua fala sobre "a grandeza interna do movimento nacional-socialista", em seu discurso de posse como reitor na Universidade de Freiburg em 1933, e na retórica solene e retumbante com que se referia à "revolução nacional-socialista" ou à "essência alemã e seu destino".[178] Certamente por

175 Ibid., pp. 98-99.

176 Ibid., p. 103 (Arendt a Von Wiese, 19 fev. 1965).

177 Citado em Grünenberg, *Hannah Arendt and Martin Heidegger*, p. 116.

178 Heidegger, "A autoafirmação da universidade alemã", *passim*.

eventos como esses Arendt julgou que quase não tinha com quem contar entre os intelectuais para compreender os desafios colocados pela dominação totalitária, com a luminosa exceção que Jaspers representava para ela.

Arendt pensava que "os poucos que foram suficientemente 'arrogantes' para confiar em seu próprio julgamento" claramente resistiram ao "espírito da época" sem recorrer a antigos valores.

> Desde que a totalidade da sociedade respeitável sucumbiu a Hitler de uma forma ou de outra, as máximas morais que determinam o comportamento social e os mandamentos religiosos – "'Não matarás!" – que guiam a consciência virtualmente desapareceram. Os poucos ainda capazes de distinguir certo e errado guiavam-se apenas por seus próprios juízos, e com toda liberdade; não havia regras às quais se conformar, às quais se pudessem conformar os casos particulares com que se defrontavam. Tinham de decidir sobre cada caso quando ele surgia, porque não existiam regras para o inaudito.[179]

Aqueles que se aferravam a normas e padrões morais se mostraram nada confiáveis, pois abraçaram com ou sem entusiasmo o novo conjunto de valores estabelecidos pelo nazismo, mesmo sendo antagônico ao que antes defendiam, pois identificavam a moral com "o mero hábito de se manter fiel a alguma coisa".[180] A moralidade desmoronou em um aglomerado de hábitos e costumes vazios não entre os criminosos, conhecidos em toda a história da humanidade por serem movidos à transgressão por paixões como a ira ou pelo interesse próprio, mas entre as pessoas comuns que jamais duvidaram dos princípios morais nos quais foram ensinadas a acreditar. E o fato de que a doutrina nazista tenha também desmoronado após a derrota, de que as pessoas tenham voltado repentinamente à "normalidade", é ainda mais assustador.[181]

Muito mais confiáveis foram os que duvidam e os céticos, que examinavam as coisas quando tinham de tomar decisão. E os melhores foram "aqueles que têm apenas uma única certeza: independentemente dos fatos que aconteçam enquanto vivemos, estaremos condenados a viver conosco mesmos".[182] Quando Arendt deixou como epígrafe para a parte não escrita de *A vida do espírito* sobre o juízo a frase do republicano Catão sobre a vitória de César – "a causa vitoriosa

179 Arendt, *Eichmann em Jerusalém*, p. 318.

180 Id., "Responsabilidade pessoal sob a ditadura", p. 108.

181 Id., "Algumas questões de filosofia moral", p. 118.

182 Id., "Responsabilidade pessoal sob a ditadura", p. 109.

agradou aos deuses, mas a derrotada agrada a Catão"[183] –, tinha em mente precisamente que a dignidade de nosso juízo depende de que não concedamos à história compreendida como progresso "o direito de ser o último juiz".[184] O fato de uma causa ser vitoriosa nada diz de seu valor.

Eichmann se esquivava da responsabilidade pessoal apontando para um sistema que teria perversamente tragado e abusado de sua virtuosa diligência na dedicação a sua pátria e afirmando que se ele não tivesse feito o que fez outra pessoa igualmente o faria. É da natureza de um sistema burocrático transferir responsabilidades indefinidamente, uma vez que é antes de tudo, nas palavras de Arendt em várias partes de sua obra, "o governo de ninguém", e precisamente por isso "talvez a forma menos humana e mais cruel de governo".[185] É inegável virtude do judiciário, para Arendt, mesmo nas sociedades de massas e mesmo no caso de crimes altamente determinados pelo contexto, o fato de que ele foque a conduta do indivíduo e se pergunte sobre como o sistema funciona para compreender o grau de responsabilidade do indivíduo ao decidir tornar-se funcionário dessa organização.[186]

Na administração do assassinato em massa se criou naturalmente "uma sensação de anonimato, como em qualquer burocracia. A pessoa individual é extinta. Assim que a pessoa é colocada diante do juiz, ela volta a se tornar humana".[187] Por isso ela afirmou que foram os julgamentos do pós-guerra que fizeram eclodir a questão moral que havia ficado adormecida durante muito tempo. E a questão moral diz respeito às razões de alguns terem se ajustado e se conformado tão prontamente a um ordenamento radicalmente oposto ao que até então defendiam enquanto outros disseram não sem qualquer grande conflito moral ou crise de consciência.[188] Esses últimos

---

183 Fest, "Das Mädchen aus der Fremde: Hannah Arendt und das Leben auf lauter Zwischenstationen", p. 213.

184 Arendt, *A vida do espírito*, p. 239.

185 Id., "Responsabilidade pessoal sob a ditadura", p. 109.

186 Para Arendt, por exemplo, mesmo que Heidegger tenha sido coagido pelas circunstâncias a assinar o ofício circular que levou à demissão de Husserl, ele tinha de ser responsabilizado por não ter deixado de assinar, como outros o fizeram em casos semelhantes (Arendt; Jaspers, *Briefwechsel 1929-1969*, p. 84, carta de 09 jul. 1946).

187 Arendt; Fest, "'Como se falássemos com uma parede' – uma conversa com Joachim Fest", p. 333.

188 Um exemplo notório dessa disposição de ânimo é Franz Jägerstätter, o protagonista do filme *Uma vida oculta* (*Ein verborgenes Leben*, Terrence Malick, 2019).

> nunca duvidaram de que os crimes permaneciam sendo crimes mesmo se legalizados pelo governo, e que era melhor não participar desses crimes em qualquer circunstância. Em outras palavras, não sentiam uma obrigação, mas agiam de acordo com algo que lhes era evidente por si mesmo, mesmo que já não fosse evidente por si mesmo para aqueles ao seu redor. Assim a sua consciência, se é disso que se tratava, não tinha caráter obrigatório e dizia: "Isso não *posso* fazer", em vez de: "Isso não *devo* fazer".[189]

Apenas quem escolhe a cada tomada de decisão a companhia que quer ser para si mesmo tem clareza do que pode perpetrar sem entrar em contradição e tornar penosa e mesmo insuportável a relação consigo mesmo. Mas para que isso aconteça, essa relação tem de existir. Essas tomadas de decisão conscientes supõem um diálogo permanente consigo mesmo a partir das diversas ocorrências a que estamos cotidianamente expostos, tanto as que desencadeamos quanto as que testemunhamos ou as das quais padecemos. "Fazer o mal significa estragar essa capacidade", não ter a experiência de se fazer companhia pelo desdobrar-se no dois em um do diálogo do pensamento e assim não ser juiz nem testemunha, não cultivar a memória do que perpetrou nem avaliar sua consistência com o tipo de companhia que quero cultivar. Os maiores malfeitores são os que não cultivam esses limites, não pensam e assim não se movem

> na dimensão da profundidade, criando raízes e assim estabilizando-se, para não serem varridos pelo que possa ocorrer – o *Zeitgeist,* a História ou a simples tentação. *O maior mal não é radical, não possui raízes e, por não ter raízes, não tem limitações, pode chegar a extremos impensáveis e dominar o mundo todo.*[190]

Lembrando mais uma vez Sócrates e sua compreensão do pensamento como o diálogo sem som consigo mesmo, Arendt sustentou que ao realizar "a diferença especificamente humana da fala eu me constituo de modo explícito como uma pessoa, e vou continuar a ser uma pessoa na medida em que seja capaz dessa constituição repetidas vezes", de modo que a personalidade "é o simples resultado, quase automático, do pleno exercício da capacidade de

---

189 Arendt, "Algumas questões de filosofia moral", p. 142. Grifos no original.

190 Ibid., p. 160. Grifos meus.

pensar (*thoughtfulness*)".[191] Assim, pensar e lembrar "é o modo humano de deitar raízes, de cada um tomar seu lugar no mundo a que todos chegamos como estranhos" e "uma pessoa ou uma personalidade, distinta de um mero ser humano ou de um ninguém, nasce realmente desse processo do pensamento que deita raízes".[192]

Apenas uma não pessoa pode ser coperpetradora de um mal sem limites, porque seus desejos e interesses, assim como suas obsessões e crenças, não intensificam nem atenuam o cumprimento do que lhe é comandado. Mesmo que concebamos Eichmann como carreirista, como a própria Arendt o faz, ele não manifestava possuir qualquer interesse próprio ou motivos criminosos diretamente relacionados às ações que realizava. O carreirismo e a busca pelo sucesso estão em geral ainda hoje longe de serem compreendidos como algo criminoso ou mesmo censurável, e, ao contrário de muitos ainda hoje – como o personagem central do filme *O corte* (Le Couperet, 2005), de Constantin Costa-Gravas –, Eichmann não assassinaria um superior para ocupar seu lugar.[193] Além disso, a desproporção abissal entre a motivação carreirista de ser promovido a uma patente acima na SS e a colaboração direta e eficaz no extermínio de milhões de pessoas, contra as quais ele dizia não ter qualquer objeção pessoal, é suficiente para situar sua conduta para além dos motivos humanamente compreensíveis.

O que caracteriza esse mal é o fato de sua magnitude ser tanto mais ampla quanto mais forem os indivíduos despersonalizados a seu serviço. Nesse "mal contemporâneo, as intenções dos indivíduos raramente correspondem à magnitude do mal que os indivíduos são capazes de causar".[194] Seu alcance nunca depende em última instância dos indivíduos monstruosos, mas daqueles que irrefletidamente se ajustam a qualquer ambiente, por conformismo, oportunismo ou idealismo, e muitas vezes pela mera apatia no eficiente cumprimento burocrático de tarefas, não importa quais sejam. Berkowitz defendeu, recorrendo a Arendt, que

> o mal moderno não tem sua fonte simplesmente na obediência à autoridade burocrática; o mal hoje se origina na sedução da convicção ideológica. Em outras palavras, o mal se origina na carência de pessoas

---

191 Ibid.

192 Ibid., p. 166.

193 Id., *Eichmann em Jerusalém*, p. 311.

194 Neiman, *O mal no pensamento moderno*, p. 300.

burguesas solitárias e alienadas que vivem vidas tão desprovidas de significado superior que se entregam totalmente aos movimentos. Esses aderentes não são estúpidos; não são robôs. Mas são irrefletidos no sentido de que abandonam sua independência, sua capacidade de pensar por si mesmos e, em vez disso, se comprometem absolutamente com a verdade fictícia do movimento. É inútil argumentar com eles. Eles habitam uma câmara de eco, não tendo interesse em saber em que os outros acreditam. É esse compromisso irrefletido que permite que os idealistas se imaginem como heróis e os torna dispostos a empregar implementos tecnológicos de violência em nome da salvação do mundo.[195]

Na sociedade de massas, na qual "todos os indivíduos são tentados a se considerarem um simples dente de engrenagem em alguma espécie de maquinaria",[196] frequentemente há uma ruptura radical entre caráter e função, como se um cumprimento de tarefas como funcionário ou empregado não pudesse ser julgado pelos parâmetros morais que são admitidos como válidos nas demais esferas da vida. Frequentemente também não há qualquer distinção entre vida e função e o indivíduo converte a complexidade de ser um ser humano em meramente ser um funcionário anônimo de alguma burocracia. O decisivo para Arendt aqui é que "opomos resistência ao mal evitando ser levados pela superfície das coisas, parando e começando a pensar", pois "quanto mais superficial é uma pessoa, mais capaz ela é de ceder ao mal"[197] – ao menos a esse mal, diria Jaspers.

A superficialidade de Eichmann estava evidente no seu uso de clichês, e sempre que ele era provocado pelos acontecimentos a pensar por si mesmo ele considerava sua carreira e dizia a si mesmo: "Quem sou eu para julgar se todos os que me cercam – ou seja, a atmosfera em que nós vivemos de modo irrefletido – pensam que é correto assassinar pessoas inocentes?".[198] Certamente há indivíduos que não se importam com definir Hitler como exemplo de boa companhia, mas os piores são os que se recusam a julgar e escolher exemplos e companhia, pois permitem os verdadeiros *skandala* e banalidade do mal.[199]

---

195 Berkowitz, "Did Eichmann think? – A review of *Eichman before Jerusalem*: the unexamined life of a mass murderer by Bettina Stangneth", p. 205.

196 Arendt, "Algumas questões de filosofia moral", p. 121.

197 Arendt; Grafton, "Respostas às perguntas de Samuel Grafton", p. 776.

198 Ibid.

199 Arendt, "Algumas questões de filosofia moral", p. 212.

O mal banal, portanto, não é tão marcadamente distante da compreensão, a partir da segunda edição de *Origens do totalitarismo*, do mal radical como extremo e ilimitado por seu desarraigamento, por seu deslizar sobre a superfície. A noção de banalidade do mal visava abarcar o fenômeno de um mal que é desarraigado porque não é pessoal – não é determinado pelas paixões ou pelos motivos autointeressados de seu perpetrador –, mas irrefletido, realizado por indivíduos que não se atualizam como pessoas por meio da experiência do pensamento e se recusam a julgar, a escolher a companhia a que aspiram ser para si mesmos. Nesse descuido de si, nesse autoabandono, nessa disponibilidade para ser conduzido, escancara-se a possibilidade de um mal sistemático, que ultrapassa a fronteira do que podem mesmo os piores indivíduos e assume essa forma extrema, coletiva, impessoal e devastadora. A noção de banalidade do mal de Arendt é

> um diagnóstico refinado dos riscos e perigos que a esterilização da autêntica personalidade, a atrofia da capacidade de julgar e o entorpecimento da relação pensante e dialógica entre Mim e Mim Mesmo representam numa sociedade de massas como a nossa, em que consumo e bem-estar assumem o *status* de ideal de felicidade.[200]

No contexto das sociedades de massas, totalitárias ou não, as condições para esse autoabandono são sempre restauradas e repostas, mesmo quando ele não resulta na dominação total e no extermínio. Arendt estava convencida de que esse mal só era possível em momentos críticos em que os indivíduos abandonam a si mesmos em anonimatos de movimentos e grupos. Julgava, entretanto, que, assim como os que disseram não, se um indivíduo é

> um ser pensante, arraigado em seus pensamentos e lembranças e, assim, conhecedor de que tem de viver consigo mesmo, haverá limites para o que pode se permitir fazer, e esses limites não lhe serão impostos de fora, mas autoestabelecidos. Esses limites podem mudar de maneira considerável e desconfortavelmente de pessoa para pessoa, de país para país, de século para século; mas o mal ilimitado e extremo só é possível quando essas raízes cultivadas a partir do eu, que automaticamente limitam as possibilidades, estão inteiramente ausentes. Elas estão

200 Giacoia, "Mal radical e mal banal", p. 177. Ver pp. 157 e 159-160.

ausentes quando os seres humanos apenas deslizam sobre a superfície dos acontecimentos, quando se deixam levar adiante sem penetrarem em qualquer profundidade de que possam ser capazes.[201]

O pensamento não faz os indivíduos necessariamente melhores, ele constitui pessoas que ponderam, julgam e lembram, e assim são até capazes de um mal refletido, mas não ilimitado, pois "a bondade e a maldade humanas são limitadas pelo si-mesmo",[202] enquanto a banalidade do mal não. Esse mal que só pode ser simultaneamente ético e político depende de pessoas que se autoabandonam ou se autossuprimem e de um sistema capaz de capturar sua diligência e sua eficácia impessoal. Como bactérias ou fungos, como algo que nasce na sarjeta, que desliza rapidamente sobre a superfície precisamente por não estar enraizado em cada pessoa, esse mal pode devastar o mundo inteiro e parece ser capaz de "sobreviver à queda dos regimes totalitários sob a forma de forte tentação que surgirá sempre que pareça impossível aliviar a miséria política, social ou econômica de um modo digno do ser humano".[203]

---

201 Arendt, "Algumas questões de filosofia moral", p. 166.

202 Id., *Denktagebuch – 1950 bis 1973*, p. 124 (set. 1951, VI, 5).

203 Id., *Origens do totalitarismo*, p. 511.

Conclusão

> Vocês, porém, aprendam como se vê em vez de olhar fixo, e como agir em vez de falar e falar. Uma coisa dessas chegou quase a governar o mundo! Os povos conseguiram dominá-lo, porém, que ninguém saia por aí triunfando precipitadamente – é fértil ainda o ventre que o criou!
>
> — Brecht, *A resistível ascensão de Arturo Ui*, p. 213.

Em *A vida do espírito*, livro inacabado concebido cerca de uma década após a publicação de *Eichmann em Jerusalém: um relato sobre a banalidade do mal*, Arendt indicou que o impulso imediato para sua preocupação com as atividades espirituais do pensamento, da vontade e do juízo foram as experiências de ter acompanhado o julgamento de Eichmann em Jerusalém, de ter escrito seu livro relatando o julgamento e de se envolver na polêmica que se desdobrou dele. Ela reportou que foi aturdida pelo fato da desproporção abissal entre a superficialidade do perpetrador e o caráter extremo e mesmo monstruoso dos atos perpetrados.

De acordo com sua hipótese de que um pensamento político consistente com a dignidade da política só surgirá se os filósofos passarem a considerar a esfera dos assuntos humanos, abrangendo os eventos morais e políticos, como dignos do "espanto diante do que é como é" que é a origem da filosofia,[1] Arendt acolheu seu aturdimento. E ela o fez não permitindo que fosse dissolvido em alguma metafísica ou filosofia da história, com suas "análises de tendências" e de mecanismos e sua

1 Id., "O interesse do atual pensamento filosófico europeu pela política", pp. 461-462.

confiança de que é possível diluir cada evento particular em alguma engrenagem do progresso ou da catástrofe, cada novo evento em um dente dessa engrenagem e cada futuro em um efeito necessário de suas presumidas causas presentes.

Arendt procurou ainda enfatizar que a assimilação dos acontecimentos associados aos campos de extermínio a "motivos humanamente compreensíveis" era a via mais segura para incompreendê-los e não os enfrentar em sua dimensão adequada, pois "compreender não significa negar nos fatos o chocante, eliminar deles o inaudito, ou ao explicar fenômenos, utilizar-se de analogias e generalidades que diminuam o impacto da realidade e o choque da experiência".[2] Com efeito, tornou-se altamente perigoso o luxo de extrair o lado bom do passado e de considerar seu lado mau "um peso morto, que o tempo, por si mesmo, relegará ao esquecimento. A corrente subterrânea da história ocidental veio à luz e usurpou a dignidade de nossa tradição. Essa é a realidade em que vivemos".[3] Para Arendt, isso valia integralmente para o caso da caracterização de Eichmann e da correspondente banalidade do mal.

Em *A vida do espírito* Arendt interpretou retrospectivamente *Eichmann em Jerusalém* e boa parte de suas preocupações na última década de sua vida nos seguintes termos: "Tendo sido aturdida por um fato que, queira ou não, 'me pôs na posse de um conceito' (a banalidade do mal), não me era possível deixar de levantar a *quaestio juris* e me perguntar 'com que direito eu o possuía e utilizava'".[4] Arendt recorreu aí a uma reflexão de Kant que ela considerava uma de suas mais importantes: "*Quaestio facti*, a questão de fato, é saber por que meios alguém obteve um conceito; *quaestio juris*, a questão de direito, é saber com que direito alguém possui e utiliza este conceito".[5] Ela percebeu, com a polêmica em torno de seu relato, a partir de incômodos legítimos com seu emprego da noção de banalidade do mal, por exemplo, que tinha de "prestar contas" do que disse: "Não provar, mas estar apta a dizer como chegamos a uma opinião e por que razões a formamos".[6] Arendt vinculou essa prestação de contas ao pensamento crítico, de que Kant era possivelmente o maior

2 Id., *Origens do totalitarismo*, p. 12.

3 Ibid., p. 13.

4 Id., *A vida do espírito*, p. 20.

5 Ibid., p. 20 (citando *Kant's gesammelte Schriften*, Akademie Ausgabe, Berlim, Leipzig, 1928, v. XVIII, 5636).

6 Id., *Lições sobre a filosofia política de Kant*, p. 55.

representante em todo o período pós-clássico, e ao próprio desenvolvimento da filosofia no contexto político da Atenas do século V.[7]

Se com os incômodos autênticos com a noção de banalidade do mal e a caracterização de Eichmann, que inclusive a fizeram ver que havia algo mais envolvido em seu livro do que um simples relato ou um diagnóstico, Arendt julgou que devia prestar contas, com a campanha de difamação organizada contra o livro ela se perguntou sobre a relação entre verdade e política. No início do ensaio que planejou em 1963 e que acabou publicado apenas em 1967, Arendt inseriu uma nota vinculando-o à controvérsia sobre *Eichmann em Jerusalém*, a partir do problema sobre se é sempre legítimo dizer a verdade, considerando também a quantidade enorme de mentiras mobilizadas na controvérsia. No "Pós-escrito" da segunda edição de *Eichmann em Jerusalém* ela observou que

> mesmo antes de sua publicação, este livro se tornou foco de controvérsia e objeto de uma campanha organizada. Nada mais natural que a campanha, levada a cabo por bem conhecidos meios de fabricação de imagem e manipulação de opinião, tenha tido muito mais atenção que a controvérsia, de forma que esta última foi um tanto engolida e sufocada pelo barulho artificial da primeira. Isso ficou especialmente claro quando uma estranha mistura das duas, em palavreado quase idêntico – como se as coisas escritas sobre o livro (e mais frequentemente sobre sua autora) saíssem de "um mimeógrafo" (Mary McCarthy) –, foi levada dos Estados Unidos para a Inglaterra e depois para a Europa, onde o livro ainda não estava disponível.[8]

No ensaio "Verdade e política" Arendt insistiu na fragilidade da verdade factual na relação com a dominação política e ao mesmo tempo destacou o quanto fatos e eventos "constituem a verdadeira textura do domínio político".[9] Uma vez que o testemunho daqueles que dizem a verdade é indispensável para a conservação do mundo, e é assim um empreendimento arriscado, é a própria realidade do mundo que é posta em risco quando são mobilizados a falsidade deliberada, a mentira cabal ou, pior ainda, a mentira organizada e seu tratamento

7 Ver Id., *Denktagebuch – 1950 bis 1973*, p. 754 (nov. 1969, xxvii, 5).

8 Id., *Eichmann em Jerusalém*, pp. 305-306.

9 Id., "Verdade e política", p. 327.

da verdade factual como uma opinião dentre outras: "O apagamento da linha divisória entre verdade factual e opinião é uma das inúmeras formas que o mentir pode assumir, todas elas formas de ação".[10] O mentiroso quer "transformar o mundo"[11] e a mentira deliberada pode ser produzida justamente como uma forma de ação quando a verdade factual conflita com interesses de grupos.

A mentira organizada manipula massivamente fatos e opiniões, criando imagens para substituir a realidade comum, recorrendo a técnicas modernas e aos meios de comunicação de massa para tornar essas imagens realidade para todos, inclusive para seus criadores. Aquele que busca desinteressadamente dizer a verdade acaba por ser considerado mais perigoso que os verdadeiros inimigos. Para ela, precisamente isso foi o que aconteceu na controvérsia em torno de *Eichmann em Jerusalém*. Como disse a Mary McCarthy, "o que o pessoal da campanha política está tentando é criar uma 'imagem' que vai acabar encobrindo o verdadeiro livro".[12]

Arendt afirmou em "Responsabilidade pessoal sob a ditadura" que acabou definindo por participar ativamente do debate quando passaram não apenas a atacá-la pelo que ela não disse, mas também a defendê-la pelo que não disse.[13] Arendt confiava que, a longo prazo, as imagens "jamais podem competir em estabilidade com aquilo que é, simplesmente porque calhou que fosse assim e não de outra maneira".[14] Em uma carta a Jaspers, não obstante, ela afirmou que nutrimos a crença de que a verdade afinal aparecerá, mas que se trata apenas de uma crença e a própria verdade não assegura que veremos esse dia.[15] Em grande medida a imagem do seu livro ainda hoje é uma mescla exótica entre o que ela disse e o que disseram que ela disse.

Arendt deu-se conta de que com sua caracterização de Eichmann como um bufão, e não como um monstro, e sua concepção de um mal desarraigado, superficial, e por isso mesmo ilimitado, desafiava simultaneamente uma compreensão comum sobre o problema do mal e uma quase unanimidade na tradição da filosofia moral – e em filosofia, mas não apenas nela, recai sempre sobre a unanimidade o espectro da suspeita. Também concepções comuns

---

10 Ibid., p. 350.

11 Ibid., p. 351.

12 Arendt; McCarthy, *Entre amigas*, p. 153 (20 set. 1963).

13 Arendt, "Responsabilidade pessoal sob a ditadura", p. 79.

14 Id., "Verdade e política", p. 360.

15 Arendt; Jaspers, *Briefwechsel 1929-1969*, p. 561 (20 out. 1963).

sobre o mal associado a desordem, desobediência, idiossincrasias foram confrontadas com o mal da obediência, do cumprimento do dever, do idealismo desapaixonado. Com a expressão "banalidade do mal" Arendt afirmou que não pretendia defender tese alguma e que estava apenas "vagamente consciente de que ela se opunha à nossa tradição de pensamento – literário, teológico ou filosófico – sobre o fenômeno do mal":

> Aprendemos que o mal é algo demoníaco; sua encarnação é Satã, "um raio caído do céu" (Lucas 10:18), ou Lúcifer, o anjo decaído ("O demônio também é um anjo", Unamuno), cujo pecado é o orgulho ("orgulhoso como Lúcifer"), isto é, aquela *superbia* de que só os melhores são capazes: eles não querem servir a Deus, mas ser como Ele. Diz-se que os homens maus agem por inveja; e ela pode ser tanto ressentimento pelo insucesso, mesmo que não se tenha cometido falta alguma (Ricardo III), quanto propriamente a inveja de Caim, que matou Abel porque "o Senhor teve estima por Abel e por sua oferenda, mas por Caim e sua oferenda ele não teve nenhuma estima". Ou podem ter sido movidos pela fraqueza (Macbeth). Ou ainda, ao contrário, pelo ódio poderoso que a maldade sente pela pura bondade ("Odeio o Mouro: o que me move é o coração", de Iago; o ódio de Claggart pela "bárbara" inocência de Billy Budd, um ódio que Melville considerou "uma depravação com relação à natureza humana"); ou pela cobiça, "a raiz de todo o mal" (*Radix omnium malorum cupiditas*).[16]

Nesse compêndio teológico-literário não só encontramos a noção do mal moral resultando da queda motivada pela tentação em relação a um estado anterior bom, mas também a mais longa tradição da psicologia moral que associa o mal à tentação pelo desejo e a paixões ofuscantes arraigadas nos malfeitores. No julgamento de Eichmann, Arendt julgou ter se deparado com algo bastante singular e ao mesmo tempo "inegavelmente factual" que a aturdiu completamente: *"A conspícua superficialidade do agente tornava impossível retraçar o mal incontestável de seus atos, em suas raízes ou motivos, em quaisquer níveis mais profundos"*.[17] Mesmos sendo monstruosos os atos, o agente que estava em julgamento não era nem monstruoso nem demoníaco. Tratava-se de um mal extremo que

16 Arendt, *A vida do espírito*, pp. 17-18.

17 Ibid., p. 18. Grifos meus.

não era nem sórdido nem sensual, de uma maldade para além do vício que ela julgou ter sido vislumbrada por Melville e também por Dostoiévski.[18]

As pessoas precisaram demonizar a desgraça promovida por indivíduos que assassinaram "porque era parte de sua carreira", e não por conhecidos motivos maus ou assassinos, para encontrar alguma compreensão e significado histórico. Mas, defendeu Arendt, "acrescento que é mais fácil sustentar a ideia de que a vítima foi vítima de um demônio disfarçado de homem" ou de alguma lei histórica, "de um princípio metafísico, que sustentar que foi vítima de algum arlequim qualquer que não é louco nem particularmente mau".[19] O que caracteriza a banalidade do mal como uma catástrofe extrema é justamente o fato de que esse mal, por não possuir raízes nem limites nem poder ser reconduzido ao caráter e às intenções do agente, pode espraiar-se indefinidamente, transcendendo as limitações impostas à maldade humana inclusive pelas tentações e perversões abrigadas nas motivações individuais, mesmo aquelas mais torpes. Como observou Anabella Di Pego, o que constitui o núcleo da noção de banalidade do mal é "a desvinculação com a intencionalidade ou a motivação maligna para o cometimento de delitos de um mal inconcebível".[20]

Não havendo evidência de firme convicção ideológica ou de "motivos humanamente compreensíveis", o que era notório em Eichmann era algo antes negativo: a ausência de pensamento ou irreflexão (*thoughtlessness*). Essa ausência de pensamento espelha no plano da vida do espírito a desolação das massas em sua ausência de companhia no não mundo de indivíduos amontoados que é o deserto fabricado pela dominação totalitária. Sem fazer companhia a si mesmo, e sem representar no espírito a diversidade de perspectivas, Eichmann foi incapaz de compreender os fenômenos associados à consciência e à conduta moral tanto quanto o indivíduo privado da interação discursiva com seus pares é incapaz de compreender o mundo e as ações que nele transcorrem.

Arendt julgou incontornável então a questão sobre se a maldade deliberada ou o cair em tentação não são condição necessária para a perpetração do mal. Por outro lado, também se perguntou sobre se "a atividade do pensamento como tal", compreendido como diálogo consigo mesmo, tendo como tema o

---

18 Id., *Sobre a revolução*, p. 120.

19 Arendt; Koch, "O caso Eichmann e os alemães – uma conversa com Thilo Koch", p. 787. Ver Souki, *Hannah Arendt e a banalidade do mal*, p. 87.

20 Di Pego, *Política y filosofia em Hannah Arendt*, p. 319.

exame dos acontecimentos e da experiência, não estava "entre as condições que levam as pessoas a se absterem de fazer o mal, ou mesmo que ela realmente os 'condicione' contra ele".[21] Ela sustentou que Eichmann não era nem monstro, nem néscio, e que o descompasso entre sua estatura como vilão e a dos crimes extremos que ajudou a perpetrar só pode ser compreendido se levarmos em conta que, mais que assassinatos, os crimes eram de fato massacres administrativos, possíveis apenas no âmbito de um Estado criminoso.

Se, por um lado, isso nos leva a não sobrevalorizar uma psicologização trivial de tais crimes, não nos exime, por outro, da questão sobre a razão de tantos se engajarem em um empreendimento de tal natureza – ou ainda sobre os critérios e motivos daqueles poucos que disseram não sem poder recorrer aos padrões universalmente válidos de uma tradição já estilhaçada. Arendt esteve convencida de que o traço mais marcante da personalidade de Eichmann era sua notável incapacidade de pensar, ou seja, de ser permeável à experiência, de sair em visita a perspectivas várias e, principalmente, de estabelecer um diálogo interno consigo próprio.

Em "Pensamento e considerações morais" (1971) ela se referiu ao fenômeno "completamente factual", que teria se dado a ver no julgamento em Jerusalém, dos atos malignos gigantescos perpetrados por alguém "cuja única distinção pessoal era uma superficialidade talvez extraordinária", cujo único traço específico de caráter "era algo inteiramente negativo: não era estupidez, mas uma curiosa e totalmente autêntica incapacidade de pensar".[22] Estas considerações reverberarão diretamente pouco tempo depois em *A vida do espírito*, mas o significativo nesse texto é seu interesse pelos desdobramentos da inevitável questão sobre se a atividade de pensar poderia ser um obstáculo ao mal.

Arendt recorreu então a um modelo de pensador não profissional que não possuía uma doutrina, "um cidadão entre os cidadãos", que reuniria em uma mesma pessoa o ator e o espectador,[23] e o converteu na figura modelar de um pensamento que poderia evitar o mal por meio desejo do indivíduo pensante de conservar-se uma boa companhia para si mesmo. Trata-se do evitar o mal ao menos dos que não desejam ser maus, portanto, daqueles que pela reflexão lançam raízes, forjam memória, consciência moral e capacidade de julgar e não se deixam simplesmente levar. O que é profundo e radical é a personalidade que se

---

21 Arendt, *A vida do espírito*, p. 20.

22 Id., "Pensamento e considerações morais", p. 226.

23 Id., *Sobre a revolução*, p. 143.

constitui pela reflexão, mas ela não faz com que as pessoas sejam necessariamente boas, apenas estabelece limites idiossincráticos para o que cada um será capaz de fazer ao refletir e saber que se lembrará do que fez. No entanto, isso não impede que sejam más voluntariamente nos mais diversos graus.

Arendt jamais pensou que a política pudesse ser redimida na ética, mas se perguntou sobre se, em um cenário de falência dos padrões tradicionais de julgamento e de inviabilidade da ação política, a atividade do pensamento não poderia operar como um obstáculo ao mal – ao menos no sentido elementar e precário de permitir que os que não se mostram determinados a serem vilões possam evitar tomar parte na perpetração de maldades a sua própria revelia, por assim dizer. Para Arendt, a não participação na esfera pública sob o totalitarismo era, como bem notou Bethânia Assy, "uma forma de resistência, uma forma de ação", uma recusa a cooperar por razões morais que fazem da responsabilidade pessoal "a derradeira forma de responsabilidade política", em "uma espécie de ética da impotência".[24]

Arendt defendeu que a ética era antes de tudo uma questão de escolha de companhia:

> As nossas decisões sobre o certo e o errado vão depender de nossa escolha de companhia, daqueles com quem desejamos passar a nossa vida. Uma vez mais, essa companhia é escolhida ao pensarmos em exemplos, em exemplos de pessoas mortas ou vivas, reais ou fictícias, e em exemplos de incidentes passados ou presentes.[25]

A princípio, se permanecermos apenas no âmbito das reflexões socráticas sobre a abstenção do mal com vistas à preservação da interação harmoniosa conosco mesmos – que a Arendt parecia ser "a única moralidade operativa em situações limítrofes"[26] –, a moralidade assume um aspecto estritamente negativo. Para ela, não obstante, quando escolhemos exemplos de quem desejamos ser e de com quem queremos viver ultrapassamos o âmbito estrito de uma moralidade negativa, pois está em jogo a constituição de uma personalidade moral (de um agente moral, em suma). Apesar da controvérsia sobre o Sócrates

24 Assy, "'Faces privadas em espaços públicos'. Por uma ética da responsabilidade", p. 31.

25 Arendt, "Algumas questões de filosofia moral", p. 212.

26 Ibid., p. 172. Com efeito, essa "moralidade socrática só é politicamente relevante em tempos de crise, e o eu como critério fundamental da conduta moral é, politicamente, uma espécie de medida de emergência" (Ibid., p. 169).

histórico, ela o constituiu como um "tipo ideal" com uma função representativa, o que lhe parecia justificado na medida em que o tipo ideal "não é uma abstração personificada", mas alguém que "foi escolhido dentre a multidão de seres vivos, no passado ou no presente, porque possuía uma significação representativa na realidade que apenas necessitava de alguma purificação para revelar o seu pleno significado".[27]

Essa "hipótese socrática" dirigiu a reflexão de Arendt sobre os temas morais levantados por Eichmann e seu julgamento, guiada decisivamente pela questão: "O pensamento pode evitar o mal?". Essa questão é orientada pela hipótese de que a banalidade do mal é um mal ético-político e se desdobra de um descuido de si que remove todo obstáculo pessoal a qualquer forma de dominação política.

> Pensar é igualmente perigoso para todos os credos e, por si mesmo, não produz nenhum novo credo. Entretanto, o não-pensar, que parece um estado tão recomendável para os assuntos políticos e morais, também possui os seus perigos. Protegendo as pessoas contra os perigos da investigação, o não-pensar as ensina a se agarrarem a quaisquer regras prescritas de conduta que possam existir num dado tempo e numa dada sociedade. As pessoas então se acostumam não tanto ao conteúdo das regras, cujo exame minucioso sempre as conduziria a um estado de perplexidade, quanto à posse de regras nas quais subsumem os casos particulares. Em outras palavras, elas se acostumam a nunca tomar decisões.[28]

Querendo justificar sua "obediência cadavérica", Eichmann se indagou, na entrevista a Wilhelm Sassen: "Onde estaríamos se as pessoas tivessem pensado a fundo as coisas naquela época?".[29] Essa pergunta, que na boca de Eichmann era uma justificação da irreflexão, reverbera invertida a questão de Arendt sobre se o pensamento pode evitar o mal. Essas questões orientarão o terceiro e último movimento vindouro desta minha incursão nessas questões difíceis, considerando então a relação entre mal, pensamento e juízo.

---

27 Id., "Pensamento e considerações morais", p. 237.

28 Ibid., p. 245.

29 "Eichmann and the duty of man", p. 46.

Bibliografia

Obras de Hannah Arendt

ARENDT, Hannah. *Hannah Arendt Papers*. Manuscript Division, Library of Congress, Washington DC (1898 to 1977) (https://www.loc.gov/collections/hannah-arendt-papers).

__________. *The burden of our time*. Londres: Secker & Warburg, 1951.

__________. Reflections on Little Rock. *Dissent*. V.. 6, nº 1, Inverno 1959, pp. 45-56.

__________. A reporter at large – Eichmann in Jerusalem (III). *The New Yorker*, vol. 39, nº 2, 2 mar. 1963.

__________. Letters to the Editor: *Eichmann in Jerusalem* – A statement from Miss Arendt. *The New York Times*, 23 jun. 1963, p. 212.

__________. The lessons no one drew. *The Observer*, 08 set. 1963, pp. 21; 23.

__________. *Eichmann in Jerusalem: a report on the banality of evil*. Londres: Faber and Faber, 1963.

__________. *Lições sobre a filosofia política de Kant*. Trad. e ensaio crítico de André Duarte. Rio de Janeiro: Relume Dumará, 1993.

__________. *Eichmann em Jerusalém:* um relato sobre a banalidade do mal. São Paulo: Companhia das Letras, 1999 (*Eichmann in Jerusalem*. Introd. Amos Elon. Nova York: Penguin, 2006).

__________. *Sobre a violência*. 3ª ed. Trad. André Duarte. Rio de Janeiro: Relume Dumará, 2001 (*On violence*. Boston: Mariner Books, 1970).

__________. *Denktagebuch – 1950 bis 1973*. Ed. Ursula Ludz e Ingeborg Nordmann. Munique: Piper, 2002.

__________. *Homens em tempos sombrios*. Trad. Denise Bottmann. São Paulo: Companhia das Letras, 2003 (*Men in dark times*. Boston: Mariner Books, 1970).

__________. Bertolt Brecht: 1898-1956. In: __________. *Homens em tempos sombrios*. Trad. Denise Bottmann. São Paulo: Companhia das Letras, 2003, pp. 177-213.

__________. Karl Jaspers: uma *laudatio*. In: __________. *Homens em tempos sombrios*. Trad. Denise Bottmann. São Paulo: Companhia das Letras, 2003, pp. 67-74.

__________. *Origens do totalitarismo*. Trad. R. Raposo. São Paulo: Companhia das Letras, 2004 (*The origins of totalitarianism*. Nova York: Harcourt Brace & Company, 1979).

__________. *Responsabilidade e julgamento*. Ed. Jerome Kohn. Trad. Rosaura Eichenberg. Rev. téc. Bethânia Assy e André Duarte. São Paulo: Companhia das Letras, 2004 (*Responsibility and judgment*. Nova York: Schocken, 2005).

__________. Algumas questões de filosofia moral. In: __________. *Responsabilidade e julgamento*. Ed. Jerome Kohn. Trad. Rosaura Eichenberg. Rev. téc. Bethânia Assy e André Duarte. São Paulo: Companhia das Letras, 2004, pp. 112-212.

__________. Auschwitz em julgamento. In: __________. *Responsabilidade e julgamento*. Ed. Jerome Kohn. Trad. Rosaura Eichenberg. Rev. téc. Bethânia Assy e André Duarte. São Paulo: Companhia das Letras, 2004, pp. 295-326.

__________. *O vigário*: culpa pelo silêncio? In: *Responsabilidade e julgamento*. __________. Ed. Jerome Kohn. Trad. Rosaura Eichenberg. Rev. téc. Bethânia Assy e André Duarte. São Paulo: Companhia das Letras, 2004, pp. 282-294.

__________. Pensamento e considerações morais. In: __________. *Responsabilidade e julgamento*. Ed. Jerome Kohn. Trad. Rosaura Eichenberg. Rev. téc. Bethânia Assy e André Duarte. São Paulo: Companhia das Letras, 2004, pp. 226-257.

__________. Prólogo. In: __________. *Responsabilidade e julgamento*. Ed. Jerome Kohn. Trad. Rosaura Eichenberg. Rev. téc. Bethânia Assy e André Duarte. São Paulo: Companhia das Letras, 2004, pp. 65-76.

__________. Responsabilidade pessoal sob a ditadura. In: __________. *Responsabilidade e julgamento*. Ed. Jerome Kohn. Trad. Rosaura Eichenberg. Rev. téc. Bethânia Assy e André Duarte. São Paulo: Companhia das Letras, 2004, pp. 79-111.

__________. *A vida do espírito:* o pensar, o querer, o julgar. Trad. Cesar A. R. Almeida, Antônio Abranches e Helena F. Martins. Rio de Janeiro: Civilização Brasileira, 2008 (*The life of the mind*. Nova York: Harcourt Brace Jovanovich, 1978).

__________. *Compreender*: formação, exílio e totalitarismo (ensaios). Trad. Denise Bottmann. São Paulo: Companhia das Letras; Belo Horizonte: Ed. UFMG, 2008 (*Essays in understanding*: 1930-1954. Ed. Jerome Kohn. Nova York: Harcourt, Brace & Co., 1994).

__________. As técnicas sociológicas e o estudo dos campos de concentração. In: __________. *Compreender*: formação, exílio e totalitarismo (ensaios). Trad. Denise Bottmann. São Paulo: Companhia das Letras; Belo Horizonte: Ed. UFMG, 2008, pp. 260-271.

__________. Compreensão e política (as dificuldades da compreensão). In: __________. *Compreender*: formação, exílio e totalitarismo (ensaios). Trad. Denise Bottmann. São Paulo: Companhia das Letras; Belo Horizonte: Ed. UFMG, 2008, pp. 330-346.

__________. Culpa organizada e responsabilidade universal. In: *Compreender*: formação, exílio, totalitarismo – 1930-1954. Trad. Denise Bottmann. São Paulo: Companhia das Letras, 2008, pp. 150-161.

__________. Franz Kafka: uma reavaliação. Por ocasião do vigésimo ano de sua morte. In: __________. *Compreender*: formação, exílio e totalitarismo. Belo Horizonte: Companhia das Letras, Editora UFMG, 2008, pp. 96-108.

__________. O interesse do atual pensamento filosófico europeu pela política. In: __________. *Compreender*: formação, exílio e totalitarismo. São Paulo: Companhia das Letras; Belo Horizonte: Editora UFMG, 2008, pp. 444-462.

__________. Pesadelo e fuga. *Compreender*: formação, exílio e totalitarismo. Trad. Denise Bottmann. Belo Horizonte: UFMG; São Paulo: Companhia das Letras, 2008, pp. 162-164.

__________. Religião e política. In: __________. *Compreender*: formação, exílio e totalitarismo. São Paulo: Companhia das Letras; Belo Horizonte: Editora UFMG, 2008, pp. 388-406.

__________. Uma réplica a Eric Voegelin. In: *Compreender*: formação, exílio, totalitarismo – 1930-1954. Trad. Denise Bottmann. São Paulo: Companhia das Letras, 2008, pp. 417-424.

__________. Sobre Hannah Arendt. *Inquietude*. Trad. A. Correia. Goiânia, vol. 1, nº 2, ago/dez-2010, pp. 123-162.

__________. *Sobre a revolução*. Trad. Denise Bottmann. São Paulo: Companhia das Letras, 2011 (*On revolution*. Londres: Penguin, 1990).

__________. *A promessa da política*. 4ª ed. Trad. Pedro Jorgensen Jr. Rio de Janeiro: Difel, 2012 (*The promise of politics*. Nova York: Schocken Books, 2005).

__________. *A condição humana*. 13ª ed. Trad. R. Raposo. Rev. téc. e apresentação A. Correia. Rio de Janeiro: Forense Universitária, 2016 (*The human condition*. 2nd ed. Chicago: The University of Chicago Press, 2022).

__________. *Escritos judaicos*. Trad. Laura Mascaro, Luciana Oliveira e Thiago Dias da Silva. Barueri/SP: Amarylis, 2016 (*The Jewish Writings*. Nova York: Schocken, 2008).

__________. A controvérsia Eichmann – uma carta a Gershom Scholem. In: __________. *Escritos judaicos*. Trad. Laura Mascaro, Luciana Oliveira e Thiago Dias da Silva. Barueri/SP: Amarylis, 2016, pp. 755-763.

__________. A destruição de seis milhões: um simpósio da *Jewish World*. In: __________. *Escritos judaicos*. Trad. Laura Mascaro, Luciana Oliveira e Thiago Dias da Silva. Barueri/SP: Amarylis, 2016, pp. 791-798.

__________. A história do grande crime. Uma resenha de *Bréviaire de la haine: le III Reich et les Juifs*, de Léon Poliakov. In: __________. *Escritos judaicos*. Trad. Laura Mascaro, Luciana Oliveira e Thiago Dias da Silva. Barueri/SP: Amarylis, 2016, pp. 739-750.

__________. "O formidável Doutor Robinson". In: __________. *Escritos judaicos*. Trad. Laura Mascaro, Luciana Oliveira e Thiago Dias da Silva. Barueri/SP: Amarylis, 2016, pp. 799-820.

__________. Verdade e política. In: __________. *Entre o passado e o futuro*. Trad. de M. W. Barbosa. Rev. Téc. Adriano C. A. e Sousa. Textos de José Sérgio Fonseca de Carvalho e Celso Lafer. 9ª ed. rev. São Paulo: Perspectiva, 2022, pp. 321-367 (*Between past and future*. Nova York: Penguin, 2006).

__________. Desobediência civil. In: __________. *Crises da república*. Trad. Adriana Novaes. Rev. Téc. A. Correia. São Paulo: Planeta do Brasil, 2024, pp. 43-83 (*Crises of the republic*. Boston: Mariner Books, 1972).

__________; BLÜCHER, Heinrich. *Within four walls*. The correspondence between Hannah Arendt and Heinrich Blücher – 1936-1968. Ed. Lotte Kohler. Nova York: Harcourt, 1996.

ARENDT, Hannah; BLUMENFELD, Kurt. *Correspondance* – 1933-1963. Paris: Desclée de Brouwer, 2012.

ARENDT, Hannah; ERRERA, Roger. Entrevista com Roger Errera. In: ARENDT, Hannah. *Pensar sem corrimão – compreender 1953-1975*. Trad. B. Andreiuolo, D.

Cerdeira, P. Duarte, V. Starling. Rev. téc. Eduardo Jardim. Rio de Janeiro: Bazar do Tempo, 2021 (ARENDT, Hannah. *Thinking without a banister: Essays in understanding, 1953-1975*. Ed. Jerome Kohn. Nova York: Schocken, 2018).

ARENDT, Hannah; FEST, Joachim. *Eichmann war von empörender Dummheit – Gespräche und Briefe*. Ursula Ludz e Thomas Wild (eds.). Munique: Piper, 2011.

ARENDT, Hannah; FEST, Joachim. "Como se falássemos com uma parede" – uma conversa com Joachim Fest. In: ARENDT, Hannah. *Pensar sem corrimão – compreender 1953-1975*. Trad. B. Andreiuolo, D. Cerdeira, P. Duarte, V. Starling. Rev. Téc. Eduardo Jardim. Rio de Janeiro: Bazar do Tempo, 2021.

ARENDT, Hannah; GAUS, Günter. "O que resta? Resta a língua": uma conversa com Günter Gaus. In: ARENDT, Hannah.*Compreender: formação, exílio e totalitarismo*. Trad. Denise Bottmann. Belo Horizonte: UFMG; São Paulo: Companhia das Letras, 2008, pp. 31-53.

ARENDT, Hannah; GRAFTON, Samuel. Respostas às perguntas de Samuel Grafton. In: ARENDT, Hannah. *Escritos judaicos*. Trad. Laura Mascaro, Luciana Oliveira e Thiago Dias da Silva. Barueri/SP: Amarylis, 2016, pp. 739-750.

ARENDT, Hannah; JASPERS, Karl. *Briefwechsel – 1926-1969*. Munique: Piper, 1993.

ARENDT, Hannah; KOCH, Thilo. O caso Eichmann e os alemães – uma conversa com Thilo Koch. ARENDT, Hannah. *Escritos judaicos*. Trad. Laura Mascaro, Luciana Oliveira e Thiago Dias da Silva. Barueri/SP: Amarylis, 2016, pp. 783-789.

ARENDT, Hannah; McCARTHY, Mary. *Entre amigas*. A correspondência de Hannah Arendt e Mary McCarthy. Trad. Sieni Campos. Rio de Janeiro: Relume Dumará, 1995 (*Between friends*. Ed. Carol Brightman. Nova York: Harcourt, 1995).

ARENDT, Hannah; SCHOLEM, Gershom. *Der Briefwechsel*. Berlim: Suhrkamp, 2010.

ARENDT, Hannah & VON WIESE, Benno. Correspondência entre Hannah Arendt e Benno von Wiese sobre o texto "Observações sobre o 'passado não superado'", de Von Wiese. *Cadernos Arendt*. Vol. 4, nº 08, 2024, pp. 98-103.

Demais obras

ABEL, Lionel. Rolf Hochhuth's *The deputy*. In: BENTLEY, Eric (ed.). *The storm over* The deputy. Nova York: Grove Press, 1964.

___________. Pseudo-profundity. *New Politics*. Outono 1961, vol. 1, nº 1, pp. 124-131.

___________. The aesthetics of evil: Hannah Arendt on Eichmann and the Jews. *Partisan Review*. Vol. XXX, nº 2, Verão, 1963, pp. 211-230.

ADORNO, Theodor e HORKHEIMER, Max. *Dialética do esclarecimento*. Trad. Guido A. de Almeida. Rio de Janeiro: Zahar, 1985.

AGAMBEN, Giorgio. *O quer resta de Auschwitz*. O arquivo e a testemunha (Homo Sacer III). Trad. Selvino Assmann. São Paulo: Boitempo, 2008.

___________. *O sacramento da linguagem:* arqueologia do juramento. Trad. Selvino Assmann. Belo Horizonte: Ed. UFMG, 2011.

___________. *Opus Dei*: arqueologia do ofício. Trad. Daniel Nascimento. São Paulo: Boitempo, 2013.

__________. *O reino e a glória* – genealogia teológica da economia e do governo. Trad. Selvino Assmann. São Paulo: Boitempo, 2011.

__________. *Creación y anarchia*. Trad. Rodrigo Molina-Zavalía e Maria T. D'Meza. Buenos Aires: Adriana Hidalgo, 2019.

__________. *Bartleby, ou da contingência*. Trad. Vinícius Honesko. Belo Horizonte: Autêntica, 2015.

AGUIAR, Odilio A. Técnica, política e banalização do mal. *Pensando*, vol. 1, nº 2, 2010, pp. 32-45.

__________. *Filosofia, política e ética em Hannah Arendt*. Ijuí, RS: Ed. Unijuí, 2009.

AHARONI, Zvi; DIETL, Wilhelm. *Operation Eichmann: pursuit and capture*. Londres: Cassel, 1999.

ALLISON, Henry. Reflections on the banality of (radical) evil. In: __________. *Idealism and freedom*. Essays on Kant's theoretical and practical philosophy. Cambridge: Cambridge University Press, 1996, pp. 169-182.

__________. *Kant's conception of freedom* – A developmental and critical analysis. Cambridge: Cambridge University Press, 2020.

ANDERS, Günther. *Nós, filhos de Eichmann*. Trad. Felipe Catalani. São Paulo: Elefante, 2023.

ANDERSON-GOLD, Sharon. "Kant, radical evil, and crimes against humanity". In: ANDERSON-GOLD, Sharon e MUCHNIK, Pablo (eds.). *Kant's anatomy of evil*. Cambridge: Cambridge University Press, 2010.

ARNTZEN, Sven. Kant on duty to oneself and resistance to political authority. *Journal of the History of Philosophy*, vol. 34, nº 3, jul. 1996, pp. 409-424.

ASCHHEIM, Steven E. (ed.). *Hannah Arendt in Jerusalem*. Berkeley: University of California Press, 2001.

__________. "SS-Obersturmbannführer (Retired): *Eichmann before Jerusalem*, by Bettina Stangneth". *The New York Times*, 04 set. 2014. Disponível em https://www.nytimes.com/2014/09/07/books/review/eichmann-before-jerusalem-by-bettina-stangneth.html. Acesso em: 18 fev. 2024.

ASSY, Bethânia. Eichmann, banalidade do mal e pensamento em Hannah Arendt. In: MORAES, Eduardo J. e BIGNOTTO, Newton. *Hannah Arendt:* diálogos, reflexões, memórias. Belo Horizonte: Ed. UFMG, 2001, pp. 136-165.

__________. Faces privadas em espaços públicos. Por uma ética da responsabilidade. In: ARENDT, Hannah. *Responsabilidade e julgamento*. Ed. Jerome Kohn. Trad. Rosaura Eichenberg. Rev. téc. Bethânia Assy e André Duarte. São Paulo: Companhia das Letras, 2004, pp. 31-60.

__________. *Ética, responsabilidade e juízo em Hannah Arendt*. São Paulo: Perspectiva, 2019.

BACH, Gabriel. The Eichmann Trial. 34 *Loy. L.A. Int'l & Comp. L. Rev.* 2012, pp. 315-338. Disponível em: http://digitalcommons.lmu.edu/ilr/vol34/iss3/3.

BAEHR, Peter. *Hannah Arendt, totalitarianism and the social sciences*. Stanford: Stanford University Press, 2010.

BAUMAN, Zygmunt. *Modernidade e Holocausto*. Trad. Marcus Penchel. Rio de Janeiro: Zahar, 1998.

BECK, Lewis W. *A Commentary on Kant's* Critique of Practical Reason. Chicago: The University of Chicago Press, 1960.

___________ Kant and the right of revolution. *Journal of the History of Ideas*, vol. 32, nº 3, jul-set, 1971, pp. 411-422.

BENHABIB, Seyla. Identity, Perspective and narrative in Hannah Arendt's *Eichmann in Jerusalem*. *History and Memory*, vol. 8, nº 2, Outono-inverno, 1996, pp. 35-59.

___________. International law and human plurality in the shadow of totalitarianism: Hannah Arendt and Raphael Lemkin. In: BENHABIB, Seyla (ed.). *Politics in dark times: encounters with Hannah Arendt*. Cambridge: Cambridge University Press, 2010.

BENJAMIN, Walter. A obra de arte na época de sua reprodutibilidade técnica. In: BENJAMIN, W.; HORKHEIMER, M.; ADORNO, T. W.; HABERMAS, J. *Textos escolhidos*. Tradução de José Lino Grünnewald. São Paulo: Abril Cultural, 1975, pp. 9-34 (Coleção Os Pensadores).

BENTLEY, Eric (ed.). *The storm over* The deputy. Nova York: Grove Press, 1964.

BERKOWITZ, Roger. Did Eichmann think? – A review of *Eichman before Jerusalem*: the unexamined life of a mass murderer by Bettina Stangneth. *The Good Society*, vol. 23, nº. 2, 2014, pp. 193-205.

BERNSTEIN, Richard J. Did Hannah Arendt change her mind? From radical evil to the banality of evil. In: MAY, Larry and KOHN, Jerome (eds.). *Hannah Arendt: Twenty years later*. Cambridge: MIT Press, 1996, pp. 127-146.

___________. *Radical evil* – a philosophical interrogation. Maldon: Polity Press, 2002.

___________. Is evil banal? A misleading question. In: BERKOWITZ, R., KATZ, Jeffrey, KEENAN, Thomas. *Thinking in dark times*: Hannah Arendt on ethics and politics. Nova York: Fordham University Press, 2010.

___________. *Por que ler Hannah Arendt hoje?* Trad. e apres. Adriano Correia e Nádia J. Ribeiro. Rio de Janeiro: Forense Universitária, 2021.

BETTELHEIM, Bruno. Eichmann: the system, the victims. In: BETTELHEIM, Bruno. *Surviving the Holocaust*. Nova York: Flamingo, 1986, pp. 133-149.

BIRULÉS, Fina. Prólogo: Arendt sobre Eichmann, unha lectura radical. In: ARENDT, Hannah. *Eichmann en Xerusalén*. Trad. Jesus M. Saavedra Carballido. Santiago de Compostela: Universidade de Santiago de Compostela, 2021, pp. 9-44.

BONDY, François. On misunderstanding Eichmann: letter from Jerusalem. In: BONDY, François. *European Notebooks*: New societies and old politics, 1954-1985. Nova York: Roudledge, 2017, pp. 35-43 (Originalmente publicado em *Encounter*, nov. 1961, pp. 32-37).

BORGES, Jorge Luís. "Deutsches Requiem". In. BORGES, Jorge Luís. *El Aleph*. Madri: Alianza, 2010.

BORGES, Maria. Passions and evil in Kant's philosophy. *Manuscrito*, vol. 37, n.º 2, jul.-dez. 2014, pp. 333-355.

___________. A (in)capacidade explicativa do conceito do mal em Kant. *Revista de Filosofia Aurora*, vol. 28, nº 44, 2016, pp. 573-582.

BRAHAM, Randolph L. *The politics of genocide* – The Holocaust in Hungary. Detroit: Wayne State University Press, 2000.

BRAUMAN, Rony e SIVAN, Eyak. *Éloge de la désobéissance*. Paris: Editions le Pommier, 2006.
BRECHT, Bertolt. A resistível ascensão de Arturo Ui. In: BRECHT, B. *Teatro completo*. Vol. 8. Trad. Angelika E. Kóhnke. São Paulo: Paz e Terra, 1992.
BREPOHL, Marion (org.). *Eichmann em Jerusalém*: 50 anos depois. Curitiba: Ed. UFPR, 2013.
BRIGHTMAN, Carol. *Writing dangerously*: Mary McCarthy and her world. Nova York: Clarkson Potter, 1992.
BROWNING, Christopher R. *Ordinary men: Reserve Police Battalion 101 and the Final Solution in Poland*. Londres: Penguin, 2001.
___________. *Collected Memories*: Holocaust history and postwar testimony. Madison: The University of Wisconsin Press, 2003.
BUTLER, Judith. *Caminhos divergentes: judaicidade* e crítica do sionismo. Trad. R. Bettoni. São Paulo: Boitempo, 2017.
CAMUS, Albert. La crise de l'homme (1946). In: CAMUS, Albert. *Conférences et discours – 1936-1958*. Paris: Gallimard, 2017, pp. 34-58.
CARSTEN, B. L.; UGILT, Rasmus. Eichmann's Kant. *The Journal of Speculative Philosophy*. New Series, vol. 21, nº 3, 2007, pp. 166-180.
CARVALHO, José Sérgio F. de. "Uma luz que emana do pórtico de Jano". In: ARENDT, Hannah. *Entre o passado e o futuro*. 9ª ed. Trad. Mauro W. Barbosa. Revisão Adriano C. A. e Sousa. São Paulo: Perspectiva, 2022.
CASSIRER, Ernst. *Rousseau, Kant, Goethe:* two essays. Princeton: Princeton University Press, 1970.
CASWELL, Matthew. Kant on the diabolical will: a neglected alternative? *Kantian Review*, vol. 12, nº 02, jul. 2007, pp. 147-157.
CATASTROPHE in the court – The Eichmann Trial. Direção: Andreas Bonte. Deutsche Welle, 42 min, 2021.
CESARANI, David. *Becoming Eichmann*: rethinking the life, crimes, and trial of a "desk murderer". Cambridge: Da Capo Press, 2007.
CHAPOUTOT, Johann. *A revolução cultural nazista*. Trad. Clovis Marques. Rio de Janeiro: Da Vinci Livros, 2022.
___________. *Livres para obedecer*: a gestão, do nazismo aos nossos dias. Trad. Clóvis Marques. Rio de Janeiro: Da Vinci Livros, 2023.
COHEN, Leonard. *Flowers for Hitler*. Londres: Jonathan Cape Children's Book, 1973.
COHEN, Richard I. A generation's response to *Eichmann in Jerusalem*. In: ASCHHEIM, Steven E. (ed.). *Hannah Arendt in Jerusalem*. Berkeley: University of California Press, 2001.
COHN, Gabriel. Introdução. In: *Max Weber*. 7ª ed. São Paulo: Ática, 2003 (Coleção Grandes Cientistas Sociais).
CONRAD, Joseph. *Under Western eyes*. Ontario: Broadview, 2009.
CORREIA, Adriano. *Hannah Arendt e a modernidade:* política, economia e a disputa por uma fronteira. Rio de Janeiro: Forense Universitária, 2014.
___________. *O caso Eichmann*: Hannah Arendt e as controvérsias jurídicas sobre o julgamento. Prefácio de Celso Lafer. São Paulo: Ed. 70, 2023.

CORREIA, Adriano; ROCHA, Antonio G. V.; MÜLLER, Maria C.; AGUIAR, Odilio A. (orgs.). *Dicionário Hannah Arendt*. São Paulo: Ed. 70, 2022.

COUNCIL OF JEWS FROM GERMANY. Jewish dignity and self-respect. *Aufbau*, vol. XXIX, nº 13, 29 mar. 1963, p. 7.

DELEUZE, Gilles. *Présentation de Sacher-Masoch (le froid et le cruel)*. Paris: Éditions de Minuit, 1967.

DEPT. of correction and amplification. *The New Yorker*, vol. 39, nº 10, 27 abr. 1963, p. 108.

DER ANFANG vom Ende. *Aufbau*, vol. IX, nº 35, 27 ago. 1943.

DEWEY, John. *German philosophy and politics*. Nova York: Henry Holt and Company, 1915.

DI PEGO, Anabella. *Política y filosofía en Hannah Arendt* – el camino desde la comprensión hasta el juicio. Buenos Aires: Biblos, 2016.

DIE EICHMANN-SERIE in *The New Yorker*. *Aufbau*, vol. XXIX, nº 11, 15 mar. 1963, p. 3.

DIE PRESSE über Hannah Arendts Buch. *Aufbau*, vol. XXIX, nº 23, 07 jun. 1963, p. 5.

DUARTE, André. *O pensamento à sombra da ruptura*: política e filosofia em Hannah Arendt. Rio de Janeiro: Paz e Terra, 2000.

EBBINGHAUS, Julius. Interpretation and misinterpretation of the categorical imperative. *The Philosophical Quarterly*, vol. 4, nº 15, abr. 1954, pp. 97-108.

ECK, Nathan. Historical research or slander. In: MARRUS, Michael R. (ed.). *The Nazi Holocaust*, parte 6, vol. 2. Nova York: De Gruyter, 1989, pp. 116-161.

EICHMANN and the duty of man. *Life*, vol. 49, nº 23, 05 dez. 1960, p. 46.

EICHMANN enforcado pela morte de seis milhões. *Jornal do Brasil*, Ano LXXII, nº 125, 01 jun. 1962.

EICHMANN et six millions de juifs. Hannah Arendt est-elle nazie? *Le Nouvel Observateur*, 26 out. 1966, p. 37.

EICHMANN's own story. *Life*, vol. 49, nº 23, parte 2, 05 dez. 1960, pp. 146-161.

EICHMANN tells his own damning story. *Life*, vol. 49, nº 22, parte 1, 28 nov. 1960, pp. 19-25; 101-112.

EICHMANN, Adolf. *Ich, Adolf Eichmann*. Ed. Rudolf Aschenauer. Augsburg: Druffel Verlag, 1980.

___________. *Götzen: Die Autobiografie von Adolf Eichmann*. Ed. Raphael Ben Nascher. Berlim: Metropol Verlag, 2016.

EIN Leben, bestimmt durch Befehle. *Die Welt*. 12 ago. 1999. Disponível em https://www.welt.de/print-welt/article580239/Ein-Leben-bestimmt-durch-Befehle.html. Acesso em: 02 fev. 2024.

EIN *verborgenes Leben*. Direção de Terrence Malik. Alemanha, 173 min., 2019.

ELLISON, Ralph; WARREN, Robert P. In: WARREN, Robert P. *Who speaks for the Negro*? Nova York: Random House, 1965. Disponível em https://whospeaks.library.vanderbilt.edu/interview/ralph-ellison. Acesso em: 21 fev. 2024.

EPSTEIN, Caroline. *Model nazi*: Arthur Greiser and the occupation of Western Poland. Oxford: Oxford University Press, 2012.

ES BEDURFTE keiner großen Überredung. *Die Welt*, 14 ago. 1999. Disponível em https://www.welt.de/print-welt/article580499/Es-bedurfte-keiner-grossen-Ueberredung.html. Acesso em: 06 fev. 2024.

FELLOWS, Lawrence. Israel seizes Nazi chief of extermination of Jews. *The New York Times*, 24 mai. 1960, pp. 1; 18.

FEST, Joachim. *The face of the Third Reich*: portraits of the Nazi leadership. Nova York: Pantheon Books, 1970.

__________. Das Mädchen aus der Fremde: Hannah Arendt und das Leben auf lauter Zwischenstationen. In: __________. *Begegnungen*: Über nahe und ferne Freunde. Hamburgo: Rowohlt, 2004.

FOUCAULT, Michel. What is Enlightenment? In: RABINOW, Paul (ed.). *The Foucault Reader*. Nova York: Pantheon Books, 1984, pp. 32-50.

__________. Kant on Enlightenment and revolution. Trad. Colin Gordon. *Economy and Society*, vol. 15, nº 1, fev. 1986, pp. 88-96.

__________. O que são as Luzes? (1984). In: __________. *Ditos e escritos II*: Arqueologia das Ciências e História dos Sistemas de Pensamento. 2ª ed. Trad. Elisa Monteiro. Rio de Janeiro: Editora Forense Universitária, 2005, pp. 335-351.

__________. *Omnes et sigulatim*. Trad. Selvino Assmann. Florianópolis: Nephelibata, 2006.

__________. *Segurança, território, população* – Curso dado no Collège de France (1977-1978). Trad. Eduardo Brandão. São Paulo: Martins Fontes, 2008.

__________. *O governo de si e dos outros* – Curso no Collège de France (1982-1983). Trad. Eduardo Brandão. São Paulo: Martins Fontes, 2010.

__________. *Qu'est-ce que la critique? suivi de La culture de soi*. Paris: Vrin, 2015.

FREUDIGER, P. Five months. In: BRAHAM, Randolph L. (ed.). *The tragedy of Hungarian Jewry: essays, documents, depositions*. Nova York: Columbia University Press, 1986, pp. 237-94.

GEWEN, Barry. The everyman of genocide – *Becoming Eichmann*, by David Cesarani. *The New York Times*, 14 mai. 2006. Disponível em https://www.nytimes.com/2006/05/14/books/review/the-everyman-of-genocide.html. Acesso em: 18 fev. 2024.

GIACOIA Jr., Oswaldo. Reflexões sobre a noção de mal radical. *Studia Kantiana*, vol. 1, nº 1, 1998, pp. 183-202.

__________. Mal radical e mal banal. *O que Nos Faz Pensar*, nº 29, mai. 2011, pp. 137-178.

__________. *Nietzsche x Kant* – uma disputa permanente a respeito de liberdade, autonomia e dever. Rio de Janeiro: Casa da Palavra; São Paulo: Casa do Saber, 2012.

__________. Metafísica de carrascos. *Estudos Nietzsche*, vol. 9, nº 2, jul./dez. 2017, pp. 77-101.

__________. Abismos da perversidade humana. *Voluntas*, vol. 9, n. 2, jul.-dez. 2018, pp. 16-34.

GILBERT, Gustave. *The psychology of dictatorship*. Nova York: The Ronald Press, 1950.

__________. *The Nuremberg diaries*. Nova York: Signet Books, 1961.

GOLDHAGEN, Daniel. *Os carrascos voluntários de Hitler*. Trad. Luís S. Roizman. São Paulo: Companhia das Letras, 1997.

GRASSI, M. F.; RIGO, I. G.; GRÜMM, C. A. F.; LIMA, A. B. M.; VIEIRA, S. F. *O caso Eichmann na revista "O Cruzeiro"*: a construção de um discurso sobre o nazismo no início da década de 1960. Relatório de Iniciação Científica. Videira, SC: Instituto Federal Catarinense, 2017, 33p.

GROSS, Frédéric. *Desobedecer*. Trad. Célia Euvaldo. São Paulo: Ubu, 2018.

GRUNENBERG, Antonia. *Hannah Arendt and Martin Heidegger: history of a love*. Bloomington: Indiana University Press, 2017.

GUTMAN, William. This is a born murderer. *Aufbau*, vol XXIX, nº 38, 20 set. 1963, p. 14.

HAUSNER, Gideon. *Justice in Jerusalem*. Nova York: Harper & Row, 1966.

__________. Those Eichmann drawings. *The New York Times*, 15 jan. 1978, p. 18.

HEIDEGGER, Martin. A autoafirmação da universidade alemã. Trad. Daniel Pucciarelli. Rev. téc. Guido A. de Almeida. Nota introd. João Camillo Penna. *Terceira Margem*, nº 17, jul./dez. 2007, pp. 149-166.

HILBERG, Raul. *The politics of memory*: the journey of a Holocaust historian. Chicago: Ivan R. Dee, 2002.

__________. *A destruição dos judeus europeus*. 2 vols. Trad. C. Barcellos et al. São Paulo: Amarylis, 2016.

HITLER, Adolf. *Mein Kampf*. Complete and unabridged, fully annotated. Nova York: Reynal & Hitchcock, 1941.

HOBBES, Thomas. *Do cidadão*. Trad. e apres. Renato Janine Ribeiro. São Paulo: Martins Fontes, 2002.

HÖFFE, Ottfried. Ein Thema wiedergewinnen: Kant über das Böse. In: HÖFFE, Otfried & PIEPER, Annemarie (eds.): F. W. J. Schelling, *Über das Wesen der menschlichen Freiheit*. Berlim: Akademie, 1995, pp. 11-34.

HOWE, Irving. More on Eichmann – Irwing Howe, *Partisan Review*, vol. 31, nº 2, primavera 1964, p. 260.

__________. *Selected writings: 1950-1990*. Nova York: Harcourt Brace Jovanovich, 1990.

HULL, William. *The struggle for a soul*. Nova York: Doubleday & Company, 1963.

ICH LIESS ein selbständiges Denken verkümmern. *Die Welt*, 13 ago. 1999 . Disponível em https://www.welt.de/print-welt/article580343/Ich-liess-ein-selbstaendiges-Denken-verkuemmern.html. Acesso em: 11 fev. 2024.

JASPERS, Karl. Das radikal Böse bei Kant. *Rechenschaft und Ausblick*. Reden und Aufsätze. Munique: Piper, 1951, pp. 90-114.

__________. Karl Jaspers zum Eichmann-Prozess. Ein Gespräch mit François Bondy. *Der Monat*, 13-1960/61, nº. 152, pp. 15-19.

__________. *Kant*. Ed. Hannah Arendt. Trad. Ralph Manheim. Nova York: Harcourt, Brace & World, 1962.

__________. *Für Völkermord gibt es keine Verjährung*. In: *Die Schuldfrage/Für Völkermord gibt es keine Verjährung*. Munique: Piper & Co., 1979.

__________. Nicht schweigen! Zu Hochhuths,Stellvertreter. In: HOCHHUTH, Rolf. *Der Stellvertreter*. Ein christliches Trauerspiel. Mit einem Vorwort von Erwin Piscator und Essays von Karl Jaspers, Walter Muschg und Golo Mann. Erweiterte Neuausgabe. Reinbek bei Hamburg: Rowohlt, 1998, pp. 502-505.

__________. Who should have tried Eichmann? *Journal of International Criminal Justice*, nº 4, 2006, pp. 853-858 (Entrevista a François Bondy).

__________. *A questão da culpa*. Trad. Claudia Dornbusch. São Paulo: Todavia, 2020. (*Die Schuldfrage*. In: *Die Schuldfrage/Für Völkermord gibt es keine Verjährung*. Munique: Piper & Co, 1979).

JESUS, Pablo H. *Hannah Arendt: entre a ética e a política*. Goiânia: Ed. UFG, 2012.

JONAS, Hans. Filosofia. Um olhar retroativo e para adiante no fim do século. In: Stock, *Meia existência, 1921-1945*. (Anti)messianismo, antifascismo, existencialismo: Ambientes outros na gênese do pensamento de Hans Jonas. Tese de doutorado. PUC-Rio, 2021, pp. 303-317 (Tradução do autor da tese).

KANT, Immanuel. *Gesammelte Schriften:* herausgegeben von der Deutschen Akademie der Wissenschaften. 29 vols. Berlim: Walter de Gruyter, 1902.

__________. *A religião nos limites da simples razão*. Trad. Artur Morão. Lisboa: Ed. 70, 1992.

__________. Ideia de uma história universal com um propósito cosmopolita (1784). In: *À paz perpétua e outros opúsculos*. Trad. Artur Morão. Lisboa: Ed. 70, 1995, pp. 21-37.

__________. O que significa orientar-se no pensamento (1786). In: __________. *A paz perpétua e outros opúsculos*. Trad. Artur Morão. Lisboa: Ed. 70, 1992, pp. 37-55.

__________. O fim de todas as coisas (1794). In: __________. *A paz perpétua e outros opúsculos*. Trad. Artur Morão. Lisboa: Ed. 70, 1992, pp. 103-118.

__________. Resposta à pergunta: que é o iluminismo? (1784). In: __________. *A paz perpétua e outros opúsculos*. Trad. Artur Morão. Lisboa: Ed. 70, 1992, pp. 11-19.

__________. Sobre a expressão corrente: isto pode ser correto na teoria, mas nada vale na prática (1793). In: __________. *A paz perpétua e outros opúsculos*. Trad. Artur Morão. Lisboa: Ed. 70, 1992, pp. 57-102.

__________. *Crítica da razão prática*. Trad., introd. e notas de Valério Rohden. São Paulo: Martins Fontes, 2002.

__________. *A metafísica dos costumes*. Trad. José Lamego. Lisboa: Fundação Calouste Gulbenkian, 2005.

__________. *Antropologia de um ponto de vista pragmático*. Trad. Clélia Aparecida Martins. Rev. téc. Márcio Suzuki. São Paulo: Iluminuras, 2009.

__________. *Fundamentação da metafísica dos costumes*. Trad. Paulo Quintela. Lisboa: Ed. 70, 2010.

__________. *Crítica da faculdade do juízo*. Trad. Antonio Marques e Valério Rohden. Lisboa: Imprensa Nacional Casa da Moeda, 2017.

__________. *Crítica da razão pura*. 9ª ed. Trad. Manuela Pinto dos Santos e Alexandre Fradique Morujão. Lisboa: Fundação Calouste Gulbenkian, 2018.

KNOTT, Marie Luise. *Verlernen: Denkwege bei Hannah Arendt*. Berlim: Matthes & Seitz, 2011.

KRISTOL, Irving. The Arendt affair. *The Observer*, 30 jun. 1963, p. 20.

KRUG, Mark M. Young Israelis and Jews abroad – a study of selected history textbooks. *Comparative Education Review*, out. 1963, pp. 142-148.

KRUMMACHER, F. A. (ed.). *Die Kontroverse*: Hannah Arendt, Eichmann und die Juden. Munique: Nymphenburger, 1964.

LA BOÉTIE, Etienne. *Discurso da servidão voluntária*. 4ª ed. Trad. Laymert G. dos Santos. São Paulo: Brasiliense, 1986.

LACHMAN, Frederick R. Ein Meisterwerk ohne Seele. *Aufbau*, vol. XXIX, nº 13, 29 mar. 1963, p. 22.

LAFER, Celso. Da dignidade da política: sobre Hannah Arendt (Prefácio). In ARENDT, Hannah. *Entre o passado e o futuro*. Trad. M. W. Barbosa. 8ª ed. São Paulo: Perspectiva, 2016.

LANG, Jochen von (ed.). *Eichmann interrogated*. Transcripts from the archives of the Israeli police. Trad. Ralph Manheim. Introd. Avner W. Less. Londres: The Bodley Head, 1983.

LAQUEUR, Walter Z. Footnotes to the Holocaust. In: ARENDT, Hannah. *The Jew as pariah: Jewish identity and politics in the modern age*. Ed. Ron H. Feldman. Nova York: Grove Press, 1978, pp. 252-259.

__________. A reply to Hannah Arendt. *The Jew as pariah: Jewish identity and politics in the modern age*. Ed. Ron H. Feldman. Nova York: Grove Press, 1978, pp. 277-279.

LEAL, Bruno; GHIVELDER, Zevi. Este jornalista brasileiro cobriu o julgamento do nazista Adolf Eichmann. *Café História*, 20 jul. 2020. Disponível em https://www.cafehistoria.com.br/o-reporter-brasileiro-que-cobriu-o-julgamento-de-eichmann. Acesso em: 17 fev. 2024.

LESS, Avner. *Lüge! Alles Lüge!* Ed. Bettina Stangneth. Hamburgo: Arche, 2012.

LEVI, Primo. *Os afogados e os sobreviventes*. Trad. Luiz. S. Henriques. São Paulo: Paz e Terra, 2008.

LINN, Ruth. Naked victims, dressed-up memory: the escape from Auschwitz and the Israeli historiography. *Israel Studies Bulletin*, vol. 16, nº. 2, primavera 2001, pp. 21-25.

__________. Rudolf Vrba and the Auschwitz Reports: conflicting historical interpretations. In: BRAHAM, Randolph L. and HEUVEL, William J. van den (eds.). *The Auschwitz reports and the Holocaust in Hungary*. Nova York: Columbia University Press, 2011.

LITTELL, Jonathan. *As benevolentes*. Trad. André Telles. Rio de Janeiro: Objetiva, 2007.

LOUDEN, Robert B. Evil everywhere: The ordinariness of Kantian radical evil. In: ANDERSON-GOLD, Sharon e MUCHNIK, Pablo (eds.). *Kant's anatomy of evil*. Cambridge: Cambridge University Press, 2010.

LUBAN, David. Hannah Arendt as a theorist of international criminal law. *International Criminal Law Review*, 11, 2011, pp. 621-641.

MARQUES, António. *A filosofia e o mal*: banalidade e radicalidade do mal de Hannah Arendt a Kant. Lisboa: Relógio D'Água, 2015.

MILGRAM, Stanley. *Obedience to authority* – an experimental view. Londres: Tavistock, 1974.

MORAES, Ronaldo. "Sou filho de Eichmann". *O Cruzeiro*. nº 43, 05 ago. 1961, pp. 104-108.

MUCHNIK, Pablo. *An essay on Kant's theory of evil* – The dangers of self-love and the aprioricity of history. Maryland: Lexington Books, 2009.

MÜLLER, Marcos Lutz. A crítica de Hegel aos postulados da razão prática como deslocamentos dissimuladores. *Studia Kantiana*, vol. 1, fasc. 1, 1998, pp.101-150.

MUSMANNO, Michael. *The Eichmann Kommandos*. Londres: Peter Davies, 1961.

__________. *The death sentence in the case of Adolf Eichmann*: A letter to His Excellency Itzhak Ben-Zvi, President of the State of Israel. Pittsburgh: 1962.

__________. Man with an unspotted conscience. *The New York Times* 19 mai. 1963, pp. BR1 e 4D.

__________. Letters to the editor: *Eichmann in Jerusalem* – A reply from Judge Musmanno. *The New York Times*, 23 jun. 1963, p. 212.

NEIMAN, Susan. *O mal no pensamento moderno*: uma história alternativa da filosofia. Trad. Fernanda Abreu. Rio de Janeiro: Difel, 2003.

NEUHOUSER, Frederick. Autonomy, spiritual illness and theodicy. In: CONSTÂNCIO, João; BAILEY, Tom (eds.). *Nietzsche's engagements with Kant and the Kantian legacy*. Vol. II: *Nietzsche and Kantian Ethics*. Londres: Bloomsbury, 2017, pp. 159-191.

NIETZSCHE, Friedrich. *Sämtliche Werke*. Kritische Studienausgabe. G. Colli und M. Montinari (Hg). Berlim: Walter de Gruyter, Neuausgabe 1999. 15 Bd.

__________. *A gaia ciência*. Trad. Paulo César de Souza. São Paulo: Companhia das Letras, 2001.

__________. Ecce homo: *como alguém se torna o que é*. Trad. Paulo César de Souza. São Paulo: Companhia das Letras, 2008.

__________. *O Anticristo & Ditirambos de Dioniso*. Trad. Paulo César de Souza. São Paulo: Companhia das Letras, 2007.

__________. *Genealogia da moral* – uma polêmica. Trad. Paulo César de Souza. São Paulo: Companhia das Letras, 2007.

__________. *Crepúsculo dos ídolos*. Trad. Paulo César de Souza. São Paulo: Companhia das Letras, 2013.

NOTES and comments. *The New Yorker*. vol. 39, nº 22, 20 jul. 1963, p. 17.

NUNES, Igor V. B. *Do "lugar nenhum" ao mundo: pensar [,] política e ética nas reflexões de Hannah Arendt*. Dissertação de mestrado. Universidade Federal de Goiás. Goiânia, 2012.

O JULGAMENTO de Eichmann na imprensa brasileira. Rio de Janeiro: Ed. Comentário/ Instituto Brasileiro Judaico de Cultura e Divulgação, 1961.

OLIVA, Luís C. *O mal*. São Paulo: Ed. 70; Discurso Editorial, 2019.

OLIVEIRA FILHO, Valério L. *O conceito do mal: uma investigação a partir de Hannah Arendt*. Dissertação de mestrado. Universidade Federal de Goiás. Goiânia, 2023.

ONFRAY, Michel. Un kantiano entre los nazis. In: *El sueño de Eichmann*. Trad. Alcira Bixio. Barcelona: Gedisa, 2009.

PALMQUIST, Stephen R. *Comprehensive commentary on Kant's religion within the bounds of bare reason*. Oxford: Wiley Blackwelll, 2016.

PAPISH, Laura. *Kant on evil, self-deception, and moral reform*. Oxford: Oxford University Press, 2018.

PODHORETZ, Norman. Hannah Arendt on Eichmann: a study in the perversity of brilliance. *Commentary*, set. 1963, pp. 201-208.

__________. *Ex-friends: falling out with Allen Ginsberg, Lionel and Diana Trilling, Lillian Hellman, Hannah Arendt, and Norman Mailer*. Nova York: Free Press, 2000.

POLIAKOV, Léon. Adolf Eichmann ou le rêve de Caligula. *Le Monde Juif*, 1949/6, nº 20, pp. 2-5.

__________. *Bréviaire de la haine*. Paris: Calmann-Levy, 1951.

__________. *And the crooked shall be made straight*, by Jacob Robinson; *Justice in Jerusalem*, by Gideon Hausner. *Commentary*, nº 43, jan. 1967. Disponível em https://www.

commentary.org/articles/leon-poliakov/and-the-crooked-shall-be-made-straight-by--jacob-robinson-justice-in-jerusalem-by-gideon-hausner/. Acesso em: 02 fev. 2023.

POLIAKOV, Leon; WULF, Josef. *Das Dritte Reich und seine Denker.* Munique: Saur, 1978.

QUEIROZ, Rachel. Última página. *O Cruzeiro*, vol. 19, nº 1, *1962*, p. 114.

RANASINGHE, Nalin. Ethics for the little man: Kant, Eichmann and the banality of evil. *The Journal of Value Inquiry*, vol. 36, 2002, pp. 299-317.

REISS, Hans S. Kant and the right of rebellion. *Journal of the History of Ideas*, vol. 17, nº 2, abr. 1956, pp. 179-192.

___________. Postscript. In: KANT, Immanuel. *Political writings*. 2nd ed. Cambridge: Cambridge University Press, 1991, pp. 250-271.

ROBBINS, Ira P. The Ostrich Instruction: deliberate ignorance as a criminal *mens rea*. *The Journal of Criminal Law and Criminology*, vol. 81, nº 2, verão 1990, pp. 191-234.

ROBINSON, Jacob. Eichmann & the question of jurisdiction. *Commentary*, 30 jul. 1960, pp. 1-5.

___________. *And the crooked shall be made straight* – The Eichmann Trial, the Jewish catastrophe, and Hannah Arendt's narrative. Nova York: Macmillan, 1965.

___________. Introduction: some basic issues that faced the Jewish councils. In: TRUNK, Isaiah. *Judenrat – the Jewish councils in Eastern Europe under nazi occupation*. Nova York: Macmillan, 1972, pp. xxi-xxxv.

ROGOZINSKI, Jacob. *O dom da lei:* Kant e o enigma da ética. Trad. Silvio Rosa Filho. São Paulo: Paulus; Discurso Editorial, 2009.

ROMANO, Roberto. As belas mãos de Hitler. *Jornal da Unicamp*, 02 jan. 2020. Disponível em https://www.unicamp.br/unicamp/ju/artigos/roberto-romano/belas-maos-de-hitler. Acesso em: 08 fev. 2024.

RUIZ, Castor. Arqueologia do *officium*: Eichmann, o funcionário e a banalidade da catástrofe – intersecções de G. Agamben e H. Arendt. *Philósophos*, Goiânia, v. 23, nº 1, jan./jun. 2018, pp. 197-242.

SAFATLE, Vladimir. *O dever e seus impasses*. São Paulo: Martins Fontes, 2013.

SALES, Maria V. *Uma constelação de culpas*: Arquétipos narrativos dos nazistas no Julgamento de Nuremberg (1945-1946). Tese de doutorado em História. Universidade Federal de Minas Gerais, Belo Horizonte, 2023.

SCARRY, Elaine. The difficulty of imagining other people. In: NUSSBAUM, Martha. *For love of the country?*. Ed. Joshua Cohen. Boston: Beacon Press, 2002, pp. 98-110.

SCHENK, Dieter. *Hans Frank: Hitlers Kronjurist und Generalgouverneur*, Frankfurt am Main: Fischer Taschenbuch Verlag, 2008.

SCHOPENHAUER, Arthur. *Crítica da filosofia kantiana*. Trad. Wolfgang Leo Maar e Maria Lúcia M. O. Cacciola. 2ª ed. São Paulo: Abril Cultural, 1985 (Coleção Os Pensadores).

___________. *Sobre o fundamento da moral*. Trad. Maria Lúcia M. O. Cacciola. São Paulo: Martins Fontes, 2001.

SEGEV, Tom. *The seventh million:* The Israelis and the Holocaust. Trad. Haim Watzman. Nova York: Hill and Wang, 1994.

SELZER, Michael. The murderous mind. *The New York Times,* 27 nov. 1977, p. 221. Disponível em https://www.nytimes.com/1977/11/27/archives/the-murderous--mind-adolf-eichmanns-psychological-test-drawings-show.html. Acesso em: 06 fev. 2024.

SENELLART, Michel. *As artes de governar.* Trad. Paulo Neves. São Paulo: Ed. 34, 2006.

SHAKED, Michael. The unknown Eichmann Trial: the story of the judge. *Holocaust and Genocide Studies,* 29, nº. 1, primavera 2015, pp. 1-38.

SIEVERS DE ALMEIDA, Vanessa. Acerca da educação nas "Reflexões sobre Little Rock", de Hannah Arendt. *Cadernos Arendt,* vol. 4, nº 7, pp. 15-36.

SILBER, John R. The ethical significance of Kant's *Religion.* In: KANT, I. *Religion within the limits of reason alone.* Nova York: Harper & Row, 1960, pp. lxxix-cxxxiv.

___________. *Kant's ethics*: The good, freedom, and the will. Berlim: De Gruyter, 2012.

SIMON, Ernst. Revisionist history of the Jewish catastrophe: a textual examination. *Judaism,* vol. 12, nº 4, outono 1963, pp. 387-415.

___________. Hannah Arendt – Eine Analyse. In: KRUMMACHER, F. A., *Die Kontroverse*: Hannah Arendt, Eichmann und die Juden. Munique: Nymphenburger, 1964, pp. 39-77.

SOUKI, Nádia. *Hannah Arendt e a banalidade do mal.* Belo Horizonte: Ed. UFMG, 2006.

STANGNETH, Bettina. Eichmann before Jerusalem*: the unexamined life of a mass murderer.* Nova York: Vintage Books, 2015.

TALMON, Jacob. Letter to the editor. *The Observer,* 15 set. 1963, p. 12.

___________. Letter to the editor [2]. *The Observer,* 29 set. 1963, p. 11.

TAMINIAUX, Jacques. *La fille de Thrace et le penseur professionnel*: Arendt et Heidegger. Paris: Payot, 2006.

TODOROV, Tzvetan. *Diante do extremo.* Trad. Nícia A. Bonatti. São Paulo: Ed. Unesp, 2017.

TRUNK, Isaiah. *Judenrat – the Jewish councils in Eastern Europe under nazi occupation.* Nova York: Macmillan, 1972.

VAZ, Éden F. *Sobre o problema do mal no mundo contemporâneo a partir do pensamento de Hannah Arendt.* Tese de doutorado. Universidade Federal de Goiás. Goiânia, 2021.

VIDAL-NAQUET, Pierre. *Os assassinos da memória* –Um Eichmann de papel e outros ensaios sobre o revisionismo. Trad. Marina Appenzeller. Campinas, SP: Papirus, 1988.

VRBA, Rufolf. Letter to the editor. *The Observer,* 22 set. 1963, p. 11.

___________. *I escaped from Auschwitz.* Fort Lee, NJ: Barricade Books, 2002.

___________. The preparations for the Holocaust in Hungary: an eyewitness account. In: BRAHAM, Randolph L. & MILLER, Scott (eds.). *The Nazis' last victims the Holocaust in Hungary.* Detroit: Wayne State University Press, 2002.

WEST, James L. W., III, ed. *Conversations with William Styron.* Jackson: University of Mississippi Press, 1985.

WIESE, Benno von. Observações sobre o "passado não superado". *Cadernos Arendt.* Vol. 4, nº 08, 2024, pp. 94-97.

WOJAK, Imtrud. *Eichmanns Memoiren:* ein kritische Essay. Frankfurt: Campus Verlag, 2001.

WOOD, Allen W. *Kant's moral religion.* Ithaca: Cornell University Press, 1970.

___________. *Kant's ethical thought*. Cambridge: Cambridge University Press, 1999.

___________. Kant and the intelligibility of evil. In: ANDERSON-GOLD, Sharon & MUCHNIK, Pablo (eds.). *Kant's anatomy of evil*. Cambridge: Cambridge University Press, 2009, pp. 144-172.

___________. The evil in human nature. In: MICHALSON, Gordon E. *Kant's* Religion within the Boundaries of Mere Reason – *A critical guide*. Cambridge: Cambridge University Press, 2014, pp. 31-57.

XARÃO, José F. L. Banalização da "banalidade do mal" de Hannah Arendt. *Pensando*. vol. 8, nº 15, 2017, pp. 296-314.

YABLONKA, Hanna. *The State of Israel vs. Adolf Eichmann*. Nova York: Schocken Books, 2004.

YOUNG-BRUEHL, Elisabeth. *Hannah Arendt*: por amor ao mundo. Trad. Antônio Trânsito. Rev. téc. Eduardo Jardim de Moraes. Rio de Janeiro: Relume Dumará, 1997.

ŽIŽEK, Slavoj. *Tarrying with the negative: Kant, Hegel, and the critique of ideology*. Durham: Duke University Press, 1993.

___________. *Did somebody say totalitarianism?* Five interventions in the (mis)use of a notion. Londres: Verso, 2011.